성공적인 커리어를 위한

인간관계의 이해와 실천

최애경 저

도서출판 청람

머리말

오늘날 성공에 있어서 80%는 EQ, 즉 감성지수에 그리고 20%는 IQ, 즉 지능지수에 달려 있다고 한다. 이는 지적인 능력의 중요도가 떨어진 것이 아니라 상대적으로 그만큼 더 감성이 중요하다는 의미이다. 감성이란 사회와 인간에 대하여 따뜻한 마음으로 이해하며 배려하는 것을 의미한다. 성공은 반드시 직업인으로서 성공하는 것만을 의미하는 것이 아니라 개인으로서 후회하지 않고 보람된 삶을 영위하는 것을 포함한다고 할 수 있다.

개인으로서, 가족의 일원으로서, 나아가 조직 및 사회의 구성원으로서 행복한 삶을 영위하기 위하여 어떻게 생각하고 어떻게 행동하며, 효과적인 인간관계를 유지하기 위하여 어떤 노력을 해야 할까를 오랫동안 고민한 결과로 이 책은 탄생되었다.

인간관계 학습의 전제는 타고난 성격이나 적성도 중요하지만 인간관계에 관련된 교육과 훈련을 통하여 자신이 사회생활하기에 필요한 인간관계 기술을 습득할 수 있고 계발시켜 나갈 수 있다는 것이다. 인간관계에 대한 이론을 바탕으로 인간관계를 개선해 나갈 수 있는 방법을 찾아내고 꾸준히 연습하고 실천해 나간다면 얼마든지 효과적인 인간관계능력을 계발시켜 나갈 수 있다.

이 과목을 공부하는 학습자들은 인간관계에 관한 지식의 습득에 본 교과의 목표를 한정시키지 말고 자신을 변화시켜 나가겠다는 의지와 함께 본 교과에서 배운 내용을 실천에 옮기고 꾸준한 연습을 통하여 자신의 습관으로 내재화시켜 나가는 것이 무엇보다 중요하다. 본 교과에서 배우는 내용들은 나 자신에 대하여 더 잘 알게 하고 주위의 친구들과 사회현상을 보다 더 잘 이해할 수 있게 해 줄 뿐 아니라 성공적인 커리어를 추구하는 데에도 꼭 필요한 인간관계능력을 키울 수 있게 해 줄 것이다. 인간관계에 대한 이해와 실천에 관한 학습은 복잡하고 끊임없이 변화해 가는 환경을 슬기롭게 극복해 나가는 데 있어 매우 도움이 될 것이다.

인간관계는 머리로 지식을 학습하는 영역이 아니라 가슴으로 받아들이고 느끼고 실천하는 분야라고 감히 이야기하고 싶다. 그동안 많은 인간관계 관련 책들이 경영학의 조직행동론의 범주에서 벗어나지 못하고 이론 위주의 내용으로 구성되어 있어 실제로 인간관계를 개선해 보고자 하는 학습자들에게는 미진함이 있었다. 그러나 본서에서는 인간관계적 이론을 현실에서 접목하고 실천할 수 있도록 하기 위하여 다양한 현장 사례와 체크리스트를 삽입하여 실제로 학습자들이 타인들과 자신을 들여다보고 생각하고 이론을 적용할 수 있는 시간들을 가질 수 있도록 구성하였다.

목차 내용이나 구성은 현대적인 변화에 맞추어 전통적인 인간관계론에서는 다루지 않았던 글로벌사회의 인간관계, 시간관리, 직업윤리 등 새로운 영역을 포함하려고 노력하였다. 문화간 혹은 이론의 비교에 있어 미국을 주로 예를 들고 있는 것은 필자의 수학 및 외국 체류 경험이 미국에 한정되어 있고 또 오늘날의 글로벌 스탠다드가 주로 미국을 중심으로 형성되고 있기 때문이다. 다양한 관점과 이론을 폭넓게 담지 못한 점에 대하여 독자 여러분들의 양해를 구하고 싶다.

끝으로 본서의 출간을 위해 애쓰신 도서출판 청람의 이수영 사장님과 편집진 여러분들께 진심으로 감사드리는 바이다. 그리고 부족한 점에 대해서는 많은 분들의 조언과 질책을 요청드리고 싶다. 그리고 많은 사랑하는 제자들, 늘 더 많은 시간을 함께 하지 못함에 항상 미안한 마음을 가지고 있는 사랑하는 가족들에게도 이 면을 빌어 다시 한 번 감사하고 싶다.

2006년 정월에

저자 씀

차 례

Chapter 07 갈등관리

Chapter 08 조직에서의 인간관계

Chapter 11 직업과 윤리

Chapter 01

인간관계의 이해

학습목표

1. 인간관계의 중요성에 대하여 설명할 수 있다.
2. 현대사회의 환경변화가 인간관계에 미치는 영향을 열거할 수 있다.
3. 초기 인간관계론의 발전과정을 말할 수 있다.

1 Chapter

인간관계의 이해

우리는 사회에 살고 있는 한, 가정에 속해 있는 한, 아니 보다 정확히 말하자면 무인도 등에서 고립되어 살지 않는 한은 다른 사람들과 관계를 맺고 있다. 우리가 매일 인간관계를 맺고 있다고 해서 인간관계에 대하여 잘 알고 있다고 말할 수 있는가? 어떤 사람들은 인간관계는 '일반적 상식'이라 여겨 무언가 배운다는 것은 어리석다고 생각하기도 한다. 그러나 사람들과 원만한 관계를 맺으며 그 관계를 지속적으로 잘 관리하는 것은 쉬운 일이 아니다. 원만한 인간관계는 모든 사회생활과 직장생활의 기본이 된다.

이 장에서는 인간관계의 중요성과 인간관계 학문분야의 발달과정에 대하여 살펴보자.

Chapter 1

인간관계의 이해

인간관계의 본질 1.1

|1.1.1| 인간관계란?

인간관계*에 대한 정의는 학문분야에 따라 매우 다양하게 내릴 수 있다. 심리학에 있어서의 인간관계의 이해, 사회학에 있어서의 인간관계의 이해는 매우 다른 관점에서 설명할 수 있을 것이다. 이 책에서는 인간관계란 사람을 통하여 또는 다른 사람들과 함께 원만한 관계를 유지하며 효과적으로 일할 수 있는 기술이나 능력이라고 정의한다. 인간관계는 다른 사람의 욕구와 장점, 능력, 그리고 단점까지도 이해하려는 노력을 의미한다. 또 직장에서의 인간관계란 사람들이 집단 속에서 어떻게 함께 일하

인간관계(human relations)
사람을 통하여 또는 다른 사람들과 함께 효과적으로 일할 수 있는 기술이나 능력

며 개인적인 요구와 집단의 목표를 동시에 충족시킬 수 있을 것인가를 의미한다. 인간관계 능력이란 커뮤니케이션 능력, 팀워크, 문제해결 능력, 거래회사 및 고객에 대한 친절한 응대 등 다양한 능력을 포함한다.

우리는 다른 사람과의 접촉을 피할 수는 없다. 우리가 어떤 일을 하든 다른 사람들과의 관계는 성공이나 실패에 있어서 결정적인 영향을 미친다. 어떤 사람이 직무능력은 뛰어나지 않고 평균밖에 되지 않지만 좋은 인간관계 기술을 가지고 있다면 다른 사람들보다 더 높게 평가되기도 한다. 반대로 능력 있는 사람이라고 할지라도 원만한 인간관계 기술을 가지지 못한 사람은 자신의 능력보다 더 낮은 평가를 받기도 한다. 직장이나 사업체에서 다른 사람들과 함께 잘 어울릴 수 있는 사람은 다른 사람들로부터 좋은 평가와 존경을 받을 수 있다.

원만한 인간관계를 위해서는 자신에 대한 이해와 자신과의 바른 관계 정립이 필수적이다. 대부분의 사람들은 각자 자신에 대하여 정확하지 않은 인식을 가지고 타인들과 관계를 맺게 됨으로써 많은 인간관계 문제에 부딪힌다. 특히 자신의 능력이나 외모, 성격에 대하여 부정적인 태도를 가진 사람들은 타인들에 대해서도 왜곡된 태도를 갖는 경우가 많다. 자신에 대하여 올바른 이해를 가질 때 비로소 열린 마음으로 상대방을 이해할 수 있게 된다.

자신을 존중하고 자신에 대하여 편안히 느낄 때 다른 사람도 존중하게 되고 다른 사람들과 원만한 관계를 유지할 수 있게 된다. 나는 내 자신에 대하여 편안하게 느끼는가? 다른 사람들은 나에 대하여 편안히 느끼는가? 나는 대체로 사람들과 원만한 인간관계를 유지하는가? 나는 내 자신이 마음에 드는가? 마음에 든다면 어떤 점이 마음에 드는가? 마음에 들지 않는다면 어떤 점이 마음에 들지 않는가? 마음에 들지 않는 부분을 개선하기 위하여 어떤 노력을 하고 있는가? 등 자신과 주위 사람들과의 관계에 대하여 끊임없이 질문을 던져야 한다.

직장에서는 다양한 경험과 다양한 연령대의 고객, 동료, 상사, 부하 등과 인간관계를 맺게 된다. 경험과 연령대만 다를 뿐 아니라 각자의 윤리관, 가정배경, 가치관, 생각, 성격 등이 다양한 사람들과 함께 교류하면서 인간관계 기술을 실천한다.

특히 사회생활을 시작하게 되면 직업에 있어서의 성공과 실패를 가름하는 가장 중요한 요소 중의 하나는 뛰어난 인간관계 능력이라고 할 수 있다. 의도된 그리고 가식적인 인간관계는 결코 오래 지속될 수 없다. 매일매일의 생활에서 자신의 본성과 인격에서 우러나오는 진정한 인간관계만이 타인을 변화시키고 감동시킬 수 있다.

평소의 작은 인간관계가 나중에 큰 보상으로 돌아온다는 것을 다음의 이야기를 통해서도 알 수 있다.

대부분의 사람들은 토마스 에디슨의 실험실과 공장이 불탔을 때 그의 나이가 67세였고, 어떤 보험에도 들어 있지 않았다는 사실을 모르고 있다. 그 재가 식기도 전에 헨리 포드는 에디슨에게 무이자라고 쓰여진 75만 달러 수표를 건네주었다. 만일 에디슨에게 더 많은 돈이 필요하다면 도와주겠다는 메모도 함께 보냈다.

많은 사람들이 포드의 관대함에 놀랐지만 그가 에디슨에게 그 많은 돈을 준 진짜 이유는 화재가 일어나기 몇 년 전에 일어났던 우연한 사건이 계기가 되었다. 에디슨은 전기자동차를 만들고 있었고 차를 운행하기 위한 배터리를 만들었다. 그는 헨리 포드라는 사람이 가솔린 엔진을 만들고 있다는 소식을 듣고 그를 만나러 가서 많은 질문을 했다. 포드는 그의 질문에 성심껏 대답을 하였다. 이들이 작별 인사를 할 때 에디슨은 포드에게 "젊은이, 자네는 대단한 사람이군. 나는 자네가 계속 연구하도록 격려하고 싶군"이라고 말했다. 나중에 포드는 미국에서 가장 존경받는 발명가에게서 들은 이 격려의 말이 그에게 대단한 용기를 주게 되었다고 했다. 용기를 얻은 그는 계속 열심히 연구에 몰두했던 것이다.

출처 : Zig Ziggler의 천재 B반을 위한 Success

1.1.2 인간관계 기술의 학습

사람은 누구나 타고나는 성격이 있다. 외향적이고 다른 사람과 잘 지낼 수 있는 성격을 타고나는 사람이 있는가 하면, 내성적이고 소극적인 성격을 타고나는 사람도 있다. 태어날 때부터 차이가 있다는 것에 대해 공평하지 못하다는 실망을 할 수도 있겠지만 희망적인 사실은 인간관계와 관련된 교육과 훈련을 통하여 자신이 사회생활하기에 필요한 인간관계 기술을 학습할 수 있고 계발시켜 나갈 수 있다는 사실이다.

즉, 본성이 어떠하든 성장하는 동안 다른 사람들과의 긍정적인 경험을 통하여 성격이 얼마든지 바뀔 수 있다. 특히 사춘기와 대학시절에는 자신의 인성을 바람직한 방향으로 계발하기 위하여 노력한다면 얼마든지 개선이 가능하다. 인간관계에 대한 이론을 바탕으로 인간관계를 개선해 나갈 수 있는 방법을 찾아내고 꾸준히 연습하고 실천해 나간다면 얼마든지 사회생활에 필요한 인간관계 능력을 계발시켜 나갈 수 있다. 이 과목을 통하여 인간관계에 관한 지식의 습득에만 그치지 말고 자신을 변화시켜 나가겠다는 의지와 함께 이 과목에서 배운 내용을 실천에 옮기고 꾸준한 연습을 통하여 자신의 습관으로 내재화시켜 나가는 노력이 무엇보다 중요하다.

인간관계론의 학습목적은 인간과 인간과의 관계에 대한 이해를 높여 나가는 것과 그러한 이해를 바탕으로 직업현장에서 실제로 인간관계 기술을 적용함으로써 개인과 조직의 목표를 성취해 나가는 것이다. 인간관계론은 지식을 적용하는 실천학문이다. 인간관계론은 일과 일에 종사하는 사람들이 서로 어떤 관계를 유지하는가를 살펴본다. 뿐만 아니라 개인이 자신의 행복감을 높이기 위하여 인간관계 능력을 향상해 나가는 노력을 기울이고 조직원들의 일에 대한 만족과 행복감을 높여주기 위하여 환경을 바꾸어 나가는 것까지 포함한다.

따라서 본 교재에 있어서의 인간관계론의 학습은 크게 두 가지 목적을 가지는데, 하나는 개인의 행복과 성공적인 커리어를 이루어나갈 수 있는 인간관계 능력을 키우는 것이며, 다른 하나는 조직의 일원으로서 조직의 목표달성을 위한 인간관계 능력을 키우는 것이다. 다음의 주제들은 다음 장부터 다루어 질 내용들이다.

그림 1-1 | 인간관계론의 학습영역

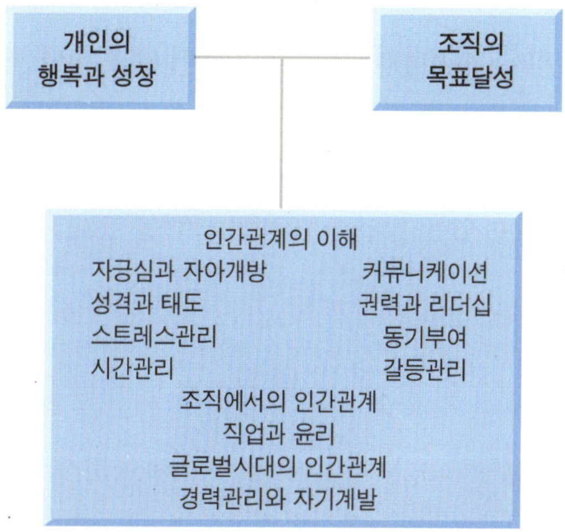

1 인간관계의 이해

급속하게 변화하는 현대사회 및 직업환경에서 인간관계의 문제는 다른 어느 때보다 더욱 중요하게 부각되고 있다. 특히 커리어에서 뛰어난 인간관계 능력은 성공에 있어 중요한 요소 중의 하나이다. 인간관계에 대한 올바른 이해를 바탕으로 원만한 대인관계를 실천해 나갈 수 있을 뿐 아니라 조직원으로서 조직목표 달성에 기여할 수 있게 된다. 제1장에서는 이러한 인간관계의 중요성을 인식하고 학문으로서의 인간관계론은 어떤 발전과정을 거쳐왔는지 살펴볼 것이다.

2 자긍심과 자아개방

자긍심이란 인간으로서 자신에 대해 가지는 자신감과 가치감이다. 심리학적 연구에서 낮은 자긍심을 가진 사람들은 알코올 중독, 불안, 우울증 등 여러 형태의 정신건강 문제를 갖기 쉬우며 인간관계에서도 원만하지 못하여 직장에서 문제를 일으키기도 한다고 한다. 반면 높은 자긍심을 가진 사람은 긍정적인 태도와 원만한 인간관계를 유지하며 업무의 성과도 높다. 직장에서는 건강한 자긍심이 높은 수준의 일과 업적을 이루는 데 있어서 주요 요소이며, 특히 그 일이 다른 사람들에게 직접적인 영향을 끼칠 때는 더욱 그러하다. 올바른 자아개념과 높은 자긍심을 가지기 위해서는 적절한 수준의 자아개방이 필요하다. 제2장에서는 자긍심을 향상시킬 수 있는 방안과 다른 사람과의 활발한 교류를 통하여 자신을 적정수준으로 개방할 수 있는 방안에 대하여 살펴볼 것이다.

3 성격과 태도

사람마다 그 사람을 다른 사람과 구분짓게 만드는 독특한 특성이 있다. 행동, 생각, 감정 등으로 나타나는 한 개인의 특별하고 일관된 패턴을 퍼스낼리티라고 하는데, 이를 성격이라고도 한다. 성격은 타고 나는 부분도 있지만 성장과정을 통하여 형성되는 부분도 있다.

태도는 우리가 자신과 다른 사람을 대할 때 가지는 신념과 느낌, 행동을 일컫는 것으로, 태도는 많은 부분이 성장과정과 주위 사람들과의 교류경험에 의하여 결정지어진다고 한다. 사람과 생에 대하여 긍정적인 태도를 가진 사람이 커리어에 있어서도 성공할 수 있다고 한다. 제3장에서는 퍼스낼리티 유형을 살펴보고 인간관계에 있어 긍정적인 태도를 개발할 수 있는 실천방안에 대하여 학습할 것이다.

4 커뮤니케이션

커뮤니케이션이란 아이디어, 생각, 감정 등을 상대방으로 하여금 의도한 대로 전달받게 하는 과정이다. 의사소통 과정은 관리기능의 핵심이며 관리직의 성공이나 실패에 직접적으로 연관되어 있다. 인간관계 문제가 발생하는 경우 잘못된 의사소통이 언제나 동반되고 있기 마련이다.

우리가 개인으로서 혹은 집단으로서 성장하기 위해서는 효과적인 의사소통이 필수적이다. 성공은 많은 부분 아이디어나 개념을 얼마나 명확하게 잘 표현할 수 있는가 하는 개인의 능력에 달려 있다. 또한 다른 사람의 말을 경청하는 것은 의사소통 능력의 중요 부분을 차지하는데, 다른 사람의 이야기를 들을 때는 내용뿐만 아니라 말하는 사람의 느낌과 감정까지 들을 수 있어야 한다. 제4장에서는 언어적 그리고 비언어적 수단의 커뮤니케이션 효과와 인간관계를 깊게 할 수 있는 효과적인 경청방안에 대하여 살펴볼 것이다.

5 권력과 리더십

권력이 다른 사람의 행위나 태도를 내가 원하는 대로 바꿀 수 있는 능력이라고 한다면, 리더십은 다른 사람에게 영향을 주어서 목적을 이루도록 하는 것을 의미한다. 조직 내에서 사람들의 행동을 살펴보면 어떤 형태로든 권력과 리더십을 행사하려는 것을 볼 수 있다. 위협이나 회유로 권력을 얻기보다는 전문가로서의 능력을 가질 때에 참된 권력을 얻을 수 있게 된다. 현대에 와서는 권력을 바탕으로 하는 리더십보다는 부하직원들이 발전할 수 있도록 능력계발을 시켜주고 격려해 주는 리더가 참된 리더이다. 제5장에서는 바람직한 리더의 모습을 찾아보고 리더십을 실천할 수 있는 전략에 대하여 학습할 것이다.

6 동기부여

무엇이 사람들을 움직이게 하고, 무엇이 아침마다 잠자리를 박차고 나오게 하며, 무엇이 우리로 하여금 최선을 다하게 하는가? 일을 하게 하는 이러한 힘을 우리는 동기부여라고 부른다. 오늘날의 동기부여는 예전과 달리 해석되고 있다. 사람들은 단순히 위협이나 벌을 피하기 위하여 혹은 직업에 대한 금전적 보상만을 위하여 일하지 않는다는 것이다. 동기부여는 개인이나 집단이 욕구를 충족시키기 위하여 일어난다. 따라서 동기부여는 인간관계를 이해하는 데 있어 매우 중요한 요소이다. 제6장에서는 나는 어떤 욕구를 가지고 있는지 파악해 보고 사람들을 효과적으로 동기부여시키는 방안에 대하여 배울 것이다.

7 갈등관리

좋은 인간관계를 유지하기 위한 노력의 많은 부분은 갈등의 예방에 있다. 갈등은 사람들이 함께 일하는 환경에서는 항상 발생하기 마련이다. 어느 정도의 우호적 갈등은 집단구성원들이 지나치게 유사한 생각을 가지는 것을 방지해 주고 이로 인한 실수를 막아줌으로써 오히려 유익하다고 할 수 있다. 그러나 조직 내에서 비생산적인 갈등에 부딪쳤을 때는 그것을 해결하기 위하여 확실한 조치를 취해야 한다. 제7장에서는 비생산적인 갈등은 해소하고 건설적인 갈등은 유도함으로써 적절한 수준의 갈등을 유지할 수 있는 구체적 방법에 대하여 살펴볼 것이다.

8 조직에서의 인간관계

조직 내에서 사람들은 다양한 인간관계를 맺고 생활을 한다. 부하직원으로서 동료로서 상사로서 다양한 인간관계 기술을 실천하여야 한다. 특히 팀원으로서 원만한 팀워크를 이루어 서로 협동할 수 있을 때에 조직의 성과를 더욱 높일 수 있다.

까다로운 상사, 까다로운 고객, 함께 일하기 어려운 동료 등 모든 인간관계에서 효과적으로 대처할 수 있다면 어떤 상황에서도 어려움을 헤쳐나갈 수 있는 인간관계 능력을 소유할 수 있게 될 것이다. 제8장에서는 다양한 사람들과의 인간관계를 원만하게 유지해 나갈 수 있는 실천적 know-how를 배우게 될 것이다.

9 스트레스관리

살아있는 생명체는 어떤 형태든 스트레스를 경험하게 된다. 스트레스가 항상 나쁜 것은 아니며 스트레스를 효과적으로 관리할 때는 생활의 활력을 주기도 한다. 그러나 스트레스가 감당하기 힘든 수준까지 도달하게 되면 심리적인 건강뿐 아니라 신체적인 건강까지 상하게 되므로 적절한 수준으로 유지할 수 있어야 한다. 제9장에서는 효과적인 스트레스관리 방안을 세우고 스트레스를 줄일 수 있는 생활태도에 대하여 살펴볼 것이다.

10 시간관리

일은 바쁜 사람에게 시키라는 말이 있다. 시간이 많은 사람이 일을 더 빨리 그리고 잘 해낼 것 같지만 오히려 바쁘지만 시간을 쪼개어 열심히 활용하는 사람이 더 많은 일을 해내는 것을 주위에서 볼 수 있다. 최근에 시테크라는 개념이 한때 유행하였고 지금도 여전이 중요한 주제가 되고 있다. 똑같이 주어진 물리적 시간에 많은 성과를 이루어내는 사람과 그렇지 못한 사람의 차이는 시간을 어떻게 관리하는가에 달려 있다. 제10장에서는 한꺼번에 쏟아지는 일들을 우선순위를 세워 처리하고, 시간낭비적인 요소를 없애며, 효율적인 사무환경을 유지관리할 수 있는 방법들을 살펴봄으로써 시간을 효과적으로 활용할 수 있는 방법을 배울 것이다.

11 직업과 윤리

같은 일을 하면서도 기쁜 마음으로 최선을 다하는 사람이 있는가 하면 항상 불만에 가득 차서 억지로 일을 함으로써 자신도 불행하고 주위 사람들마저 즐겁지 못하게 만드는 사람이 있다. 전통적인 일의 의미와 현대적인 일의 의미가 달라지긴 하였지만 자신이 잘하는 일 그리고 자신이 좋아하는 일을 직업으로 가질 수 있다면 그것보다 더 행복할 수는 없을 것이다.

일을 함에 있어서도 개개인이 직업윤리의식을 가지고 정직하고 투명하게 일을 한다면 우리 사회는 훨씬 깨끗한 사회가 될 수 있을 것이다. 제11장에서는 어떤 자세로 직업에 임하여야 하며 개인과 직장이 바른 윤리를 실천하려면 어떻게 하여야 하는가에 대한 실제적 방안들을 살펴볼 것이다.

12 글로벌사회의 인간관계

첨단 정보통신테크놀로지와 각종 교통수단의 발달로 인하여 전세계는 점점 좁아지고 기업은 전세계로 뻗어나가는 글로벌 사회에 우리는 살고 있다. 그러나 다양한 민족, 문화, 종교로 인한 갈등은 여전히 지속되고 있기 때문에 국제사회에서 서로의 차이점을 이해하고 수용하는 국제사회 인간관계 능력은 더욱 중요한 능력으로 부상되고 있다. 특히 글로벌조직에서 다양한 국적의 조직원들이 함께 일하는 환경에서는 다양성(diversity)이 때로는 기업의 경쟁력이 될 수도 있기 때문에 다양성과 창의성을 장려하며 권장하는 조직문화가 확산되어야 한다. 제12장에서는 문화의 다양성과 문화 간의 차이를 살펴보고 글로벌 기업환경에서의 매너와 에티켓에 대하여 살펴볼 것이다.

13 경력관리와 자기계발

성공적인 커리어를 시작하기 위해서는 자신이 능력을 발휘할 수 있는 직업을 선택하고 그 직업에 진출할 수 있는 직업능력을 키우며 직장을 구하는 노력이 우선되어야 한다. 취직이 된다고 하더라도 평생직장이 보장되지 않고 끊임없이 변화해가는 현대사회 직업환경에서는 자신의 경력을 관리하고 스스로를 계발해 나가려는 노력을 지속하지 않으면 퇴보할 수밖에 없다. 특히 지식기반사회에서는 끊임없이 변화하고 발전하는 지식을 습득해야 하는데, 효과적인 평생교육을 통하여 자기계발을 이룩할 수 있다. 이 장에서는 자신의 진로에 대하여 생각해 보고 장기적으로 자신의 경력을 관리해 나갈 수 있는 효과적인 전략을 세워 실천할 수 있는 방법에 대하여 학습할 것이다.

위의 제목들에서 살펴본 것처럼 인간관계의 이해와 실천에서 배우는 내용들은 나 자신에 대하여 더 잘 알게 될 뿐 아니라 주위의 사람들을 보다 더 잘 이해하고 원만한 관계를 형성할 수 있는 실천적 방안들을 제시해 주고 있다. 뿐만 아니라 자신과 조직의 목표를 동시에 달성함으로써 성공적인 커리어를 가능하게 해준다. 인간관계의 이해와 실천에 대한 학습은 복잡하고 끊임없이 변화해 가는 환경을 극복해 나가는 데 있어 많은 도움이 될 것이다.

인간관계론의 역사 1.2

한 개인을 완전히 이해하기 위해서는 그 사람이 살아온 과거를 알아야 하는 것처럼 오늘날의 현상을 충분히 이해하기 위해서는 그 이론이 학문적으로 어떻게 발전되어 왔는가에 대한 깊은 이해가 필수적이다. 인간관계론도 예외가 아니다. 현대의 인간관계 문제를 논하기 위해서는 인간관계론이 현재까지 어떻게 발전해 왔는가에 대한 충분한 이해가 필요하다.

1.2.1 초기 인간관계론

근대에 와서는 1800년대 중반기부터 인간관계론이 논의되기 시작하였다. 1869년에 결성된 '노동의 기사들(The Knights of Labor)' 이란 조직은 나중에 출현한 노동조합과 흡사하다. 이 그룹의 창시자들은 그 당시 많은 작업장의 열악한 노동환경과 불공정한 대우에 대항하였다. 만약 관리자들과 근로자들의 인간관계가 좋았더라면 노동조합운동은 결코 시작되지 않았을 것이다.

19세기 초 영국에서는 로버트 오웬(Robert Owen)이 근로자들의 대우를 향상시키면 생산성이 증가하고 따라서 이윤도 증가할 것이라는 그 당시로서는 획기적인 아이디어를 들고 나왔다. 그 당시 오웬은 산업체에서 많은 개혁을 시도하였다. 예를 들면, 그의 공장에서 그때에는 일반적이던 어린이 노동력 사용을 중단하였다. 또한 근로자들에게 깨끗하고 건전한 작업환경을 유지하도록 격려하였다. 오늘날의 관점에서 본다면 오웬의 시도는 별것 아닐 수도 있으나 그 시대에는 상당히 진보적인 생각이었다.

다음의 1872년도 마차제작소 근무수칙 벽보를 살펴보면 그 당시의 분위기를 읽을 수 있을 뿐 아니라 오늘날의 근무환경이나 근로자의 지위와도 비교해 볼 수 있다.

새해를 올바르게 시작하자!

A 사무실 근로자는 매일 바닥을 쓸고 가구와 선반 그리고 진열장의 먼지를 닦는다.

B 근로자 각자는 매일 물 한 동이와 석탄 한 통을 들고 온다.

C 근로자들은 매일 램프의 기름을 채우고 심지를 잘라주며 굴뚝을 청소하고 일주일에 한 번 창문을 닦는다.

D 펜을 조심스럽게 다루되 각자 사용하기 편리하게 펜촉을 다듬는다.

E 사무실은 일요일을 제외하고는 오전 7시에 열어서 저녁 8시에 닫는다.

F 남자 근로자는 법정배심을 위해 매주 1번, 정기적인 교회 참석을 위해 매주 2번씩 저녁근무를 면제받을 수 있다.

G 모든 근로자는 급여의 일부분을 저축함으로써 노년을 대비하고 다른 사람의 짐이 되는 것을 방지하여야 한다.

H 담배를 피거나 술을 마시거나 이발소에서 면도를 하거나 공중장소에 자주 나가는 직원은 고용주에게 자신의 정직성과 가치, 그리고 성실함에 대하여 충분히 납득시킬 수 있어야 한다.

> 5년 동안 성실히 근무한 근로자로 근검절약하고 신앙이 투철하며 법을 준수하는 시민으로 동료들의 존경을 받는 사람에게는 회사의 수익이 허락하는 범위 내에서 매일 5센트의 임금을 추가로 지급한다.
>
> 출처 : Hodgetts R., *Modern Human Relations at Work*, 1999. p.7.

독일에서는 막스 베버(Max Weber)라는 사회학자가 인간관계의 문제는 편애주의나 가족이기주의 그리고 사회의 여러 불공정한 제도에서 기인한다고 보았다. 베버는 관료주의라는 제도를 주창하였는데, 관료주의에서는 각 개인이 특정한 책임과 의무를 가지며 이러한 의무들은 능력과 재능의 기초 위에서 행해져야 한다고 믿었다. 또한 조직의 일들은 질서정연하게 처리되며 각 근로자들은 한 명의 상관에게 보고할 의무를 가져야 한다고 하였다. 즉, 조직체계와 보고체계를 확립하여야 한다고 보았다. 물론 현대에 와서는 관료주의라는 단어는 부정적인 의미를 가지고 있으며 정부기관의 불필요한 형식과 끝없는 서류업무와 곧잘 연상되곤 한다. 그러나 관료주의도 처음에는 능률뿐 아니라 인간관계를 향상시키기 위하여 시작되었다는 사실이 흥미롭다.

1.2.2 과학으로서의 인간관계론

1 과학적 관리법

20세기 초에 들어와서 프레드릭 테일러(Frederick Taylor)는 과학적 관리법*을 주창하였다. 오늘날 테일러를 아는 대부분의 사람들은 그를 하나의 작업을 수행하기 위하여 최선의 방법(one best way)을 찾으려고 노력한 산업기사였던 것으로 기억한다. 또한 그는 근로자들보다 생산성에

과학적 관리법(scientific management)
효율성을 최우선으로 하여 직업방법을 만들려고 했던 근대 조직행동론

만 관심이 있었던 사람으로 비판되기도 한다. 그러나 그는 모든 조직의 성과에 있어 인적인 요소가 얼마나 중요한가를 보여준 인간관계론 역사의 매우 중요한 인물이다.

테일러의 가장 많이 알려진 성과 중 하나는 "최적의 삽(optimum shovel)"이 있다. 동부의 철강공장에서 테일러는 근로자들이 큰 용광로에 석탄을 삽질해서 넣는 것을 보고 있었다. 그 후에는 같은 근로자들이 같은 삽을 사용하여 타고 남은 석탄재를 퍼내는 것을 유심히 살피면서 두 가지 삽을 고안해 내었다. 가벼운 재를 퍼내기 위해서는 훨씬 더 큰 삽을, 그리고 석탄을 담기 위해서는 사용하던 것보다 작은 삽을 고안하였다. 이 삽은 근로자들이 자주 휴식시간을 갖지 않고도 최적의 상태로 일할 수 있는 적절한 크기와 무게의 삽이었다. 그 결과 공장의 생산성은 즉시 올라갔으며 이로 인해 테일러는 매우 유명해졌다.

또한 테일러는 근로자가 하루에 수행할 수 있는 적당한 작업량을 과학적으로 정하기 위하여 시간연구와 동작연구*를 통하여 근로자의 표준과업을 설정하였다. 이를 통해 표준과업을 초과한 근로자에게는 높은 임금을 지급하고 과업을 달성하지 못한 근로자에게는 낮은 임금을 지급함으로써 능률을 중시하였고 성과급제의 기본이 되었다. 또한 작업환경을 개선하고 근로자에게 적절한 휴식을 제공하면 능률을 향상시킬 수 있다는 주장을 해서 근로자들을 보다 나은 환경에서 일할 수 있게 하였다.

2 호손실험

1920년대 후반 과학적 관리법을 연구하던 학자들이 근로자들의 작업환경과 이의 생산성에 미치는 효과를 연구하기 위하여 일리노이의 호손(Hawthorne)에 위치하는 공장에 갔다. 새로운 실험을 시도할 때마다 생

시간 · 동작연구(time & motion study)
특정직무의 작업을 수행하는 데 필요한 시간과 동작을 측정하는 것. 테일러의 '과학적 관리법'에서 개인 종업원의 생산성을 평가하기 위한 관리표준을 만들기 위해 주창됨

산성은 향상되었다. 재미있는 사실은 새로운 시도를 중단하거나 환경을 더 열악하게 하여도 오히려 생산성은 증가했다는 점이다. 가장 유명한 실험은 조명실험인데, 웨스턴전기 생산조립공장에서 조명을 밝게 해 주었을 때 생산성이 증가하였다. 그런데 그 조명을 희미하게 낮추었을 때도 생산성이 더욱 증가하였다.

실험결과는 학자들을 혼란스럽게 만들었다. 왜 근로자들은 매우 희미한 조명과 같은 열악한 환경하에서 더 열심히 일하였을까? 과학적 관리학자들이 부딪쳤던 이 문제는 메이요* 박사의 관심을 끌게 되었다. 그 후 1927년부터 1932년까지 거의 5년 동안 메이요는 호손공장에 머물면서 그 유명한 호손실험(Hawthorne Experiment)을 실시하였다. 메이요 박사는 근로자들을 대상으로 설문조사법, 관찰법, 면접조사 등 다양한 연구방법을 사용하여 방대하고도 심층적인 연구조사를 실시하였다.

5년 동안의 연구결과는 두 가지 중요한 발견으로 압축될 수 있는데, 하나는 호손공장의 근로자들은 누군가가 자신들에게 관심을 가지고 있었기 때문에 더 열심히 일하였다는 사실이었다. 그 관심은 일상적으로 작업장에서 받던 관심의 정도보다 더 높은 것이었으며 근로자들은 보다 높은 동기로 그 관심에 답하였던 것이다. 두 번째로는 인위적으로 결정된 공식조직이 아닌 작업장에서 자연적으로 형성된 비공식조직*의 존재를 밝혀낸 점이다. 어떤 근로자가 어떤 이유에 의해 평상시처럼 일할 기분이 나지 않더라도 그가 속한 비공식조직의 기대를 충족시키기 위하여 작업을 평상시처럼 하게 되고, 따라서 그 그룹의 생산성은 여전히 높게 나타난다는 것이다. 이러한 과정을 거쳐 발달된 이론은 인간은 금전적 요인에 의해서 동기부여되기도 하지만 더 중요한 것은 인간으로서 타인들

메이요(Elton Mayo)
하버드대학의 사회심리학 교수로 호손공장 실험을 주도하여 인간관계론의 기초이론을 정립함

비공식조직(informal organization)
조직의 지위, 업무, 서열과 상관없이 자연발생적으로 생겨나는 조직

과 어울리고 타인들로부터 인정받고 싶은 인간관계적 요소에 의해서 움직인다는 지금은 지극히 상식처럼 여겨지는 사실을 밝혀낸 점이다.

최근의 연구조사들은 호손공장의 근로자들은 자신들에게 실험으로 인하여 쏟아진 관심뿐 아니라 열심히 일하지 않으면 해고당할지도 모른다는 두려움 때문에 열심히 일하였을 것이라는 새로운 해석을 하고 있다. 이 새로운 해석이 사실이든 아니든 메이요의 발견은 작업에 있어서 인간관계의 역할이 매우 중요하다는 사실을 입증하였으며 이는 몇 십년 동안 작업현장에 지대한 영향을 끼쳤다. 메이요의 결론에 기반하여 많은 연구들이 행해졌고 또 현장에서 실천되어졌다. 호손공장실험의 결과들은 오늘날에도 경영에 많은 영향을 미치고 있다.

그 이후 인간관계 및 직업현장의 현상에 대한 과학적인 연구를 통하여 상식적으로 항상 옳다고 생각되어지는 사실들이 진실이 아닐 때도 있음을 밝혀내었다. 그 예는 다음과 같다.

- 스트레스를 극복하는 효과적인 방법은 정신적으로 그리고 행동적으로 문제를 피하는 것이다.
- 조직 내의 불법적인 사건에 대하여 많은 사람이 알면 알수록 개인들은 그 불법 사실을 신고해야 한다고 느낄 것이다.
- 행복한 근로자들은 생산성 높은 근로자들이다.
- 어떤 형태의 보상이든 보상은 동기부여를 증진시킨다.
- 그룹으로 브레인스토밍하면 개인적으로 생각했을 때보다 더 많은 아이디어를 내놓는다.
- 훌륭한 지도자는 모든 상황에서 효과적이다.
- 그 직장에서 행복하지 못한 사람은 그 직장을 떠날 것이다.
- 비슷한 사람보다 다른 성격이나 관심을 가진 사람들끼리 서로 더 끌린다.
- 우리는 주위 사람들의 거짓말이나 속임수를 낯선 사람보다 더 잘 잡아낼 수 있다.
  최고를 추구하며 커리어에서 성공하는 것이 인생에 있어서의 성공의 열쇠다.

그 이후 인간관계론은 심리학, 사회학, 인류학, 경영관리, 의학 등 다양한 관련 학문분야의 이론을 통합하여 발전해 왔으며 오늘날에 와서는 조직행동이라는 경영학의 주요 영역으로 자리잡았다.

현대사회의 인간관계 1.3

1.3.1 현대 조직환경의 특징

인류는 20세기에 들어서 산업사회를 거쳐 정보사회에 진입하였다. 특히 현대사회에서는 많은 변화들이 빠른 속도로 일어나고 있다.

현대 조직환경의 특징을 살펴보면 다음과 같다.

1 변화의 가속화

우리가 일하는 조직과 산업 그리고 사회는 매우 빨리 변화하고 있다. 우리가 어떤 비즈니스나 직업에 종사하든 간에 일 자체보다는 정보를 다루는 데 더 많은 시간을 보낸다. 또한 이전의 생산활동은 조직 내에서만 이루어졌으나 지금은 점점 여러 다른 조직들로 분화하고 흩어져서 이루어지고 있다.

지난 10년 간 인류에게 일어난 변화는 지난 1세기 동안 일어났던 변화보다 더 많은 변화를 인류에게 가져다 주었다. 이런 변화들은 주로 테크놀로지의 발전과 연관되어 있으며, 테크놀로지는 다음 세 가지 측면에서 변화의 핵심이 된다.

- 테크놀로지는 사람들한테 새로운 작업방식과 커뮤니케이션 기술을 익히게 한다.
- 그 변화들은 조직들이 새로운 상품과 서비스를 빠른 시일 내에 습득

하여 경쟁에서 뒤처지지 않도록 하며, 때로는 이를 강요하기도 한다.

- 진보된 커뮤니케이션으로 인해 과거에는 지역적으로 한정되었던 것들을 이제는 여러 곳에서 동시에 볼 수 있게 되었다.

변화는 우리로 하여금 새로운 조직형태와 작업수행방식을 개발해 내도록 한다. 많은 학자들은 변화의 요구에 대한 신속한 대처와 유연성이 얼마나 중요한지를 일깨워주며 대부분의 조직들은 이러한 면들을 향상시키기 위해 많은 노력을 기울이고 있다. 오늘날에는 조직 간의 경쟁에서 타부서 혹은 다른 사람들과의 팀워크를 무시하고 자신의 업무만을 완벽하게 수행하려는 사람들만 있는 회사는 살아남기 어렵다.

2 지식산업의 발달

오늘날 직무가 복잡화되어가는 이유는 점점 더 많은 직무들이 산업사회에서 통용되던 기계적 기술보다는 지식에 더 기반을 두고 있기 때문이다. 작업이 기계적이었을 때는 그것을 분업의 형태로 여러 요소로 나누고 각기 다른 부서에서 수행하였다.

그러나 지식과 정보에 기반을 둔 일은 분화하기가 힘들다. 일종의 지식근로자로 분류될 수 있는 사무직도 예전에는 업무의 단위요소에 따라 분업화되어 있어 한 가지 기능이나 지식만을 반복적으로 사용하였으나 이제는 여러 형태의 업무를 복합적으로 처리할 수 있는 다기능적인 능력을 요구한다.

3 조직유형과 고용형태의 변화

지식에 기반을 둔 일은 프로젝트의 성격에 따라 팀제로 주로 운영이 된다. 팀은 일반적으로 일정한 형태와 조직의 모양을 갖춘 고정적인 부서가 아니라 그때마다 필요한 기술과 자원이 틀려짐에 따라 팀원의 구성도 달라진다. 새로운 필요에 따라 인원이 교체 또는 충원되기도 하고 팀원의 변화에 따라 업무의 재배치가 이루어진다.

이러한 업무의 종류와 성격 때문에 필요한 직원을 모두 정직원으로 고용하는 것이 아니라 필요에 따라 계약직, 임시직, 컨설턴트, 프리랜서 등을 고용하여 팀을 이루게 된다. 또 어떤 업무는 해당 분야의 전문적인 외부조직과 계약을 맺어 업무를 맡기게 되는데 이를 아웃소싱*이라고 한다. 즉, 조직은 핵심적인 임무와 역할에만 정규직원을 고용하고 나머지는 용역회사로부터 필요에 따라 인원을 공급받는다. 어떤 경우에는 전문성이 필요없는 간단한 일은 소비자에게 맡기기도 한다. 은행의 자동현금출납기, 조립식 가구업체(DIY)* 등과 같이 업무의 일부를 소비자가 수행하도록 하고 그 대신 서비스의 가격을 낮추기도 한다.

4 직업환경의 변화

인간의 권리

오늘날 관리자들과 직원들은 인간의 권리를 중시한다. 인권에 대한 인식은 상호 간에 신뢰적이면서도 서로를 존중하는 인간관계를 요구한다. 동료, 고객, 관리자, 경쟁자 등 모든 타인에 대한 권리를 보호하고 존중하여야 한다.

인적자원에 대한 강조

오늘날 조직에 있어 가장 중요한 자원은 인적자원이라는 인식이 확대되고 있다. 따라서 기업의 관리자들과 경영자들은 인적요소에 대하여 많은 강조를 하고 있는데 이러한 경향은 계속될 전망이다.

아웃소싱(outsourcing)
기업 내부의 프로젝트나 활동을 외부 조직에 위탁해 처리함으로써 경쟁력 확보와 생산성 향상을 꾀하기 위한 경영전략

DIY(do it yourself)
조립용 부품을 구입하여 자신이 직접 조립하는 것

작업집단에 대한 강조

오늘날의 근로자들은 직장에서의 팀워크*와 참여적 의사결정을 선호한다. 팀이 잘 운영되기 위해서 리더와 팀원들에게 높은 수준의 인간관계기술을 요구한다. 조직의 경영기획과 의사결정에 팀원들이 효과적으로 참여하고 기여하기 위해서는 그룹 상호교류에 관한 역학(dynamics)을 이해하여야 한다. 즉, 말만의 집단의사결정이 아닌 진정한 집단의사결정을 위해서는 구성원 한 사람 한 사람이 존중되는 동시에 공동의 이해를 끌어낼 수 있는 타협과 협상의 기술이 필요하다는 것이다.

작업현장의 다양화

오늘날의 작업현장은 다양한 인종, 문화, 그리고 사회적 배경을 가진 사람들로 구성되다 보니 복잡한 문제들이 파생되게 된다. 이러한 다양성에 대한 깊은 이해는 중요한 인간관계기술의 하나이다. 국제화시대를 맞아 외국 인력이 급증하는 우리나라에서도 이에 대한 인식이 시급한 형편이다. 외국 근로자들과의 마찰이 종종 신문에 보도되는데 이는 오랫동안 단일민족으로 살아온 우리 민족의 타문화에 대한 이해부족으로 인한 경우가 많이 있다.

5 직업능력의 변화

이제 평생직장, 평생직업이 퇴색된 현실에서 개인들은 각자의 전문성을 높이기 위한 경력관리를 하지 않으면 안 되게 되었다. 평생교육이 일반화되고 지속적으로 전문지식을 습득해야 하며 자신의 고용시장에서의 경쟁력을 높이기 위한 투자를 계속해 나가야 한다. 조직 내에서도 공식적 혹은 비공식적 학습기회를 적극적으로 활용해 나감으로써 새로운 지식과 능력을 습득할 수 있다. 다음은 현대 조직에서 앞서 나가기 위해 많

팀워크(teamwork)
같은 팀에 소속한 사람들끼리 서로 돕고 같은 목표를 달성하기 위해 협력하는 정신

취업을 희망하는 기혼여성들은 일반사무직을 가장 선호하는 것으로 조사되었다. 대한주부클럽연합회가 구직활동중인 서울 거주 기혼여성 774명을 대상으로 희망 직종을 조사한 결과 일반사무직이 21.5%로 가장 많은 것으로 집계됐다. 이어 서비스직(14.9%), 유통판매직(12.8%), 컴퓨터관련 전문직(10.5%), 교사(9.2%), 생산직(5.0%) 순이었다. 원하는 근무형태는 시간제근무(44.2%)가 가장 큰 비율을 차지했고 다음이 종일근무(20.8%), 재택근무(10.5%) 순으로 나타났다.

학습교재를 발행하는 출판사에 근무하는 김미경 씨는 지난 달부터 재택근무를 하고 있다. 일주일에 하루는 사무실에 나가 팀별로 모여 개발 중인 교재에 대한 협의를 하고 지난 한 주간의 작업을 서로 점검한 뒤 다음 일주일 작업 분량에 대한 업무계획을 세운다. 집에서 작업을 할 때는 회사 홈페이지에 구축되어 있는 팀별 커뮤니티에 협의사항을 수시로 게시하고 다른 팀원들과 채팅을 하면서 의논을 하기도 한다. 오전 9시에 4살짜리 딸을 유아원에 보낸 후 집중해서 작업을 하고 딸이 유아원에서 돌아오는 2시 이후에는 딸 아이의 간식을 만들어 주기도 하고 함께 놀아주기도 한다. 저녁 9시에 딸 아이가 잠이 들면 12시까지 다시 작업을 한다. 출퇴근에 시간을 빼앗기지 않아서 좋고 또 육아를 비교적 쉽게 병행할 수 있어 김미경 씨는 현재와 같은 근무조건에 매우 만족해 한다.

은 학자들이 추천하는 필수적인 직업능력이다.

학습능력(learn how to learn)

학습은 학교시절에만 중요한 것이 아니라 평생 동안 개발해 나가야 할 중요한 능력이다. 특히 새로운 경험으로부터 배울 수 있는 개방성을 키워나가는 것은 매우 중요하다. 학습능력은 창의적이고 비판적인 사고, 경험의 축적, 문제분석 및 해결 등을 통하여 계속 개발해 나갈 수 있다. 그러기 위해서는 세미나, 인터넷 학습, 독서 등을 통하여 지식을 확대해 나가는 것을 게을리하지 않아야 한다.

테크놀로지 활용 능력

하루가 다르게 발전하는 테크놀로지 활용 능력 중 컴퓨터 활용 능력은 필수적이다. 새로운 소프트웨어 프로그램이 나오거나 새로운 멀티미디어 기기가 개발되면 두려워하거나 귀찮아하지 말고 업무에 효과적으로 활용할 수 있는 방안을 연구하는 것이 좋다.

인간관계 능력

매일매일의 인간관계에서 효과적으로 의사소통하고 대하는 것은 쉬운 일이 아니다. 다른 어떤 능력보다 인간관계 능력이 성공에 가장 큰 영향을 미친다고 한다. 회사 입장에서는 업무능력이 좀 부족한 것은 훈련을 통해서 향상시켜 나갈 수 있지만 다른 사람들과 교류할 수 있는 인간관계 능력이 부족한 사람을 개선시켜 나가는 것은 매우 어렵다는 것을 알기 때문이다.

특히 최근에 와서 테크놀로지가 발전하면서 오히려 원만한 인간관계 능력에 대한 요구가 더욱 증가되고 있다. 컴퓨터 도입 초기에는 많은 사람들은 컴퓨터를 통한 자동화가 대부분의 업무를 처리해 주고 인간을 대신할 수 있으리라고 생각하였다. 1980년대 미국의 신설 전화서비스회사는 교환원을 채용하는 대신 컴퓨터자동응대시스템을 도입하였다. 통화료를 경쟁회사에 비하여 상당히 내렸음에도 불구하고 많은 사람들은 수많은 번호 버튼을 누른 후에 들려오는 기계합성음보다는 따뜻한 감정이 담긴 인간의 목소리를 가진 교환원을 그리워하게 되었다. 서비스요금이 조금 더 비싸더라도 교환원에게 친절한 고객응대 교육을 철저히 시킨 기존의 회사는 그 후에도 많은 경쟁회사들이 생겼지만 여전히 시장에서 선두 위치를 지킬 수 있었다.

1.3.2 인간관계 능력의 중요성

어떤 저명한 경영학자는 조직원들에게 필요한 능력을 다음과 같은 3가지 능력, 즉 개념화 능력, 인간관계 능력, 기술적 능력으로 나누고 있다.

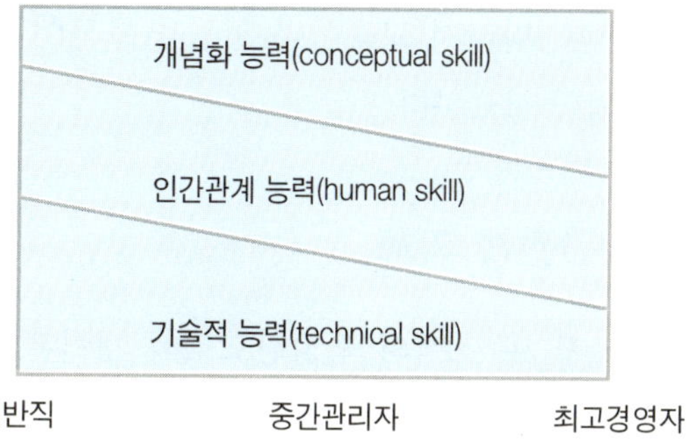

먼저 기술적 능력(technical skill)이란 일정 업무의 처리방법, 절차, 기술 등을 포함하는 특정분야의 전문화된 지식, 전문적인 분석능력, 특정한 도구나 기술을 사용하는 능력을 의미한다. 세 가지 능력 중 가장 가시적이며 구체적인 능력을 의미한다.

인간관계 능력(human skill)이란 팀의 일원으로 업무를 효과적으로 수행하고 팀 내에서 다른 사람들과 협조할 수 있는 능력을 말한다. 기술적 능력이 '사물' 과 일하는 능력인 반면, 인간관계 능력은 '사람' 과 함께 일하는 것에 초점을 맞추고 있다.

개념화 능력(conceptual skill)은 자기가 맡은 전문분야의 업무가 아니라 조직을 전체로 파악할 수 있는 능력을 의미한다. 조직 전체의 일을 총괄하여 조직이 나아가야 할 방향을 설정하고 하위부서 간의 효과적인 조화를 도모한다. 때로는 최고경영자의 개념화 능력에 따라 조직의 성패가 결정되기도 한다.

앞의 그림에서 볼 수 있는 바와 같이 조직의 계층에 따라 필요한 능력의 중요도는 틀려진다. 기술적 능력은 하위일반직에서는 매우 중요하지만 최고경영자는 세세한 부분의 기술까지 알 필요는 없다. 개념화 능력은 하위직에서 고위직으로 올라갈수록 그 중요성이 커져서 최고경영자가 되면 다른 어떤 능력보다 이 능력이 절대적으로 요구된다. 반면 인간관계 능력은 모든 계층의 사람들에게 공통적으로 중요하다.

능력은 타고나는 것이 아니라 개발할 수 있으며, 잠재적인 것이 아니라 업무수행시 보여진다. 따라서 교육이나 훈련을 통하여 다양한 능력을 개발시켜 나가는 노력이 필요하다.

|1.3.3| 현대 인간관계 과제

가정의 일원으로서 또 조직의 구성원으로서 개인은 다양한 인간관계 문제를 지니고 있다. 특히 급변하는 한국사회에서의 사회환경적인 요소는 개인들의 인간관계에 지대한 영향을 미치고 있다.

직장에서의 경쟁 심화

최근의 신세대들은 직장을 구하기도 힘들 뿐 아니라 승진도 더욱 힘들어지고 있다. 뿐만 아니라 신세대들은 기존의 관리자들과도 다른 가치관과 경험으로 인하여 많은 갈등을 일으킨다. 물론 세대차는 역사상 언제나 있어왔지만 작금의 세대 간에 경험하는 세대차는 매우 커 직장생활에 많은 애로점이 노출되어 시급히 해결해야 할 과제이다.

직장을 구하기 위한 경쟁도 보다 더 심화되고 있다. 대학졸업장만으로는 좋은 직장을 구할 수 없을 뿐 아니라 한 직장에서 평생 근무할 수 있는 보장도 없다. 직장 내 사람들 사이에서 일어나는 많은 불안감은 결과적으로 보다 많은 인간관계 문제들을 낳게 된다.

맞벌이 부부의 증가

물질적으로 좀 더 풍요롭게 살기 위해서, 혹은 부부가 함께 벌지 아니하면 생활을 영위해 나갈 수 없어서, 또는 기타 여러 이유로 맞벌이 부부들의 숫자가 점차 증가하고 있다. 이러한 현실은 가족과 그 구성원들에게 새로운 압박을 가져다 주며, 결과적으로는 직장에도 여러 형태로 영향을 끼치게 된다. 즉, 추가적으로 주어진 역할에 대한 스트레스는 직장에서의 스트레스로 연결되며, 특히 자녀양육에 따른 시간이나 역할의 분담에 대한 압박이 늘어나게 된다.

이 혼

근래에 와서 지속적으로 늘어나고 있는 이혼으로 인하여 결손가정의 숫자가 늘어나고 있다. 한국도 결혼 4쌍 중에 1쌍 꼴로 이혼율이 증가하고 있으며 30대, 40대의 이혼율도 증가하는 추세이다. 특히 자녀를 양육하는 여성근로자들은 이혼 후 직장에서도 극심한 스트레스 상태에 빠질 수 있다. 또한 이혼 직후에 오는 상실감이나 배반감 등과 같은 심리상태는 감정적인 장벽을 스스로 쌓게 하여 동료, 상사 등 다른 사람들과의 인간관계에도 영향을 미치며 결과적으로는 업무성과나 태도에도 부정적으로 영향을 미치게 된다. 뿐만 아니라 결손가정에서 자란 아이들은 정상적인 가정에서 자란 아이들보다 성격형성이나 사회적응이 원만치 못해 인간관계 형성에 문제가 될 수 있다.

경제적 부담

고소득기회의 감소와 자녀 교육비의 과도한 부담, 때에 따라서는 노부모 부양에 대한 책임의 증가 등으로 가장의 부담도 커지고 있다. 이때에는 경제적인 문제만 발생하는 것이 아니라 감정적인 문제도 생기므로 인간관계적 문제가 발생하게 된다. 특히 IMF 이후 증가한 실업자와 40~50대 명예퇴직자들의 가정에서는 경제적인 문제로 인한 갈등이 많이 증가하였다.

적용문제

1 자신이 맺고 있는 모든 인간관계를 자유롭게 적어 보자. 가장 중요하게 여기고 있는 인간관계는 누구와 맺고 있는 어떠한 인간관계인가? 이 인간관계에서 문제점이라고 생각되어지는 부분은 무엇인지 적어 보자.

2 주위에서 자신이 판단하기에 인간관계가 좋은 사람과 인간관계가 나쁜 사람을 각각 머리에 떠올린 후 그 사람들의 특징을 적어보고 친구들의 답과 비교해 보자. 어떤 공통점이 있는가?

인간관계가 좋은 사람

1.

2.

3.

인간관계가 나쁜 사람

1.

2.

3.

Chapter 02

자긍심과 자아개방

학습목표

1. 자아개념의 구성요소에 대하여 설명할 수 있다.
2. 자긍심 증진방안을 열거할 수 있다.
3. 긍정적 자성예언이 자아개념에 미치는 영향을 설명할 수 있다.
4. 자아개방의 중요성을 말할 수 있다.

2 Chapter

자긍심과 자아개방

'지킬박사와 하이드씨' 라는 영화가 있었다. 한 인간이 가진 선한 모습과 악한 모습을 전혀 다른 두 인간으로 표현하여 인간의 이중성을 묘사한 작품이기도 하다. 우리는 직장 동료, 상사, 가족, 친구 등의 사람들에게 각각 다른 역할과 다른 모습을 보이며 살고 있는데, 그렇다면 어느 것이 나의 진짜 모습일까? 때로는 자신도 자신에 대하여 정확히 알지 못하는 경우도 있다.

이 장에서는 자신의 실제 모습을 알 수 있도록 도와주는 자아개념과 자긍심 그리고 자아개방에 대하여 살펴보자.

Chapter 2

자긍심과 자아개방

2.1 자아개념이란?

자아개념(self-concept)이란 스스로를 어떻게 인식하는가를 의미한다. 자아개념은 자아정체감(self-identify), 자아존중감(self-esteem) 등 여러 비슷한 개념으로 표현되기도 한다.

우리가 하는 대부분의 행동들은 자아개념에 의해 지배를 받는다. 동시에 우리가 매일 하는 행동이나 일들은 자아개념에 영향을 주고, 다시 자아개념은 우리가 하는 행동에 영향을 준다. 우리가 하는 일들이 자신에 대하여 부정적으로 느끼게 할 때에는 자아개념도 부정적으로 바뀌게 되며 이러한 악순환은 계속되기도 한다.

자아개념은 이상적 자아, 자아상, 실제적 자아, 타인에 비친 자아 4요소로 구성된다. 이 4요소가 항상 일치하는 것은 아니며 보다 안정적인 자아개념을 가지기 위해서는 이 4가지 요소를 일치시키려는 노력이 필요하다.

그림 2-1 | 자아개념의 구성요소

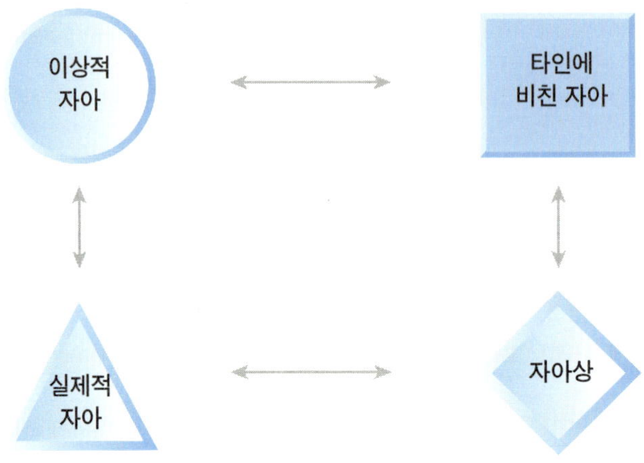

1 자아상

자아상*은 스스로 생각하는 자신의 모습이다. 자아상은 매일 하는 행동과 말에 의하여 프로그래밍될 수 있다. 만약 스스로에게 '나는 인생의 실패자야' 혹은 '바보야' 등과 같이 부정적인 말들을 계속하게 되면 자아개념은 그 메시지를 받아들여 자신의 기억에 입력해둔다. 그런 반면 자신에 대하여 긍정적인 단어와 말들을 사용하면 그러한 메시지들도 역시 기억장치에 입력되었다가 목표를 달성할 때나 행복감을 느끼는 데에 기여하게 된다. 따라서 스스로에게나 타인에게 항상 긍정적인 말을 해주는 것이 매우 중요하다.

2 실제적 자아

실제적 자아*란 다른 사람에게 어떻게 비추어지는가에 상관없이 실제

자아상(self-image)
스스로 생각하고 있는 자신의 모습
실제적 자아(real self)
스스로 인식하고 있는 것과는 관계없는 실제의 자신 모습

의 자신을 의미한다. 이 자아개념의 부분은 스스로가 발견하도록 노력하여야 한다. 타인에게 비추어지는 자아나 스스로 생각하는 자아와 실제적 자아 사이에 거리가 있을 수도 있기 때문이다. 실제적 자아를 발견하기까지는 오랜 시간이 걸릴 수도 있으며, 이 과정을 자아인식(self-awareness)이라고 한다.

3 타인에게 비추어지는 자아*

이 자아개념은 스스로 생각할 때 다른 사람들이 나를 이렇게 볼 것이다라고 생각하는 자아를 의미한다. 어떤 사람들은 다른 사람들이 자신을 실제보다 더 낫게 생각하고 있다고 여긴다. 그러나 많은 사람들은 반대로 타인들이 자신에 대하여 제대로 평가해 주지 않는다고 불만을 나타낸다.

4 이상적 자아*

대부분의 사람들은 미래에 어떠한 사람이 되고 싶다는 이상을 가지고 있다. 어떤 사람에게는 그 이상이 뚜렷하고 명확하며 그 이상을 실현하기 위해서는 현재의 삶에 있어 어떠한 변화가 필요한지를 분명히 인식한다. 그러나 많은 경우 이상은 구체적이지 않고 막연하여 실현되기 힘든 경우도 있다.

가장 바람직한 자아개념은 위 네 가지 형태의 자아개념이 완전히 일치하는 것이며 또 완전히 일치시키기 위해서 항상 노력해야 한다.

타인에게 비추어지는 자아(looking-glass self)
타인이 나를 이렇게 생각할 것이다라고 스스로 생각하고 있는 자아

이상적 자아(ideal self)
미래에 되고자 하는 스스로의 모습

자신의 모습을 알아보기 위하여 다음의 빈 칸을 채워 보자. 다른 사람에게 보이기 위한 답을 쓰기보다 자신의 모습을 충실히 기록해보자. 오래 생각하기보다는 머리에 제일 먼저 떠오르는 답을 적은 후 자신을 평가해 보자.

A 나는 ________________ 때에 "나 이만하면 참 괜찮은 녀석이야"라는 생각이 들었어.

B 나는 ________________ 할 때에 참 기분이 좋았어.

C 나는 다른 사람이 나에게 ________________ 라고 말할 때 가장 기뻤어.

D 내 생에 있어 가장 성공적인 경험은 ______________ 이었어.

E 내 생애에 일어난 일 중 최고의 사건은 ____________ 이었어.

F 나는 ____________________ 했을 때 가장 행복했어.

G 내 인생 중 최고의 기간은 ____________________ 였어.

사람은 모두 나름대로의 장점과 단점을 가지고 있다. 장점은 잘 살리고 단점은 꾸준히 개선해 나갈 때 바람직한 자아상을 키워나갈 수 있다. 다음 빈칸에 자신의 장점을 적어 보자.

장 점

1.

2.

3.

4.

5.

6.

자긍심 2.2

자긍심*은 스스로에 대하여 능력있고 가치있다고 믿는 믿음의 정도를 의미한다. 많은 사람들은 일반적으로 생각하는 것과는 달리 스스로에 대하여 자긍심을 가지고 있지 못할 뿐 아니라 자신에 대한 확신을 가지고 있지 못하다. 그러나 우리가 사회나 직장에서 잘 적응하고 활동하기 위해서는 다른 사람과의 관계에서나 모든 상황에서 부정적으로 대하기보다는 스스로에 대한 확신을 가지고 긍정적으로 대하여야 한다.

대부분의 사람들은 누군가를 싫어해 본 경험이 있다. 그 이유를 생각해 보면 그 사람의 성격이 도무지 자신과 맞지 않거나 아니면 그 사람이 자긍심이 없고 성격이 비뚤어진 경우일 것이다. 자긍심은 스스로에 대하여 자족하며 능력있고 가치있다고 믿는 믿음의 정도를 의미한다. 자신을 좋아하고 자신을 받아들일 줄 아는 것은 행복한 삶을 살기 위한 인생의 기술이다. 스스로가 자신을 어떻게 보는지, 스스로가 자신을 받아들이는지 혹은 거부하는지, 또 다른 사람이 나에 대하여 어떻게 본다고 생각하는지와 같은 요소들은 나와 타인과의 관계를 결정하는 데 중요한 영향을 미친다. 또한 이러한 요소들은 스스로의 자긍심을 형성하는 데 영향을 미친다. 연구에 의하면 낮은 자긍심을 가진 사람들은 그렇지 않은 사람들보다 일상생활에 있어 정서적 · 심리적 문제를 더 많이 가지고 있는 것으로 나타나고 있다.

많은 사람들은 스스로 자신이 없고 남들도 자신을 좋아하지 않을거라 생각한다. 그러나 이들 중 많은 사람들은 표면적으로는 그렇지 않은 것처럼 가장한다. 오히려 자신의 한 가지 강점, 즉 잘 생긴 외모, 지능, 특기 등을 내세우며 스스로 잘난 척하며 열등감을 숨기기도 한다. 그러나 아

자긍심(self-esteem)
스스로를 능력있고 가치있다고 믿는 믿음의 정도

무리 장점을 내세우더라도 일정기간이 지나고 나면 근원적으로 자신에 대하여 가지고 있는 부정적인 생각들을 떨쳐버릴 수가 없다.

이러한 사람들은 평소 자기가 가진 부정적인 자아개념에 의하여 지배받는다. 이러한 감정을 떨쳐버리기 위하여 노력을 하지만 결국에는 그 노력이 허사로 돌아가는 경우도 많다. 건강한 자긍심을 가지고 개인적인 목표나 커리어 목표, 더욱 중요하게는 생의 목표를 추구함에 있어 성공하는 사람은 그렇게 많지 않다. 직장에서 어떠한 좋은 일이나 나쁜 일을 경험하든, 주위환경이 어떻게 변화하든 건강한 자긍심을 가진 사람은 이러한 경험들을 가치있는 것으로 여기고 변화에 잘 적응한다.

2.2.1 자긍심의 형성과정

자긍심은 선천적으로 타고나는 것인가 아니면 성장과정에서 형성되는 것인가를 살펴보자. 다른 성격적인 요소들도 그렇지만 자긍심은 타고나는 요소도 있지만 아주 어린 유아시절부터 형성되기 시작한다.

우리가 어렸을 때는 자긍심은 부모나 타인들이 우리에게 가지는 기대의 반영에 불과하다. 따라서 주위의 중요한 사람들이 우리에게 어떻게 대하는가에 대하여 반응을 하면서 자긍심은 발달하게 된다. 유년기 동안에는 부모가 자긍심을 형성하는 가장 중요한 역할을 하며, 성장하여 청소년기에 접어들면 선생님, 친구들과 같이 많은 시간 가까이 있는 타인들이 자긍심 형성에 영향을 준다.

건강한 자긍심을 키우기 위해서는 부모나 주위의 중요한 사람들이 무조건적 긍정적 관심*을 가져다주거나 자녀가 어떤 잘못된 행동을 하든지 소중하고 가치있는 사람으로 받아들여 주어야 한다. 예를 들면, 부모가 "현준아, 내가 얼마나 너를 자랑스럽게 여기는지 알지? 그런데 식당에서

무조건적 긍정적 관심(unconditional positive regard)
행동이나 관심대상의 상황에 상관없이 절대적인 관심을 보여줌

는 조금 더 점잖게 행동하면 좋겠어"라고 잘못된 행동은 지적하면서도 긍정적인 관심을 보이는 것을 의미한다.

만약 부모가 자녀에게 조건적 긍정적 관심*을 보인다면, 즉 부모가 원하는 대로 행동하였을 때만 자녀를 받아들여 준다면 건강한 자긍심 계발에 방해가 된다. 부모들이 자녀에 대하여 조건적 긍정적 관심을 베푼다면 자녀들은 부모들이 그들에게 원하는 바가 무엇인가를 알아내기 위하여 눈치를 보게 될 것이다. 처음에는 부모들의 이중적인 판단 때문에 혼란이 오게 되는데 이는 어린이가 인식하기는 같은 행동으로 여겨지는 행동에 대해 어떤 경우에는 좋다고 하고 어떤 경우에는 나쁘다고 하기 때문이다.

예를 들면, 3살짜리 꼬마가 공을 던졌을 때 엄마가 잘 던진다고 칭찬해 주었다. 며칠 후 그 꼬마는 뜰에서 자그마하고 재미있어 보이는 빨간 물체를 발견하였다. 그것을 집어 공을 던지듯이 길에 하나씩 던져보니 재미있는 소리가 났다. 땅에 3~4개의 화분이 깨어져 흩어졌을 때 엄마가 화가 나서 달려와서 "나쁜 녀석, 너 왜 화분을 깨뜨리니?"하고 소리쳤다. 그러자 그 꼬마는 울기 시작하였는데 엄마가 성낸 것이 무섭기도 하였지만 단지 재미있다고 생각한 행동에 대한 엄마의 반응이 이해가 되지 않았기 때문이다.

부모들은 항상 어린이에게 잘못하는 것만을 꾸짖는다. 또한 주위에는 항상 더 나은 비교대상이 있어 눈치를 보게 만든다. 부모의 칭찬을 받기 위하여 눈치를 보면서 또래의 다른 친구들과 자신을 비교하면서 행동하는 것은 자긍심을 계발하는 데 도움이 되지 않는다. 따라서 그림 2-2와 같이 부모의 무조건적 긍정적 관심은 높은 자긍심을 키우는 데 도움이 되나 조건적 긍정적 관심은 자긍심을 낮게 만든다.

조건적 긍정적 관심(conditional positive regard)
특정한 조건의 행동이나 상황에서만 관심을 가짐

그림 2-2 | 자긍심의 원천

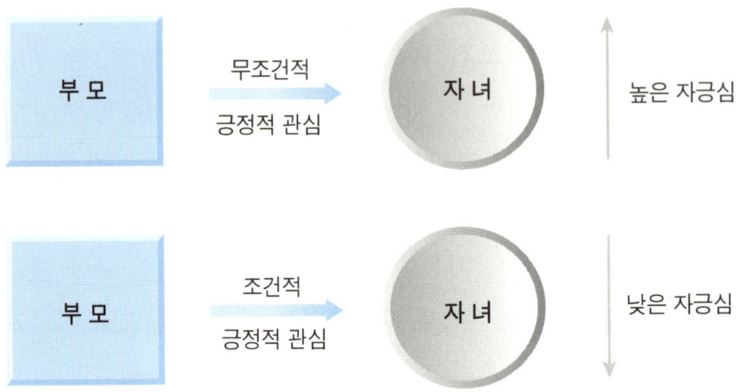

|2.2.2| 자긍심과 업무성과

직장이나 사업에 있어서의 성공은 우리 자신의 자긍심 수준과 밀접하게 연관되어 있다. 자긍심은 성공과 실패를 구분하는 중요한 요소이다. 스스로 자신이 성공하기에 충분하다고 생각한다면 그 신념대로 되는 확률은 그렇지 않을 경우보다 훨씬 높다.

심리학적 연구조사에 의하면 낮은 자긍심을 가진 사람들은 우울증, 고립감, 불행감, 거부감, 불면증 등 많은 심리적 병리들을 경험하는 것으로 나타난다. 사람들이 이런 문제들로 시달릴 때는 직장에서의 업무성과도 아울러 불안정하다. 낮은 자긍심을 가진 사람은 또한 사회생활에서도 자신이 부적합하다고 느끼며 지나치게 자기중심적으로 생각하거나 작은 일에도 과민하게 반응한다. 다른 사람이 자신을 받아주는 것은 좋아하면서도 다른 사람에게 자신이 받아들여지도록 적극적인 노력을 하는 것은 싫어한다. 타인들에 대하여 부정적으로 행동하며 그 결과로 다른 사람들도 낮은 자긍심을 가진 사람에게는 부정적으로 대하게 된다.

자긍심이 낮은 사람은 일반적으로 업무에 임할 때에도 열심히 일을 하거나 신나게 일하지 않는다. 근로자가 스스로 능력이 있음을 확신하며 회사에 기여할 수 있다는 긍정적인 생각을 가지고 일할 때 업무능률은 향상된다.

건강한 자긍심을 가진 사람은 새로운 경험에 대해서도 폐쇄적이지 않고 개방적이며 그 경험을 받아들인다. 그런 사람들은 문제를 해결할 때에도 그 문제들에 대하여 비교적 객관적으로 접근하는데 이는 자기방어를 할 필요가 없기 때문이다. 또한 높은 자긍심을 가진 직원들은 자신들을 좋아하고 동료들에 대해서도 훨씬 수용적이다. 건강한 자긍심을 가진 사람은 결과적으로 회사로서는 매우 소중한 인적자원이다.

나의 자긍심 측정

자신의 자긍심은 얼마나 높은가를 알아보자. 다음 질문들에 대하여 스스로가 자신에 대하여 생각하는 바를 점수로 매겨본다. 각 문항 앞의 빈칸에 다음 중 하나의 숫자를 기입한다.

4 : 매우 그렇다.

3 : 대체로 그렇다.

2 : 보통이다.

1 : 거의 그렇지 않다.

0 : 전혀 그렇지 않다.

__________ 1. 나는 다른 사람과 잘 지낸다.

__________ 2. 나는 긍정적으로 자라고 변화해 왔다.

__________ 3. 나는 좋은 친구들이 있다.

__________ 4. 나는 건강한 편이다.

__________ 5. 나는 나의 신체와 외모에 만족한다.

__________ 6. 나는 어려운 인간관계를 잘 처리한다.

__________ 7. 나는 다른 사람의 말을 귀 기울여 듣는다.

__________ 8. 가족이나 친구들은 내 말에 귀 기울이는 편이다.

__________ 9. 나는 결정을 잘하는 편이다.

__________ 10. 내 인생은 꽤 괜찮은 편이다.

__________11. 나의 이성관계(혹은 결혼생활)는 만족스럽다.

__________12. 나는 유머가 있다.

__________13. 나는 나의 학교생활(혹은 나의 일)을 좋아한다.

__________14. 나는 대부분의 시간이 행복하다.

__________15. 나는 생에 있어 달성해야 할 중요한 목표가 있다.

__________16. 나는 여태까지 보람있게 살았다.

__________17. 나는 매사에 의욕이 많다.

__________18. 나는 나의 삶을 새로 산다고 해도 지금과 같은 삶을 선택할 것이다.

__________19. 나의 운명은 내가 하기 나름이다.

__________20. 나는 다른 사람의 말에 귀를 기울이나 주체적으로 결정을 한다.

__________21. 다른 사람에게 나의 의견을 분명히 말한다.

__________22. 매일매일 보람찬 생활을 한다.

__________23. 사람들은 나를 친구로 삼기 원한다.

__________24. 주위 사람들은 나의 의견이나 충고를 구한다.

__________25. 나는 내 주위의 환경을 깨끗하게 유지한다.

__________26. 나는 나 아닌 다른 사람이 되고 싶은 생각은 없다.

__________27. 나는 새로운 사람과 만나더라도 잘 어울린다.

__________28. 나는 새로운 것을 시도하기를 좋아한다.

__________29. 나는 스트레스를 잘 해소한다.

__________30. 나는 내가 변화시킬 수 없는 일에 대하여 걱정하지 않는다.

__________31. 나는 계획성이 있다.

__________32. 나는 매사에 끈기가 있고 쉽게 포기하지 않는다.

__________33. 나는 타인들이 나를 어떻게 생각하는지에 대하여 과민하게 반응하지 않는다.

__________34. 나는 다른 문화권의 사람들과도 잘 지낸다.

__________35. 나는 융통성이 있다.

__________36. 나는 꽃 향기를 즐길 수 있는 여유가 있다.

__________37. 나는 스스로의 욕구(과식, 과음)를 절제할 수 있다.

__________38. 나는 친절하다.

__________39. 나는 다른 사람들이 나에 대하여 농담하더라도 웃어넘길 수 있다.

__________40. 나는 이성에게 매력이 있다고 생각한다.

위의 질문에 대답한 후 점수를 합산한다. 점수가 130점 이상이면 바람직한 정도의 긍정적인 자아개념을 가지고 있다. 점수가 145점 이상이면 지나치게 자신에게 후한 점수를 주지는 않았는지 다시 확인해 볼 필요가 있다. 점수가 130점 미만이면 자신의 자긍심을 향상시키기 위한 노력이 필요하다.

자긍심 향상 방안 2.3

높은 자긍심은 하루 아침에 키워지는 것은 아니다. 보다 건강한 자긍심을 키워나가기 위하여 다음과 같은 행동지침을 실천해 보자.

1 특기를 키운다

자신이 좋아하거나 잘하는 스포츠나 악기 혹은 취미가 있으면 그것을 특기로 키운다. 물론 그것이 모든 것을 해결해 주지는 않지만 뭔가 잘하는 것이 있으면 자신의 긍정적인 특기에 대하여 초점이 맞추어지고 부정적인 요소들은 자연히 관심의 초점에서 사라지게 된다. 또한 열심히 노력하면 성취를 맛볼 수 있게 되고 성취의 경험은 건전한 성장을 위해서 꼭 필요하다. 자신이 잘할 수 있는 일을 적어도 매일 한 번은 실천함으로써 긍정적 자아개념을 키울 수 있다.

2 자신의 현재 모습을 받아들인다

내가 다른 어떤 사람처럼 되었으면 좋겠다는 생각보다는 자신의 현재 모습을 받아들이는 것이 필요하다. 과거의 부정적 기억이나 경험에 사로잡히지 말고 과거와 미래는 같지 않다는 것을 깨달아야 한다. 그리고 지금 당장 이상형의 자아가 되어야 한다고 생각하지도 않는다. 왜냐하면 그 이상은 미래의 것이기 때문이다. '현재 이대로의 나도 꽤 괜찮아' 라고 생각하면서 자신을 받아들인다. 그것은 곧 자신은 소중하고 나와 다른 사람과의 차이는 결점이 아니라 오히려 장점이라는 것을 진심으로 믿는 것을 의미한다.

3 건강한 자긍심을 가진 사람을 주위에서 살핀다

주위에 건강한 자긍심을 가진 사람을 관찰하고 그들이 하는 행동이나 일 중 나에게 도움이 될만한 것이 있는지 살펴본다. 예를 들면, 그들이 다른 사람으로부터의 부정적인 반응에 대하여 어떻게 대처하는지 혹은 다른 사람들과 이야기할 때 어떻게 행동하는지 등을 관찰한다. 그렇다고 해서 자신의 주체성을 잃어버리고 그 사람처럼 되라는 것은 아니다. 단지 다른 사람들의 인간관계기술을 배워서 자신의 삶의 방식에 적용하는 것이 도움이 되기 때문이다.

4 존경하는 사람들의 전기를 읽거나 유명한 사람들의 일생을 그린 비디오를 본다

좋은 전기에서는 자긍심을 키울 수 있는 많은 점을 배울 수 있다. 책이나 비디오를 통해서 성공한 사람들이 자신의 불행, 특히 자긍심에 큰 상처를 받은 일들을 어떻게 극복해 나가는지를 자세히 살펴본다. 자신을 그 사람의 입장에서 그 도전을 어떻게 받아들일 것인가도 생각해 본다.

다른 사람들의 성공사례를 읽어가면서 단지 부러워하거나 감탄하지만 말고 나에게는 그와 유사한 경험이나 특성이 없는지 살펴본다. 나에게도 그런 점이 있지만 여태껏 개발되지 않았거나 활용하지 않았을 따름이라는 것을 생각하면서 자신의 잃어버렸던 가치를 다시 발견해 본다. 그런

과정에서 자긍심을 스스로 높여 나가는 훈련을 할 수 있다.

5 자신이 가진 장점들을 나열해 본다

자신이 가진 장점들을 나열해 보자. 나에게 아무런 장점이 없다고 생각된다면 가까운 친구나 가족의 도움을 받아 자신의 장점을 리스트로 적어 보자. 때때로 다른 사람들이 나의 장점이나 능력 그리고 재능 등을 더 잘 볼 수 있기 때문이다.

일단 장점들을 열거한 다음 장점 하나 하나를 새로운 자아개념의 한 부분으로 삼는다. 가장 적은 노력으로 발전시킬 수 있는 특기나 자질을 선택하고 그것을 목록의 맨 위에 놓는다. 스스로에 대하여 느끼는 감정은 아주 사소한 것에 의해 좌우된다. 따라서 목록 맨 위에 적힌 요소들은 사소할지라도 조금만 노력하면 자긍심에 상당한 긍정적 효과를 줄 수 있는 것들이다.

6 해야 할 일을 미루는 것을 멈춘다

스스로 생각해 볼 때 해야 할 일들을 절대로 미루지 않는 유형이라면 이 부분을 통해서 자긍심을 키우는 것은 별 도움이 되지 않을 것이다. 그러나 대부분의 사람들은 해야 할 일을 미루는 경향이 있으며 이 미루는 경향은 자긍심에 많은 손상을 준다. 목표를 향해 노력하고 있지 않을 때는 그것 자체가 자긍심을 낮추게 하는 요소가 될 수 있다.

어떤 사람들은 미루는 사람들을 게으르다고 생각한다. 그러나 실제로는 매우 열심히 일하는 사람들 중에서도 미루는 사람들이 많다. 이러한 일반적인 문제를 극복하기 위해서는 스스로 미루게 하는 원인이 어디에 있는지 살펴볼 필요가 있다.

7 가르침을 받을 수 있는 스승(mentor)을 찾는다

멘토란 삶에 있어서의 스승으로 그가 이미 거쳤던 길을 나에게 안내해 줄 수 있는 사람을 말한다. 멘토(mentor)*는 그리스 신화에 나오는 사람으로 오디세우스가 자기 아들의 교육을 부탁한 좋은 지도자였다. 오늘날에는 일반명사로 훌륭한 지도자 혹은 스승이란 뜻으로 쓰인다.

멘토는 일 대 일, 즉 스승과 제자의 관계로서 상호 간의 원활한 의사소통과 교류를 필요로 한다. 자신이 지나온 길로 나를 인도해 줄만한 스승을 찾을 수 있다면 자긍심을 구축할 수 있는 매우 좋은 방법을 찾은 것이나 다름없다.

그러나 스승은 쉽게 찾을 수 있는 것이 아니다. 차선책은 나에게 역할모델이 될만한 사람을 찾는 것이다 역할모델*이란 주위에 내가 원하는 특성을 가졌거나 내가 원하는 위치에 있는 사람을 선정하여 그를 본받고 모방하는 것을 의미하며 꼭 그 역할모델과 깊이 교류해야 하는 것은 아니다. 직장에서는 나의 일을 하면서도 이러한 사람의 도움을 받을 수 있을 것이다.

멘토와 교류하든 역할모델의 본을 받든 중요한 것은 그들이 나의 자긍심을 향상시키는 것을 도와주는 데 그쳐야 하며, 그들을 본받는 과정에서 자신의 정체성을 잃어버려서는 안 된다는 것이다. 자신의 장점을 바탕으로 계발해 나가야지 나 아닌 다른 사람이 되어서는 곤란하다.

8 자신과 타인에 대한 피상적인 분석을 피한다

피상적인 분석이란 삶의 밑바닥이나 내부에 있는 것을 보는 것이 아니라 눈에 보이는 외형만 보고 판단하는 것을 의미한다. 아주 확고하고 멋

멘토(mentor)
한 분야에서 더 많은 경험을 가진 자로써 경험이 적은 초보자들에게 조언과 도움을 주고 어려움으로부터 보호해 주는 사람

역할모델(role model)
주위에 내가 원하는 특성을 소유하고 있거나 위치에 있는 사람을 선정하여 그를 본받고 그와 같이 되려고 노력함

있어 보이는 사람 중에서도 내부에서는 갈등과 싸우고 있는 사람도 있다는 것을 알아야 한다.

능력있는 사람들 중에도 스스로 너무 부끄러움을 타거나, 남의 앞에 나서거나 주목받기를 꺼려하는 사람들이 있다. 이런 사람에게는 약간의 연극이 필요하다. 두렵지 않은 것처럼 행동함으로써 극복할 수 있다. 정도의 차이가 있을 따름이지 대부분의 사람들은 내부적인 갈등과 부족함으로 인하여 고민하고 있다. 단지 나보다 조금 더 나은 연극을 할 수 있는 사람들과 자신을 비교하여 스스로에 대하여 열등감을 가질 필요는 없다.

9 긍정적인 독백*을 한다

자기 자신에 대한 계속적인 대화를 통해 스스로를 변화시킬 수 있다. "나는 되는 일이 없어", "나는 늘 이 모양이야"라고 부정적인 독백을 하면 매사에 자신감을 잃고 부정적인 태도를 가지게 된다. 반대로 "나는 괜찮아", "나는 잘 하고 있어" 등과 같은 긍정적인 생각을 끊임없이 스스로에게 말함으로써 잠재의식 속에 긍정적 사고와 태도를 갖게 되는 것이다.

이러한 긍정적 독백을 할 때 막연하게 말하지 말고 "나는 테니스를 잘할 수 있어"와 같이 구체적으로 이야기하는 것이 필요하다. 또한 미래시제로 말하는 것보다 "나는 최고로 잘하는 테니스 선수야"와 같이 스스로에게 힘을 불어넣어주는 독백이 필요하다. 이를 심리학에서는 자성예언*이라고 하는데 스스로 뭔가를 확실히 믿으면 실제로 실현된다는 이론이다.

보다 나은 자긍심을 추구하는 과정에서 자그마한 것이라도 성공하면 이를 축하하고 그 성취를 자랑스럽게 여기는 것이 필요하다. 자그마한

긍정적인 독백(positive self-talk)
'할 수 있다' 또는 '잘하고 있다'는 식의 긍정적인 힘을 줄 수 있는 말을 계속 스스로에게 말함으로써 잠재의식 속에 긍정적인 생각이 주입되도록 하는 것

자성예언(self-fulfilling prophecy)
자기충족적 예언이라고도 하며, 자신 스스로가 믿고 생각한 대로 이루어진다는 것

성취의 경험들이 모여서 높은 자긍심을 이룩할 수 있기 때문이다. 그러나 결코 자만해서는 안 된다. 작은 성취에 자만하여 노력을 멈추어 버리면 결코 성장할 수 없다.

피그말리온 신화!

피그말리온은 원래 그리스 신화에 나오는 아프로디테 여신상을 사랑한 키프로스의 왕이었으며 조각가였다. 피그말리온은 여자들의 결점을 너무 많이 보았기 때문에 여성을 혐오하게 되어 한평생을 혼자 지내기로 결심했다. 그래서 스스로 아름다운 여인을 상아로 조각했는데, 겉모양이 마치 살아있는 처녀의 모습인 양 자연스러웠다. 그는 그 조각을 어루만지고 보듬으면서 사랑했다. 조각으로 된 여인에게 갖가지 꽃과 구슬, 새들을 선물하기도 했다. 조각에다 옷을 입히고, 손가락에는 보석을 끼우고, 목에는 목걸이를 걸어주었다. 그녀를 아내라고 부르며 온갖 정성을 다 바쳤다.

어느 날 아프로디테의 제전에서 일을 마친 다음, 피그말리온은 신들에게 상아 처녀와 같은 여인을 아내로 점지해 달라고 기원했다. 아프로디테는 그의 조각에 대한 사랑에 감복해 마침내 그의 소원을 들어주었다. 집에 돌아온 피그말리온이 살아 있는 듯한 조각의 입술에 입을 맞추자, 조각의 입술이 붉어지며 온몸에 생기가 돌았다. 이후 그들은 파포스라는 자식을 낳고 행복하게 살았다.

피그말리온 효과(Prygmalion Effect)

피그말리온 효과란 하버드대학의 로젠탈(Robert Rosenthal) 교수가 처음 사용한 개념이다. 위의 피그말리온 신화에서 따온 용어로서 어떤 대상에 대하여 타인들이 관심을 보이며 잘할 것이라고 기대해 주고 '할 수 있다'라고 격려를 해주면 실제로 더 좋은 결과를 가져온다는 것이다. 로젠탈은 실제로 초등학교 학생들과 교사들을 대상으로 실험을 하였다. 실험에서 평균 정도의 지능을 가진 아이들을 시험을 통하여 선출한 뒤 "이 아이들은 특별하며 앞으로 지적 발달이 빠르고 학업성적도 높아질 것입니다"라고 교사들에게 거짓으로 이야기하였다. 일정 기간이 지나고 난 후 이 아이들의 성취도를 다른 평균적인 아이들과 비교하였을 때 월등하게 향상되었다. 그 이유는 선생님들이 이 아이들에게 기대를 가지고 관심을 기울였고 또 아이들은 관심을 받게 되니 공부하는 태도가 변하고 자신감이 생겼으며 학업능력까지 향상되게 되었던 것이다. 따라서 교사가 기대를 가지고아이들을 대하고 '넌 할 수 있다'라고 용기를 주는 것이 얼마나 중요한가를 잘 나타내 보여준 실험이라 할 수 있다.

긍정적 독백(positive self-talk)의 예

『One-Minute Self-Esteem』의 저자 세미그란(Candace Semigran)은 긍정적인 자긍심을 계발하는 데 효과적인 말을 다음과 같이 열거하고 있다.

- 나는 사랑받을 만한 가치가 있다.
- 나는 나 스스로와 다른 사람을 사랑하고 돌본다.
- 나는 행복하고 건강하며 풍요롭다.
- 나는 편안한 자유와 활기찬 생의 에너지를 즐긴다.
- 나는 기쁨과 감사함으로 스스로를 돌아본다.
- 나는 건강하고 균형잡힌 몸매를 가졌다.
- 나의 직업과 관련된 활동들은 성공, 풍요, 그리고 지위의 향상을 가져온다.
- 나는 침착하고 마음이 평화로우며 편안하다.
- 나는 유능한 사람이 되기 위하여 필요한 자원과 건강, 그리고 시간이 있다.
- 나는 확신에 찬 모습으로 사람들과 교류하며 봉사하고 사랑하고 성장한다.
- 나는 즐거우며 내 일을 하기 위한 자원들을 쉽게 만들어낼 수 있다.
- 나는 확신을 가지고 나의 넘쳐나는 사랑을 나누어준다.
- 모든 사람들에게 선을 베풀기 위해 필요한 돈은 언제나 나에게 있다.
- 나는 사랑스럽고 유능하다.
- 나는 지금 생을 즐기고 있다.
- 나는 빨리 그리고 쉽게 배운다.
- 나는 가치있고 사랑스러우며 나의 사랑을 확신있게 표현할 수 있다.
- 나는 나의 생을 축복하며 나의 풍요로움을 나누어 준다.

10 다른 사람들을 격려한다

다른 사람에 대하여 지나치게 경쟁의식을 가지고 대하지 말고 다른 사람들도 나와 같이 성취할 수 있도록 도와준다. 다른 사람들을 배려하며 내가 도울 수 있을 때 도와주면 미래에 성공할 사람들을 친구로 가질 수 있게 된다. 자신이 관리자나 리더의 위치에 있을 때 부하 직원에게 자긍심을 키워줄 수 있는 상사가 되도록 노력하여야 한다. 질책하고 성장을 방해하기보다 격려하고 칭찬하며 자기 발전을 해 나갈 수 있도록 도와준다. 마찬가지로 부모가 되었을 때는 자녀의 자긍심 향상에 부모의 역할이 크다는 것을 인식하고 자녀에게 긍정적인 성격을 심어줄 수 있어야 한다.

2.4 자아개방

대부분의 사람들은 자신도 모르게 벽을 쌓으면서 살아간다. 이 벽은 다른 사람들이 우리가 누구인지, 우리가 무엇을 생각하는지, 또 우리가 그들을 어떻게 생각하는지를 알지 못하게 가로 막는다. 그 벽은 우리를 보호할지는 모르나 한편으로는 다른 사람들에게 자신이 누구인가를 개방적으로 알리는 것 또한 불가능하게 한다. 게다가 그 벽은 스스로를 내부에 가두는 감옥의 벽과 같이 되어 우리가 성장하는 것을 방해하기도 한다. 그러면 그 벽을 허물 것인가 말 것인가 혹은 조금 허물 것인가 다 허물 것인가는 자신에게 달려 있다. 그 벽을 효과적으로 제거해 나가는 것이 우리가 완전한 인간이 되어가는 과정이기도 하다.

|2.4.1| 조하리 창*

조셉 루프트(Joseph Luft)와 해리 잉그햄(Harry Ingham)은 인간의 내면을 자신에 대한 개방 정도와 타인으로부터의 피드백 정도에 따라 네 영역으로 나누고 자신들 이름의 앞 글자를 따서 조하리 창*이라고 이름 붙였다.

우리 내면의 영역은 다른 사람과의 관계에 있어 개방하는 부분, 남들은 알지만 자신은 알지 못하는 부분, 알고 있지만 숨기는 부분 그리고 아무도 모르는 미지의 부분 등으로 구분되어 질 수 있다. 그림 2-3의 조하리 창은 이에 대하여 잘 나타내 보여주고 있는데, 이 창은 우리가 '자신에 대하여 얼마나 아는가' 와 '얼마나 타인들에게 자신을 나타내 보이는가' 하는 두 가지 요소에 의하여 결정된다. 따라서 조하리 창은 우리가 스스로에 대하여 가지는 이해의 정도와 그 이해의 바탕 위에 얼마나 다른 사람들과 교류하는가의 정도를 나타내 보인다고 할 수 있다.

그림 2-3 | **조하리 창**

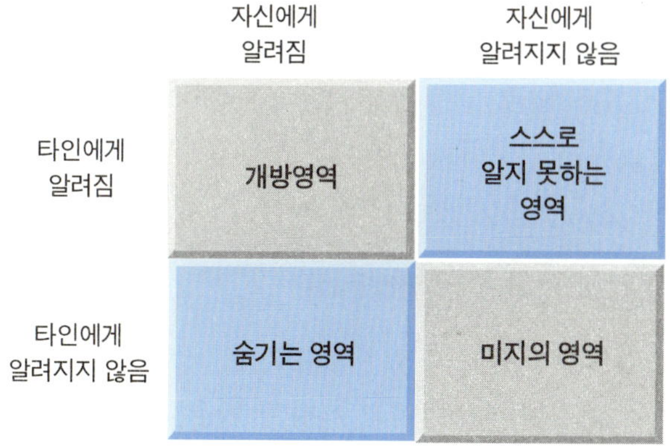

조하리 창(Johari window)
자아개방 모형으로 인간의 내면을 자아개방과 피드백을 기준으로 분석한 것이다. 자아개방(self-disclosure) 자기노출이라고도 하는데, 자신의 생각, 감정, 그리고 욕구에 대하여 다른 사람이 알도록 하는 것이다.

1 A-개방영역(open)

창의 왼쪽 위에 있는 부분은 자신 스스로도 알고 있으며 다른 사람에게도 숨길 필요가 없는 영역이다. 창의 네 영역은 항상 크기가 같은 것은 아니다. 타인과의 관계를 발전시켜 나갈수록 이 개방부분이 넓어진다. 예를 들면, 우정이 깊어질수록 그 친구에게 자신에 대하여 더 많이 내보임으로써 개방영역이 넓어질 수 있다. 자신에 대한 정보를 상호 간에 많이 나누면 나눌수록 더 바람직한 관계로 발전시켜 나갈 수 있다. 서로 자신이 살아왔던 과거와 현재, 그리고 자신의 관점에 대하여 서로 나누면 친구 사이에서 개방부분을 더 넓혀나가는 것이 된다.

2 B-숨기는 영역(hidden)

이 영역은 자신이 다른 사람에게 드러내기를 꺼리는 정보나 감정을 담고 있는 부분이다. 다른 사람에게 굳이 내보일 필요가 없는 내용들이 될 수도 있고 혹은 다른 사람에게 내보이기는 부끄럽거나 다른 사람들이 혹시 알까 두려워하는 내용들이기도 하다. 부끄러움을 많이 타거나 내성적인 사람이라면 아마도 이 부분은 상당히 클 것이다. 그러나 상호 간에 친밀한 관계를 발전시켜 나가면 숨기는 부분은 점차 좁아지고 개방부분이 점차 넓어질 것이다. 또한 상대방에 대한 신뢰가 증가할수록 숨기는 부분은 줄어들 것이다.

3 C-스스로 알지 못하는 영역(blind)

이 부분은 타인에게는 알려져 있지만 자신은 모르는 영역이다. 자신의 목소리가 나쁘다고 생각하지만 다른 사람의 기준으로는 꽤 노래를 잘 부르는 사람, 자신은 꽤 재미있는 사람이라고 생각하지만 다른 사람이 보기에는 지루한 사람, 자신은 평범하다고 생각하지만 다른 사람이 보기에는 매력적인 사람 등 사람들은 스스로에 대하여 정확히 알지 못하는 부분이 있다. 때로는 자신은 매우 잘났다고 생각하나 다른 사람들은 거만하다고 평가할 수도 있다. 타인과의 상호관계가 발전할수록 이 부분은 점차 줄어들게 되는데, 좋은 친구는 상대방이 스스로 보지 못하는 부분을 더 많이 볼 수 있도록 도와준다.

4 D-미지의 영역(unknown)

미지의 영역은 나도 모르고 남도 모르는 영역이다. 예를 들면, 어떤 이유로 인해서든지 완전히 잊어버리고 있었던 아주 어릴 적의 기억일 수도 있다. 부모가 결코 입 밖에 내지는 않았지만 무의식 중에 행동으로 보여준 태도나 편견일 수도 있다. 또한 이 창 안에 억압되고 감추어졌던 모든 경험, 감정, 환상, 그리고 가능성이 담겨있을 수도 있다. 이 부분은 자아를 알아나가는 또 다른 길이 되기도 하지만 어떤 경우에는 자신이 몰랐던 부분으로 인하여 상처받기도 한다.

이 부분 또한 친밀한 관계를 발전시켜 나가는 서로의 교류에 의하여 좁혀나갈 수 있다. 다른 사람으로부터의 적절한 피드백은 오랫동안 생각해보지 않았던 부분에 대하여 생각의 실마리를 마련해 줄 수 있기 때문이다.

5 개방영역 확대

개방영역을 넓히기 위한 방안으로는 그림 2-4와 같이 다른 사람들에게 자기 자신을 적절한 선에서 개방하고 다른 사람들로부터 나에 대한 피드백을 받아들여 적극적으로 수용하는 태도가 필요하다. 조언을 받아들이지 않거나 자기변명이나 핑계를 앞세우게 되면 누구나 정직한 피드백 주기를 꺼려하기 때문이다.

감춘 영역을 줄이고 개방영역을 넓히기 위해서는 자기의 마음을 솔직하게 다른 사람들에게 이야기 하는 자아개방이 필요하다. 물론 사람이 자신을 솔직히 드러내 놓는다는 것은 약점을 잡히거나 공격을 받을 수 있기 때문에 두려운 일이다. 따라서 자신이 인간관계를 깊이 하고자 원하는 상대에게는 좀 더 솔직하게 자신을 드러내고 그렇지 않은 경우에는 적절한 정도의 자아개방을 유지하는 것이 바람직하다. 만난 지 얼마되지 않은 상대방에게 나의 모든 것을 개방하게 되면 상대방으로 하여금 오히려 거부감을 불러일으키기 쉽다.

피드백과 자아개방에 있어 신뢰수준은 매우 중요하다. 자신이 상대방에 대하여 가지는 신뢰수준이 높으면 높을수록 더 개방적이 될 것이며 상대방도 더 많은 정보를 나에게 피드백할 것이다. 또한 내가 더 수용적이고 개방적일수록 상대방은 나에 대해 자신이 느끼는 바를 더 피드백하려 할 것이다. 따라서 개방영역이 확장되기 위해서는 두 사람 사이에 신뢰성, 개방성, 그리고 수용성의 수준이 높아야 한다.

2.4.2 개방의 단계

자아인식과 자아개방의 기술에 있어 성장하기 위해서는 우리가 사용하는 개방의 단계를 인식할 수 있어야 한다. 또한 높은 수준의 개방을 이해하고 사용할 수 있어야 한다. 존 포웰(John Powell)은 자아개방을 다섯 단계로 구분하였다. 이 다섯 단계의 의사소통은 우리가 다른 사람과의 관계에 있어 어느 정도의 자아개방이 일어나는가를 이해하는 데 도움

그림 2-4 | 개방영역의 확대

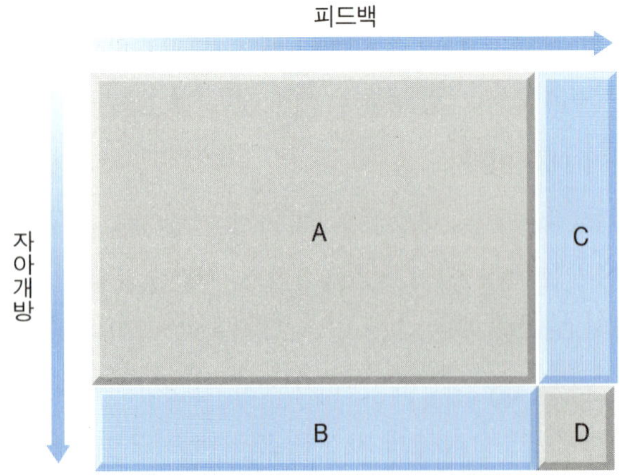

이 된다. 그림 2-5에 나와 있는 단계를 낮은 단계로부터 높은 단계에 이르기까지 살펴보자.

5단계 : 일상적 회화 수준

우리가 매일 일상적으로 하는 대화의 수준이다. 예를 들면 "안녕?" "안녕하세요?" "가족들은 안녕하세요?" "날씨는 어땠어요?" 등이다.

이러한 말들은 실제적인 의미의 대화라고는 할 수 없다. 길이나 복도에서 마주치는 사람에게 대답을 기대하지도 않으면서 별다른 의미 없이 던지는 말들이다. 다른 사람의 감정이 어떨까를 살펴볼 필요조차 없을 뿐 아니라 나 스스로도 별다른 감정 개입 없이 하는 일상적인 말들이다. 이러한 수준의 대화는 관계 향상에 별 도움이 되지 않는다.

4단계 : 다른 사람들에 대한 사실을 말하는 수준

이 단계에서는 위의 단계보다는 좀 진전이 되기는 하였지만 아직은 자아개방이 이루어지지 않은 상태이다. 단지 누가 어떤 일을 했다는 등의 객관적인 사실을 전달하는 수준으로 개인적인 느낌이나 감정은 개입되지 않는다. 자신에 대한 사실을 나타내지 않을 뿐 아니라 대화하는 대상에 대한 어떠한 평가도 내려지지 않는다.

그림 2-5 | 개방의 단계

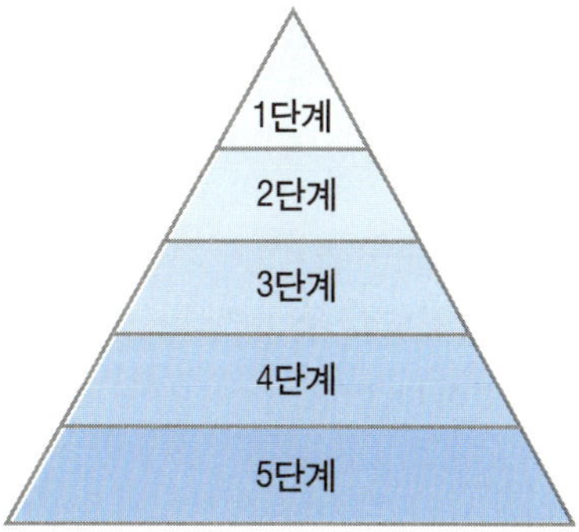

3단계 : 생각을 표현하고 판단하는 수준

이 단계에서는 어느 정도 솔직한 표현의 단계로 접어들었다고 할 수 있다. 어느 정도는 모험을 감수하면서 자신의 가치판단을 거쳐 나온 내용들을 이야기하게 된다. 그러나 물에 뛰어들기 전에 물의 온도를 알아보아야 하는 것처럼 다른 사람들이 어떻게 받아들이는가를 자세히 살펴야 한다. 다음 단계로 향상하기 전까지는 진실한 자아개방적 의사소통이 이루어진다고 볼 수는 없다.

2단계 : 솔직하게 자신의 감정과 느낌을 표현하는 수준

만약 다른 사람이 내가 누구인가를 이해하기 원한다면 상대방에게 내 자신 속에 있는 감정과 지식을 솔직하게 이야기할 수 있어야 한다. 자신의 속마음을 솔직히 의사소통하는 단계이며, 이를 통해 진정한 자아개방이 이루어진다.

1단계 : 최고의 의사소통 수준

깊이가 있고 영속적인 모든 관계는 완전하고도 솔직한 자아개방에 기초하게 된다. 포웰의 다섯 단계 중 가장 높은 단계인 1단계는 아브라함 매슬로우의 단계이론 중 가장 높은 단계인 '최고의 경험'에 아이디어의 기초를 두었다. 매슬로우는 최고의 경험을 연구한 최초의 사회과학자였다. 그에 따르면 "영적 · 감정적 그리고 심미적인 극치의 지점은 우리 삶에 있어 자주 경험하지는 못하지만 일단 한 번 경험하면 그에 대한 기억은 우리가 일상적인 삶을 살아갈 때에 큰 도움이 된다"고 하였다.

포웰은 이러한 생각을 의사소통의 언어로 재해석하였다. 그는 매슬로우의 최상의 경험처럼 최상의 의사소통 경험은 자주 일어나지는 않지만 일단 일어나면 두 사람은 완전한 상호 간의 교감을 느낀다고 하였다. 이 단계의 자아개방이 자주 일어날수록 상대방, 나 자신, 그리고 세계에 대하여 더 많이 알 수 있을 것이다.

인간관계 향상의 주요 요소는 2단계

포웰의 다섯 단계 중에서 처음 세 단계는 실제적인 의사소통이 아니고 마지막 단계는 특별한 경우에만 일어난다면 2단계가 인간관계를 개선하는 데에 가장 유용할 것이다. 솔직하게 감정과 느낌을 표현하는 것은 자아개방을 연습함에 있어 매우 유익하다. 사람들이 이 단계에서 서로 의사소통을 할 때 인간관계는 성장하고 자신들을 더 잘 이해하게 되며 갈등은 훨씬 줄어들게 된다. 조직사회에서는 이러한 이점들이 조직 전체의 더욱 높은 능률과 생산성으로 연결된다.

개방의 정도 측정하기

다음 질문들에 대하여 솔직히 답변하여 스스로의 개방 정도를 파악해 보자. 각 문항 앞의 빈 칸에 다음 중 하나의 숫자를 기입한다.

4 : 매우 그렇다. 3 : 그런 편이다.
2 : 잘 모르겠다. 1 : 그렇지 않은 편이다.
0 : 전혀 그렇지 않다.

__________ 1. 주위 사람들은 나에게 자주 자신에 대하여 이야기한다.
__________ 2. 사람들은 나에게 남의 말을 잘 들어준다고 한다.
__________ 3. 나는 다른 사람들을 잘 받아들여 준다.
__________ 4. 사람들은 내가 비밀을 잘 지켜준다고 생각한다.
__________ 5. 다른 사람들은 나에게 자신에 대하여 곧잘 이야기한다.
__________ 6. 사람들은 나의 옆에 있으면 편안하다고 한다.
__________ 7. 나는 다른 사람들이 이야기하는 것을 들어주기를 즐긴다.
__________ 8. 나는 다른 사람들의 문제에 곧 잘 동감한다.
__________ 9. 사람들이 나에게 그들의 생각을 이야기할 수 있도록 잘 격려한다.
__________ 10. 사람들이 나에게 자신에 대하여 계속 이야기하도록 할 수 있다.
__________ 합계

이 설문은 다른 사람들이 나에게 자신을 열어보이는 정도, 다른 사람들의 나에 대한 반응, 경청에 대한 관심 및 인간관계기술에 대한 나의 인식을 측정한 것이다. 각 문항의 숫자를 합쳐서 자신의 점수를 산출해 보자. 대체로 여성들은 남성보다 높게 나오는 경향이 있다.

	여성	남성
개방 정도가 높은 사람	35~40	33~40
개방 정도가 보통인 사람	26~34	23~32
개방 정도가 낮은 사람	0~25	0~22

적용문제

1 자신의 자긍심을 높일 수 있는 실천방안 5가지를 적어 보자.

1.
2.
3.
4.
5.

2 다음의 글들을 읽어보고 스스로 실천할 수 있는 그리고 스스로에게 필요한 자성예언을 5개 정도 만들어 보자. 크게 써서 잘 보이는 곳에 붙여두고 아침, 저녁으로 큰 소리로 외쳐 보자.

(1) 나는 무엇이든 할 수 있다.
(2) 나는 멋있고 괜찮은 사람이다.
(3) 나는 예의바르고 단정하다.
(4) 나는 어떤 어려움도 이겨낼 수 있다.
(5) 나는 언제나 명랑하다.
(6) 나는 항상 최선을 다한다.
(7) 나는 성공할 수 있다.
(8) 나는 정직하다.
(9) 나는 열심히 살 것이다.
(10) 나는 스스로를 자랑스럽게 생각한다.

나의 자성예언

1.
2.
3.
4.
5.

Chapter 03

성격과 태도

학습목표

1. 성격의 결정요인에 대하여 설명할 수 있다.
2. 긍정적인 태도가 사회생활에 미치는 영향을 설명할 수 있다.
3. 자신의 태도를 긍정적으로 바꿀 수 있는 실천방안을 제시할 수 있다.

3 Chapter

성격과 태도

물이 반쯤 담겨 있는 컵을 바라보면서 긍정적인 성격을 가진 사람은 물이 아직 반이나 남아 있다고 생각하는 반면, 부정적인 성격을 가진 사람은 물이 반밖에 남지 않았다고 생각한다. 어떻게 하면 네가 행복해 질 수 있겠느냐? 하는 신의 질문에 한 청년이 미모, 부, 명예, 권력이 있으면 행복할 수 있다고 대답하자. 신은 네 마음에 평화가 없다면 그 모든 것을 누릴 수가 없을 것이라고 하였다.

인생을 살아가면서 어떤 환경에 처하든지 생을 긍정적으로 바라보고 평화를 느끼는 사람이 있는가 하면, 부정적인 요소만 확대해서 생각하고 항상 불안해 하는 사람도 있다. 개개인이 가진 성격과 태도는 개인의 일상생활뿐 아니라 직장에서의 생활에도 많은 영향을 미친다. 이 장에서는 성격과 태도란 무엇이며 이것이 일상생활에서 어떻게 작용하는지 살펴보자.

Chapter 3

성격과 태도

성격이란? 3.1

성격은 영어의 personality* 에 해당하는 말로 인성, 성품, 개성 등의 용어들과 비슷하게 불리워진다. 고대 로마의 배우들은 극중에서의 역할을 그 역할에 맞는 가면을 쓰고 수행하였는데, 그 가면을 불어로 'persona' 라고 하였고 그것이 personality의 어원이 되었다고 한다.

우리는 일상생활에서 '그 사람은 성격이 좋다' 혹은 '그 사람은 성격이 특이하다' 등과 같은 표현으로 개인을 평가한다. 배우자 선택 기준에 있어서도 성격은 가장 중요한 요소로 꼽힐만큼 모든 인간관계에서 중요한 위치를 차지한다. 직장생활에 있어서도 비슷한 실무능력을 가진 두 사람이 있을 때 다른 사람들로부터 원만한 성격을 가졌다고 평가받는 사

퍼스낼리티(personality)
행동, 생각, 감정 등으로 나타내지는 한 개인의 특별하고 일관된 패턴

람이 실제로 직무평가에서도 더 높은 점수를 받는 경향이 있다.

|3.1.1| 성격의 정의

성격이란 용어의 정의는 매우 다양하지만 일반적인 정의를 살펴보면 '개인의 행동을 한 시점으로부터 다른 시점에까지 일관성 있게 하고 다른 사람들이 같은 상황에서 보일 행동과 다르도록 만드는 상당히 안정적이고 내적인 요인들' 이라고 말할 수 있다. 즉, 성격이란 한 개인의 특별하고도 일관된 행동, 생각, 감정의 패턴이라고 할 수 있고, 어느 한 사람을 다른 사람과 구별되게 하고 특징짓게 하는 특성의 총체적인 합이라고 할 수 있다. 우리는 성격을 바탕으로 그 사람의 생각과 미래의 행동까지 예측할 수 있을 정도로 성격은 일관성 있고도 안정된 특성을 나타내 보여준다.

|3.1.2| 성격의 형성요인

성격은 어떻게 결정되는가?

이 질문에 대하여 오랫동안 많은 연구자들이 조사해 왔다. 일부 심리학자들은 성격은 태어날 때부터 타고나는 것이라고 하고, 또 다른 학자들은 자랄 때의 환경에 의하여 영향을 받는다고 하였다.

서로 비슷한 환경에서 자란 아이들이 매우 다른 성격을 나타내는 경우가 있는가 하면 서로 다른 환경에서 자라난 일관성 쌍둥이가 몸짓, 태도,

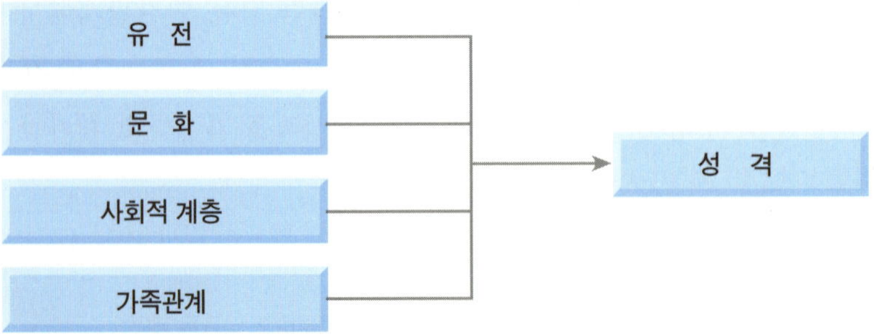

말하는 빠르기나 어조, 기타 습관 등에 있어 많은 유사점을 보이는 경우도 있다.

성장기 어린이들의 성격 형성에 있어 가족, 친구, 학교생활 등 환경적인 요인들이 매우 중요한 영향을 끼치기도 한다. 예를 들면, 일반적으로 맏이들이 책임감이 강하며 형제가 많은 집의 아이들이 독립심이 강하다고 하는 말들은 성장환경이 성격에 영향을 끼친다는 것을 뜻한다.

따라서 성격은 유전적 성향, 기질, 타고난 체형 등과 함께 개인이 속해 있는 가정과 사회, 형제 및 친구관계 등 다른 사람들과의 관계 속에서 통합적으로 형성된다고 볼 수 있다

3.1.3 성격 유형 및 특성

사람들마다 개성이 틀리지만 사람들이 가진 성격을 공통적인 요소로 묶어서 유형별로 사람을 파악할 수 있다. 성격의 유형은 학자들마다 다른 기준으로 분류하고 있다. 한국에서는 일찍이 이제마가 사상체질이라고 하여 사람들을 태양, 태음, 소양, 소음으로 나누어 성격적인 특성뿐 아니라 체형, 기질에 따라 잘 걸리는 질병과 몸에 해로운 음식까지 제시하고 있다.

서양에서 성격에 대하여 연구한 학자들 중 브릭스(K. Briggs)와 마이어(I. Myers)가 연구·개발한 MBTI(Myers-Briggs Type Indicator)*는 성격을 판단하는 데 널리 활용되고 있다. MBTI에 나타난 성격 유형들을 중심으로 각 유형에 따른 성격적 특성을 살펴보면 다음과 같다.

1 내향성과 외향성

일반적으로 얌전하고 자신을 적극적으로 표현하지 않는 사람을 내향

MBTI 관련 웹사이트
www.kpti.com www.mbti.co.kr

성이 높다라고 하고 반대로 쾌활하고 남들과 잘 어울리는 사람을 외향성이 높다라고 한다. 내향성이 높은 사람과 외향성이 높은 사람의 특성을 살펴보면 다음과 같다

내향성(I : Introversion)

- 조용히 혼자 일을 하거나 사색하는 것을 좋아한다.
- 시간이 걸리는 일이라고 할지라도 끈기 있게 파고 든다.
- 많은 사람들 앞에 나서기를 꺼려한다.
- 자신의 생각을 타인들에게 자유롭게 의사소통하는 것이 힘들다.
- 세밀하며 꼼꼼한 경향이 있다.
- 행동을 하기 앞서 생각이 많은 편이다.

외향성(E : Extraversion)

- 행동적이며 유머를 좋아한다.
- 여러 사람과 어울려 함께 일하기를 좋아한다.
- 많은 사람 앞에서 자신의 생각을 자유롭게 이야기할 수 있다.
- 끈기를 요하는 작업은 싫증을 잘 느낀다.
- 생각보다 행동이 앞서는 경우가 많다.

자신은 어느 성향이 더 높은지 표시해 보자.

사람이 어떠한 성향을 가졌는가에 따라 그에 맞는 업무의 유형도 틀려진다. 예를 들면, 외향적이고 다른 사람들과 어울려 일하기를 좋아하는 사람이 혼자 조용한 환경에서 주로 문서나 서류를 다루는 일을 해야 한다면 업무만족도나 성과 면에서 좋은 결과를 얻지 못할 것이다. 일반적으

로 직무성과에 있어서 재무, 회계, 기술직에는 내향성이 높은 사람이 더 적합하고 판매, 영업, 홍보직에는 외향성이 높은 사람이 더 적합하다.

2 감정형과 사고형

사람과 사물을 판단하고 결정하는 데 있어서 상황이나 감정을 고려하는 감성형과 감정을 배제하고 객관적 사실이나 정보로 판단하는 사고형이 있다.

감정형(F : Feeling)

- 다른 사람들과의 조화를 중시하고 칭찬을 좋아한다.
- 다른 사람의 나쁜 점이나 불쾌한 일에 대해서는 이야기하기를 싫어한다.
- 동정적이며 다른 사람과의 관계가 원만하다.

사고형(T : Thinking)

- 사람의 감정에 대해서 무관심하다.
- 분석하기를 좋아하고 일을 우선순위에 따라 처리한다.
- 다른 사람을 질책할 수 있으며 감정에 잘 흔들리지 않는다.
- 감정형의 사람들보다 사고형의 사람들과 잘 지낸다.

자신은 어느 성향이 더 높은지 표시해 보자.

3 2 1 0 1 2 3

매우 사고적 보통 매우 감정적

3 감각형과 직관형

사물을 인식하는 데 있어 오감을 통한 감각적 경험을 중시하는지 혹은 영감에 의한 아이디어로 전체를 인식하는지에 따른 분류이다.

감각형(S : Sensing)

- 실제의 경험을 중시하며 현재에 초점을 맞추어 정확하게 일처리를 한다.
- 논리적인 설명보다 실제 손으로 작업하는 경험을 통하여 훨씬 더 잘 배울 수 있다.
- 숲보다는 나무를 보며 가꾸고 추수하여 결과물이 나온다.
- 동정적이며 다른 사람과의 관계가 원만하다.

직관형(N : Intuition)

- 영감에 의존하며 미래지향적이고 가능성과 의미를 추구한다.
- 아이디어가 풍부하고 일처리가 신속하다.
- 나무보다는 숲을 본다.
- 비유적이고 암시적인 묘사를 좋아한다.

자신은 어느 성향이 더 높은지 표시해 보자.

3	2	1	0	1	2	3
매우 직관적			보통			매우 감각적

4 판단형과 인식형

생활양식에 있어 목적과 방향이 뚜렷하고 사전계획이 뚜렷한지 혹은 변화가능하고 상황에 따라 융통성이 있는지에 따른 분류이다.

판단형(J : Judging)

- 정리 · 정돈을 잘하며 계획적이다.
- 계획대로 추진되지 않으면 불안하다.
- 의지를 가지고 계획을 추진하며 신속한 결론이 나온다.
- 판단기준과 자기의사가 뚜렷하다.

인식형(P : Perceiving)

- 상황에 맞추어 개방적이며 융통성이 있고 적응을 잘한다.
- 재량에 따라 처리될 수 있는 포용성이 있다.
- 통제가 엄격하지 않고 유유자적하다.
- 목적과 방향은 변화가능하고 상황에 따라 일정이 달라질 수 있다.

자신은 어느 성향이 더 높은지 표시해 보자.

3	2	1	0	1	2	3
매우 판단적			보통			매우 인식적

브릭스와 마이어는 성격을 외향성-내향성, 감각형-직관형, 사고형-감정형, 판단형-인식형의 차원으로 나누어서 인간을 16가지 유형으로 나누고 각각의 유형에 적합한 직업군을 제시하고 있다. 예를 들면, 외향성-직관형-감정형-인식형(ENFP)의 사람은 따뜻하고 정열적이고 활기에 넘치며 재능이 많고 상상력이 풍부하다. 상담, 교육, 광고, 판매, 성직 등의 분야에서 뛰어난 재능을 보이며 사람들을 잘 다루고 뛰어난 통찰력으로 다른 사람에게 도움을 준다.

그런가하면 내향성-감각형-사고형-판단형(ISTJ)의 사람은 신중하고 조용하며 집중력이 강하고 매사에 철저하며 사리분별력이 뛰어나다. 이 성격의 사람들은 회계, 법률, 의료, 관리직 등에서 능력을 발휘하며 위기상황에서도 안정되어 있다.

사회생활에서 상대방이 어떤 유형의 사람인가에 대해서 잘 파악할 수 있다면 상대방을 더 잘 이해할 수 있으며 불필요한 오해나 감정의 대립, 갈등 등을 피할 수 있을 것이다.

많은 대학의 심리 · 적성검사기관이나 한국심리검사연구소에서 MBTI 검사를 받을 수 있으므로 자신의 성격을 알아보고 그에 어울리는 직업영역을 탐색해 보자.

3.2 태 도

태도*란 한 개인이 자신과 다른 사람을 대할 때 가지는 신념과 느낌의 결과라고 할 수 있다. 태도는 사람뿐만 아니라 사물이나 생각도 그 대상이 된다. 즉, 같은 사안에 대하여 보수적인 태도를 보이는 사람이 있는가 하면 정반대로 개방적인 태도를 보이는 사람도 있다. 태도는 자신과 타인의 관계를 맺어주기도 하고 깨어지게도 한다. 많은 사람들은 자신의 태도가 주위의 사람들에게 어떠한 영향을 미치는지에 대하여 인식하지 못하는 경우가 많다.

태도는 일반적으로 앞장에서 배운 자긍심과 깊은 관련이 있다. 낮은 자긍심을 가진 사람은 사물의 실제 모습이 아니라 자신의 비뚤어진 느낌에 기초를 둔 태도를 나타내 보이는 경우가 많다. 낮은 자긍심에 기초를 둔 태도는 아주 어린 유아기부터 시작되는 것이 일반적이다. 부모가 낮은 자긍심에 기초를 둔 태도를 가졌다면 그 태도도 자녀에게 전달되기 때문이다.

3.2.1 통제의 위치

통제의 위치(locus of control)는 자신의 삶에 대한 결과에 대하여 자기 자신이 얼마나 영향을 줄 수 있다고 믿는지에 따라 삶에 대하여 어떠한 태도를 가지는가를 나타내 보여준다. 즉 어떤 사람들은 자신에게 일어나는 사건이나 결과에 대하여 자신이 영향력을 미치고 결정할 수 있다고 믿는 반면, 어떤 사람들은 인생은 운이나 다른 사람에 의해 결정된다고 생각한다. 자신이 운명을 결정할 수 있다고 믿는 사람들을 내재론자라고 하고, 운명이 자신의 모든 것을 결정한다고 믿는 사람들을 외재론자라고

태도(attitude)
다른 사람이나 사물에 대해서 일관되게 가지는 느낌이나 신념, 행동 등

한다. 내재론자와 외재론자의 행동이나 생각을 비교하면 다음과 같다.

내재론자*

- 공부를 열심히 하면 성적이 올라간다.
- 내가 옳으면 다른 사람을 설득할 수 있다.
- 사람의 불행은 그 사람이 저지른 실수의 결과이다.
- 사람은 환경적 요소를 극복할 수 있다.

외재론자*

- 결혼은 도박이다.
- 다른 사람의 기본적인 태도를 진실로 바꿀 수 있다는 생각은 어리석은 생각이다.
- 시험성적은 운에 따라 좌우된다.
- 좋은 직장을 얻기 위해서는 운이 좋아야 한다.
- 사람의 성격은 유전에 의해 결정된다.

이 두 유형은 조직에서의 행동유형에서나 성과에서도 차이를 나타내는데, 내재론자는 자신의 일과 직장에 대한 만족도가 비교적 높은 편이고 업무성과 면에 있어서도 높은 편이며 의사결정에 적극적으로 참여한다. 또한 일을 열심히 하고 노력하면 업적이 오를 것이라고 생각한다.

반면 외재론자는 일 자체보다는 근무환경, 경제적 보상 등 업무 외적인 요소에 더 관심을 가진다. 승진은 자신의 노력 여하에 달려 있다고 믿기보다는 줄을 잘 서고 윗사람 눈에 잘 보여야 하며 운이 좋아야 한다고 생

내재론자(internal)
주위에서 일어나는 일이나 그 결과에 대하여 자신이 영향을 미치거나 결정을 지을 수 있다고 믿는 사람

외재론자(external)
인생은 운이나 외부환경에 의해 결정되고 자신이 바꿀 수 있는 것은 별로 없다고 믿는 사람

각한다.

3.2.2 타인과 삶에 대한 태도

해리스(Thomas A. Harris)는 인간이 자신과 타인 그리고 삶에 대하여 어떠한 태도를 가지는가에 따라 다음의 4가지 유형으로 구분하였다. 자신이 스스로를 어떻게 인식하며 또한 다른 사람을 어떻게 인식하는가에 따라 태도가 결정되며 이 태도는 궁극적으로 삶의 자세 및 인생관에까지 영향을 미치게 된다는 것이다.

긍정적인 자세는 'OK' 로 표현되며 사람과 사물 그리고 환경에 대하여 호의적이고 긍정적인 생각을 나타낸다. 반면에 부정적인 자세는 'Not OK' 로 표현되며 'OK' 와 반대되는 생각이나 행동을 의미한다.

1 자기부정-타인긍정(I'm not OK, You're OK)

영아기에 볼 수 있는 반응유형으로 자신은 아무런 행동이나 의사결정을 하지 못하고 전적으로 부모에게 의존하며 부모가 절대적인 존재이다. 이러한 태도가 성인으로까지 이어지게 되면 열등감이 많고 자긍심이 낮은 사람이 된다. 스스로 잘할 수 있는 일은 없고 다른 사람들은 자신보다 훨씬 낫다고 생각하며 이런 사람은 항상 우울하고 자신을 다른 사람으로부터 소외시키는 경향이 있다.

자기부정-타인긍정형의 행동유형

- 다른 사람과 깊이 있는 인간관계를 맺기 싫어한다.
- 자신감이 없고 열등의식이 있다.
- 마음속에 분노를 가지고 있다.
- 실패에 대한 두려움이 있어 책임을 맡지 않으려 한다.
- 자신이 무엇을 원하는지 뚜렷이 알지 못하고 자기의 의견을 주장하지 못한다.

- 문제나 책임으로부터 도피하고자 하며 다른 사람이 자신을 위해 결정해 주기를 바란다.

이런 유형의 사람에게는 주위에서 자신감을 가질 수 있도록 잘 한 일에 대해서는 칭찬해 주고, 뛰어나지 않은 결과에 대해서도 격려를 하며 야단치는 일은 될 수 있는 대로 삼가하도록 한다.

2 자기부정-타인부정(I'm not OK-You're not OK)

해리스에 의하면 이러한 태도는 영아기를 벗어나 걸음마를 배우기 시작하며 유아기에 접어든 어린이에게서 흔히 볼 수 있다고 한다. 많은 실수를 하고 어지르는 가운데 어떤 행동에 대하여 칭찬을 받지 못하고 야단만 맞게 되면 반항의식이 생기면서 부모를 비롯한 주위 사람들에 대하여 부정적인 태도가 생겨나게 된다. 이러한 태도가 성인기에까지 지속되면 다른 사람들과 원만한 관계를 맺지 못하고 스스로와 타인 및 환경에 대하여 부정적이며 희망이 없고 비관적이며 절망적인 태도로 세상을 살아간다. 네 가지 유형 중 가장 바람직하지 못한 유형으로 심하면 정신과 의사의 도움을 받아야 한다.

자기부정-타인부정형의 행동유형

- 타인을 신뢰하지 않는다.
- 자신은 물론 타인에 대해서도 공격적이다.
- 반항적이고 적대적이며 체제나 세상에 대해 분노를 품고 있다.
- 될대로 되라는 자포자기적인 태도를 취한다.
- 버림받는다든지 혼자서만 있게 된다는 두려움이 있다.
- 책임을 맡게 되면 투덜되고 실수를 반복한다.
- 인생의 목표가 없고 낙담하며 소외를 느낀다.

3 자기긍정-타인부정 (I'm OK-You're not OK)

이러한 행동유형은 독재적이고 권위적인 리더나 습관적 범죄자에게 나타나기 쉬운 유형으로서 자신은 항상 옳고 우월하다고 생각하며 문제의 원인을 세상이나 타인의 탓으로 돌리는 경향이 있다. 이런 사람은 다른 사람들과의 대화에 있어서도 자신이 항상 타인을 지배하려고 하고 권력의 중심에 서기를 좋아한다. 히틀러와 같은 독재자도 이러한 유형에 속하며 다른 사람의 입장을 고려하기보다는 자신의 입장을 다른 사람들에게 강요한다. 직장에서는 모든 잘못을 다른 사람의 탓으로 돌리며 타인의 실수에 대해서는 가차없이 비난하고 자신의 생각이나 방법이 항상 올바르다고 생각한다.

자기긍정-타인부정형의 행동유형

- 배타적이고 지배적이다.
- 다른 사람의 뜻을 바르게 수용하지 않는다.
- 다른 사람을 지배하는 힘을 잃을 것을 두려워 한다.
- 자기방어적이고 공격적이다.
- 상대를 몰아부친다.
- 우월의식이 강하다.

4 자기긍정-타인긍정(I'm OK-You're OK)

삶에 대한 네 가지 태도 중 가장 바람직한 태도로서 자신에 대해서 뿐만 아니라 타인에 대해서도 긍정적으로 인정하는 건강한 태도이다. 이 유형의 태도는 의식적으로 선택하여 꾸준히 노력한 결과로 나타나는 것이며 이러한 태도를 가진 사람은 인생은 살아볼 가치가 있다고 생각한다. 자신과 타인에 대한 신뢰를 바탕으로 심리적으로 안정되어 있고 의사결정에 있어서도 모두에게 선과 행복을 가져오는 건전한 방향을 추구한다. 이러한 태도를 가지기 위해서는 자신에 대한 자긍심이 있어야 하며 타인에 대한 올바른 이해와 배려가 필요하다.

그러나 이러한 성숙된 태도에 도달하였더라도 조금만 방심하면 자신의 원래 모습, 즉 불완전한 태도로 돌아가는 성향이 있음을 주의하여야 한다. 이러한 경지는 저절로 얻어진 것이 아니라 의식적인 선택과 끊임없는 노력의 결과로 얻어지는 것이기 때문이다. 일상생활 중에서 자신의 성숙하지 못한 생각이나 태도를 발견하면 얼른 인식하고 바람직한 방향으로 바꾸는 노력이 필요하다.

자기긍정-타인긍정형의 행동유형

- 팀원으로서 다른 사람들과 사이 좋게 일을 할 수 있다.
- 자신 및 타인을 존중하고 소중하게 생각한다.
- 개방적이며 언제나 수용할 태도를 가지고 있다.
- 의견의 불일치가 있을 경우 그 원인을 찾아서 해결방법을 모색한다.
- 자신감을 가지고 다른 사람과 대화하고 협력한다.
- 다른 사람의 눈치를 살피지 않고 자신 있게 행동한다.

3.2.3 환경과 태도

개인의 성장배경이나 환경이 성격에 많은 영향을 미친다고 한다. 환경이 성격 형성이나 태도에 많은 영향을 미치는 것은 사실이지만 거꾸로 환경에 대하여 어떠한 태도로 대응하느냐가 더욱 중요하다.

남들이 그 중요성을 알아주지 않는 하수처리장에서 근무하는 공무원이 효과적인 분뇨처리방안을 연구하여 박사학위를 취득하기도 하였고, 군복무기간 동안 그간 소홀히 하였던 문학작품을 열심히 읽어 영문학 독학사를 취득한 사람도 있다. 초등학교밖에 나오지 못한 사람이 틈이 나는대로 꾸준히 책을 읽고 글을 쓰며 독학을 하여서 50대 초반에 여러 문단과 글쓰기 대회에서 입상하였으며 글 쓰는 방법에 대한 책도 집필하였고 자신의 경험을 바탕으로 기업에 출강하여 정신교육과 자기계발에 관한 강의를 하는 산업강사로까지 활약하고 있다. 자신의 어려운 환경을 탓하기보다는 꾸준한 노력이 오늘의 자신을 가져왔다며 자신의 학벌이 좋지 않음이 사회에서 살아나갈 때 조금도 장애가 되지 않았다고 이야기하고 있다.

인간은 어떠한 환경에 처하든지 그 환경을 활용하여 자신에게 유익한 결과를 가져올 수 있는 힘을 가졌다. 우리가 나쁜 결과에 대하여 자신이 전적으로 책임을 지지않고 환경이나 다른 사람의 탓으로 돌리는 것은 바람직하지 못하다.

다음의 예화는 생의 가장 절망적인 상황에 선 두 사람의 이야기를 그리고 있다. 한 사람은 죽음의 순간까지 자신의 생에 대하여 책임을 지고 행복한 삶을 살았는가 하면, 다른 사람은 마지막 순간까지 자신을 주위 환경의 피해자로 느끼면서 불행하게 보냈다.

일반적으로 사람들은 유복한 환경이 성격형성에 더 바람직하다고 생각하나 꼭 그렇지만은 않다. 우리는 흔히 신문지상에서 부자집 자녀들이 비행을 저질러 법의 심판을 받는 경우가 있는가 하면 가난하고 평범한 가정의 자녀들이 훌륭하게 성장한 사례들을 종종 대할 수 있다. 이 또한 환경을 극복하려는 태도가 무엇보다 중요함을 보여준다고 하겠다.

두 명의 환자 이야기

큰 병원의 작은 병실에 죽음을 앞둔 두 명의 중환자가 있었다. 두 개의 침대, 두 개의 자그마한 서랍장, 출입문, 그리고 바깥 세상으로 향한 창문 하나가 있는 작은 방이었다.

두 환자 중 한 사람은 폐에 물이 차는 증세 때문에 오후에 한 시간씩 침대에 앉아 있는 것이 허락되었고 그 환자의 침대는 창문 바로 옆이었다. 그러나 다른 한 사람은 하루 종일 꼼짝도 않고 침대에 누워있어야 했다. 그리고 두 사람은 일반인의 면회도 허용되지 않았고 조용히 안정을 취해야 했다. 두 사람에게는 독서를 하거나 라디오, 텔레비전을 보는 것도 허용되지 않았고 단지 하루 종일 조용히 안정을 취해야 했었다.

물론 두 사람은 한 동안은 몇 시간이고 아내, 자녀, 가정, 직업, 취미, 그들의 유년시절, 휴가 등에 대한 많은 이야기를 했었다. 매일 오후 간호사가 창문 곁에 있던 환자를 한 시간 동안 앉아있도록 침대를 올려주면 그는 바깥 풍경을 옆의 환자에게 이야기로 들려주었다. 누워서 꼼짝하지 못하는 환자는 그 시간을 즐거이 기다리게 되었다.

그 창문에서는 호수가 있는 공원을 내려다 볼 수가 있었으며 호수에는 오리와 백조가 있어서 아이들은 빵조각을 던져주기도 하고 작은 모형배를 띄우며 놀기도 하였다. 때로는 나무 사이로 젊은 연인들이 손을 잡고 걸어가기도 하고, 녹색의 잔디밭 위에서는 소프트볼 게임이 열리기도 하였다. 사람들은 나무 그늘 아래에서 일광욕을 즐기기도 하였으며 공원 저 너머로는 도시의 스카이라인이 펼쳐져 있었다.

옆 침대에 누워있던 환자는 창문가 환자가 이야기해 주는 이 모든 바깥 풍경들의 묘사를 매우 즐기게 되었다. 호수에 빠질 뻔한 작은 꼬마, 여름 드레스를 입고 지나가는 예쁜 소녀의 모습, 강아지와 함께 노는 소년, 그리고 흥미진진한 소프트볼 게임 등 직접 볼 수는 없었지만 바깥 세상에서 일어나는 모든 일들을 다른 사람의 눈과 입을 통해서 전해 들을 수 있다는 것도 큰 낙이었다.

그러나 어느날 오후, 공원에서 펼쳐지는 큰 퍼레이드에 대한 이야기를 듣던 환자에게 문득 어떤 생각이 스쳐 지나갔다. 같은 병실에 있으면서 왜 저 환자만 창문가 침대에서 바깥 세상에서 일어나는 일들을 볼 수 있는 기쁨을 누려야 하는가? 이 생각이 그 후 며칠간 머릿속을 떠나지 않으면서 계속 그를 괴롭혔다. 너무나 창문가 자리로 가고 싶어지면서 창문가 자리를 얻기 위해서는 어떤 일도 할 수 있을 것 같았다. 이 생각으로 잠도 이루지 못하게 되었고 그의 병세는 더욱 나빠졌다.

어느날 밤, 그날도 잠을 이루지 못하고 천정만 응시하고 있는데 갑자기 창문가 환자가 기침을 하면서 발작을 일으키기 시작하였다. 기침을 하면서 간호사를 부르는 벨을 누르려고 노력하였으나 너무나 심한 발작 때문에 벨을 누르지 못하고 숨이 넘어갈 듯 거친 기침만 하였다. 옆 환자는 손을 뻗쳐 벨을 누를 수도 있었건만 그대로 천정만 응시하고 있었다. 한참 발작을 하던 환자의 숨소리가 멈추었다.

다음날 아침 두 사람을 씻기러 왔던 간호사가 한 사람이 죽은 것을 발견하고 조용히 시신을 치웠다. 그러자 옆 환자는 간호사에게 자신을 창문가 자리로 옮겨줄 수 있는지를 물었고 간호사들은 창문가 자리로 편안하게 그를 옮겨 주었다. 그 작고 조용한 방에는 이제 그 환자 혼자 있게 되었다.

간호사들이 방을 나간 후 그는 한쪽 팔을 힘들여 세우고 겨우 몸을 조금 일으켜 그가 그렇게 동경하던 밖을 내다 보았다. 그러나 그가 본 것은 회색의 벽뿐이었다.

출처 : Make a life, not just a living, Dr. Ron Jenson

두 소년 이야기

행동주의 심리학자들이 환경이 태도에 미치는 영향에 대해 연구하려고 똑같은 나이의 두 어린 소년을 선택해서 각각 다른 방에 넣었다. 지침은 단순했다. "들어가서 한 시간 동안만 놀아. 그러면 우리가 돌아와서 검사해 볼게."

빌리라는 소년은 그 또래의 소년들이 즐길 수 있는 모든 종류의 장난감과 놀이기구가 있는 방으로 들어갔다. 그곳에는 소년의 나이와 성별을 염두에 두고 선택된 장난감 트럭과 군인, 롤러 스케이트, 비디오 게임 등이 있었다. 쟈니라는 소년은 다른 방으로 들어갔는데 그 방은 말의 사료로 쓰이는 짚더미로 가득 차 있었다. 한 시간쯤 지나서 연구자들이 방으로 돌아와 문을 열었다. 그들은 빌리가 아주 많은 장난감에 둘러싸인 채 마루 한가운데에 힘없이 앉아서 우는 것을 보고 놀랐다. "빌리야, 뭐가 잘못됐니?"라고 그들이 물었다. "트럭 바퀴 하나가 부서졌어요. 저 게임은 어떻게 하는지 잘 모르겠고, 롤러 스케이트는 싫어한다구요. 그리고 이건 재미가 없어요"라고 그는 울부짖었다. 그들은 쟈니가 있는 지저분한 방으로 가서 방문을 열고는 쟈니가 자유분방하게 짚을 날리면서 즐거워하고 있는 모습을 보았다. "쟈니야, 무엇을 하고 있니?" "선생님이 말한 대로 놀고 있잖아요" "그렇지만 여기는 짚더미로 가득 차 있는데 어떻게 놀 수가 있니?" "아니예요. 재미있어요. 난 이 짚더미들을 보고 여기 어딘가에 조랑말이 있어야 한다고 생각했어요."

세상에는 긍정적인 사람과 부정적인 사람이 있다. 당신은 두 종류의 사람을 각각 알고 있을지도 모른다. 부정적인 사람은 항상 비판적이다. 그는 어떤 일이 잘되지 않는 이유에 대한 답변을 찾으려 한다. 부정적인 사람은 회의적이고 종종 냉소적이다. 반면에 긍정적인 사람은 항상 개방되어 있고, 어떤 일이 잘될 것이라는 이유를 찾으며, 항상 사람들과 생각들 속에서 좋은 것을 바라본다. 당신은 어느 편에 속하는가?

출처 : 곽선희, '생명의 삶'

|3.2.4| 태도와 직무성과

대부분의 사람들은 자신의 분야에서 인정받고 성공하고 싶어한다. 성공하는 사람들은 자신의 운명을 운에 맡기는 것이 아니라 할 수 있다라는 긍정적인 자아개념 및 신념을 가지고 오랫동안 꾸준히 노력하면서 자신의 성공을 추구함으로써 성공을 이루어낸다는 공통점이 있다.

이들은 다른 사람이나 조직을 위해서 일하는 것이 아니라 자신을 위해서 일하며, 일할 때는 최선의 결과를 성취하기 위하여 노력한다. 성공을 하지 못하는 사람들은 성취를 원하기는 하지만 자신이 그 일을 해낼 수 있을 것인가에 대한 확신 없이 시작하는 경우가 대부분이다. 그러나 성취하는 사람들은 이미 시작할 때에 자신이 그것을 해낼 수 있으리라는 확고한 신념과 태도를 가지고 출발한다. 또한 성공하는 자들은 성취하여야 할 일을 마지 못해 해내어야 하는 과제로 생각하는 것이 아니라 자신의 능력을 나타내 보일 수 있는 하나의 도전이라고 생각하면서 일을 시작하게 된다. 이때 자신감만 있어서는 안 되고 자신의 능력에 대한 현실적인 이해와 아울러 능력을 갖추어야 한다.

우리 각자는 자신의 행동과 태도에 대하여 책임을 져야 한다. 나의 태도는 나 스스로가 선택하는 것이지 누군가에 의하여 강요되어지는 것은 아니다. 따라서 자신의 감정과 태도는 스스로 통제하여야 한다. 행복하고 자신에 대하여 만족하며 인생에 있어서 원하는 바를 얻어내는 사람들은 누가 그것들을 가져다 주는 것이 아니라 스스로 만들어낸다는 것이다. 긍정적인 태도는 현재의 자신을 결정짓는 요소가 되기도 한다.

긍정적인 태도는 사무실의 비서에게나 매장의 판매원에게나 똑같이 중요하다. 감정이나 태도는 전염성이 매우 강하다. 자신 있고 활기찬 행동은 나 자신을 변화시킬 뿐 아니라 주위의 사람들에게도 그 활기를 확산시킨다. 우울한 사람 곁에 있으면 나 자신도 우울해지고, 생동감 있고 유머가 있는 사람 옆에 있으면 자신도 함께 즐거워지는 것을 우리는 흔히 경험하게 된다. 스스로 에너지를 발산하고 뛰어난 유머감각과 활기로서 주위를 환하게 밝혀나갈 수 있어야 겠다. 그러기 위해서는 사람이나 사물을 대할 때 긍정적인 면을 보도록 노력하며 모든 면에 있어 관심과 열정을 가지고 임해야 한다. 함께 있으면 즐겁고 뭔가 함께 하고 싶은 동료가 될 수 있도록 긍정적인 자세와 적극적인 태도를 가지는 것이 중요하다.

이와 반대로 부정적인 태도를 가진 사람은 자신을 망칠 뿐만 아니라 주위 사람들 및 회사에게도 나쁜 영향을 끼치게 된다. 항상 불만에 찬 동료가 옆에 있으면 회사에 나오는 것이 즐겁지 않고 어느 새 자신도 모르는 사이 불만을 토로하는 것을 발견하게 된다. 또한 부정적 태도를 가진 사람은 항상 불행해 보이며 모든 일에 대하여 만족하지 못하며 업무성과도 좋지 않다. 실제로 나쁜 일이나 결과를 생각하면 종종 실제로 그 나쁜 일이 발생하는 것을 경험한다.

난관이 닥쳐왔을 때 이에 대처하는 태도에 따라 그 결과도 달라진다. 자신의 생과 태도에 대하여 스스로 책임감을 가지고 현실적으로 긍정적인 생각을 지닌 사람은 어떠한 장애도 극복할 수 있다. 반면 부정적인 태도를 가진 사람은 작은 난관에도 쉽게 포기하며 부정적인 결과를 생각하며 더 이상 노력하지 않는다. 태도는 나 스스로가 프로그래밍하기에 달려 있다. 긍정적인 생각과 태도를 입력하면 긍정적인 결과가 나오고 부정적인 생각과 태도를 입력하면 부정적인 결과가 나오기 마련이다. 어느 것을 선택하느냐는 스스로의 판단과 책임에 달려 있음을 항상 명심하여야 한다.

긍정적인 태도를 가지기 위한 구체적인 실천방안

A 비관주의자들과 교류하기보다는 낙천주의자들과 교류한다. 부정적인 생각은 주위를 오염시킨다. 부정적인 생각은 정신뿐만 아니라 육체도 망치게 되므로 긍정적으로 생각하는 의욕적인 사람들과 교류하기를 힘쓴다.

B 긍정적인 생각을 함으로써 몸에서 엔돌핀이 나오도록 조절한다. 건전한 육체와 정신은 항상 함께하므로 긍정적인 생각을 할 때 몸에서 힘이 솟아나온다.

C 과거의 부당한 대우나 경험에 대하여 지나치게 집착하지 않는다. 될 수 있는 대로 부정적인 경험은 잊어버리고 자신감을 가지고 미래의 희망과 계획에 전념하는 것이 훨씬 더 좋은 결과를 가져다 준다.

D 아침에 일어날 때 행복하게 눈을 뜬다. 낙관주의는 선천적으로 타고날 수도 있지만 많은 부분 학습된 태도이다. 아침 일찍 긍정적인 생각으로 하루를 시작한다. 아침에 뉴스를 듣는 것보다 경쾌한 음악을 듣는 것이 하루를 밝게 시작하는 데 훨씬 도움을 준다. 뉴스는 대부분 사회의 어두운 면과 부정적인 기사들이 많기 때문이다. 출근하는 지하철 안에서도 헤드폰으로 좋아하는 음악을 들으며 영어책이라도 읽으면 훨씬 도움이 된다. "오늘 하루를 가능한 한 최선의 날로 만들자"라고 다짐하면서 이를 실천하도록 노력한다.

다음의 설문을 통해 나의 성격이 외향성인가 내향성인가를 측정해 보자.

다음 각각의 문항이 자신을 얼마나 잘 나타내고 있는지 점수를 매겨 보자.

0 : 전혀 동의하지 않는다

1 : 조금 동의한다.

2 : 어느 정도 동의한다.

3 : 매우 동의한다.

A세트

(　) 나는 사소한 일에도 신경을 많이 쓰는 편이다.

(　) 누가 나에게 말을 걸기 전에 내가 먼저 말을 걸지는 않는다.

( ) 나는 이따금 결심을 빨리 하지 못하기 때문에 손해 보는 경우가 많다.
( ) 사람들은 누구나 곤경에서 벗어나기 위해 거짓말을 할 수 있다.
( ) 나는 실패한 일에 대해 두고 두고 생각한다.
( ) 나는 비교적 말이 없는 편이다.
( ) 나는 기왕에 해야 할 일은 꼼꼼하게 하는 편이다.
( ) 나는 지나치게 깔끔을 떠는 편에 속한다.
( ) 나는 나를 기분 나쁘게 한 사람을 쉽게 잊지 못하는 편이다.
( ) 나는 수줍음을 많이 타서 많은 사람 앞에 나서길 싫어한다.
( ) 나는 혼자 지내는 시간이 즐겁다.
( ) 나는 내 주위 사람이 잘 되는 것을 보면 상대적으로 내가 실패한 것 같은 느낌을 받는다.
( ) 나는 어떤 일을 시도하다가 잘 안 되면 금방 포기한다.
( ) 나는 이성친구와 웃고 떠드는 것을 별로 좋아하지 않는다.
( ) 나는 낯선 사람과 만나는 것을 매우 꺼리는 편이다.
( ) 나는 밤낮없이 같이 다닐 만한 친구들이 거의 없다.
( ) 나는 연예인이 되고 싶은 마음을 조금도 갖고 있지 않다.
( ) 나는 여럿이 모여서 얘기하는 데 잘 끼어들지 못한다.
( ) 사람들은 이득이 된다면 옳지 않은 방법이라도 쓸 것이다.
( ) 사람들이 정직하게 행동하는 건 다른 사람의 비난이 두렵기 때문이다.
( ) 합계

B세트

( ) 나는 어떤 일에 대한 결심을 쉽게 하는 편이다.
( ) 나는 연극을 좋아한다.
( ) 나는 생각하고 사색하기보다는 활동하는 것을 더 좋아한다.
( ) 나는 내가 말한 것이 틀리면 내 말을 정정할 수 있다.
( ) 나는 이따금 뚜렷한 이유도 없이 기분이 좋아질 때가 있다.
( ) 나는 감정이 즉시 얼굴에 나타나는 편이다.
( ) 나는 기분이 잘 바뀌는 편이다.
( ) 나는 재미있는 이야기를 들으면 남들에게도 전해주기 위해 잘 기억한다.

( ) 나는 내 물건을 다른 사람에게 잘 준다.
( ) 나는 나와 생각이 다른 사람들과도 잘 지내는 편이다.
( ) 나는 다른 사람들을 잘 믿는다.
( ) 나는 다른 사람의 일을 잘 돌봐 주는 편이다.
( ) 나의 행동은 절도가 있고 명쾌한 편이다.
( ) 나는 다른 사람들의 주목을 받는 것이 좋다.
( ) 나는 처음 보는 사람들에게도 말을 잘 거는 편이다.
( ) 나는 남들이 나를 추어올려 주면 기분이 좋다.
( ) 나는 기회만 주어진다면 다른 사람들을 잘 이끌 수 있을 것이다.
( ) 나는 다른 사람의 의견을 허심탄회하게 받아들이는 편이다.
( ) 나는 다른 사람들을 쉽게 동정하는 편이다.
( ) 나는 다소 낭비가 심한 편에 속한다.
( ) 합계

결과의 해석

A A점수와 B점수의 각각의 합을 계산한다.
B A점수가 40점 이상이고 B점수가 20점 이하일 때 – 내향적 성격
C B점수가 40점 이상이고 A점수가 20점 이하일 때 – 외향적 성격
D A점수와 B점수 모두 40점 이상일 때 – 양향적 성격
E A점수와 B점수 모두 20점 이하일 때 – 무향적 성격

출처 : 최창호, 1997

적용문제

1 자신의 성격 중 바람직한 면 5개와 고치고 싶은 면 5개를 적어 보자.

바람직한 면

1.
2.
3.
4.
5.

고치고 싶은 면

1.
2.
3.
4.
5.

2 긍정적인 태도를 갖기 위해서 자신이 취할 수 있는 실천방안 5가지를 구체적으로 적어 보자.

1.
2.
3.
4.
5.

Chapter 04

커뮤니케이션

학습목표

1. 커뮤니케이션의 중요성을 설명할 수 있다.
2. 효과적인 커뮤니케이션 방법을 열거할 수 있다.
3. 비언어적 커뮤니케이션 수단을 효과적으로 사용할 수 있다.
4. 조직 내 커뮤니케이션의 종류와 효과를 설명할 수 있다.
5. 문화에 따른 커뮤니케이션 차이를 인식할 수 있다.

Chapter 4

커뮤니케이션

우리 인류는 어떻게 해서 다른 언어를 사용하게 되었을까? 그 이유를 설명하는 '바벨탑의 이야기'가 있다. 오래 전 인류의 선조들은 함께 크고 높은 탑을 만들어 하늘에 있는 신들에게 가까이 가려는 시도를 했다. 이 탑이 바로 바벨탑으로 신에 대한 인간의 도전을 의미했다. 바벨탑을 높게 쌓아 자신들에게 도전하고자 하는 인간들의 행위를 하늘에서 내려다 본 신들이 어떻게 하면 인간들의 도전을 막을 수 있을까 의논하다 내린 벌이 바로 다양한 언어이다. 신들은 인간들이 동일한 언어를 사용함으로써 함께 높은 탑을 쌓을 수 있다고 생각하여 언어를 다르게 하여 서로 의사소통을 하지 못하게 하면 함께 일을 할 수 없을 것이라 여겼다. 인간들에게 다른 언어를 사용하게 함으로써 결국 인간들이 쌓던 바벨탑은 무너지고 두 번 다시 신에 대한 도전을 하는 것을 막았다는 이야기다.

이 장에서는 효과적으로 의사소통할 수 있는 방안을 살펴보자.

Chapter 4

커뮤니케이션

커뮤니케이션이란? 4.1

커뮤니케이션*은 흔히 의사소통이라고도 하나 커뮤니케이션이란 영어 표현을 그대로 사용하는 경우가 많다. 업무에서 사용되는 커뮤니케이션의 종류는 매우 다양하다. 전화하기, 보고서 읽기, 쓰기, 듣기, 말하기, 대화하기 등의 기본 커뮤니케이션 행동들은 하루 일과의 대부분을 차지하고 있다. 이러한 커뮤니케이션 행동들은 매우 중요함에도 불구하고 체계적인 교육이 이루어지지 않았다.

4.1.1 커뮤니케이션의 정의

커뮤니케이션은 송신자(개인, 그룹, 조직)가 수신자(개인, 그룹, 조직)

커뮤니케이션(communication)
송신자가 수신자에게 생각, 감정, 정보 등을 전달하는 과정에게 메시지(정보의 형태)를 전달하는 과정이라고 정의할 수 있다. 이때 메시지는 생각, 감정 그리고 정보 등의 형태를 취한다. 보다 쉬운 정의로는 한 사람 또는 그 이상의 사람으로부터 다른 사람(들)에게 사실, 감정, 태도, 생각 등을 전달하는 것으로 정의되기도 한다.

커뮤니케이션의 또 다른 정의는 상징, 부호, 행동 등의 공통된 제도를 통해 정보를 서로 교환하는 과정이라고도 한다. 결국 정보사회를 살아가는 우리들은 이 정보를 교환하는 과정을 잘 익히고 구사하여야 하므로, 커뮤니케이션은 인간관계에 있어 가장 중요한 능력으로 자리잡고 있다.

4.1.2 커뮤니케이션의 기능

커뮤니케이션은 조직운영에서 중요한 과정이며 사실상 조직원들의 업무성과는 커뮤니케이션 능력과 직결된다. 효과적인 커뮤니케이션은 조직원들에게 연대감과 소속감을 높여주는 접착제와도 같은 것이다. 한 연구조사에 의하면 회사의 경영관리자들은 업무시간의 80% 정도를 다른 사람에게 말하고 듣고 문서를 쓰고 읽는 것 같은 커뮤니케이션 활동으로 소비한다고 한다. 즉, 조직의 목표를 달성하고 업무의 성과를 높이기 위해서는 절대적으로 많은 시간을 커뮤니케이션에 투여하여야 한다는 것을 의미한다.

조직에서의 커뮤니케이션은 개인과 개인 간의 행동뿐 아니라 유기적으로 연결된 행동을 필요로 한다. 조직이 제 기능을 발휘하기 위해서는 개인과 그룹의 행동을 조화시켜야 한다. 예를 들어, 웨이터는 손님의 주문을 받고 그것을 요리사에게 전달해야 하며, 시장조사자는 고객의 요구에 관한 정보를 수집하여 제조업자와 광고 종사자에게 전달하여야 한다. 만약 이런 과정이 없다면 사람들은 무엇을 해야 할지 모르고 조직이 효과적으로 움직일 수 없을 것이다. 즉, 조직에서 커뮤니케이션의 주요 기능은 조화된 행동을 이끄는 것이다.

이 기능은 정보를 체계적으로 공유함으로써 이루어진다. 그러나, 커뮤니케이션은 단지 데이터나 사실을 공유하는 것만을 포함하는 것이 아니라 사람들 사이의 상호 대면적인 면을 포함한다. 예를 들어, 커뮤니케이션은 친교와 믿음을 쌓아가는 데 중요한 역할을 한다. 사람들이 즐겁고 상호 교류적인 직장분위기를 만들기 위해서는 커뮤니케이션에 크게 관심을 가져야 한다.

커뮤니케이션의 과정과 장애요인 4.2

|4.2.1| 커뮤니케이션의 과정

1 기호화(encoding)

커뮤니케이션 과정은 한쪽에서 다른 쪽 상대방에게(개인, 그룹, 조직) 아이디어를 전달하려 할 때 시작된다. 그 아이디어를 수신자가 이해할 수 있는 형태로 변형시켜서 전달하는 것이 송신자의 임무이다. 송신자는 문서나 구두로 자신의 의사를 표현하기 위해 단어를 선택하여 정보를 기호화한다. 그러나 이 과정에서 아이디어를 완벽하게 기호화하기는 매우 힘들다.

2 전달매체(channel of communication)

기호화된 메시지는 다양한 전달매체를 통하여 상대방에게 전달된다. 매체로는 전화, 텔레비전, 팩스, 이메일 등 다양한 종류가 있다. 물론, 기호화하는 형태가 정보가 전달되는 방식을 거의 결정한다. 사진이나 그림, 문서 같은 시각적 정보는 우편이나 빠른 서비스에 의해 배달되거나 이메일이나 팩스로 전송되기도 한다. 구두정보는 대면지시, 전화, 사내방송 등을 통해 전달된다. 전달매체가 무엇이든 간에 그 목적은 기호화된 메시지를 정확히 수신자에게 전달하는 것이다.

3 해독(decoding)

일단 메시지가 전달되면 수신자는 메시지를 송신자의 원래 아이디어로 바꾸는 해독의 과정을 시작해야 한다. 이것은 말이나 문서로 표현된 언어를 이해하거나 얼굴 표정을 해석하는 등 세부단계를 포함한다. 송신자의 메시지가 수신자에게 100% 정확하게 전달된다는 것은 거의 불가능하다고 할만큼 어렵지만 적절한 매체의 선정, 송 · 수신자의 노력에 따라 커뮤니케이션의 정확도는 높아질 수 있다.

4 피드백(feedback)

일단 메시지가 해석되면 그 과정으로 끝나는 것이 아니라 수신자는 메시지를 보낸 송신자에게 자신이 이해한 내용이 정확한지에 대하여 알려주게 되는데 이것이 피드백이다. 예를 들어, 상사가 부하직원에게 업무처리에 대한 지시를 내리면 메시지를 받은 부하직원은 자신이 이해한 바를 다시 상사에게 확인함으로써 피드백을 줄 수 있다. 이때 피드백을 받는 상사가 다시 수정된 지시를 내린다면 커뮤니케이션의 또 다른 사이클이 시작된다.

커뮤니케이션 과정

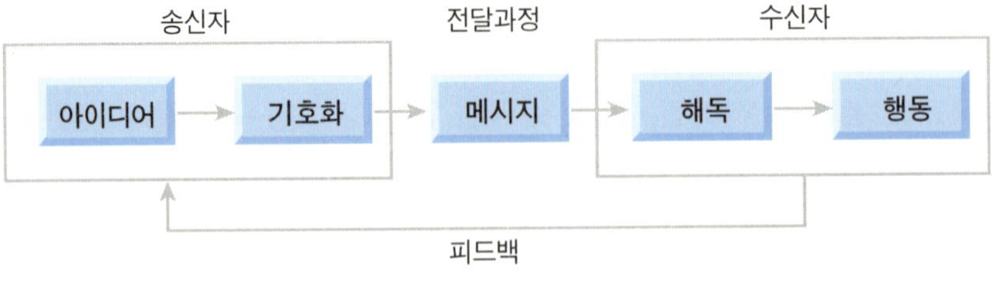

4.2.2 커뮤니케이션의 장애요인

여러 과정을 거치게 되는 커뮤니케이션은 그 과정 중에 다양한 장애요인이 발생하여 정확한 의사소통을 하기 어려운 경우가 많다. 장애요인으로는 대화하는 주제나 대화 상대방에 대한 관심 부족, 환경적인 소음이나 불편함, 대화 당사자들의 어휘력 부족, 정보전달과정에서의 기술 부족, 지식 부족 등을 들 수 있다.

또한 사람들이 가지고 있는 고정관념* 이나 편견, 자신의 생각을 다른 사람에게 전가시키는 투사* 등으로 인해 기호화와 해독화 과정에서 정확한 정보전달이 이루어지지 않기도 한다. 또 다른 장애요인으로 커뮤니케이션 중에 상대방을 평가하려는 의도를 들 수 있다. 사람들은 커뮤니케이션을 통해 정보를 전달하거나 받아들이려는 목적 외에 상대방에 대하여 다른 관점으로 평가를 한다. 예를 들면 "이러한 것을 저렇게 말하는 것을 보니 저 사람은 이렇구나"라고 생각을 한다. 이렇게 서로 평가를 하고 있다는 것을 알게 되면 사람들은 개방적인 커뮤니케이션을 하기보다는 방어적으로 정보를 주고 받게 된다.

4.3 언어적 형태의 커뮤니케이션

커뮤니케이션에는 언어적 커뮤니케이션과 비언어적 커뮤니케이션이 있다. 언어적(verbal) 커뮤니케이션은 구두 혹은 서면으로 메시지를 전달하는 것이며 비언어적(non-verbal) 커뮤니케이션은 몸짓, 표정 등 언어

고정관념(stereotyping)
성, 출신학교, 출신지, 직업, 경력 등과 같은 특질에 따라 사람을 범주화시키는 것
투사(projection)
사람들이 자기 자신의 생각과 감정을 다른 사람들에게 귀인시키는 인지상의 과정

이외의 수단을 사용하여 메시지를 전달하는 것이다.

언어적 커뮤니케이션 중 말하기와 듣기에 대하여 먼저 살펴보자.

4.3.1 말하기와 듣기

1 말하기

구두(oral) 커뮤니케이션으로는 대화, 전화, 회의, 프리젠테이션 등이 있다. 구두 커뮤니케이션은 커뮤니케이션이 대화를 통해서만 이루어지는 만큼 증거가 남는 문서와 달리 정보의 정확성을 다시 확인할 수 없기 때문에 정확히 말하는 것이 중요하다.

상대방에게 자신의 생각을 효과적으로 전달하기 위해서는 평소 효과적으로 말하는 방법을 익혀두는 것이 좋다.

말하기 전 내용을 잘 생각한다

자기 자신이 무엇을 이야기하려고 하는지 정확히 모르면서 상대방이 이해해주기를 바라는 것은 불가능하다. 말하기 전 충분히 요점을 정리하고 필요하면 메모를 하여 요약한다.

상대방의 입장에서 전달한다

자신의 입장에서 이야기하기보다는 상대방의 수준을 고려하여 어려운 용어를 피하고 이해하기 쉽게 천천히 이야기한다. 또한 어렵거나 애매한 말은 피하고 명확하고 일상적인 표현을 사용한다. 직업이나 분야에 따라 사용하는 전문용어와 약어가 틀리기 때문에 상대방이 잘 알아들을 수 있는 수준의 어휘를 사용한다.

명료하고 순서에 맞게 전달한다

평소에 메시지의 순서를 정하여 육하원칙*에 맞추어서 정확히 전달하는 습관을 키운다.

상대방의 반응을 확인하면서 이야기한다

자신의 메시지를 상대방이 정확하게 받아들이고 있는지를 중간에 확인하면서 이야기한다. 상대방의 반응을 이끌어내기도 하면서 쌍방적인 커뮤니케이션을 해야만 관심을 지속적으로 유지할 수 있다.

상대방을 잘 보면서 이야기한다

사람은 누구나 상대방으로부터 자신이 중요한 사람으로 여겨지기를 바란다. 친근감을 가지고 마음으로부터 관심을 표현하는 태도가 필요하다. 상대방의 얼굴을 바라보면서 시선을 맞추고 대화한다.

표정, 목소리의 톤, 몸짓 등 다양한 커뮤니케이션 수단을 함께 사용한다

무표정한 얼굴과 단조로운 목소리로 이야기를 하면 상대편의 관심은 금방 다른 곳으로 쏠리게 된다. 따라서 상대편의 지속적인 관심을 끌기 위하여 다양한 커뮤니케이션 수단을 사용하도록 한다.

대화예절

좋은 매너

A 진지한 태도로 상대방을 바라보면서 대화를 한다.
B 존칭과 품위있는 언어를 사용한다.
C 상대방의 입장을 생각하면서 무리한 표현은 삼가한다.
D 상대방의 이야기에 관심을 가지며 적절한 반응을 보인다.
E 자신있는 모습으로 대화를 한다.
F 사무실 내에서 조용히 이야기하며 타인에게 방해되지 않도록 한다.
G 상대방의 말이 끝난 후 본인의 의사를 정확하게 말한다.

육하원칙
5W1H(who, when, where, what, why, how 누가, 언제, 어디서, 무엇을, 왜, 어떻게)

H "______입니다"를 정확히 사용한다.

나쁜 매너

A 상대방이 말하는 도중에 말을 가로챈다.

B 큰소리로 대화하고 저속한 언어를 사용한다.

C 말끝을 분명히 하지 않고 주눅들고 자신감 없는 태도를 취한다.

D 지나가는 말처럼 하거나 자세를 바르게 하지 않고 예의없이 대화한다.

E 상대방의 약점만 골라 이야기하고 시비조로 말한다.

F 자신의 잘못을 정확히 설명하지 않는다.

출처 : Daewoo Entrance Program Ⅱ

2 경 청

경청한다는 것은 단순히 듣는다는 차원이 아니라 최대한의 관심을 기울여 열심히 듣는 것을 의미한다. 다음에서 다룰 경청을 위한 십계명 외에도 기록을 하면서 듣는 태도가 필요하다. 메모*를 하거나 기록을 하면서 들음으로써 상대편에게는 경청하고 있다는 무언의 메시지를 보내게 되고 자신은 집중해서 들을 수 있는 집중력을 가질 수 있다. 지시사항이나 말의 흐름을 기록하여 추후에 참고하면 보다 많은 내용을 기억해 낼 수 있는 장점도 있다.

또한 메시지의 주변적인 요소보다 본질적인 요소에 관심을 기울여 듣는다. 즉, 말하는 사람의 표현방법이나 태도 등에 의해 본래의 의미를 이해하지 못하고 오해를 하는 경우가 생긴다. 그 사람이 어떠한 의도로 어떠한 메시지를 전달하려고 하는지를 전체적인 관점에서 듣도록 한다.

메모(memorandum)
어떤 일이나 사실을 나중에 참고하거나 기억해내기 위해서 또는 상대에게 메시지를 전달하기 위해 종이에 요점만 간단히 적음

3 경청을 위한 십계명

데이비스(Keith Davis)는 그의 책 『Human Relations at Work』에서 경청을 위한 십계명을 다음과 같이 설명하고 있다.

1계명

우선 말하는 것을 멈춘다. 내가 말을 하면 다른 사람의 말을 들을 수가 없다. 일반적으로 사람들과의 관계에서 자신이 주로 말하는 편인지 아니면 듣는 편인지 생각해 보고 주로 자신이 말하는 편이면 사람들과의 대화에 있어서 말하기를 줄여 보자.

2계명

말하는 사람이 편안하게 느낄 수 있도록 도와준다. 권위적인 태도나 위협적인 어조는 상대방으로 하여금 말하기를 멈추게 한다.

3계명

말하는 사람에게 내가 듣기를 원한다는 것을 행동이나 표현으로 보여준다. 즉, 언어적 혹은 비언어적인 피드백을 제공한다. '그렇지' '그럼' '맞아요' 등과 같이 상대방의 말을 들으면서 상대방과 생각을 함께 한다는 언어적인 피드백을 제공한다. 또한 시선을 맞추며* 고개를 끄덕끄덕하거나 미소를 보내주면 이야기하는 사람은 더 신이 나서 이야기하기 마련이다. 물론 부정적인 피드백이나 충고를 줄 수도 있다. 자신이 이해가 안 되는 부분이 있으면 자신의 말로서 질문을 하거나 설명하고 자신이 정확하게 이해했는지의 여부를 물어본다. 특히 업무상의 모든 커뮤니케이션에서는 확인이 필수적이다.

시선맞추기(eye contact)
상대방의 눈을 보며 이야기하기

4계명

방해요소를 제거한다. 집중을 하면서 듣기에 방해가 되는 요소가 있으면 이를 먼저 제거하여야 한다. 열려진 창 밖에서 들려오는 소음이나 햇빛과 같이 외부 환경적인 방해요소일 수도 있고 마음속에 있는 다른 생각이나 걱정이 경청하는 것을 방해할 수도 있다.

5계명

상대방에게 감정이입*을 하여 듣는다. 상대방의 입장에서 상대방의 감정상태를 가지고 이야기를 들음으로써 상대방을 자신의 편으로 만들 수 있다. 특히 상대방이 기쁘거나 슬플 때 혹은 초조하거나 화가 날 때 상대방의 입장에서 이야기를 듣도록 노력한다.

6계명

인내심을 가진다. 상대방이 말을 더듬거나 빨리 결론에 도달하지 않더라도 충분한 여유를 준다. 상대방의 말을 중간에 가로채거나 말을 마치기 전에 먼저 듣는 쪽에서 결론을 내리거나 하는 행동은 바람직하지 않다.

7계명

자신의 기분을 가라앉힌다. 화가 나 있거나 흥분해 있는 상태에서는 상대방의 말을 제대로 듣기도 전에 자의적으로 해석하여 화를 내기 쉽다.

8계명

상대방의 발언이나 입장에 대하여 논쟁이나 비판을 하지 않는다. 상대방은 자기방어적인 태도를 취하거나 화를 내기 쉽게 된다.

감정이입(感情移入, empathy)
사람이 어떤 대상에 깊이 몰두하여 그것과 하나가 되는 의식의 상태나 작용. 가령, 관객이 영화 속의 주인공과 자신을 동일시하여 함께 울고 웃으며, 어떤 신체동작을 따라 하는 것 따위

9계명

질문을 한다. 질문을 함으로써 말하는 사람에게 내가 현재 그 내용에 관심이 있다는 것을 표현해 주고 더 자세한 내용을 듣기 원한다는 격려를 하게 된다.

10계명

말하기를 멈춘다. 즉, 첫 번째 계명과 같이 마지막 계명도 말하기를 멈추는 것이며 이는 내가 말하는 동안은 결코 들을 수 없기 때문이다. 신은 인간에게 두 개의 귀와 한 개의 입을 허락하였다. 이는 말하기보다 듣기를 많이 하라는 신의 이치이기도 하다.

4.3.2 쓰기와 읽기

1 쓰 기

육하원칙에 의하여 정확하고 간결하게 작성하는 것이 필요하다. 쓰기를 통한 커뮤니케이션은 기록으로 남는 것이기에 더욱 주의를 요한다. 간단한 업무 메모, 이메일 또는 공문서에 이르기까지 정확성이 무엇보다 요구되므로 항상 주의를 하여서 검토를 꼭 하도록 한다.

1999년 6월에 전투기 제작회사로 유명한 록히드 마틴사는 계약서의 숫자에 소수점 대신에 잘못 찍혀진 콤마 때문에 7천만 달러의 손해를 입게 되었다. 이러한 사례는 정확하게 문서를 작성하는 것이 얼마나 중요한가를 일깨워 준다. 모든 서류는 작성할 때 정확하게 작성할 뿐 아니라 2~3번 검토(proofreading)를 하여 오자나 탈자가 없는지 확인하여야 한다. 요즘에는 틀린 글자나 맞춤법을 자동적으로 검색하여 고쳐주는 자동철자고치기기능*이 일반화되어 있으나 이 기능을 완전히 믿을 수는 없

자동철자고치기기능(spelling checker)
철자가 틀렸을 때 컴퓨터가 자동으로 고쳐주는 기능

다. 숫자가 틀릴 때는 발견이 되지 않을 뿐 아니라 음은 맞으나 훈이 잘못 쓰여진 한자 혹은 영어 단어 등은 검색해 내지 못한다. 예를 들면, 영어 단어의 it's와 its, their와 there 등은 문장 중에 잘못 쓰여지면 컴퓨터의 자동철자고치기기능에서 찾아내지 못한다.

2 읽 기

한글을 읽을 수 있으면 읽기 능력을 갖췄다고 생각하기 쉬우나 정보를 효과적으로 습득하기 위한 읽기 능력을 갖추기 위해서는 나름대로의 훈련이 필요하다.

1단계에서는 개괄적으로 속독을 하며 요점을 파악한다. 이때 형광펜 등으로 밑줄을 긋거나 간단한 표시를 하는 것도 필요한 정보를 신속하게 얻는 데 도움이 된다. 2단계에서는 파악된 요점을 중심으로 일반 속도로 전체를 읽는다. 이 과정을 통해서 전체 내용을 체계적으로 습득하게 된다. 마지막으로 더 자세한 정보를 취득하고자 할 때는 필요한 정보를 중심으로 기록하면서 정독한다.

4.4 비언어적 형태의 커뮤니케이션

비언어적 커뮤니케이션을 연구하는 관련 학문분야로는 공간행동학, 환경심리학 등이 있다.

공간행동학*은 사람들이 자신의 사회적 상호작용을 규제하기 위해 주위의 공간을 어떻게 확보하고 사용하고 설계하는지를 알아보기 위해 인간의 공간과 관련된 행동을 체계적으로 연구하는 환경심리학의 한 분야

공간행동학(proxemics)
인간의 공간과 관련된 행동을 체계적으로 연구하는 학문분야

로 '근접학' 이라고도 한다.

환경심리학*은 물리적 환경과 인간의 행동과 복지 사이의 관계에 초점을 맞춰 소음, 과밀, 건축설계, 지역사회의 구조 등을 연구하는 심리학의 한 분야이다.

4.4.1 거리와 시공간

사람은 자신의 주위에 적정한 공간을 유지하기 위하여 노력하고 타인이 그 공간 안에 들어왔을 때는 자신의 영역이 침해 당했다고 느끼고 불쾌하게 생각한다. 우리 나라와 같이 좁은 공간에서 사는 사람들은 거리나 공공장소에서 타인과 가까운 거리에 있으면서 몸이 부딪치거나 발이 밟히는 등의 행동에 대해서도 별다른 반응을 보이지 않는다. 그러나 미국과 같은 서구에서는 타인의 앞을 지나려는 것만으로도 'Excuse me' 와 같은 말로 양해를 구한다. 만원 지하철에서 주위 사람들과 적절한 거리를 유지하기 위해서 노력하는 것도 자신의 공간을 침해받지 않으려는 무의식적인 노력이라고 볼 수 있다.

외국사람들이 한국인에 대하여 하는 이야기 중 한국사람들은 개인적으로 만나면 매우 정이 많고 친절하나 길거리에서 부딪칠 때는 미안하다는 말도 없이 지나간다라고 한다. 복잡한 거리에서 일일이 피해가기는 힘들지만 될 수 있으면 상대방의 영역을 침범하지 않는 배려가 필요하다.

1 거리에 따른 커뮤니케이션

상대방과 나와의 거리에 따라서 커뮤니케이션 방법과 효과는 달라진다.

친밀한 거리(intimate distance)

친밀한 거리란 45cm 정도의 거리로서 가까운 연인, 가족 사이에 형성

환경심리학(environmental psychology)
물리적 환경과 인간의 행동과 복지 사이의 관계를 연구하는 심리학의 한 분야

되는 거리이다. 그러나 가족 이외의 사람이 이 거리 안으로 들어오게 되면 매우 불쾌감을 느끼게 된다. 누구나 만원버스나 지하철, 엘리베이터 등에서 타인들과 얼굴을 가까이서 마주 대하거나 몸이 부딪칠 때 불쾌감을 느낀 경험이 있을 것이다.

개인적 거리(personal distance)

가까운 친구 사이에 형성되는 거리로 46~120cm 정도이며 가까이 마주 보고 대화를 할 수 있다. 모르는 타인이 이 거리 안으로 들어오면 불쾌감을 느끼게 된다. 카페나 식당에서 합석을 하여야 하는 경우가 생기면 상대방의 개인적 거리 안으로 들어가게 되는 것이므로 가볍게 양해를 구하는 것이 좋다.

사회적 거리(social distance)

사회적 거리란 사무실에서 업무를 수행하면서 혹은 제3자와 대화하면서 유지하는 거리로서 120~360cm 정도의 거리이다.

대중적 거리(public distance)

대중적 거리란 전혀 모르는 타인들과의 거리 혹은 많은 사람들 앞에서 연설할 때의 거리로서 360cm 이상의 거리이다. 대중적 거리에서는 누군가와 대화하거나 설득하는 것은 거의 불가능하다.

4.4.2 시공간

조직에서 비언어적 커뮤니케이션의 중요한 메커니즘 중의 하나는 시간을 이용하는 것이다. 높은 직위의 사람들은 자신을 만나기 원하는 다른 사람들을 오래 기다리게 함으로써 자신이 다른 사람보다 더욱 중요하다는 것을 묵시적으로 표현하기도 한다. 일반적으로 만나자고 하는 사람의 직위가 높을수록 그 사람을 만나기 위해 기다려야 하는 시간이 길어지는 경향이 있다.

또한 공간이나 가구의 크기에 따른 비언어적인 커뮤니케이션 효과도 있다. 어느 사무실에 가서 누가 가장 윗사람인가를 알아볼 수 있는 빠른 방법은 누가 가장 많은 공간을 차지하고 큰 책상을 가지고 있는 가로 알아볼 수 있다. 물론 조직문화가 바뀌면서 미국 인텔(Intel)사의 사장은 여느 사무원과 마찬가지의 공간에서 일하고 있지만 우리나라 대기업이나 관공서는 아직까지 크게 달라진 것이 없다.

남자는 여자보다 더 넓은 공간을 원한다

프리드맨은 남자가 여자보다 더 긴 대인적 거리를 좋아하고 더 넓은 공간을 원하며 남자들이 충분한 공간을 갖지 못하고 속박되었다는 느낌을 가지게 되면 불쾌감을 느끼고 더 공격적인 행동을 취한다고 주장하고 다음과 같은 실험을 통하여 이를 확인하였다.

〈실험〉

남자로만 구성된 집단, 여자로만 구성된 집단, 남녀 혼성으로 구성된 집단으로 구분하고, 밀도가 높은 작은 방과 밀도가 낮은 큰 방에 배당했다. 그리고나서 집단 내의 경쟁상황을 측정하고, 모의재판 상황을 주며 각각의 경우에 얼마나 가혹한 판결이 나오는지를 알아보았다.

그 결과 남자들은 높은 밀도 조건에서 더 경쟁적이었고, 더 가혹한 처벌을 내리는 경향이 있었다. 그리고 서로를 덜 좋아했다. 그에 반해 여자들은 훨씬 더 높은 밀도 조건에서도 덜 경쟁적이었고 더 온정적인 판결을 내렸다. 혼성집단에서는 밀도의 영향이 거의 없었다.

이 실험에서 남자들은 좁은 공간에서 함께 살면 스트레스를 더 받고 인간관계도 더 악화될 확률이 여자들보다 높다는 것을 보여주고 있다. 따라서 남자들끼리 넓지 않은 공간에서 생활하는 군대 내무반, 기숙사, 교도소 등에서는 부족한 공간으로 인한 불쾌감 때문에 문제가 발생할 수 있는 소지가 많으므로 이에 대한 배려가 필요하다.

|4.4.3| 외모와 표정

1 옷차림

대부분의 사람들은 상대방의 옷차림에서도 중요한 메시지를 전달받는다. 옷차림은 커뮤니케이션의 수단으로 매우 중요하며 회사원은 회사원다운 옷차림이 있고 예술가는 예술가대로의 옷차림이 있다. 때와 장소에 맞는 옷차림을 함으로써 타인들에게 자신의 이미지를 긍정적으로 투영할 수 있다. 취업 면접시 자신의 전문성을 전달하고 싶다면 어떤 옷차림으로 면접에 임해야 할 것인가를 생각해야 한다. 그 분야에 속한 유능한 전문 직업인들이 어떠한 옷차림을 하는가를 잘 관찰하는 것도 도움이 된다.

내가 표현하고 싶은 나 만들기

A 내가 타인에게 보여지고 싶은 모습의 외모와 옷차림이 있을 것이다. 옷차림과 머리 스타일 등 외모에 대하여 구체적으로 3가지를 적어보고 잡지에서 스크랩해 보자.

1.

2.

3.

B 내가 원하는 위 3가지의 외모를 나의 매일의 일상의 모습으로 만들기 위한 실천방안을 세워 보자.

1.

2.

3.

2 표 정

얼굴표정은 때에 따라서 말보다 훨씬 더 정확하게 자신의 감정을 전달한다. 그중에서도 눈표정은 매우 중요한데, 예전에는 우리나라에서 상대방, 특히 윗사람의 눈을 마주 보는 것은 공손하지 못한 것으로 여겨졌다. 그러나 요즘에는 오히려 자연스레 눈을 맞추는 것이 더 자신감있는 태도를 전달하는 방법이다. 처음 만난 사람 앞에서 시선을 여기저기로 옮긴다거나 뚫어지게 쳐다보는 것은 상대방을 불안하게 하고 자신에 대한 신뢰를 떨어뜨리게 된다. 관심어린 표정이나 미소와 함께 상대방의 말을 경청하고 진지한 태도로 이야기하는 것이 중요하다.

3 몸 짓

몸짓은 직접적인 접촉과 신체적인 언어, 즉 제스처(gesture)를 들 수 있다.

접 촉

접촉은 가장 강력한 형태의 비언어적 커뮤니케이션 중의 하나로 악수나 포옹 등을 들 수 있다. 악수할 때의 손의 느낌, 흔드는 정도 등에 따라 상대방에게 무언의 메시지를 전달하게 된다. 서양에서는 접촉을 통한 커뮤니케이션이 다양하게 발달되어 있는 반면 동양에서는 접촉을 통한 커뮤니케이션에는 소극적인 편이다. 악수는 가장 보편적인 인사방법으로 손에 살짝 힘을 주되 지나치게 흔들거나 하지 않고 두 세 번 가볍게 흔들면서 인사말을 건넨다. 문화권에 따라서는 포옹하거나 가벼운 키스를 하는 인사법도 있으므로 당황하지 않고 그 문화권의 인사법에 따르도록 한다.

제스처

손, 머리, 어깨 등 신체의 움직임 그리고 앉은 자세 등을 통해서 전달하는 내용을 더욱 명확히 표현할 수 있다. 상대방의 신체 움직임을 관찰하면 더 명확한 의사를 전달받을 수 있다. 앉아서 허리를 굽힌 상태, 고개를 젖힌 모습, 팔짱을 낀 모습 등을 통해서 상대방의 호감의 정도나 기분 등을 함께 파악할 수 있다.

그러나 이러한 비언어적인 커뮤니케이션 수단은 문화나 사회적 환경 등에 따라서 다르게 해석될 수 있으므로 수신자나 송신자 쌍방의 주의가 요구된다.

4.5 조직에서의 커뮤니케이션

조직에는 다양한 커뮤니케이션 네트워크*가 형성되어 있고 이를 통해 여러 유형의 의사소통이 가능하다. 커뮤니케이션 네트워크란 메시지가 흐르는 경로를 미리 설정한 것으로서 일종의 의사전달의 패턴을 말한다. 커뮤니케이션 유형은 크게 공식적 · 비공식적 커뮤니케이션으로 나눌 수 있다. 공식적 커뮤니케이션은 다시 하향적 · 상향적 · 수평적 커뮤니케이션으로 분류할 수 있다.

4.5.1 공식적 커뮤니케이션

조직도*에는 조직원들의 권한과 명령 및 보고체계가 나타나며 공식적 커뮤니케이션 경로를 나타내 보여준다. 공식적 커뮤니케이션에는 하향적 · 상향적 · 수평적 커뮤니케이션이 있다.

커뮤니케이션 네트워크(communication network)
메시지가 흐르는 경로

조직도
직무를 수행하는 사람의 직함과 조직원들의 권한과 명령을 나타내는 그림. 공식적인 의사전달 경로도 알 수 있음.

1 하향적 커뮤니케이션

하향적 커뮤니케이션은 상사가 그의 의사를 하급자에게 전달하는 것을 말하며, 명령이나 지시 등이 이에 해당된다. 상사의 메시지를 하급자가 언제나 정확히 인지할 수 있는 것은 아니다. 한 연구에 의하면 관리자가 전달했다고 생각하는 의사 내용과 하급자가 관리자로부터 전달받았다고 생각하는 내용과는 상당한 차이를 보이는 경우가 많았다. 대개의 경우에 관리자들은 자신의 의사전달 방법을 하급자들이 생각하는 것보다 훨씬 긍정적으로 생각하고 있는 것으로 밝혀졌는데, 이런 불일치가 낮은 직무만족의 원인이 되기도 한다.

하향적 커뮤니케이션에 있어서는 밑으로 내려갈수록 정확성이 떨어지는 단점이 있다. 정확성을 높이기 위해서는 메시지에 의하여 영향받는 사람들에게 직접 전달하는 소규모 회의가 적절하다.

2 상향적 커뮤니케이션

하급자가 상급자에게 행하는 의사전달로서 보고, 의견전달, 제안제도의 운영이 이에 해당한다. 상향적 커뮤니케이션의 단점으로는 상급자에게 의견을 전달하는 것이 불편하여 충분히 전달하지 못하는 부정확성을 들 수 있다. 예를 들어, 하급자들은 그들의 업무성과를 부각시키고 실수를 무마시켜야 한다고 생각하며, 또한 어떤 이들은 그들의 주장으로 인하여 상사에게 꾸중을 듣게 될까 두려워 한다. 그 결과, 상관에게 나쁜 뉴스를 전달하는 것을 특히 꺼리는 경향이 있다. 이러한 현상을 멈 이펙트(MUM effect)*라고 하는데, 이것은 나쁜 뉴스를 전달하기 꺼려 메시지를 아예 전달하지 않거나, 누군가에게 그 임무를 전가시키는 현상이다.

멈 이펙트(MUM effect)
나쁜 뉴스를 전달하기 꺼려 메시지를 아예 전달하지 않거나, 누군가에게 그 임무를 전가시키는 현상

3 수평적 커뮤니케이션

계층조직에서 동일한 수준에 있는 개인 또는 집단 간에 행하여지는 커뮤니케이션으로, 조직의 목적을 달성하기 위해 부서 간의 협조를 구하는 주요 수단으로 작용한다. 수직적 커뮤니케이션과 달리 같은 직급의 사람들과의 의사전달이므로 더 쉽고 친근하게 그리고 빠르게 일어난다. 단점으로는 다른 부서의 사람들과 서로 경쟁심을 느껴 이해의 충돌이 생길 수 있다. 예를 들면, 마케팅부서에서 대대적인 마케팅을 하기 위해서 예산이 많이 필요하다면 재무를 담당하는 부서의 협조를 얻어내야 한다. 그러나 재무부서에서는 예산을 삭감하는 정책을 펴고 있다면 두 부서 간의 마찰이 생기게 된다. 부서 간의 이해가 상충될 때는 상위부서 혹은 최고관리자의 조정이 필요하다.

4.5.2 비공식적 커뮤니케이션

비공식적 커뮤니케이션은 주로 학연, 지연, 취미클럽 등 비공식조직 내에서 비공식 통로를 통하여 비공식적으로 행해지는 의사전달로 공식적으로 부가된 의무나 제한 없이 이루어진다.

대체적으로 조직구성원들은 나이나 근무경력이 비슷한 사람들과 의사소통하는 경향이 있다. 입사동기 혹은 대학동창 등 자신과 비슷하다고 느끼는 사람에게서 편안함을 느끼기 때문에 그들과 더 많은 시간을 보내게 된다.

비공식적 커뮤니케이션은 다른 조직 또는 계층에 있는 사람들로 구성되어 있다. 조직적 계층구조와 상관없이 자유롭게 비공식 정보를 누군가에게 네트워크를 통해 말할 수 있다. 반면에 업무에 관한 내용에 대해서는 낮은 직급의 직원이 높은 직급의 관리자에게 잘 말하지 않는 경향이 있다. 즉, 비공식 커뮤니케이션에서 흐르는 정보는 업무와 반드시 관계되는 것은 아니다.

1 그레이프바인

그레이프바인*, 즉 비공식 채널에서는 공식적 채널에 비교해서 빠르게 정보가 전달된다. 이것은 비공식적 커뮤니케이션이 공식적 조직체계와 관계 없고 주로 구두로 전달되는 경향이 있기 때문이다. 구두 메시지는 서면 메시지보다 더 빠르나 구전의 특성상 정확성이 높지 않다.

그레이프바인은 구성원을 더욱 응집력 있게 할 뿐 아니라 바람직한 인간관계를 갖게 해주며 업무환경을 고무시키는 이점이 있다. 그러나 부정확한 정보가 흐를 수 있는 단점이 있는데 극단적인 경우 사실과 전혀 관계 없는 소위 루머가 전달될 수 있다.

2 루 머

루머(rumor)는 사실에 근거를 두지 않은 뜬소문을 말한다. 일반적으로 루머는 사실보다는 추측이나 억측에 근거하고 비교적 정보가 불분명하며 전달속도는 매우 빠르다. 조직에서 루머로 손해 보는 일이 종종 있다. 예를 들어, 경쟁기업에 의한 인수 가능성에 대한 소문은 주가에 영향을 줄 뿐 아니라, 종업원들에게 불안감을 가져다 준다. 또한 회사 상품에 대한 악소문은 막대한 희생과 손실이 따른다. 예를 들어, 1970년대 후반 시카고지역에서는 맥도날드 햄버거에 벌레가 있다는 거짓소문이 돌아 매출이 30%까지 떨어진 영업소도 있었다.

조직 내에서도 다양한 소문이 난무할 수 있는데 이런 소문의 근거를 되도록 줄이고, 자신이 명확히 알고 있지 않은 사실에 대해서는 일체 언급하지 않도록 한다.

그레이프바인(grapevine)
포도덩굴처럼 엉켜져 있다는 것을 비유하여 생긴 말로 우정이나 친교에 근거하여 이루어지는 커뮤니케이션의 비공식 채널

|4.5.3| 매체와 메시지

커뮤니케이션 매체는 대면토론 같이 풍부한 내용을 전달하는 매체로부터 게시판 같이 정적인 매체까지 매우 다양하다. 매체와 함께 메시지의 형태가 커뮤니케이션 효과에 미치는 영향도 크다. 구두 메시지는 상대방의 즉각적인 관심을 얻는 데 유용하고 편지, 메모와 같은 서면 메시지는 미래에 참조할 수 있도록 영구보존하는 데 유용하다. 단점으로는 서면 커뮤니케이션이 일방적이고 상대방이 반응하는데 오랜 시간이 걸리는 반면, 구두 메시지는 쌍방 간에 즉각적인 커뮤니케이션을 할 수 있는 이점이 있다.

한 조사에 의하면 쌍방향 커뮤니케이션(전화, 대화)이 일방적 커뮤니케이션(메모, 편지)보다 조직에서 더 일반적으로 사용된다고 한다. 그러나 두 가지 모두 조직 커뮤니케이션에서 중요한 역할을 한다. 효과적인 커뮤니케이션은 관리자의 활동에 있어 매우 중요한 요소이고 적당한 매체의 선택은 업무효과를 높일 수 있다.

조직에서 중요한 용도로 사용되는 매체에 대하여 알아보자.

1 뉴스레터(newsletters)

뉴스레터란 종업원에게 관심과 흥미를 끄는 이슈로 구성된 정기적으로 발행되는 내부문서이다. 그룹미팅에서 나온 중요한 정보를 전달하는 보충수단으로서 회사 전체의 3분의 1 정도가 뉴스레터에 의존한다. 한 조사결과에 의하면 회사의 뉴스레터를 보는데 시간을 더 많이 보낼수록 종업원은 회사의 임금정책에 만족하며 사기가 높아진다고 한다. 최근에 와서는 인쇄매체를 통한 뉴스레터보다 웹진 형태의 전자 뉴스레터가 보편화되고 있다. 또한 종업원들에게뿐만 아니라 고객과 소비자들에게 뉴스레터를 보내는 회사도 있다.

2 직원요람(employee handbook)

직원요람은 회사의 설립배경, 기업특성, 기업의 규칙에 관한 기본적인 정보를 전달하는 문서이다. 구체적인 직원요람의 목적으로는 ① 회사정책을 설명하고, ② 회사와 종업원 간에 바라는 의견을 명확히 하고, ③ 회사의 기본 의지를 설명하는 것이다.

오늘날 이 요람이 중요시되고 있는 이유는 회사정책을 명확하게 인식시키는 데 도움이 될 뿐 아니라 신입사원을 효과적으로 교육시키고 기업의 가치를 증진시키는 데 유용한 수단이라고 믿기 때문이다.

3 전자결재시스템

오늘날 예전의 종이서류 중심의 결재업무를 컴퓨터가 대신해 주고 있다. 조직 내 인트라넷을 이용하거나 원거리의 광역통신망을 이용하여 사내결재뿐 아니라 외국에 흩어져 있는 지사 간의 결재까지 가능하다. 전자결재시스템은 생산성과 신속성에 있어 매우 편리한 반면 간접적인 불이익도 있다. 컴퓨터 업무가 많아져서 조직구성원 간에 인간적 교류를 할 시간이 적어지고 상급자와 하급자 사이의 교류가 제한되어 조직적 문제해결이 어려워졌다. 또한 발전된 기술로 상호협력을 불필요하게 하여 전체 조직 측면에서의 생산성을 해칠 수도 있다.

4 이메일(electronic mail)

정보통신기술의 발전으로 이메일은 개인생활뿐 아니라 조직의 업무처리에도 깊숙히 자리잡고 있다. 이메일은 정보를 빨리 전달하게 하고 멀리 떨어져 있어도 동일한 정보를 동시에 나눌 수 있게 하는 이점이 있지만 사생활을 침해할 수 있는 잠재적인 문제점도 존재한다. 그러므로 회사는 종업원 커뮤니케이션의 프라이버시에 관한 정책을 명확히 해야 한다. 조직원들은 공적인 이메일과 사적인 이메일을 분리하여 관리해야 한다.

5 음성메시지(voice message)

음성메시지 시스템은 컴퓨터를 이용하여 사람의 목소리를 언제든지 전화기로부터 다시 재생할 수 있도록 디지털정보로 변형시켜 주는 시스템이다.

모든 비즈니스 전화의 76%가 즉각적인 반응이 필요 없고 56%가 일방적 커뮤니케이션이므로 음성메시지 시스템은 매우 편리하다.

상대방에게 전화를 걸 때 메시지를 남기라는 녹음이 나오면 메시지를 남기지 않고 끊는 사람들이 많은데 비즈니스에서는 매우 바람직하지 못한 습관이다. 반드시 성명과 용건 그리고 상대방이 전화해 주기를 원할 때는 전화번호를 정확하게 남긴다.

4.5.4 커뮤니케이션 피드백

커뮤니케이션에 있어서 일방적인 의사전달이 아니라 쌍방적인 의사전달이 가능하게 하기 위해서는 반드시 피드백이 필요하다.

다음은 조직 내에서 효과적인 커뮤니케이션으로 피드백을 얻을 수 있는 방안들이다.

제안제도(suggestion system)

종업원의 아이디어를 공식적으로 전달하기 위해 만들어진 제도로서 성공적인 제안으로 인정되는 경우에는 그 공헌에 따라 표창과 상금이 지급되는 제도이다.

상담직통전화(corporate hotlines)

전화로 조직원들이 조직 문제에 대해 질문하는 것에 답해 주고 그들의 의견을 경청하는 것으로 직원들의 관심을 전달해 주는 데 매우 유용하다.

자유토론

간단한 음식을 주문하여 점심시간에 둘러앉아 자유로운 대화를 한다든가, 함께 맥주집에서 간단하게 맥주를 마시며 상하의 격의없이 자유롭게 토론할 수 있는 분위기를 마련하는 것을 의미한다.

사기조사(attitude survey)

종업원을 대상으로 하는 설문조사는 조직운영에 대해서 종업원들의 태도나 의견을 모으는 데 사용된다. 설문조사의 결과를 종업원들에게 알리고 문제가 존재하면 해결하기 위한 방안을 함께 제시할 수 있을 때 더욱 효과적이다.

집단에 따른 커뮤니케이션 4.6

|4.6.1| 여성과 남성의 커뮤니케이션 차이

탠(Tanne)에 의하면 남성과 여성이 커뮤니케이션할 때 차이점이 남자는 그들의 직위를 강조하고 '나' 를 강조하는 경향이 있는 반면, 여성은 직위를 중요시하지 않고 '우리' 를 강조하는 경향이 있다고 한다. 남성이 자신감을 발산시키고 문제점을 약점으로 생각하는 반면, 여성은 자기 주장이 강하지는 않으나 질문하는 것을 두려워 하지 않는다고 한다. 특히 여성들은 정보를 전파하고 공유하는 습성이 남성들보다 강하기 때문에 정보사회에서는 오히려 많은 정보를 얻을 수 있다고 한다.

여성과 남성의 이러한 차이로 인하여 문제에 대하여 다르게 반응한다. 여성이 경청을 잘 하고 남을 잘 보좌하는 반면, 남성은 충고를 함으로써 통제를 하는 경향이 있다. 여성들이 너무 감정적이라고 남성들이 불평하는 반면 여성은 남성이 타인의 이야기를 경청하지 않는다고 불평한다.

|4.6.2| 문화에 따른 커뮤니케이션 차이

문화가 다른 사람들이 서로 다른 언어로 말할 때 그들 사이의 커뮤니케이션은 불완전하기 마련이다. 이는 언어가 다른 사람에게는 다른 의미가 될 수 있으며 문화가 다른 것에 따르는 이해의 부족 때문이기도 하다. 예를 들면, 미국 사람이 한국이나 중국, 러시아 등지에서 비즈니스를 할 때 다른 문화로 인한 커뮤니케이션 장애가 발생하기도 한다.

이러한 타문화 간 커뮤니케이션 장벽을 피하기 위해서는 다음과 같은 사항을 유의하여야 한다.

- 관찰하되 평가하지 않는다. 자신의 문화를 기준으로 평가하지 말고 그 문화권에서 관찰한 것을 기준으로 의사소통하는 것이 오해를 줄일 수 있다.
- 미리 결론을 내리지 않는다. 사람들은 자신의 판단이 옳다는 것을 확신하는 경향이 있다. 만약 내가 옳다고 생각되더라도 미리 판단하지 말고 그 문화권에 있는 전문가의 조언이나 확인을 받는 것이 좋다.
- 사람들이 나와는 다르다는 것을 명심한다. 많은 사람들은 다른 나라 사람들도 우리와 비슷하다고 생각하나 이는 잘못된 생각이다. 같은 나라 사람으로 같은 언어를 사용하여도 많은 차이가 있는데 더구나 다른 문화권 사람의 문화와 가치를 동일시 한다는 것은 무리가 있다.
- 상대편의 입장에 선다. 상대편의 가치와 경험을 생각하며 그쪽 입장이 되어 고려하면 편협한 사고를 피할 수 있다.

결론적으로 효과적인 커뮤니케이션은 기술이라기보다는 상대방을 진정으로 이해하고자 하는 노력의 결과로 얻어지는 것이다. 상대방을 존중해 주고 상대방이 자신이 인정받았다는 기본적인 욕구가 충족될 수 있도록 커뮤니케이션 할 때 개방적이고 협동적이며 상호 존중하는 우호적인

커뮤니케이션의 열 두 가지 비결

데니스 웨이틀리는 보다 많은 친구를 만들고, 보다 나은 커뮤니케이션을 위한 열 두 가지 비결을 아래와 같이 소개하고 있다.

A 먼저 자신을 소개한다. 직접 만나든 전화로든 상대방보다 먼저 자신의 이름을 말한다.

B 먼저 손을 내밀어 악수한다. 악수할 때에는 상대방으로 하여금 신뢰가 가도록 손에 표정을 담고 적극적인 악수를 한다.

C 처음 만나는 사람의 이름을 기억하고 대화중에 그 사람의 이름을 불러준다. 만약 이름을 제대로 알아듣지 못하였다면 미처 알아듣지 못하였음을 사과하고 다시 한 번 이야기 해 줄 것을 요청한다.

D 대화를 나누는 동안 상대방의 눈에 시선을 맞추면서 나의 관심을 상대방에게 전한다. 시선을 서로 맞출 때에 대화내용에 대한 신뢰도를 높일 수 있다.

E 다른 사람으로 하여금 당신과 대화를 나누는 것이 즐겁게 느껴지도록 만든다. 그 사람의 관심사에 대해 질문을 던지고 화제를 끌어낼 수 있도록 도움으로써 상대방이 나와의 대화를 즐겁게 할 수 있도록 도와준다.

F 적극적으로 이야기한다. 적극적인 모습과 태도는 다른 사람들에게도 전염이 된다. 자신이 가진 일이나 여러 관심사에 대하여 즐거움을 함께 할 수 있을 것이다. 그러나 사람들에게 불만을 토로하거나 부정적인 태도를 나타내 보이는 것은 바람직하지 않다. 문제해결에 직접적으로 도움이 되지 않는 이상 자신의 문제나 환경에 대하여 불평을 하는 것은 사람들로 하여금 나를 피하게 만든다.

G 다른 사람이 내게 한 대화 내용에 대하여 비밀을 지킨다. 물론 들은 내용을 다른 사람과 나누어도 무방한 내용이 있겠으나 들은 내용을 제3자가 어떻게 받아들일지에 대한 고려없이 말을 옮기는 것은 옳지 않다. 특히 다른 사람이 내게 속마음을 털어 놓았을 때는 꼭 비밀을 지켜야만 상대방과 신뢰관계를 유지할 수 있다.

H 자기중심적인 태도보다 오히려 봉사하는 자세를 취한다. 사람들은 자신의 관심이나 문제에 대해 관심을 표해주는 사람에게 호감을 가지게 된다. 스스로의 문제에 사로 잡혀 다른 사람에게 관심을 기울일 여유가 없는 사람은 친구를 만들기 힘들다.

I 대화할 때 시계를 쳐다본다든지 주위를 두리번거리지 말고 상대방에게 관심을 둔다. 상대방의 문제와 일이 나에게도 이 순간 매우 중요한 사항이라는

메시지를 상대방에게 보낸다.

J 모임과 약속에 늦지 않는다. 약속에 늦게 나타나면 상대방에게 당신은 그다지 중요한 사람이 아니다라는 메시지를 주게 된다. 높고 귀한 사람을 만나기 위해서는 늦지 않기 위해 일찍 가서 기다리는 것이 일반적이다. 만약 교통체증이나 피치 못할 사정이 생겼을 때는 전화를 미리 해서 늦는 이유에 대한 설명과 함께 도착 예정 시간을 알리는 것이 예의이다.

K 다른 사람과 대화할 때 상대방의 메시지를 충분히 이해하였는지 확인한다. 직장에 있어서의 많은 골칫거리들이 메시지를 잘못 이해하고 오해하는 데서 비롯된다고 한다. 상대방이 한 말을 자신이 이해한 바대로 자신의 말로서 상대방에게 말함으로써 상호간에 메시지가 제대로 전달되었는지를 확인할 수 있다.

L 다른 사람의 요구에 개방적이고도 민감하게 반응하기 위하여 감정이입을 한다. 나와 다른 견해나 차이에 대해서도 인정하며 상대방의 입장에서 생각하고 이해하고자 노력한다.

출처 : The Joy of Working

직장분위기를 만들 수 있다. 또한 내가 가진 긍정적인 생각, 열성적인 태도로서, 적극적으로 주위 사람들과 커뮤니케이션 할 때 상대방으로부터도 같은 반응을 얻을 수 있을 것이다.

적용문제

1 팀별로 친구들 사이에서, 학생과 교수 사이에서, 자녀와 부모 사이에서 커뮤니케이션 과정을 방해하는 요소들이 무엇이 있는지 함께 토론하고 발표해 보자. 또한 이러한 방해요소들을 제거하기 위한 방안들을 토론 후 적어 보자.

방해요소

1.
2.
3.
4.

방해요소 제거방안

1.
2.
3.
4.

2 커뮤니케이션시 자신의 표정, 말하는 태도, 제스처 등을 구체적으로 평가해 보고 개선해야 할 점을 적어 보자.

표정 :

말하는 태도 :

제스처 :

기타 :

개선점

1.
2.
3.

Chapter 05

권력과 리더십

학습목표

1. 권력의 근원과 종류에 대하여 설명할 수 있다.
2. 리더십의 중요성을 서술할 수 있다.
3. 리더의 유형에 대하여 서술할 수 있다.
4. 전통적 리더십과 현대적 리더십의 차이를 설명할 수 있다.

5 Chapter

권력과 리더십

라디오의 한 프로에서 우리나라의 대표적 기업가의 리더십에 대해 평하고 있었다. 한국의 양대 재벌기업 중 하나인 현대의 정주영 전 회장은 평소 직원들에게 자신과 함께 일할 용기가 없다면 아예 집에서 나오지도 말라고 했다고 한다. 이 말에서 느낄 수 있듯이 목표를 세우고 무작정 돌격하는 용장(勇壯)의 리더였다고 한다. 이와 반면에 삼성의 이병철 전 회장은 철두철미하고 치밀한 사람으로 평소 직원들의 능력을 정확하게 파악하고 철저한 계산하에 직원들을 움직였다고 한다. 이러한 성격의 리더를 두고 지장(智壯)이라고 한다. 역사적으로 볼 때 가장 이상적인 리더는 삼국지의 유비와 같은 덕장(德壯)이라고 한다.

이 장에서는 과연 어떠한 리더십이 조직에 가장 유용하며 높은 성과를 가져오게 하는 것일까를 살펴보자.

Chapter 5

권력과 리더십

권력이란? 5.1

한 국가나 조직에 있어 리더의 중요성은 아무리 강조해도 지나치지 않다. 바람직한 리더의 타입이나 역할에 대한 평가는 시대에 따라 변천해 왔다. 리더의 절대적인 권력과 권위를 강조하였던 시대가 있었는가 하면 현대조직에 있어서는 조직의 성격이나 목표에 따라 다양한 타입의 리더를 필요로 하기도 한다. 이 장에서는 리더십을 행사하는 데 있어 중요한 요소가 되는 권력*과 다양한 리더십*, 특히 현대에서 요구되는 리더와 리더의 자질에 대하여 살펴보고자 한다.

권력(power)
다른 사람의 행위나 태도를 내가 원하는 대로 바꿀 수 있는 영향력
리더십(leadership)
다른 사람에게 영향을 주어서 목적을 이루도록 하는 것

리더십을 이해하기 위해서는 먼저 권력의 본질과 권력의 근원에 대하여 이해하는 것이 필요하다.

|5.1.1| 권력의 개념

사회학자 베버(M. Weber)는 권력을 "어떤 사회관계 내의 한 행위자가 저항에도 불구하고 그 자신의 의지를 수행할 수 있는 지위에 있게 될 가능성"이라고 정의하고 있다. 즉 권력이란 다른 사람에게 힘, 영향력을 행사할 수 있는 능력을 말한다. 동기부여는 상대방으로 하여금 어떠한 일을 자발적으로 하도록 영향력을 미치는 반면, 권력은 경우에 따라 강제적인 힘도 가지게 된다.

부하직원은 자신이 하기 싫은 일이라고 할지라도 상사가 가진 권력 때문에 하게 된다. 부하직원이 상사를 무서워해서 그 일을 할 수도 있고 상사가 가진 거부할 수 없는 권위 때문에 혹은 상사가 상을 줄 수도 있고 벌을 줄 수도 있는 권한이 있기 때문에 명령을 수행하는 등 여러 이유에 의하여 하기 싫은 일도 하게 된다.

|5.1.2| 권력의 근원과 종류

다른 사람들에게 내가 원하는 대로 영향을 미치게 하기 위해서는 권력을 가져야 한다. 권력의 종류에 대하여는 많은 학자들의 견해가 있는데 그 중 가장 대표적인 이론이 프렌치와 레이븐(French & Raven)의 이론으로 그들은 권력의 근원과 종류를 다음과 같이 분류하고 있다.

1 보상적 권력(reward power)

보상적 권력은 부하직원이 상사로부터 보상을 받을 수 있다고 생각하게끔 하는 것으로 봉급인상, 보너스와 같은 금전적인 보상과 승진, 승급과 같이 더 많은 책임감과 권한을 부여하는 보상도 있다. 능력을 인정해

주고 칭찬을 해주며 격려를 해주는 것은 경우에 따라 더욱 높은 수준의 보상이 될 수 있다.

2 강제적 권력(coercive power)

강제적 권력은 상사가 부하에 대해 해고나 징계 또는 그 외의 어떤 벌을 줄 수 있다고 믿는 믿음에 근거한 권력이다. 긍정적인 보상을 주는 보상적 권력과는 달리 강제적 권력은 부정적이며 두려움에 기본을 두고 있다. 추종자들은 자신이 원해서 리더를 따르기보다는 단지 불유쾌한 경험을 피하기 위하여 복종을 하게 되는 경우가 더 많다.

예를 들면, 이문열의 「우리들의 일그러진 영웅」에 나오는 주인공 엄석대는 급우들이 자신의 말을 듣지 않으면 갖은 방법으로 괴롭힘으로써 자신을 따르게 만드는 것을 볼 수 있는데, 이는 강제적 권력을 행사한 리더의 전형적인 유형이라 할 수 있다.

3 합법적 권력(legitimate power)

합법적 권력이란 상사는 부하에게 명령할 권한을 가지며 부하는 상사의 명령에 따를 의무를 지니는 관계에서 이루어지는 구조적인 권력이다. 물론 합법적 권력이 주어질 때에는 보상과 징계를 줄 수 있는 권한도 함께 주어지는 것이 일반적이다. 판사나 검사 혹은 경찰관에게 주어지는 권력은 법으로 보장된 권력이며 상대방은 반드시 그 말을 따르도록 규정하고 있다.

4 준거적 권력(referent power)

준거적 권력은 특정 카리스마를 가진 상대방과 같이 되고자 하는 욕구를 바탕으로 생겨나는 권력으로서, 예를 들면 유명 영화배우, 운동선수 등이 지니는 권력이 이에 속한다. 자신의 이상향으로서 준거적 권력을 가진 사람을 좋아하며 그와 함께 있기를 희망하게 된다. 또한 조직 내에서 볼 때는 보상적 권력이나 합법적 권력이 없고 지위가 높지 않음에도 불구하고 많은 사람들이 따르는 개인이 가끔 있는데 이는 그 개인이 가진 특별한 매력과 사람을 끄는 힘이 있기 때문이다.

5 전문적 권력(expert power)

전문적 권력은 상사가 어떠한 분야에 있어 전문적인 지식, 능력 그리고 기술을 가지고 있다고 부하가 믿을 때에 발생하는 권력을 말하는 것으로 지식기반사회가 본격화되는 21세기 현대조직의 리더에게 있어 특히 요구되는 권력이라 할 수 있다.

연구결과에 의하면 준거적 권력과 전문적 권력을 발휘하는 리더가 조직목적도 달성하고 종업원의 만족도도 높이는 가장 바람직한 형태의 권력이라고 한다.

위의 다섯 형태의 권력 외에도 어떤 한 개인이 정보를 많이 소유하고 있을 때, 혹은 영향력 있는 사람과 가까이 있을 때, 네트워크가 많을 때에도 권력이 주어진다. 정부조직이나 대기업의 비서실장은 자신이 가진 권한도 있지만 최고위직에 있는 사람과 가까이 있음으로 인하여 타인들에게 더 많은 권력을 가지고 있는 것처럼 인식되기도 한다.

5.2 리더십이란?

리더십에 대한 연구결과에 따르면 조직원들의 직무만족 여부를 결정하는 가장 중요한 요소가 리더십이며, 이 리더십에 따른 직무만족이 조직의 성패를 좌우한다고 한다. 리더십이 반드시 팀장이나 책임자에 의해 발휘되어야 하는 것은 아니며, 조직원에게 영향을 미칠 수 있는 리더십을 다른 조직원이 발휘할 수도 있으므로 협동(팀워크)중심의 현대 기업문화

속에서는 모든 조직원들에게 리더십이 중요하다.

|5.2.1| 리더십의 개념

한 나라는 물론이고 어떤 작은 조직에서도 리더의 존재와 역할은 매우 중요하다. 우리는 역사를 통하여 지도자를 잘 만난 나라는 어려운 난관을 헤쳐나가지만 지도자를 잘못 만났을 때에는 나라가 망할 수도 있다는 것을 배워왔다.

현대조직에 속해 있는 대부분의 사람들은 어떤 집단에서는 리더이고 또 다른 집단에서는 부하이기도 하며 하나의 조직에 있어서도 리더이기도 하면서 동시에 부하이기도 한 경우가 많다. 예를 들어, 마케팅부서의 업무를 담당하는 마케팅부장은 그 부서에서는 리더이지만 사장이 이끄는 전체조직 내에서는 사장의 부하이기도 하다. 따라서 리더십에 대한 이해는 모든 조직원에게 필요하다.

리더가 특정 집단을 이끌어 나가기 위하여 행사하는 권력이나 영향력 등을 총체적으로 리더십이라고 부른다. 많은 학자들이 리더십이 무엇인가에 대한 정의를 내리기 위하여 많은 노력을 기울여 왔으며 몇 가지 정의를 예로 들면 다음과 같다.

- 리더십은 특정한 목적을 달성하기 위하여 조직화된 집단구성원의 활동을 지휘하고 협조시키기 위하여 사용하는 비강제적인 영향활동이다.
- 리더십이란 조직목적을 달성하기 위한 방향으로 개인 또는 집단의 활동에 영향을 미치는 기법이다.
- 리더십은 조직목표를 달성하는 방향으로 타인 또는 집단의 행동에 영향을 미치는 과정이다.

리더십(leadership)
리더가 특정집단을 이끌어 나가기 위하여 행사하는 권력이나 영향력 등을 총체적으로 일컬음

|5.2.2| 리더십이론의 발달

인간관계론에 있어서의 리더십이론은 리더십의 어느 측면을 강조하는가에 따라 다르게 발전되어 왔다. 특히 "리더는 선천적으로 태어나는 것인가?" 아니면 "후천적으로 만들어지는 것인가?"의 문제는 학자들의 오랜 관심사였다. 비슷한 논쟁으로 "위인이 역사를 만드는가?" 아니면 "역사가 위인을 만드는가?"하는 문제도 학자들 간의 지속된 토론주제였다. 리더십이론에서는 "리더십은 선천적인 특성과 후천적인 환경의 조합"이라는 일반적인 결론을 내리고 있는데, 이는 리더십은 타고나는 측면도 있지만 교육과 훈련에 의하여 개발될 수도 있다고 보는 견해이다.

1 특성이론

1940년대에 발전된 이론으로 자질론이라고 부르기도 한다. 이 이론은 개인의 타고난 자질과 특성이 리더로서의 지위와 기능을 좌우한다고 가정하고 "리더로서의 특성과 기법이 무엇인가"를 밝혀보려고 하였다. 학자들마다 중요하다고 주장하는 특성들이 틀리기는 하지만 지적이고 창의적인 능력, 학식, 책임감, 긍정적인 태도, 자신감, 건강과 체력 등을 일반적으로 꼽고 있다.

2 행동이론

특성이론에서 "리더는 어떠한 사람인가?"를 알아내기 위하여 노력하였다면 행동이론은 리더의 어떠한 행동들이 부하들의 업적과 만족에 영향을 미치는가를 연구하였다. 그러나 리더의 행동을 보고 유형을 판단하고 결정할 수 있으며, 유형은 많은 부분 특성과 관련이 있기 때문에 행동이론은 많은 부분 특성이론과 연관을 가지고 있다.

3 상황이론

특성이론이나 행동이론에서는 모든 상황에 적합하고 효과적인 리더십 유형에 대해서 연구해 왔다. 그러나 현대 기업환경이 복잡해지면서 처해진 상황이나 여건에 따라 필요로 하는 리더의 특성이나 행동이 다르다는 것을 알게 되었다. 모든 상황에서 유능하고 우수한 리더는 존재하기 어렵고, 구성원 간의 관계나 행동적 특성, 작업의 종류, 리더의 권한 정도, 조직체나 집단의 제반 상황에 따라서 요구되어지는 리더의 모습도 달라진다는 것이다.

4 변혁적 이론

전통적인 리더십은 목표를 달성하면 리더는 구성원들에게 보상을 준다는 것이 기본적인 형태였다. 그러나 변혁적 리더십에서는 조직원들에게 조직의 미래에 대한 비전을 심어주고 일반적으로 가능하다고 생각하는 것보다 훨씬 높은 수준의 동기를 촉진시키며 개개인이 자신의 역량을 개발하고 발휘할 수 있도록 해준다.

리더십의 유형 5.3

리더십의 유형은 리더의 자질요인과 리더가 속해 있는 조직이나 집단의 상황요인에 따라 다르게 분류할 수 있다.

5.3.1 일반적 리더십의 유형

리더가 조직원들에게 권력을 행사하는 형태와 정도에 따라 독재적 리더십, 민주적 리더십, 자유방임적 리더십으로 분류할 수 있다.

1 독재적 리더십

독재적 리더십은 전제적 리더십이라고도 하며 조직이나 집단의 의사결정, 지위 및 통제에 관련된 중요한 사항은 주로 리더가 결정한다. 리더는 공식적 직위의 권력에 크게 의존하고 주어진 과업의 수행에 높은 가치를 두는 반면에 부하의 욕구나 사람들과의 관계는 무시하는 유형이다. 이러한 형태의 리더십은 젊은 계층의 참신하고 창의적인 아이디어를 수용하는 데 어려움이 있으며, 특히 현대사회와 같이 변화의 속도가 빠른 조직에서는 효과적인 리더십이 될 수 없다.

2 민주적 리더십

민주적 리더십은 참여형 리더십이라고도 하며 조직의 목표설정, 의사결정 및 활동이 구성원의 자발적인 참여에 의하여 이루어진다. 조직원들은 브레인스토밍, 팀워크 등을 통해 지위고하에 상관없이 대등하게 의사결정과정에 참여하며 자발적으로 조직의 목표를 위하여 협조하고 노력하게 된다. 이때 리더의 역할은 조직원들이 최대의 성과를 올릴 수 있도록 격려하며 일을 통하여 만족을 추구할 수 있도록 동기를 부여하는 것이다.

3 자유방임적 리더십

자유방임적 리더십은 리더가 소극적이고 방임적인 태도를 가지는 유형으로 리더의 역할을 거의 행사하지 않고 부하들 스스로가 자신들을 이끌어 나가도록 허용하는 유형이다. 리더는 대외적으로 상징적인 존재에 불과하고 부하들은 활동과 업무수행에 있어 많은 자유를 가진다. 독재적 리더십에 반대되는 개념으로 실제 조직에서는 거의 찾아보기 힘든 유형이나 조직구성원들이 매우 독립적이고 각자가 해당분야의 전문가이어서 자신의 책임과 자율하에 독자적으로 활동이 이루어질 경우 간섭보다 최소한의 리더십만 제공하는 것이 효과적일 때도 있다. 그 예로 대학이나 연구소를 들 수 있다.

|5.3.2| 일중심적 리더와 인간중심적 리더

리더가 일과 인간 중 어디에 더 관심을 두고 있는가에 따라 크게 두 유형으로 나눌 수 있다. 어떤 리더는 조직원들의 정서나 분위기 등은 아랑곳하지 않고 일에만 몰두하고 일의 결과와 성과에 집중한다. 또 다른 리더는 일보다는 조직 내의 관계나 인간관계에 더 역점을 두며 다른 사람들이 자신에 대하여 어떻게 생각하는지에 민감하다. 리더는 조직 내의 일이 원활하게 돌아가도록 노력하는 동시에 조직원들이 서로 좋은 관계를 형성하며 좋은 분위기에서 일을 할 수 있도록 두 가지 능력을 동시에 갖추는 것이 바람직하다. 그러나 두 가지를 완벽하게 추구하기는 힘들고 정도의 차이는 있겠지만 두 가지 중 어느 한 유형에 속하게 된다.

일을 중시하는 리더를 일중심적 리더라고 하고, 인간관계를 중시하는 리더를 인간중심적 리더라고 한다. 리더들의 리더십 스타일을 연구한 대표적인 리더십 학자인 피들러(F. Fiedler)는 어느 유형이 항상 바람직하다라고 결론을 내릴 수는 없으며 조직이 처한 상황에 따라 일중심적 리더가 더 효과적일 수도 있고 인간중심적 리더가 더 효과적일 수도 있다고 하였다.

리더에게 합법적인 권위가 주어지고 부하들로부터 호감과 존경을 받을 수 있는 상황통제력이 높은 경우는 리더의 말을 잘 따르기 때문에 일중심적 리더가 업무성과 면에서 더 효과적이었다. 즉, 구성원들과의 관계를 개선하기 위하여 노력하지 않더라도 주위환경이 이미 우호적으로 형성되어 있는 경우를 말한다.

반면 리더가 합법적인 권위를 갖지 못하고 구성원들과의 관계가 좋지 못하여 상황통제력이 낮은 경우에는 리더는 리더대로 부하는 부하대로 행동을 하게 되는데, 이런 경우에도 일의 생산성을 높이기 위해서는 역시 일중심적 리더가 필요하다.

블레이크와 무튼(R. R. Blake & J. Mouton)은 리더십을 두 가지 차원으로 생각한 관리격자*라는 개념을 설정하였다. 즉 일에 대한 관심을 x

축에, 인간에 대한 관심을 y축에 설정하여 다음과 같은 사각형으로 구성된 그림을 그렸다. 그들은 리더의 생산과 과업 등 일에 대한 관심과 인간에 대한 관심의 정도에 따라 다음과 같이 크게 다섯 유형으로 분류하고 있다.

그림 5-1 | 관리격자 모형

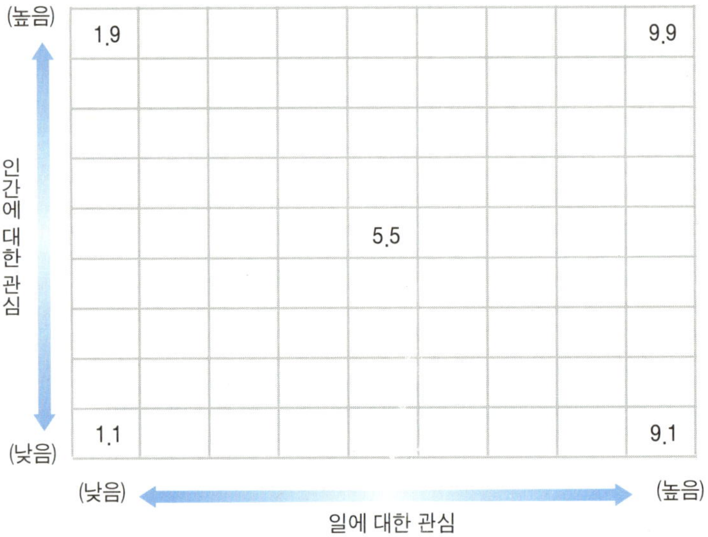

1 무관심형(1.1)

조직원들에 대한 관심도 낮을 뿐 아니라 생산이나 성과에 대한 관심도 낮고 오직 자신의 자리를 보존하는 데 필요한 최소한의 노력만 기울이는 무사안일형의 리더이다.

관리격자(managerial grid)
일에 대한 관심과 인간에 대한 관심을 양축에 두고 2차원에서 리더십을 설명한 모형

2 과업형(9.1)

생산이나 업무성과에 대한 관심은 매우 높으나 인간에 대한 배려는 거의 없는 리더 유형이다. 따라서 목적달성을 위해서 능력중심으로 사람을 파악하고 개인의 감정이나 조직의 분위기 등은 주요 고려대상이 되지 않는다.

3 인기형(1.9)

조직의 목표나 일의 성과에는 별로 관심이 없고 사람에 대한 관심은 매우 높다. 부하직원들이나 다른 사람들의 요구사항을 잘 들어주고 배려해주며 조직을 우호적인 분위기로 유지하기 위하여 모든 노력을 기울인다. 좋은 분위기가 반드시 높은 업무성과로 연결되지는 않기 때문에 조직목표 달성에는 효과적이지 못할 수도 있다.

4 타협형(5.5)

리더는 업무성과와 인간에 대하여 적절한 정도의 관심을 가지고 두 요소의 균형을 이루려고 노력한다. 즉, 어느 한쪽에 치우치기보다는 일과 사람 모두에 적당한 수준의 관심을 가지고 적정수준의 성과를 내기 위하여 노력한다.

5 이상형(9.9)

팀제도하에서 가장 바람직한 유형으로 과업이나 목표에 대한 관심뿐 아니라 인간에 대한 관심도 높아서 조직원들의 사기와 성장을 중요하게 여긴다. 상호 신뢰적이고 상호 존중하는 관계를 유지하며 협동을 통하여 조직원들은 자신의 발전과 조직의 성과달성을 함께 추구하기 위하여 노력한다.

블레이크와 무튼은 (9.9)형이 가장 이상적인 리더십의 모델이라고 생각하여 유능한 리더의 육성을 위하여 폭넓은 훈련계획을 개발해야 한다고 설명하고 있다. 즉 이들은 특성론을 주장하는 학자들이 리더십은 타고나는 것으로 보았던 것과는 달리 교육과 훈련에 의하여 개발될 수 있는 것으로 보았던 것이다.

5.4 현대적 리더십

5.4.1 현대적 리더의 특질

전통적으로 리더십은 특별한 재능을 가진 사람들이 추종자들에게 영향력을 행사해서 조직적·사회적인 목표를 성취해 내는 행동이라고 생각되었다. 그러나 이러한 리더십은 산업사회에서 통용되던 개념이며 정보사회, 지식사회에서의 리더십은 리더들이 영향력을 발휘해서 조직원들의 잠재력을 최대한으로 이끌어 개인의 발전과 조직의 발전을 성취하는 과정이라고 새롭게 정의되고 있다.

따라서 급변하는 환경 속에서의 리더십을 바르게 이해하고 발휘하고자 하는 지도자들은 권력이나 지위로 '나를 따르라!' 식의 일방적인 명령이나 지시를 내리는 것이 아니라 상대방이 스스로 행동할 수 있도록 영향을 주고자 의도적으로 노력을 해야 할 것이다.

1 영향을 미치는 6C

상대방에게 영향을 미치고자 할 때는 리더는 다음과 같은 6C요소를 통하여 신뢰를 줄 수 있어야 한다.

신념(conviction)

개인이 자신의 비전에 대해 가지는 정열과 성실성

성품(character)

지속적으로 보여지는 성실성, 정직성, 존경심 그리고 신뢰

관심(care)

다른 사람의 개인적, 직업적 안정과 발전을 위한 관심

용기(courage)

자신의 신념을 고수하고, 도전하며, 잘못을 인정할 줄 알고, 필요할 때에는 자신의 행동을 바꿀 수 있는 용기

침착성(composure)

힘든 위기상황에서 당황하지 않고 적절한 감정적 반응을 유지할 수 있는 능력

역량(competence)

기술적 · 기능적 · 전문적 기술과 같은 업무관련 능력과 대인관계, 커뮤니케이션, 팀, 조직화 능력

알 켈리(Al Kelly)는 유능한 리더의 특질을 용기, 자신감, 스트레스하에서의 침착성, 부하직원의 능력발휘 지원, 모든 조직차원의 의사소통, 목표지향적/결과중심적을 들고 있다.

2 부하직원들이 좋아하는 리더의 특질

부하직원들이 호감을 느끼는 상사의 특질들은 다음과 같다.

친근함

다른 사람들과의 관계에 있어 친근하게 대해주어 따르고 존경하고 싶은 욕구가 생긴다.

관심

부하직원들의 느낌과 감정을 잘 알아차리고 부하직원에게 이해와 믿음을 보여준다.

공평성과 일관성

정책, 규칙 그리고 인사결정 등을 공평하고 일관성있게 집행한다.

개방성 · 융통성

부하직원들이 자신들과 자신의 관심사에 대하여 이야기하도록 격려하고 업무의 진행이나 방법에 있어 개개인의 특성에 맞추어 융통성을 부과한다.

신뢰

부하직원들이 하는 업무에 대하여 믿고 책임과 권한을 부여하여 전적으로 맡긴다.

리더뿐만 아니라 리더를 따르는 부하직원들도 과거와는 다른 태도를 가지고 있는데, 그들은 리더와 일로부터 다음과 같은 요소들을 충족받기를 원한다.

- 자율성과 권한위임을 원하며 최소한의 감독과 최대한의 기술 전수를 원한다.
- 의미있는 일을 하기를 원하며 사회에 기여할 수 있는 일을 원한다.
- 경력개발을 원하며 성장과 승진의 기회를 원한다.
- 성취기준에 따른 보상을 원하며 인센티브, 즉 잘한 일에 대해서는 성과급을 받기를 원한다. 회사에 시간적으로 매여있어 개인을 희생하기보다는 가족에 대한 배려를 할 수 있으며 문화적 욕구를 충족할 수 있는 융통성있는 근무일정을 원한다.

한편 현대조직의 근로자들은 개인적으로 탁월한 능력을 가졌으면서도 팀원으로서 협력할 수 있는 능력을 가져야 한다.

|5.4.2| 현대적 리더의 역할

현대적 리더의 특질과 함께 그 역할도 급변하는 사회환경에 맞춰 변해 왔음을 알 수 있다. 패런과 케이(Caela Farren & Beverly Kaye)는 끊임없이 변화하는 현대조직에 있어서의 리더의 역할을 지원자, 평가자, 예측자, 조언자, 격려자의 5가지로 분류하고 있다. 이는 전통적인 리더의 역할과 비교해 볼 때 상당히 변화된 견해이다.

1 지원자(facilitator)

- 부하직원들이 직업(career)의 가치와 아울러 일에 대한 관심 그리고 경쟁력있는 기술을 개발할 수 있도록 도와 준다.
- 부하직원들이 장기적인 경력개발계획의 중요성을 깨달을 수 있도록 도와준다.
- 직원들이 자신의 경력개발과 관련된 문제를 상의하러 올 수 있는 개방적이고 수용적인 분위기를 만든다.
- 직원들이 각자의 직무에서 원하는 것이 무엇인지 이해하고 이를 명확히 표현할 수 있도록 도와준다.

2 평가자(evaluator)

- 팀원들에게 그들의 작업수행과 평판에 관한 솔직한 피드백을 제공한다.
- 직원들의 작업수행평가 기준과 기대치를 명확히 한다.
- 현재 직업에서 중요하게 생각하는 점과 개선점 및 방법을 찾아내기 위해 직원들의 말을 경청한다.

- 작업수행과 평가 그리고 커리어상의 최종목표 사이의 관계를 지적해 준다.
- 직원들이 그들의 작업수행과 그에 대한 평가를 개선하기 위해 할 수 있는 구체적인 행동을 제시해 준다.

3 예측자(predictor)

- 기업, 직업 그리고 해당산업에 대한 정보를 제공한다.
- 직원들이 부가적인 정보의 원천을 찾아서 이용할 수 있도록 도와준다.
- 직원들의 경력개발 · 전망을 위한 새로운 추세와 발전 내용을 지적해 준다.
- 직원들이 기업의 문화적 · 정치적 현실을 이해할 수 있도록 도와준다.
- 기업의 전략적 방향을 충분히 설명해 준다.

4 조언자(advisor)

- 직원들이 잠재의식 속에 가지고 있는 커리어 목표를 찾도록 도와 준다.
- 그 중에서 현실적인 커리어 목표를 택할 수 있도록 도움을 준다.
- 잠재되어 있는 커리어 목표를 비즈니스의 요구와 기업의 전략적 요구에 연결시켜 준다.
- 커리어 목표를 성취하는 데 도움이 될만한 것들과 아울러 장애가 될만한 것들도 지적해 준다.

5 격려자(encourager)

- 직원들이 경력개발을 위한 행동계획을 이행하는 데 필요한 자원을 연계시켜 준다.
- 직원들을 키워 줄 수 있는 지위와 능력이 있는 사람들에게 직원들의 재능과 '경력개발(career)' 목표를 알려준다.

리더의 신조

상관은 자리로 결정되는 사람이지만, 리더는 자리를 만드는 사람이다. 자기 스스로가 리더라고 생각하는 수많은 사람들도 사실은 단순한 상관에 지나지 않을 수도 있다. 다음은 미국 공군에서 장교들에게 훌륭한 리더가 되라고 가르치고 있는 '리더의 신조'이다.

A 상관은 공포심을 심어주고 리더는 신념을 심어준다.
B 상관은 '내가'라고 말하고 리더는 '우리들'이라고 말한다.
C 상관은 잘못을 꾸짖기만 하고 리더는 잘못을 고쳐준다.
D 상관은 권위에 의존하고 리더는 협동(팀워크)에 의존한다.
E 상관은 부하를 부리려고만 하고 리더는 앞장서서 솔선수범한다.
F 상관은 일을 힘들게 만들고 리더는 일을 재미있게 만든다.
G 상관은 상사에 대한 무조건 복종을 요구하나 리더는 존경심을 불러일으킨다.
H 상관은 부하의 실수나 결점을 지적하는 데 역점을 두지만 리더는 부하의 장점을 칭찬하고 살리는 데 역점을 둔다.

출처 : SK 사외보

5.4.3 셀프리더십

우리는 흔히 리더라고 하면 기업경영자, 정치지도자, 군대의 지휘통솔자 등을 연상하는데, 이러한 리더뿐만 아니라 모든 조직의 모든 계층이 리더를 필요로 한다. 자신에 대한 리더십, 즉 셀프리더십*은 모든 종류의 일을 수행함에 있어서 자신이 주도적으로 수행하며 결과에 책임을 지는 태도를 의미한다.

데니스 웨이틀리(D. Waitley)는 『성공을 부르는 14가지 셀프리더십』

셀프리더십(self-leadership)
모든 종류의 일을 수행함에 있어서 자신이 주도적으로 수행하며 결과에 책임을 지는 태도에서 과거와 비교하였을 때 현재 일어나는 변화를 다음과 같이 열거하면서 이러한 변화에 따라 리더십도 변화되어야 한다고 역설하고 있다.

- 과거에는 천연자원이 권력을 결정하였지만 이제는 지식이 권력을 결정한다.
- 과거에는 계급이 모델이었지만 오늘날에는 조직들의 시너지효과가 매우 중요하다.
- 과거의 리더는 명령하고 통제했지만 오늘의 리더는 권력을 위임하고 지도한다.
- 과거의 리더는 정복자였지만 오늘의 리더는 일을 촉진시키고 쉽게 만드는 사람이다.
- 과거의 리더는 존경을 요구했지만 오늘의 리더는 자기 스스로를 북돋우고 격려한다.
- 과거에는 주주가 우선이었지만 이제는 고객이 우선이다.
- 과거의 관리자는 지도 · 감독했지만 오늘의 관리자는 권한을 위임한다.
- 과거에는 감독이 중요했지만 이제는 감독이 사라지고 있다.
- 과거에는 근로자들이 명령을 받았지만 이제는 팀이 결정을 내린다.
- 과거에는 선임자가 중요한 결정을 내렸지만 이제는 창의성이 과정을 이끌어간다.
- 과거에는 생산이 유용성을 결정했지만 이제는 품질이 수요를 결정한다.
- 과거에는 가치가 부가적인 것이었지만 이제는 가치야말로 모든 것이다.
- 과거에는 모든 사람이 경쟁자였지만 오늘날에는 모든 사람이 고객이다.
- 과거에는 편법을 통해 이익을 얻었지만 이제는 정직하게 이익을 내야 한다.

위에서 살펴본 바와 같이 권력의 원천은 자본에서 인간자원으로, 천연자원에서 지식자원으로, 지위나 직책에서 관계의 과정으로, 주주의 영향력에서 고객의 요구 쪽으로 이동하고 있다. 새로운 리더들은 조직구성원 개개인에게 지식과 권한을 부여할 수 있는 사람이다.

미래의 리더들은 다음의 특성을 가진다고 데이브 울리히(Dave Ulrich)는 단적으로 요약하고 있다.

- 말보다는 실천에 중점을 둔다. 서양 속담에 "Action speaks louder than words." 즉 "행동은 말보다 크게 말한다"라는 속담이 있다. 말로 리더십을 발휘하기보다는 리더의 행동과 실천력으로 부하들이 따르도록 한다.
- 직위와 호칭보다는 그들이 갖춘 전문적 지식과 능력으로 승부한다.
- 부정적으로 통제하기보다는 긍정적으로 참여하도록 격려한다. 즉 부하직원들이 최대한의 기량을 발휘할 수 있도록 최대한의 지원을 아끼지 않는 것을 의미한다.
- 추구하는 목표보다는 그들이 지니는 마음의 자세에 그 근본을 둔다. 즉 목표달성을 위하여 수단과 방법을 가리지 않기보다는 자신이 지닌 원칙에 따라 최선을 다함으로써 목표를 달성하게끔 하는 것이다.
- 뛰어난 개인적 신뢰성과 조직적 역량을 모두 갖추고 있다. 부하직원들에게 강압적으로 군림하기보다는 부하직원들이 리더에 대하여 신뢰를 가질 수 있도록 행동한다.

행동하는 리더십

일본 시가현 오쓰시에는 한 과자공장이 있다. 이 과자공장의 직원들은 그 예절이 뛰어나고 서비스에 친절하기가 정평이 나 있었다. 많은 백화점들이 이 과자공장으로 직원들의 예절을 배우기 위해 찾아왔고, 많은 관광객들이 이 과자공장의 과자맛을 보기 위해서 올뿐 아니라 직원들의 친절한 서비스를 보기 위해서 견학을 오곤 하였다.

그런데 더욱 놀라운 일은 이 과자공장의 직원들을 모두 이렇게 뛰어난 예절을 갖추게 하기 위해서 회사가 투자하는 예절교육비는 한 푼도 없었다는 것이다. 어떻게 예절교육도 받지 않고 훌륭하게 예절을 지니게 되었냐는 질문에 한 직원이 이렇게 대답했다. "우리는 모두 사장님을 따라 하고 있을 뿐입니다."

|5.4.4| 봉사적 리더십

「포춘」지 선정 500대 기업 중 서비스부문 1위로 선정된 기업인 서비스 마스터사의 대표인 윌리엄 폴라드(William Pollard)는 리더를 사장이나 대표이사 같은 높은 직급의 사람이 아니라 부하직원들에게 본보기가 되는 사람, 월급이 가장 많은 사람이 아니라 어떠한 위험이라도 기꺼이 감수할 사람, 가장 큰 집이나 가장 비싼 차를 가진 사람이 아니라 하인처럼 봉사하겠다는 마음을 가진 사람, 스스로의 진급에만 관심이 있는 것이 아니라 다른 사람의 승진과 발전에도 관심을 기울여 주는 사람, 규칙에 얽매이는 행정가가 아니라 창조적인 사람, 받기만 하는 사람이 아니라 베풀 줄 아는 사람, 자기 말만 하는 사람이 아니라 남의 말을 경청할 줄 아는 사람이라고 하였다.

이 회사는 "우리가 하는 모든 일이 신 앞에 부끄럽지 않게 하며, 직원들의 자기계발을 독려한다. 또한 우수성을 추구함과 동시에 이윤의 지속적인 성장을 꾀한다. 앞의 두 가지는 궁극적 목표이며, 뒤의 두 가지는 수단적 목표다"라고 사명을 선언하고 있다. 이러한 목표를 추구하기 위해서는 모든 리더는 봉사자로서의 자세가 절대적으로 필요하다.

봉사자로서의 리더는 가치중심적이어야 하며 업무지향적이어야 한다. 리더는 책임을 수행함에 있어서 무엇이 옳고 그른지 늘 염두에 두어야만 한다. 또한 사람들이 올바른 방법으로 올바른 일을 할 수 있도록 이끌어 주어야만 한다. 리더의 역할은 단순히 직원들에게 업무를 지시하는 것 이상이다. 완전한 리더가 되기 위한 과정에 조언자 및 협력자로 참여하여야 하며, 업무환경이 이런 과정에 기여하고 있는지 관심을 기울여야 한다. 이는 단순히 도구의 올바른 사용법을 가르쳐 준다거나 지정된 기일 내에 업무를 마치도록 지시하는 것 이상의 의미를 갖는다. 직원들이 맡은 업무와 그들 자신에 대해 어떻게 생각하고 느끼는지 그리고 직장이나 가정에서 어떤 인간관계를 형성해 나가는지도 고려해야만 한다.

많은 리더들은 커다란 사무실에 앉아서 나름대로 인생에서 거둔 약간의 성공을 대단하게 생각한다. 부하직원들이 준비한 결재서류를 읽는다는 이유만으로 모든 일을 잘 알고 이해한다는 오해를 한다. 그러나 봉사자로서의 리더는 부하들의 말을 경청하며 그들로부터 배울 자세가 되어 있는 사람이다. 이런 스타일의 리더들은 언제든지 문을 개방해 놓고 누구라도 쉽게 그들에게 접근할 수 있도록 한다. 그리고 기업 내 모든 계층의 사람들과 항상 대화를 나누며, 다른 사람의 역할을 기꺼이 맡을 준비가 되어 있기도 하다. 그들은 항상 경청하며 배울 자세가 되어 있고 열성적인 학습자세를 가지고 있다. 소위 성공했다는 리더들이 빠지기 쉬운 함정인 거만함을 피해갈 줄도 안다.

봉사자로서의 리더는 사람들의 각기 다른 특성이 조직을 강화시켜 준다는 것을 알고 있으므로 조직 내 다양성을 장려할 줄 아는 사람이다. 그들은 차이점을 수용하는 법을 배우고 다양한 사람들이 전체 속의 일부로서 조직을 위해 기여할 수 있는 환경을 제공하려고 노력한다. 다양한 종류와 계층의 사람들이 뛰어난 리더십 아래 함께 일하면서, 그들은 어떠한 사람도 혼자서는 업무를 완벽하게 수행해 낼 수 없다는 사실을 깨닫게 된다. 혼자로서의 개인이 기여할 수 있는 바는 그가 전체의 한 구성원으로서 기여할 수 있는 것보다 훨씬 적기 때문이다. 따라서 봉사자로서의 리더들은 직원들이 협력해서 일하며, 함께 배우고 발전해 나갈 수 있는 환경을 제공해야 한다.

위와 같이 봉사자적인 리더십을 가진 상사들을 우리 주위에서 찾아보기는 힘들 것이다. 그러나 21세기에는 권위주의적인 리더보다 이러한 봉사자적인 리더십을 가진 사람들을 필요로 한다.

리더십은 몇몇 카리스마를 지닌 사람들의 전유물이 아니라, 보통 사람들이 그들 자신과 다른 사람들의 잠재성을 일깨워 주는 과정인 것이다. 최고관리자로 일하든 평사원으로 일하든 우리는 모두 스스로를 리더로 키워나갈 수 있어야 한다. 우리가 모든 사람 속에 내재해 있는 리더십을 일깨우고, 그들을 리더로 만들어 나갈 때, 우리는 엄청난 변화를 기대할

지도자의 감성지수

미국의 남북전쟁 당시 맥클란 장군은 뛰어난 장군 가운데 하나였다. 하루는 링컨 대통령이 국방장관을 대동하고 장군을 격려하기 위해 야전사령부를 찾았다. 장군이 전투장에서 돌아오지 않아 그들은 몇 시간을 사령관실에서 기다렸다.

드디어 장군이 나타났으나 맥클란 장군은 대통령과 국방장관을 본체만체하며 2층 자기방으로 올라갔다. 링컨과 장관은 그가 곧 내려올 것이라 기대했으나 한참 후 그의 부관이 나타나 "죄송합니다만 장군께서는 너무 피곤해서 잠자리에 드셨다고 대통령께 말씀드리라고 이르셨습니다"라고 말하는 것이었다.

놀란 것은 장관이었다. 그는 직속상관인 자기는 고사하고 어떻게 감히 대통령을 무시할 수 있느냐며 당장 직위해제시켜야 한다고 했다. 링컨은 잠시 침묵을 지켰다. 맥클란의 이런 무례는 대통령에 대한 도전으로 볼 수도 있는 것으로 링컨이라고 화가 나지 않을 수 없었다. 그러나 잠도 못자고 전투에 시달린 장군을 이해하지 못하고 예고도 없이 불쑥 찾아온 잘못이 자기에게 있음을 알았다. 그를 파면할 경우 군대에 미칠 사기도 생각했다. 그리고 장관에게 조용히 이렇게 말했다. "맥클란 장군은 우리가 전쟁을 승리로 이끌기 위해 꼭 필요한 사람입니다. 장군 때문에 단 한 시간이라도 전투가 빨리 종식될 수 있다면, 저는 기꺼이 그의 말 고삐를 잡아줄 뿐 아니라 그의 군화도 닦아주겠습니다." 참다운 지도자는 자기의 권위를 내세우기보다는 부하에 대한 깊은 배려를 먼저 한다.

출처 : 양창삼, 「인간관계와 갈등관리」

수 있다.

5.4.5 5단계(Level 5) 리더십

짐 콜린스(Jim Collins)가 「좋은 기업을 넘어서 위대한 기업으로」(Good to Great)란 책에서 제안한 리더십 이론이다. 기존의 카리스마적 리더십이 강한 조직일수록 리더가 조직을 떠나게 되면 그 조직의 존립 자체가 흔들리는 한계점에 부딪치자 이것이 진정한 의미의 리더가 아니라는 반성에서 나온 이론이다.

짐 콜린스는 리더십을 아래와 같이 다섯 단계로 나누었다.

1단계 리더

능력있는 개인으로서 자신의 재능, 지식, 기술 그리고 좋은 업무습관을 통하여 조직에 생산적인 기여를 한다.

2단계 리더

훌륭한 팀원으로서의 개인의 역량을 그룹의 목표 달성에 기여하며 그룹 상황에서 다른 사람들과 효과적으로 함께 일한다.

3단계 리더

유능한 관리자로서 사람과 자원을 조직화하며 설정된 목표를 효과적이고도 효율적으로 달성하고자 노력한다.

4단계 리더

효과적인 리더로서 명확하고도 강력한 비전을 설정하고 추진하며 조직원들이 높은 성과를 올릴 수 있도록 격려한다.

5단계 리더

5단계 리더는 4단계 리더의 능력을 기본적으로 갖추고 난 뒤에 발휘할 수 있는 리더십으로 조직 변화에 매우 효과적이다.

5단계(Level 5) 리더는 겸손하면서도 성공하고자 하는 열망이 강하며 자신의 성공보다 조직의 성공에 더 관심을 기울이는 리더이다. 이 유형의 리더는 겸손하고 후계자양성에 힘쓰며 자신이 언론에 부각되는 것을 원하지 않는 동양적인 리더십 스타일이라고 말할 수 있다. 여기서 겸손하다는 것은 능력부족과 자신감의 부재에 의한 것이 아니라 자신을 감추고 낮춤으로써 후광을 만들어가는 개념이다. 자신을 앞세우고 자신의 능력을 대외적으로 나타냄으로써 능력을 인정받는 서양에서도 최근에 와서는 겸손 특히 리더의 겸손을 미덕으로 받아들이기 시작한 것을 보여주는 이론이기도 하다. 이는 리더십 이론도 음양이론에 입각하여 동 · 서양이 서로의 장점을 받아들이고 있다는 것을 보여주고 있다. 또한 남성중심적인 초기의 리더십 이론과 달리 이 리더십은 여성의 특성과도 조화를 이루는 여성친화적 리더십이라고 말할 수 있다.

적용문제

1. 진정한 리더와 독재자, 일반관리자는 어떻게 다른지 구체적으로 적어 보자.

1.
2.
3.
4.
5.

2. 여성 리더들이 남성 리더들에 비해 상대적으로 부족한 면 3가지와 상대적으로 강한 면 3가지를 적어 보자.

부족한 면

1.
2.
3.

강한 면

1.
2.
3.

Chapter 06

동기부여

학습목표

1. 사람을 움직이는 요소가 무엇인지 서술할 수 있다.
2. 조직원을 동기부여하는 방안에 대하여 설명할 수 있다.
3. 목표관리의 목적과 방법을 서술할 수 있다.

6 Chapter

동기부여

대기업에서 근무하는 김 과장은 남들이 다 축하해 주는 분위기 속에서도 내심 고민이 많다. 높은 업무성과를 올렸기 때문에 포상으로 미국 현지법인에 가서 3개월 동안 연수를 받을 수 있는 기회가 주어졌는데 정작 김 과장은 미국으로 가는 것이 내키지 않는다. 영어 의사소통도 잘 되지 않을 뿐더러 지난 번 휴가 때 미국으로 여행갔다가 음식이 맞지 않아서 여간 고생이 되지 않았기 때문이다. 차라리 보너스 포상을 받았으면 좋을텐데라는 생각이 들었다. 반면 옆 부서의 이 과장은 나도 열심히 해서 다음 번에는 미국연수 포상을 받도록 노력해야지라는 각오를 다지고 있다.

개인마다 왜 일을 하는지, 어디에 가치를 두는지 같지는 않다. 김 과장과 이 과장은 각각 다른 욕구와 동기부여요소를 가지고 있다. 이 장에서는 조직원들은 어떤 경우에 열심히 일하고자 하는 의욕이 생기는지, 리더가 어떻게 하면 조직원들이 신비람나게 일을 할 수 있는지에 대하여 살펴보자.

Chapter 6

동기부여

동기부여란? 6.1

|6.1.1| 동기부여의 정의

인간은 왜 특정 행동을 하는가? 무엇이 사람들을 움직이게 하는가? 동기부여*에 관심을 가진 학자들과 경영자들은 이 질문에 답하기 위하여 많은 시간과 노력을 기울여 왔다. 사람들이 어떤 특정 행동을 하는 궁극적인 이유는 욕구나 필요를 만족시키기 위한 것이다. 욕구가 동기를 불러일으키고, 동기에 의해 행동을 하게 되며, 이에 따라서 만족이나 불만족의 결과를 경험하는 것이 사람이 욕구를 충족시키기 위한 과정이라 볼

동기부여(motivation)
동기(motive)와 행동(action)의 축약어. 사람들로 하여금 특정목표를 달성하기 위한 행동을 불러일으키고 방향을 제시하고 계속적인 움직임을 갖게 하는 일련의 종합적인 과정

수 있다. 따라서 동기부여란 이러한 욕구를 충족시키려는 시작점이자, 무언가를 성취하기 위하여 기꺼이 하고자 하는 노력을 의미한다.

욕구 → 동기 → 행동

조직에서의 동기부여란 조직목표를 달성하는 동시에 근로자들의 욕구를 충족시키는 과정이라고도 말할 수 있다. 정말 동기부여된 사람은 목표나 목적을 달성하기 위하여서는 어떠한 일이라도 할 수 있다고 생각한다. 관리자는 동기부여를 부하직원들이 조직의 목적을 성취하기 위해서 기꺼이 쏟아붓는 자발적인 의지를 갖게 하는 것이라 생각한다. 유명한 경영컨설턴트이자 경영학자인 피터 드러커(Peter Drucker)는 "조직의 목적은 일반적인 사람으로 하여금 일반적이지 않은, 즉 특별한 일을 하게끔 하는 것이다"라고 하였다.

6.1.2 외적인 동기와 내적인 동기

"사람들은 왜 일을 할까"를 많은 학자들이 살펴보았다. 그 동기를 크게 내적인 동기와 외적인 동기로 나눌 수 있다. 내적인 동기는 사람들이 금전과 같은 외재적인 보상 때문이 아니라 자신의 즐거움을 위하여 일을 하는 것이며, 외적인 동기는 보수를 받기 위하여 일을 하는 것을 말한다. 많은 연구에 의하면 외적인 동기와는 달리, 내적인 동기를 가진 사람은 더 오래, 더 열심히 일하고 질적인 면에서 더 나은 결과를 가져온다고 한다.

스스로 동기부여시킬 수 있는 능력(self-motivation)은 회사가 직원을 채용할 경우 가장 중요시 여기는 능력 중의 하나라고 한다. 과거에는 동기부여가 주로 금전적으로 이루어졌다면, 현대에는 금전뿐만 아니라 직무에 대한 만족이 동기부여에 크게 영향을 미친다.

사람들은 직장에서 근무할 때 다양한 동기부여를 받는다. 다음의 리스트를 읽고 자신이 직업을 가질 때 직장에서 가장 중요시 여길만한 요소들을 차례대로 순위를 매겨 가장 중요한 요소는 10점, 가장 덜 중요한 요소는 1점을 부여하자.

__________ 1. 재미있는 일

__________ 2. 직업의 안정성

__________ 3. 최신 첨단 기자재

__________ 4. 중요한 일을 한다는 느낌

__________ 5. 급여

__________ 6. 도전적인 일

__________ 7. 공정한 상사와 평가

__________ 8. 승진의 기회

__________ 9. 편안한 근무환경

__________ 10. 현재하고 있는 일에 있어서의 성공 가능성

아래 칸에 위의 각각의 문항에 대한 점수를 옮겨서 A와 B항의 합계를 각각 계산하자.

문항	A	문항	B
2	__________	1	__________
3	__________	4	__________
5	__________	6	__________
7	__________	8	__________
9	__________	10	__________
합계	__________	합계	__________

A는 업무의 외형적인 혹은 환경적인 요소들이 나에게 주는 동기부여항목들이고, B는 업무 자체 혹은 업무로부터 얻는 심리적인 요소들이 제공하는 동기부여 항목들이다. B의 점수가 30점이 넘는다면 자신의 일에서 성공할 확률이 높은 편이다.

6.2 동기부여이론

사람들의 행동을 예측하는 데 도움이 되는 대표적인 동기부여이론들을 살펴보자.

6.2.1 매슬로우의 욕구이론

매슬로우(Abraham Maslow)의 욕구이론은 인간의 욕구를 다섯 단계로 나누어 설명한 이론으로 가장 잘 알려지고 널리 적용되어온 이론이다. 우선 이 욕구이론의 기본 전제는 인간의 욕구는 중요도에 따라 단계별로 나누어져 있고 기본 욕구에서 보다 복잡한 욕구로 이동한다는 것이다. 기본 욕구가 최소한의 정도로라도 충족되지 않으면 다음 단계의 욕구가 한 개인의 행동에 영향을 미치기 어려우며, 이러한 욕구들은 다음과 같이 다섯 단계로 구성되어 있다.

1 생리적 욕구(physiological needs)

인간의 삶 자체를 유지하기 위한 기초적인 욕구, 즉 의 · 식 · 주가 이에 해당한다. 조직에서는 적정한 임금과 휴식, 업무환경 등을 통해서 이를 충족시켜 줄 수 있다.

2 안전욕구(safety needs)

생리적인 욕구가 어느 정도 충족되면 나타나는 다음 단계의 욕구이다. 신체적 및 정서적인 위해로부터 보호되고 안전해지기를 바라는 욕구이다. 조직에서는 작업환경의 안전, 물가상승에 따른 임금인상 보장, 직무의 안정도, 기타 생리적 욕구를 보호할 임금 외 부가급부(fringe benefit)가 이에 해당한다.

3 사회적 욕구(social needs)

안전욕구 다음 단계로 사회적인 소속감이나 애정욕구, 다른 집단에 의해서 받아들여지기를 원하는 욕구, 친교나 교제의 욕구를 의미한다. 조직 내에서는 다른 구성원과의 교제나 친구를 사귀려는 욕구로 나타난다.

4 존경의 욕구(esteem needs)

소속의 욕구가 어느 정도 충족되어지면 나타나는 다음 단계의 욕구로 어느 집단의 단순한 구성원 이상의 것을 추구하려는 욕구이다. 이는 내적으로는 자존, 자율을 성취하려는 욕구 및 타인으로부터 주목을 받고 인정을 받으며 집단 내에서 어떤 지위를 확보하려는 욕구이다. 조직에서의 직위, 업무 자체의 완성도, 성과급의 증가, 업무에 있어서의 도전의식, 의사결정의 참여도, 승진의 기회 등이 이러한 욕구로 나타난다.

5 자아실현욕구(self-actualization needs)

자아실현욕구는 자신의 잠재력을 최대한 발휘하여 성취할 수 있는 최

그림 6-1 | 매슬로우의 욕구단계

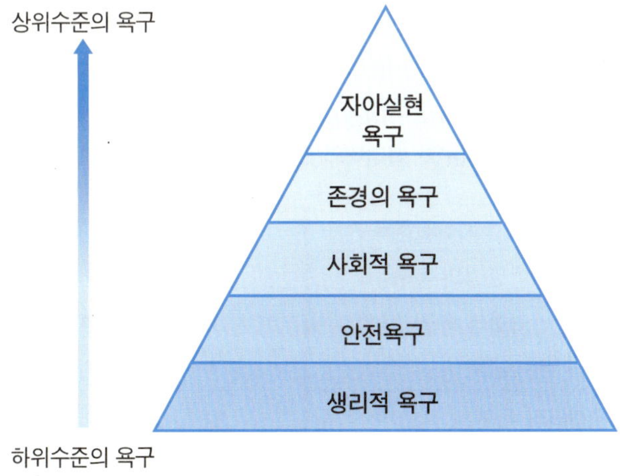

대한의 것을 해 보려는 욕구이다. 조직에서는 개인의 기술향상, 창조적 활동, 성공과 승진, 완전한 통제능력의 소유 등이 이에 해당한다.

실증적 조사에 의하면 인간은 한 번에 한 가지의 욕구만을 느끼는 것이 아니라 여러 단계의 욕구를 같이 느낄 수 있다는 것이다. 또한 사회의 가치에 따라서는 욕구계층의 순서가 바뀔 수 있다는 것이다. 이렇게 매슬로우의 이론은 한계점을 갖고 있다. 그러나 그의 이론에 입각한 경영전략이 그동안 상당한 효과를 거두어 왔음을 볼 때, 이를 완전히 틀렸다고 보기보다는 사회, 문화에 맞게 수정하여 적용하여야 할 것이다.

6.2.2 앨더퍼의 ERG이론

앨더퍼(C. P. Alderfer)는 매슬로우의 5단계를 다음과 같이 3단계로 수정·분류하고 그 첫 글자를 따서 ERG이론을 제시하였다.

1 존재욕구(existence needs)

모든 형태의 생리적·물리적 욕구를 의미하는 것으로, 기본적인 의·식·주 등에 대한 욕구가 이에 해당한다. 조직에서는 기본적 임금이나 작업환경을 들 수 있다.

그림 6-2 | 매슬로우의 욕구이론과 앨더퍼의 ERG이론

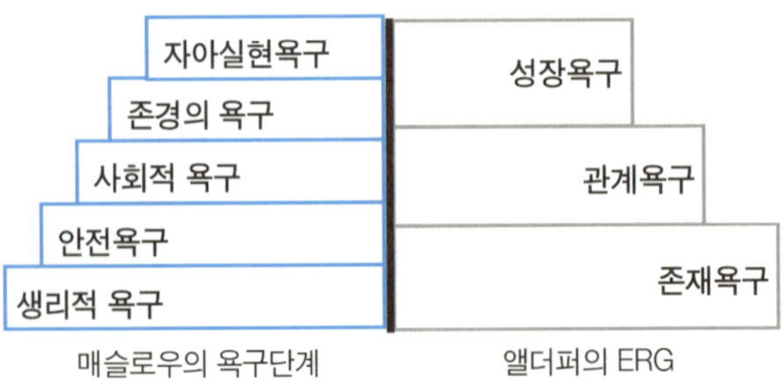

2 관계욕구(relatedness needs)

대인관계에 대한 욕구로, 매슬로우의 안전의 욕구 중 일부와 사회적 욕구, 존경의 욕구 중 일부가 이에 해당한다.

3 성장욕구(growth needs)

개인의 성장을 위한 욕구이다. 조직에서는 한 개인이 자기능력을 극대화하고 새로운 능력개발을 할 수 있게 됨으로써 이 욕구를 충족시킬 수 있다. 매슬로우의 존경의 욕구 중 일부와 자아실현욕구가 이에 해당한다.

조직에서 ERG이론의 적용 예를 생각해 보자. 한 직원이 채용되었을 당시에는 기본적인 임금수준, 직무환경, 직무의 안정(존재욕구) 등에 관심을 갖게 될 것이다. 그러나 얼마 후 이러한 것들이 안정적 단계(존재욕구 충족)에 이르게 되면, 이 직원은 다른 동료직원들과의 우호적인 관계(관계욕구)를 맺는 데 관심을 갖게 될 것이다. 좋은 인간관계(관계욕구 충족)를 갖게 된 후에는 보다 도전적이고 책임이 많은 다른 직무로의 승진(성장욕구)의 욕구를 갖게 된다. 그러나 여기서 승진의 기회를 얻지 못할 경우(성장욕구 좌절)에는 다시 자신의 능력을 효과적으로 표현하기 위해서 상사와의 인간관계(관계욕구)에 관심을 갖게 될 것이다.

매슬로우의 이론은 욕구단계가 만족이 되면 다음 단계로 진행하는 것이다. 이와는 달리, 앨더퍼의 이론은 욕구단계가 좌절될 경우 다시 퇴행할 수 있다는 것을 주장하고 있다. 또한 앨더퍼의 이론에서는 매슬로우와는 달리 한 번에 여러 욕구가 존재할 수 있음을 나타내고 있다. 즉, 앨더퍼의 이론은 인간행위를 설명하는 데 있어서 보다 탄력적이고 개인차를 인정하는 포괄적인 이론임을 알 수 있다.

6.2.3 맥그리거의 X이론과 Y이론

맥그리거(Douglas McGregor)는 인간에 대한 기본생각을 X이론과 Y

이론으로 정리하여 다음과 같이 설명하고 있다.

1 X이론

- 인간은 원천적으로 일하기를 싫어한다.
- 인간은 야망이 없고 책임지기를 싫어하며, 타인의 지휘 · 통제받기를 좋아한다.
- 인간은 조직문제를 해결하는 데 창의력을 발휘하지 못한다.
- 동기유발은 생리적 욕구와 안전욕구의 단계에서만 가능하다.
- 인간은 엄격히 통제되어야 하고, 조직목표를 달성하기 위해서는 강제되어야 한다.

2 Y이론

- 인간은 작업조건만 정비된다면 일하는 것은 자연스러운 것이다.
- 조직의 목표를 달성하기 위해서는 자기통제가 불가결하다.
- 인간은 조직문제를 해결하기 위한 창의력을 누구나 가지고 있다.
- 동기부여는 생리적 또는 안전욕구의 단계는 물론이고 사회적, 자아실현의 욕구 단계에서도 가능하다.
- 인간은 적절한 동기를 부여하면 직무에 자율적이고 창의적이다.

맥그리거는 X이론보다는 Y이론이 인간의 행동을 설명하는 데 더 적합하다고 주장한다. 관리측면에서도 외적 통제나 처벌보다 조직원 각자가 가지고 있는 욕구를 충족시켜 줄 수 있는 방향으로 조직원들을 동기부여할 때 더욱 활기있고 생동감있게 조직목표를 달성하기 위한 힘을 모을 수 있을 것이다.

|6.2.4| 맥클랜드의 성취, 권력, 친화욕구이론

하버드대학의 심리학 학자인 맥클랜드(David McClelland)는 인간들은 기본적으로 권력을 가지고자 하는 욕구, 타인들과 친밀한 관계를 가지고자 하는 욕구 그리고 성취하고자 하는 욕구를 가졌다고 보았다. 대부분의 사람들은 이러한 세 가지 욕구를 동시에 가지면서 어느 한 부분에 더 높은 수준의 욕구를 나타낸다. 맥클랜드의 이론은 조직 내 관리자 및 지도자들의 행동을 관찰하는 데는 매우 설명력이 높은 이론이라고 할 수 있다.

1 권력욕(need for power)

많은 사람들이 특히 우리 나라의 일반 서민들은 '권력' 이라는 단어에 부정적인 반응을 나타내는 경우가 많다. 이는 정치인에 대한 불신으로부터 생겨났다고도 할 수 있다. 그러나 권력은 정치인이나 고위공무원만이 가지는 게 아니라 모든 형태의 조직에는 권력을 가진 자와 가지지 못한 자의 갈등이 있게 마련이다.

그러나 권력은 어떤 사람이 어떻게 사용하였느냐에 따라 부정적일 수도 있고 긍정적일 수도 있으며 권력을 잘 사용하였을 때는 많은 사람들에게 선을 가져다 줄 수도 있다. 권력욕이 강한 사람의 특징은 다른 사람들을 다스리고 다른 사람에게 영향을 끼치는 리더가 되고자 하는 욕구가 매우 강하며 경쟁적이고 또한 이기고자 하는 승부욕도 강하다. 이러한 유형의 사람은 다른 사람과 논쟁하기를 좋아하며 다른 사람과의 갈등도 두려워 하지 않는다.

2 친화욕(need for affiliation)

대부분의 사람들은 다른 사람들과 친밀한 관계를 유지하고 싶어하며 친구를 가지기 원한다. 이러한 욕구가 특히 강한 사람들은 다른 사람들이 자신을 받아들여주고 또 좋아해 주기를 원하며 누군가가 자기를 미워하거나 혹은 다른 사람들과 갈등관계에 놓이는 것을 견디지 못한다. 친화욕이 높은 상사는 부하직원들이 자기를 따르고 좋아해 주기를 원하며 일의 성과보다는 사람들과의 원만한 관계유지에 더 높은 우선순위를 두고 있다.

3 성취욕(need for achievement)

성취욕이 높은 사람의 특징은 목표지향적이며, 목표달성을 위하여 전력투구하며 또한 책임감이 높다. 또한 자신이 추구하던 목표를 달성했을 때의 성공감 자체를 중요시 하며 금전적인 보상은 이차적인 보상에 지나지 않는다. 일의 성격도 현상유지나 평범한 일보다 도전적이며 모험적인 일을 좋아하고 자신이 한 일에 대해서는 신속한 피드백을 원한다. 즉, 일의 결과와 성과에 대하여 빨리 알기를 원한다. 예를 들어, 성취욕이 높은

조직 내에서 높은 성취욕구를 가진 사람들의 10가지 특성

- A 환경에 의하여 지배를 받기보다는 환경을 지배하기를 원하며 자신의 행동에 대한 책임을 진다.
- B 적정한 수준의 모험을 감수한다.
- C 미래의 성취를 미리 가시화해 보고 목표를 성취하기 위하여 최선을 다한다.
- D 목표 달성에 모든 초점을 맞춘다.
- E 현명하게 시간관리를 하며 일의 우선순위를 효과적으로 정한다.
- F 효과적인 의사소통을 한다.
- G 다양성을 존중하며 팀워크를 통하여 생산성을 향상시킨다.
- H 협상을 할 때는 공평하게 그리고 상호 간에 유익을 줄 수 있는 해결안을 모색한다.
- I 신체적, 정신적, 감정적 그리고 사회적으로 자신을 새롭게 하기 위한 시간 투자를 한다.
- J 자신의 업무에 대한 즉각적인 피드백을 좋아한다.

학생은 시험을 친 후 곧 자신의 성적이 어느 정도 되는가 책을 찾아 채점해 보고 그 결과가 나오기를 기다리지만 성취욕이 낮은 학생은 시험이 끝나면 책을 덮어 버리고 자신의 성적이 어느 정도인가에 대하여 시험 결과가 나올 때까지 알기조차 원하지 않는다.

맥클랜드는 여러 나라의 국민들을 대상으로 비교연구도 실시하였는데, 한국 국민들은 성취욕이 매우 높은 국민으로 나타났다. 나라가 발전하기 위해서는 국민들의 높은 성취욕구가 매우 중요한 요소라고 결론짓고 있다.

조직의 업무성과 면에서도 일반적으로 권력욕이나 친화욕이 높은 관리자들보다 성취욕이 높은 관리자들의 성과가 더 높은 것으로 나타났다. 또한 관리자는 부하직원 개개인의 욕구를 잘 파악하고 이를 업무에 적용하여 관리하는 것이 필요하다. 예를 들면, 친화욕구가 높은 근로자를 혼자 고립시켜 회계업무를 하게 한다든가 성취욕이 높은 근로자에게 시키는대로 그 범위 내에서만 업무를 수행하게 한다든가 할 때에는 근로자들의 능률이 저하될 것이다. 친화욕이 높은 직원에게는 고객서비스업무를 맡기고 성취욕이 높은 직원에게는 도전적인 일을 맡기며 권력욕이 있는 직원에게는 팀의 리더와 같은 업무를 맡겨 각자 자신의 욕구를 충족시킬 수 있는 일을 하도록 하는 것이 효과적인 인적자원관리가 될 것이다.

이러한 세 가지 욕구는 천성적으로 타고나기도 하지만 성장기와 사회생활을 통한 경험을 통하여 개발되는 경우도 많다. 예를 들면, 운동을 열심히 하면 근육이 생기는 것과 마찬가지로 사람들은 크고 작은 성취경험을 통하여 성취에 대한 욕구를 증가시켜 나가게 된다.

6.3 동기부여방법

신세대 혹은 X세대라고 불리우는 요즈음의 신입사원들을 동기부여하기 위해서는 그 세대의 특성을 파악하는 것이 필요하다. 더구나 지금의 신세대들은 직장을 찾는 것도 어렵지만 앞으로 그 직장에 평생 다닐 수 있는지에 대해서도 불투명해졌다. 일의 성격이 계속 변화될 뿐 아니라 기업들의 다운사이징*, 합병* 등이 빈번해지면서 고용의 유동성을 확보하기 위한 정리해고*가 빈번해졌다. 또한 정식직원을 채용하기보다는 계약직 혹은 임시직 직원을 활용하는 것이 일반화되고 있다.

이에 따라 예전의 동기부여 방법과는 다른 형태의 동기부여 방안이 필요하게 되었다.

6.3.1 동기부여와 사기(士氣)

사기*란 한 집단의 사람들이 가지는 전반적인 분위기로서 그것은 구성원들의 태도와 만족에 달려 있다. 얼마 전까지만 해도 많은 사람들이 직무에 있어서 높은 생산성을 유지하기 위해서는 사기는 희생될 수도 있다는 잘못된 생각을 가졌다. 그러나 오늘날에 와서는 조직이 최고의 성과를 올리기 위해서는 조직의 분위기나 종업원의 사기는 그 무엇보다도 중요하게 고려되어야 한다. 직장의 분위기가 긍정적이고 좋을 때는 종업원들의 사기도 높으며 동기부여 수준도 높은 경향이 있다.

다운사이징(downsizing)
비용절감을 통해 기업의 경쟁력을 높이려는 시도로 인력이나 회사의 규모를 줄여서 이익을 증대하려는 전략

합병(merging)
두 개 이상의 회사가 하나의 회사로 통합되는 것

정리해고
회사가 회사의 존속을 위해서 비용을 줄이는 방편으로 인력을 감소할 때 실시하는 해고

사기(morale)
한 집단의 사람들이 가지는 전반적인 분위기로서 구성원들의 태도와 만족에 기초를 둔 것

좋은 분위기란 사람들이 단지 함께 잘 지내는 것 이상의 의미를 가진다. 피터 드러커는 "직무에 있어서 훌륭한 성과에 대한 만족에 근거를 두지 않은 인간관계란 실제로는 나쁜 인간관계를 의미하며 결과적으로 적대감을 낳게 된다"라고 하였다. 효과적인 분위기는 사람들로 하여금 다른 사람에게 위협이 되지 않으면서도 각자 잠재력을 최대한 발휘하여 일할 수 있도록 하며 또한 능률적이면서도 신속하게 업무를 마치도록 장려한다. 또한 좋은 직장분위기는 근로자들이 자신의 위치가 끊임없이 위협을 받고 있다는 느낌없이 편안하게 일할 수 있도록 해준다.

직장 내에서 동기부여에 가장 절대적 영향을 미치는 요소는 조직분위기이다. 날씨가 사람의 기분과 신체움직임에 민감하게 영향을 미치는 것과 같이 조직분위기는 조직원들의 느낌과 행동에 큰 영향을 미친다. 분위기는 조직 내에서의 감정적인 기후와 마찬가지이며 그것은 근로자들의 사기에 큰 영향을 미친다.

조직의 분위기를 개선하기 위한 방법에는 여러 가지가 있다. 관리자들이 변화를 유도하는 데 핵심적인 위치에 있기는 하지만 일반 근로자들도 좋은 분위기를 조성하는 데 많은 기여를 할 수 있다. 다른 사람의 이야기를 주의깊게 들어주고 함께 하여야 할 일이 있을 때는 불평하지 않고 기꺼이 도와주며 매사에 긍정적인 태도를 지니는 것 등이다. 만약 자신이 근무하는 조직이 부정적인 분위기라면 근로자들은 자신이 조직의 분위기를 바꾸기 위하여 무엇을 할 수 있는가를 생각하고 실천에 옮겨야 한다.

관리자는 조직이 밝은 분위기를 유지할 수 있도록 자신의 태도부터 바꾸어 나가도록 노력해야 한다. 그런 다음 물리적 환경, 직무책임, 절차 등 어느 부분에서 변화가 있어야 하는가를 살펴보는 것이 필요하다. 많은 관리자들은 개방적인 분위기*를 만들기 위하여 항상 의사소통이 가능하

Open door policy
개방적인 분위기를 유지하기 위하여 관리자가 사무실 문을 열어두어 사람들이 자유롭게 출입하면서 의사소통하도록 함

도록 사무실 문을 활짝 열어 두기도 한다. 특히 관리자는 조직분위기는 항상 동기부여와 직접적으로 관련되어 있다는 것을 명심하여야 한다.

|6.3.2| 보 상

1 내재적 보상

일의 성격이나 일 자체를 즐기는 사람들은 금전적 보상이나 포상과 같은 외형적 보상보다 칭찬, 인정감, 보다 많은 재량권, 자기성장 및 개발의 기회, 주요 의사결정에의 참여기회, 보다 더 도전적인 업무, 다양한 업무 등 일과 관련된 보상을 더 선호한다.

2 외형적 보상

많은 사람들은 일 자체로부터 보람을 찾기보다는 일의 결과로 주어지는 여러 형태의 물질적 · 지위적 보상을 얻기 위하여 일을 한다. 이러한 유형의 사람들에게는 그 사람이 원하는 적절한 형태의 금전적 · 물질적인 보상을 줄 때에 지속적으로 업무성과를 내게 된다. 이러한 외형적 보상으로는 성과급보너스, 우리사주제도, 수당, 봉급인상, 직위, 보다 좋은 사무실 등이다.

현실적으로 내재적 보상만 주거나 외형적 보상만 줄 때보다 두 가지 형태의 보상을 적절히 혼합하여 사용할 때 더욱 높은 수준의 동기를 유발시킬 수 있다. 이때 유의하여야 할 점은 보너스나 성과급 등 금전적인 수단으로 동기를 부여시킬 때는 처음에는 작은 단위의 액수로도 성과가 나타나지만 더 높은 수준의 동기를 유발시키기 위해서는 점점 더 높은 단위의 액수를 필요로 하게 된다. 즉, 약품이나 마약과 같이 처음에는 적은 양을 투입하여도 효과가 나타나나 시간이 지날수록 점점 더 높은 단위를 투입하여야 같은 수준의 효과가 나타난다는 것이다. 따라서 금전적인 보상으로 인간을 동기부여시키는 데에는 한계가 있다.

6.3.3 칭 찬

많은 연구결과에 의하면 조직원들이 일을 통해서 가장 얻고싶어 하는 것은 자신이 한 일에 대하여 충분히 인정을 받는 것이라고 한다. 사람들은 자신이 한 일에 대하여 인정을 받고싶어 하고, 실제로 네 사람에 한 명꼴로 급여보다 칭찬을 더 원한다는 조사결과도 있다. 많은 수의 사람들이 칭찬과 인정을 받지 못하여 직장을 옮기기도 하는데, 실제적으로 칭찬을 자주 해 주는 상사는 드물다. 실제로는 칭찬을 받는 횟수보다 책망을 받는 횟수가 훨씬 많을 것이다.

블랜차드(Ken Blanchard)와 존슨(Spencer Johnson)이 그들의 저서 『일분 관리자(The One-Minute Manager)』에서 제시한 칭찬의 4단계를 알아보자.

1단계 : 부하직원이 무엇을 잘 했는지를 정확히 말해 준다

칭찬을 할 때는 상대방을 쳐다보면서 한다. 확신과 진심어린 어투로 그리고 구체적으로 잘 한 일에 대해서 언급한다. 단순히 '잘했습니다.' 또는 '좋습니다' 라는 말보다는 짧지만 구체적인 칭찬을 한다. 너무 긴 칭찬도 효과가 반감될 수 있다.

2단계 : 왜 그 일이 또는 그 행동이 그렇게 중요한지 말해 준다

그의 행동이나 일이 회사나 또는 부서에 왜 도움을 주는 일인지를 짧게 알려준다. 또한 상사 자신이 그의 행동으로 인해 얼마나 만족스러운지도 표현한다.

3단계 : 숨을 가다듬고 잠깐의 침묵의 시간을 갖는다

가장 어려운 단계이기도 하다. 대부분의 상사들은 부하직원 앞에서 침묵을 갖기 어려워 한다. 그러나 4~5초 간의 짧은 침묵은 부하직원으로 하여금 칭찬을 실제적으로 느끼도록 만든다.

4단계 : 성과를 다시 한 번 칭찬해 준다

이 단계는 부하직원으로 하여금 계속해서 성과를 올리도록 하는 동기부여를 강화할 기회가 된다. 이때 어깨를 두드려 주거나 악수를 하는 것은 칭찬의 효과를 더해 줄 수 있을 것이다. 그러나 성별이 다를 경우나 상대방이 불편해 할 경우에는 신체적 격려는 피하는 것이 더 좋을 수도 있으므로 상황에 따라 행동한다.

칭찬하는 것은 어렵거나 돈이 드는 일도 아니다. 어떤 인간관계에서든지 칭찬할 기회를 자주 찾아서 서로에게 칭찬을 해 주는 것은 인간관계를 원만하게 할 뿐만 아니라 동시에 업무성과를 높인다는 것을 기억하자.

6.3.4 목표에 의한 관리

1 목 표

목표라는 것은 어느 주어진 일정기간 내에 이루어내야 할 결과를 말하는 것이다. 많은 연구에 의하면 목표를 세워서 계획을 세우고 실천하는 것이 업무성과를 높이는 데 도움이 된다고 한다. 그렇다면 무조건 목표를 높게 세우고 일을 시키면 동기부여가 되어서 일이 잘 이루어질까? 물론 그렇지는 않다.

동기부여할 수 있는 목표를 설정하고 그 목표가 잘 달성될 수 있도록 격려하고 필요한 지원을 제공하여야 한다.

2 목표관리

목표관리(MBO)*라는 것은 관리자와 부하직원이 함께 목표를 정하고 정기적으로 결과를 평가하고 그 결과에 따라서 보상을 해 주는 관리시스템을 말한다. 목표관리는 조직이나 기업 전체적으로 실시되어야 한다.

목표관리(MBO : Management by Objectives)
목표를 설정하고 정기적으로 결과를 평가하고 그 결과에 따라 보상해주는 관리시스템

우선 최고경영층의 목표가 설정*되고 이것은 각 부서장급으로 나뉘며, 각 부서별 목표는 다시 그에 속해 있는 조직원의 목표로 할당되기 때문이다.

MBO가 성공적으로 수행되기 위해서는 무엇보다 경영층을 포함한 전 직원들의 의지와 참여가 중요하다. 많은 경우에 관리자가 중간에 의지를 상실하거나 다른 방향으로 목표를 수정하기도 하는데, 이러한 경우는 참여한 직원들의 의견보다는 외부여론이나 상부경영층의 일방적인 결정에 따르는 경우가 많다. 그렇게 되면 직원들의 사기는 떨어지고 참여 정도나 일을 성취하려는 의지가 줄어들게 된다.

목표에 의한 관리의 세 단계는 다음과 같다.

1단계

개인별로 목표와 계획을 세운다. 목표는 부하직원들과 함께 설정한다. 목표를 세울 때는 다음 페이지의 유의사항을 반드시 고려해야 한다.

2단계

피드백을 주고 성과를 평가한다. 제록스사의 학습시스템에서는 피드백이 관리자의 가장 중요한 능력 중 하나라고 한다. 직원들은 그들 자신이 목표에 잘 접근하고 있는지 정기적인 피드백을 받아야 할 필요가 있다. 따라서 의사소통 능력이 MBO를 성공적으로 만드는 데 매우 중요하다. 관리자와 직원이 자주 만나서 현재까지의 결과를 검토하고 피드백을 주고 받을수록 좋으나, 일의 성격이나 개인의 차에 따라서 그 횟수는 조정할 수 있다.

3단계

성과에 따라 보상한다. 직원들의 성과 정도는 각 개인의 목표에 따라

목표설정(goal setting)
직원들이 성취해야 하는 성과의 구체적인 수준을 정하는 과정

서 측정되어야 한다. 목표에 도달한 직원들은 포상이나 칭찬, 승진, 급여 인상 등을 통해 보상받게 된다.

MBO는 직원들의 존경욕구와 자기실현욕구, 성장욕구, 성취욕구, 권력욕구 등을 충족시켜 주기 때문에 동기부여를 위해 많이 사용되는 시스템이다. 또한 회사와 개인 쌍방에게 다 좋은 결과를 가져오므로 바람직한 시스템이다.

3 목표설정시 유의사항

- 목표를 반드시 명문화시킨다. 명문화된 목표는 자신이 무엇을 성취하고자 하는지 또 나중에 목표를 얼마나 성취했는가에 대한 평가자료를 제공한다.
- 도전적이면서 실현가능한 목표를 정한다. 만약 목표가 너무 쉽다면 의미가 없을 것이며 너무 어렵다면 성취하지 못함으로 인한 좌절감을 경험하게 될 것이기 때문이다.
- 단기 · 중 · 장기목표들이 서로 조화를 이루어야 하며 개인의 목표는 조직의 목표와 충돌이 있어서는 안 된다.
- 구체적인 목표를 정한다. 수치화할 수 있는 목표면 더욱 바람직하며 그렇지 못할 경우에도 후에 어떻게 평가할 것인지를 구체적으로 기술한다.
- 목표달성 및 평가를 위한 추진일정표를 작성한다. 중간중간 점검 포인트를 둠으로써 제대로 추진하고 있는지를 알 수 있도록 한다.
- 목표들 간의 우선순위를 정한다. 우선순위가 높은 목표에 시간과 노력을 집중한다.
- 평가시점에 목표달성 여부를 평가하고 만약 달성하지 못한 목표가 있을 때는 왜 달성하지 못했는가에 대한 충분한 평가를 바탕으로 목표를 수정한다.
- 성취한 목표에 대해서는 스스로 축하하거나 그 목표에 관련된 사람들과 함께 축하의 자리를 마련한다.

|6.3.5| 직무충실화

직무충실화*란 직무 자체를 보다 흥미있고 도전적으로 만들어서 동기부여를 하게 하는 과정을 일컫는다. 이 개념은 여러 부서나 여러 직능의 일을 돌아가며 하는 순환근무제*와 다른 개념이며, 비슷한 종류의 일을 더 많이 할당하는 직무확대제*와도 다른 개념이다. IBM이나 AT&T, GM, Motorola와 같은 국제적인 회사들도 이미 실시하여 성공한 이 제도는 실시하기 전에 직무 자체가 낮은 동기부여를 갖고 있는지 알아봐야 한다. 그래야 실시 후의 효과를 기대할 수 있다.

직무를 충실하게 만드는 방안들을 살펴보자.

직무를 더 다양하게 만들고 책임을 위임한다

직원들에게 보다 도전적인 업무를 맡김으로써 새로운 기술을 익히고 능력을 개발시킬 기회를 제공한다. 새로운 업무는 새로운 학습의 기회를 제공하고, 업무의 다양화는 단순한 반복에 따른 지루함에서 벗어나게 한다. 특히 업무의 다양화는 더 많은 일을 완수함에 따른 직원들의 성취도를 높여주는 이점이 있다. 관리자는 업무가 다양해짐에 따라 수반되는 책임도 위임하여 직무를 충실하게 할 수 있다.

자연스럽게 업무팀을 구성하게 한다

일을 하다 보면 같은 회사 내에서도 직무수행상 보다 긴밀하게 연계되는 사람들이 있다. 예를 들면, 갑이라는 영업직원이 한 지역을 맡게 될 경우, 그 영업계약을 입력하고 수행하게 하는 고객관리부의 직원, 그 지역

직무충실화(job enrichment)
일을 계획부터 평가까지 하게 함으로써 기존 직무보다 더 높은 책임과 권한을 부여하는 것
순환근무(job rotation)
여러 부서나 여러 직능의 일을 돌아가며 익히는 제도
직무확대제(job enlargement)
같은 수준의 비슷한 종류의 일을 더 많이 할당하여 직무 자체의 내용이 많아지게 하는 제도

을 담당하여 물품을 운반하는 직원 등이 이에 해당한다. 이렇게 서로 업무상 연계가 되는 직원들끼리 자연스럽게 팀을 구성하게 되면, 서로 더 잘 협조하게 된다. 또한 의사소통에서 생기는 오해도 줄일 수 있다. 또한 자신들이 담당하는 업무를 다른 사람이 수행한 것과 구별할 수 있게 되므로 더욱 열심히 일하게 된다.

직원들이 자신들의 일이라고 구별할 수 있는 직무는 구별하고 이에 대해 책임을 질 수 있도록 책임을 위임한다

직원들에게 어떤 일의 한 부분만을 반복적으로 수행하도록 하기보다는 하나의 일을 일괄처리하도록 만드는 것이다. 그렇게 되면 자신이 한 업무가 명확히 구분되게 되므로 보다 책임을 갖고 더 명확하게 일할 것이다. 예를 들어, 모토롤라에서는 생산부 조립과정의 직원이 8개의 조각부품을 조립해서 완성하게 되는 한 부품에 대해서 직원 자신의 고유번호를 부착하게 하였다. 또한 정품 기준에 미달된 부품은 그것을 조립한 담당 직원에게 돌려져 다시 조립하도록 만들었다. 그 결과 제품 불량률이 현격히 낮아졌을 뿐 아니라 업무속도도 빨라졌다.

직무에 보다 많은 자율성을 부과한다

직원들이 자신의 업무를 계획하고 시간표를 짜고 관리하고 조정할 수 있도록 한다. 그렇게 함으로써 실질적인 생산성 증가뿐 아니라 직원들의 업무에 대한 태도를 증진시킬 수 있으며 직무만족을 높일 수 있다.

이상에서 여러 동기부여 방법들을 살펴봤지만, 결국 행동을 이끌어내는 정신적 힘은 외적인 환경에서 나오는 것이 아니라 내부에서 스스로 우러나오는 것이다. 외부의 요인에 의해 동기를 부여받은 사람들의 업무성취도는 여러 경쟁과정을 거치면서 곧 떨어지기 마련이다. 만약 진정으로 최고의 성취도와 리더십을 발휘하고 싶다면 내부에서 스스로 동기를 유발시켜야 한다.

성공한 사람들에 대한 연구결과를 보면 스스로 우수성을 추구하며 성취를 지향하는 내적인 동기를 가진 사람은 부나 사회적 지위 혹은 명성에 대한 욕구를 가진 사람들보다 훨씬 더 성공적이라는 결론을 내리고 있다.

또한 인간에게 있어서 동기만 있으면 아무런 소용이 없으며 반드시 행동이 뒤따를 때 좋은 결과가 생길 수 있는 것이다. 만약 실천으로 옮기는 행동은 없으면서 마음 속에 동기, 즉 욕구만 많은 사람은 항상 무기력과 자신에 대한 불만에 쌓이게 된다. 성공하는 사람은 "내가 ... 할 수 있으면 좋을텐데..."라고 생각하는 대신 "나는 ... 할 수 있어"라고 생각하고 말하고 또한 행동으로 옮긴다. 따라서 수많은 가능성을 머리속에서만 생각할 것이 아니라 지금 당장 내가 할 수 있는 일부터 또 하고 싶은 일을 하나씩 실천해 나가는 것이 더 중요하다.

적용문제

1 스스로 어떤 욕구가 높은지 생각해 보자. 그리고 나의 욕구에 적합한 직업의 종류를 적어보자. 그런 후 나에게는 어떠한 직업이 적합한지 생각해 보자.

욕구

직업

2 일반 조직원들이 가장 신바람이 날 때와 반대로 가장 의욕이 없는 때는 어떤 경우인지 선배, 친지에게 물어보거나 인터넷에서 조사해 보자.

신바람이 날 때

의욕이 없을 때

3 회사에서 내가 동료들보다 대우가 적다고 느낀다고 가정해 보자. 어떤 상황에서 이런 느낌을 가졌을까? 내가 취할 수 있는 행동에 대하여 구체적으로 적어 보자.

상황

행동

Chapter 07

갈등관리

학습목표

1. 갈등의 순기능과 역기능을 설명할 수 있다.
2. 조직 내 갈등발생원인을 서술할 수 있다.
3. 효과적인 갈등관리방안을 제시할 수 있다.

Chapter 7

갈등관리

호두농사를 짓는 농부가 있었다. 신에게 "신이시여 폭풍과 비바람, 가뭄과 홍수 그리고 뜨거운 햇빛이 없는 좋은 날씨를 주시어 풍년이 들게 하소서"라고 간절히 기도하였다. 신이 기도를 들어주었는지 온화한 날씨가 계속되었고 호두는 점점 크게 자라 수확기에 이르렀다. 한껏 기대를 하고 호두를 깨어 본 농부는 놀라서 입을 다물 수 없었다. 호두 안은 알맹이가 여물지 않고 비어 있었다. 뜨거운 햇빛과 비바람을 견뎌낸 호두만이 가을에 풍성한 열매를 맺을 수 있다. 개인이나 조직도 갈등과 시련을 이겨낸 경험이 없다면 풍요로운 삶과 발전을 기대하기는 힘들 것이다.

이 장에서는 회피할 수 없는 갈등을 효과적으로 관리할 수 있는 방안을 살펴보자.

Chapter 7

갈등관리

갈등의 이해 7.1

|7.1.1| 갈등이란?

모든 인간관계에는 갈등*이 있기 마련이며 갈등이 전혀 없는 개인이나 가정, 조직은 상상하기 힘들다. 공동의 목표 달성을 위해 모인 조직에 있어서도 조직원 사이 혹은 부서 사이에 갈등은 항상 존재한다.

갈등은 둘 또는 그 이상의 당사자 사이에 목표, 태도, 감정이나 행동의 불일치 혹은 반대가 일어나는 상황이라고 정의할 수 있다. 조직 내에서는 자원이 충분하지 않거나 업무의 불균형적인 배분 또는 목표, 가치, 인지 등의 차이로 인하여 개인, 집단 및 조직의 심리, 행동 또는 그 양면에 나타나는 대립적 상호작용이라고 할 수 있다. 개인과 개인 사이, 개인과

갈등(conflict)
목표, 태도, 감정이나 행동의 불일치 혹은 반대가 일어나는 상황

그림 7-1 | 갈등의 요인

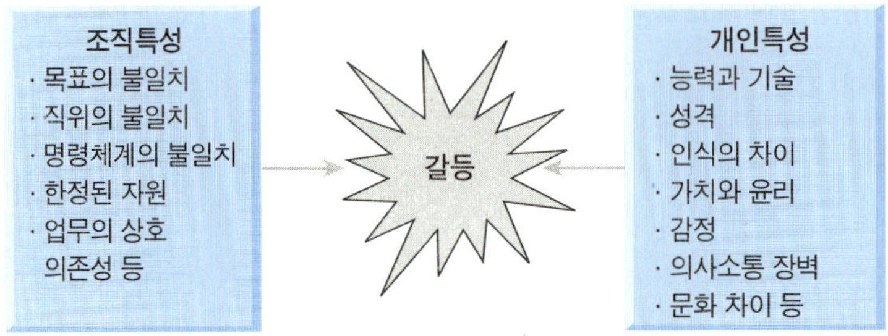

집단 사이, 그리고 집단과 집단 사이에 갈등이 일어날 수 있다.

특히 최근에는 국가 간의 이해가 상충되고 인종 간, 종교 간 갈등이 더욱 심화되어 지구 곳곳에서 전쟁이 끊이지 않고 있다. 또한 기업의 글로벌화와 함께 국제기업 간의 교류 혹은 마찰이 더욱 빈번하게 일어나고 여러 국적의 사람들이 같은 직장에서 일함으로써 문화 간의 갈등까지 새로운 양상으로 떠오르고 있다. 다양한 문화를 이해하고 수용함으로써 조화로운 직장문화를 이루어나갈 수 있다.

빠른 사회적 · 경제적 변화와 함께 직장 혹은 가정에서의 세대 간 갈등도 사회적 문제로 떠오르고 있다. 우리나라에서는 6 · 25사변 이전 세대, 베이비붐 세대, X세대, N세대 등 다양한 세대들이 같은 시대를 살면서 가치관, 경제관 등에 있어서는 너무도 다른 생각을 하고 산다. 직장 내에서도 정년이 보장되는 평생직장에서 충성을 다하던 IMF 이전과 달리 언제 해고당하거나 명예퇴직당할지 모른다는 불안감과 함께 조직원들에게는 더 많은 갈등요인들이 생겨나고 있다. 특히 IMF 이후 늘어난 임시직 및 계약직 직원들은 조직에 또 다른 갈등요인을 추가하고 있다.

따라서 갈등요인이 계속 증가하는 현대사회에서 조직이나 개인은 갈등에 대하여 스트레스를 받고 힘들어 하기보다는 다양한 갈등상황에서 슬기롭게 대처할 수 있는 능력을 키워야 하겠다. 최근에 IQ보다 EQ를 더 강조하는 이유는 EQ가 높은 사람들이 더 원만한 인간관계를 유지하며 갈등을 더 효과적으로 관리할 수 있기 때문이다. 인간과 상황에 대한 높은 감수성, 다른 사람의 관점에서 상황을 볼 수 있는 객관성, 그리고 타인에 대한 배려 등은 갈등을 줄여나가는 데에 있어 매우 중요한 인성적 요소이다.

7.1.2 순기능적 갈등과 역기능적 갈등

전통적으로 모든 형태의 갈등은 악이며 제거되어야 한다고 생각했다. 즉, 갈등이 없는 상태가 가장 이상적이며 의견일치와 조화는 바람직하지만 의견대립이나 불화 등은 나쁜 것이라고 생각하였다. 그러나 현대에 와서는 모든 조직과 인간관계에 있어 갈등은 없을 수 없으며 때에 따라서는 적정수준의 갈등이 도움이 될 수도 있다라는 인식이 확대되었다. 갈등이 조직에 부정적 영향을 끼치지만 때로는 갈등이 새로운 문제 해결방안을 제시하며 개인과 조직의 창의력을 높여주는 역할을 하기도 한다는 것을 인식하게 되었다.

1 순기능적 갈등

순기능적 갈등*은 건강하고도 건설적인 의견의 불일치 상태를 의미한다. 순기능적 갈등은 새로운 아이디어를 창출하게 하고 학습에 대한 의욕을 높이게 하며 개인의 성장을 도모하게 한다. 개인들이 건설적 갈등에 접했을 때 자신과 타인에 대한 새로운 이해와 관점을 넓혀나갈 수 있게 해준다. 뿐만 아니라 갈등을 조정해 나가는 경험을 통하여 업무상의 협조 관계를 더욱 굳건하게 할 수도 있다. 조직의 차원에서는 순기능적 갈등은 혁신과 긍정적인 변화를 가능하게 해주며 개인들의 창의력을 촉진시킴으로써 조직성과를 높여줄 수 있다.

순기능적 갈등(functional conflict)
건강하고도 건설적인 의견의 불일치로 조직의 성과에 긍정적인 영향을 미침

2 역기능적 갈등

역기능적 갈등[*]은 건강하지 못하고 파괴적인 의견의 불일치 상태를 의미한다. 일 자체보다는 당사자들 간의 감정적인 소모와 적대감을 유발시킴으로써 조직의 업무성과를 떨어뜨리기도 한다. 역기능적 갈등은 때로는 특정한 대상에 대하여 개인적 차원의 분노나 거부로 이어지기도 한다. 충분히 생각하고 행동하기보다는 충동적이며 갈 때까지 간다는 극단적인 행동으로 이어지기도 한다. 조직 차원에서는 이러한 갈등 상태가 오래 계속되면 갈등 당사자들은 심리적으로도 매우 힘든 상태가 되고 조직원들의 전반적인 사기도 떨어지며 인적자원을 낭비하게 됨으로써 조직성과도 떨어진다.

이렇게 조직의 성과에 긍정적인 영향을 끼치는 갈등을 순기능적 갈등이라고 하고 부정적인 영향을 끼치는 갈등을 역기능적 갈등이라고 한다. 조직의 관리자는 역기능적 갈등을 줄이도록 하고 순기능적 갈등은 최대한 장려하는 것이 필요하다. 그러나 순기능적 갈등과 역기능적 갈등을 제대로 분별하기는 매우 어려우므로 갈등이 일어나는 상황과 이슈 그리고 갈등 당사자들에 대한 정확한 판단을 필요로 한다.

순기능적 갈등과 역기능적 갈등을 분별하는 기준은 다음과 같다.

- 갈등 당사자들이 서로 적대감을 가지고 문제에 임하는가?
- 갈등의 결과가 조직에게 부정적인 영향을 끼친다고 생각하는가?
- 갈등상황 결과가 득보다 손실이 더 많게 예상이 되는가?
- 갈등 때문에 조직의 목표달성에 방해가 되고 있는가?

위의 질문들에 대하여 '예'라는 대답이 더 많을 때는 역기능적 갈등이라고 말할 수 있다.

역기능적 갈등(dysfunctional conflict)
병적이고 파괴적인 의견의 불일치로 조직의 성과에 부정적인 영향을 미침

7.1.3 갈등수준과 조직성과

조직 내에서의 갈등수준이 지나치게 높거나 낮으면 조직성과에 긍정적인 영향을 끼칠 수 없다. 로빈스(S. Robbins)는 조직 내의 갈등이 적정한 갈등수준을 넘어서면 조직의 효과성은 점점 떨어지며 극단적 갈등수준에 이르면 조직의 효과성은 거의 또는 전혀 기대할 수 없게 된다고 하였다.

일반적으로 조직 내 집단 간에 갈등이 없는 경우와 갈등이 존재하고 있는 경우를 비교할 때 갈등이 어느 정도 존재하고 있을 때 집단성과가 더 높게 나타난다고 한다. 조직이 성격, 배경, 태도 등에 있어 어느 정도 다양한 구성원들로 형성되어 있을 때 동질적인 구성원으로 이루어졌을 때보다 갈등요소는 더 많겠지만 조직의 성과는 더 높다는 것이 일반적인 생각이다.

조직에 갈등이 거의 없거나 낮다면 변화와 개혁을 추진하거나 조직이 환경변화에 적응하기 어렵기 때문에 조직의 성과는 저하된다. 그런가 하면 갈등의 수준이 너무 높은 경우에는 조직 내에 혼란과 분열이 야기되어 조직의 성과에 부정적인 영향을 미친다. 따라서 갈등의 수준이 너무 높

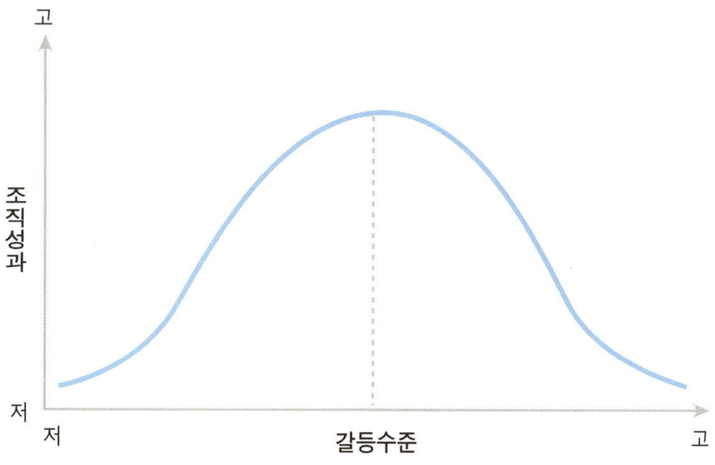

표 7-1 | **갈등수준과 조직성과**

갈등수준	낮음	이상적	높음
영향	부정적	긍정적	부정적
조직원 행동	· 환경변화 적응력 둔화 · 무사안일 · 의욕상실 · 침체	· 신속한 적응력 · 창의적, 변화지향적 · 활발한 문제해결행동 · 적극적 목표달성행동	· 혼란 · 분열 · 상호조정결여 · 목적의식결여
조직성과	낮음	높음	낮음

거나 너무 낮은 것은 바람직하지 못하며 조직의 효과를 최대로 하기 위해서는 적정한 수준의 갈등을 유지하는 것이 필요하다.

예를 들면, 경쟁기업이 없는 어느 첨단산업체는 안일함에 빠지는 것을 경계하기 위하여 조직 내에 몇 개의 연구 프로젝트 팀을 두어 비슷한 연구를 수행하게 하여 성과가 가장 우수한 팀에게 높은 보상을 주고 성과가 낮은 팀은 불이익을 줌으로써 팀 간의 경쟁을 조장하여 항상 경쟁력을 유지할 수 있다고 한다.

7.2 갈등의 유형과 원인

갈등은 개인과 조직 사이에서 다양한 유형으로 그리고 다양한 원인으로 발생한다. 개인이 가지는 특성들 그리고 조직의 특성들이 복합적으로 작용해서 발생하게 된다.

7.2.1 개인적 갈등

개인적 갈등은 개인 내부의 갈등과 개인 간의 갈등으로 다시 나눌 수 있다.

1 개인 내부의 갈등*

개인 내부의 갈등이란 한 개인이 다양한 욕구와 역할을 충족시키려는 과정에서 생겨나는 갈등이다.

좌절에 의한 갈등

좌절은 성취하고자 하는 목표가 이루어지지 못했을 때 개인이 경험하게 되는 갈등을 의미한다. 좌절을 경험할 때 개인들은 그 목표를 다시 성취하기 위해 공격적이 되거나 불가능한 목표임에도 불구하고 집착을 보이기도 한다. 또는 다시 도전할 용기를 잃고 포기를 하거나 자신을 합리화시킬 수 있는 핑계를 찾는다.

목표 갈등

한 개인이 목표를 추구함에 있어 다양한 목표 관련 갈등을 겪게 된다. 긍정적인 면과 부정적인 면을 가진 목표, 혹은 각각 틀린 장점을 가진 2가지의 목표가 동시에 떠올랐을 때 갈등을 겪게 된다. 예를 들면, 현재 열심히 일하는 직장 내에서 승진 후보가 되었는데 약혼자가 결혼 후 미국으로 가자고 했을 때 개인은 결정을 내릴 때까지는 갈등을 겪게 된다.

역할 갈등

개인이 다양한 역할을 수행함에 있어서 우선순위의 조정에 생길 수 있는 갈등이다. 예를 들면, 직장을 가진 기혼여성의 경우 회사일과 육아, 가사 등의 복합적인 역할로 인하여 갈등을 겪는 경우가 빈번하다. 또한 직장 내에서 역할을 수행함에 있어 자신에게 뚜렷하고 구체적인 역할이 주어지는 것이 아니라 여러 상사로부터 동시에 여러 종류의 일이 주어질 때도 역할 갈등을 느끼게 된다.

개인 내부의 갈등(intrapersonal conflict)
한 개인이 다양한 욕구와 역할을 추구하는 과정에서 생기는 갈등

2 개인 간의 갈등*

대인관계 갈등이라고도 하여 인간관계에서 생겨나는 갈등을 의미한다. 특히 다른 사람의 행동이 나를 짜증나게 하거나, 괴롭히거나, 불편하게 만들 때 그 사람과의 관계에 있어 갈등이 생기게 된다.

가족 또는 가까운 사람과의 갈등

가족, 친구, 배우자, 연인 등 가까운 사람과 갈등관계를 오래 지속하는 것은 매우 소모적이다. 모든 인간관계의 기본이 되는 자신과 타인에 대한 인정과 사랑 그리고 신뢰감은 가까운 사람들과의 관계에서는 특히 중요하다. 개방된 커뮤니케이션을 통하여 진솔한 대화를 할 때 대부분의 갈등을 해소해 나갈 수 있다.

직장 동료와의 갈등

직장에는 다양한 구성원들이 모여 하루 시간의 대부분을 함께 보내게 된다. 그러다 보니 개개인의 특성에 따라 특히 나의 업무가 연관되어 있는 사람들의 특성에 따라 때로는 심각한 갈등 상황을 야기하기도 한다. 모든 직장에는 항상 일에 대해 불평하는 사람, 항상 남의 험담을 하는 사람, 무책임하게 일을 전가하는 사람, 잘난 체하는 사람, 결정을 하지 못하고 미루는 사람 등 함께 일하기 힘든 사람들이 존재하기 마련이다. 혹시 나는 그와 비슷한 행동을 하지 않나 항상 자신을 돌아보는 동시에 그러한 사람들로 인해 나의 업무가 방해를 받거나 나의 감정이 상하지 않도록 적극적으로 대처한다.

7.2.2 조직 갈등

조직환경에서는 다양한 형태의 갈등이 일어난다. 조직간, 집단간, 개

개인 간의 갈등(interpersonal conflict)
대인관계에서 생겨나는 갈등

인간 혹은 개인 내에서도 상반된 생각과 가치 그리고 충분하지 못한 자원으로 인하여 갈등이 생기게 된다.

1 조직간 갈등

조직 간의 갈등은 회사와 회사 간의 갈등 등을 의미하는 것으로, 예를 들어 합병을 앞두고 있는 두 은행 간에 앞으로의 정책방향, 인사 등과 같은 문제로 갈등상황이 생길 수 있다. 혹은 주문을 내는 대기업과 그 주문을 받아 수행하는 소규모 하청업체와의 사이에서 주문방식, 결제방식 등과 관련된 갈등이 생겨날 수 있다. 최근에는 대기업들도 하청업체와의 원만한 관계유지의 중요성을 깨닫고 하청업체를 협력업체라는 명칭으로 바꾸어 부르면서 서로 간에 윈-윈(win-win)할 수 있는 방안을 모색하는 기업들이 늘어났다.

2 집단간 갈등

집단 간의 갈등은 여러 형태로 나타난다. 계층 간, 즉 고위경영자, 중간관리자, 현장감독 등 조직 내 계층에 따른 갈등이 있을 수 있고 공식조직과 비공식조직 간에도 갈등이 생겨날 수 있다. 또한 여러 기능부서 간 또는 라인과 스탭 사이에도 갈등이 있을 수 있다. 예를 들면, 생산부서와 영업부서 간의 갈등, 총무부와 전략팀과의 갈등이 이에 속한다. 갈등이 발생하는 이유로는 부서 및 구성원 간의 목표가 일치하지 않거나 자원이 충분하지 않아서 부서 및 구성원 간에 경쟁을 해야 할 때 또는 구성원들의 행동규범이 부서에 따라 틀릴 때 등을 들 수 있다. 예를 들면, 한정된 예산과 승진 자리를 놓고 여러 부서가 갈등을 일으킬 수 있다.

7.3 갈등대처방안

갈등상황에 대처해 나감에 있어 문제의 성격과 갈등 당사자의 성격에 따라 다양한 방법으로 대처해 나갈 수 있다. 갈등을 방치하거나 은폐하려고 하거나 갈등해결을 지연시키는 것은 바람직하지 못하다.

7.3.1 갈등대처유형

토마스(K. Thomas)는 내가 상대방의 요구에 얼마나 협조적(cooperativeness)인가 그리고 내가 나의 목적을 얼마나 주장하는가(assertiveness)에 따라 경쟁, 제휴, 타협, 회피, 수용 등 5가지 대처 유형으로 나누고 있다.

1 경쟁(competing)

매우 독단적이고 비협조적인 유형으로 상대방의 입장에 대한 고려없이 나의 주장을 밀어붙이는 갈등대처 행동방식이다. 매우 위급한 상황이나 중요한 사안일 경우 문제를 효과적으로 해결할 수 있다는 확신이 있을 때 적용할 수 있는 대처방안이다. 그러나 이러한 대응방식이 조직에서 자주 발생될 때는 더 심각한 갈등상황으로 발전될 수 있다.

2 회피(avoiding)

협조성과 독단성이 낮은 유형으로 갈등상황에서 아무런 행동을 취하지 않거나 그 상황으로부터 거리를 유지하고 싶을 때 취하는 행동이다. 상대방이 매우 화가 나 있어 진정할 시간이 필요하거나 피하는 것이 더 큰 문제를 발생시키지 않을 때는 이 유형이 효과적일 수도 있으나 갈등상황에서 자주 회피적인 행동을 하는 것은 직장에서 부정적인 평가를 받을 수 있다.

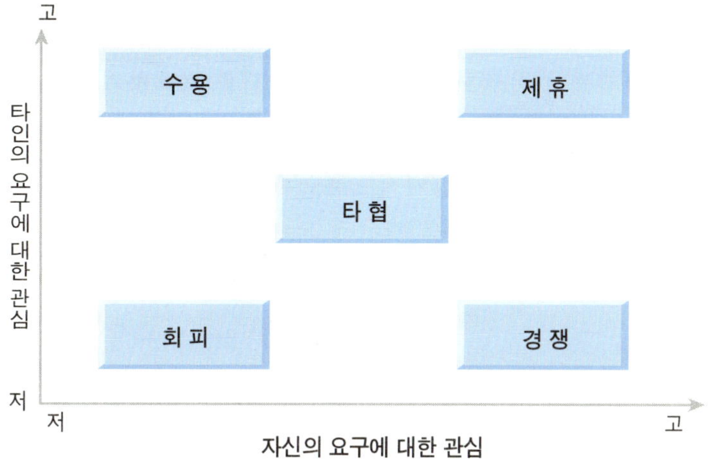

3 수용(accommodating)

나의 입장보다는 상대방의 입장을 수용하는 협조적인 대처방식으로서 원만한 관계유지가 필요하거나, 나에게는 그다지 중요하지 않으나 상대방에게는 매우 중요한 사안에 대하여 취할 수 있는 행동이다. 그러나 관리자가 계속 다른 사람에게 양보를 하는 결정을 내리게 되면 부하직원으로부터의 신뢰나 존경을 잃을 수 있으므로 유의하여야 한다.

4 타협(compromising)

양쪽 입장의 중도를 취하는 대처방식으로 갈등상황을 빨리 끝내야 하는 경우 양보할 것은 양보하고 얻어낼 것은 얻어내는(give and take) 협상방식이다. 노사협상에서 자주 볼 수 있는 대처방식으로 때로는 근원적인 문제는 해결하지 못한 채 임시방편으로 갈등상황을 끝내는 경우도 많다. 또한 타협할 때 보다 나은 입장을 얻기 위하여 요구사항이나 갈등상황을 확대해서 협상 테이블에 나서기도 한다.

5 제휴(collaborating)

양쪽 당사자들이 서로 서로 최선의 해결점을 모색하기 위하여 취하는 갈등대처방식이다. 서로 개방적이고도 깊이있는 토론을 통하여 최선의 해결방안을 모색함으로써 장기적으로도 가장 바람직한 갈등해결 방식이다. 이때 서로 상대방에 대한 신뢰와 정보공유가 필요하며 모두가 이길 수 있는(win-win) 방안을 찾아낼 수 있는 것이 중요하다.

일반적으로는 경쟁, 회피유형은 갈등 해결에 그다지 효과적이지는 않고 오히려 더 자주 갈등상황을 유발시킴으로써 조직의 경쟁력을 저하시키는 경우가 많다. 개인적으로도 상황에 따라 다양한 대처 유형 중 하나를 선택할 수 있으나 성격에 따라 자주 선택하는 유형이 있을 수 있다. 소극적이고 내성적인 사람은 회피와 수용을, 독단적이고 자기 주장이 강한 사람은 경쟁적 행동을 하는 경향이 있으며, 합리적인 사람은 제휴를 통하여 자신과 상대방의 입장을 동시에 충족시키려고 노력하는 경향이 있다. 나의 갈등대처유형은 어떠한지 알아보자.

나의 갈등대처유형은?

다음 문장을 읽고 갈등상황에 있어 자신은 친구들 혹은 동료들과의 관계에 있어 얼마나 자주 그러한 행동을 나타내는지 응답한 후 자신의 유형을 평가해 보자.

1 : 거의 그렇지 않은 편이다.
2 : 그렇지 않은 편이다.
3 : 보통이다.
4 : 그런 편이다.
5 : 항상 그런 편이다.

A 나는 동료들에게 내 주장이 옳다는 것을 강력히 반박한다. 1---2---3---4---5

B 나는 타협점에 도달하기 위하여 다른 사람들과 협상한다. 1---2---3---4---5

C 나는 다른 사람들의 기대를 충족시키기 위하여 노력한다. 1---2---3---4---5

D 나는 문제의 원인을 검토한 후 상대방과 서로에게 유익한 해결책을 찾기 위해 노력한다. 1---2---3---4---5

E 나는 내 입장을 관철하는 데 확고하다. 1---2---3---4---5

F 나는 될 수 있는 대로 문제가 될 사안에 대해서 관여하지 않으려고 한다. 1---2---3---4---5

G 나는 내가 정한 문제해결방식을 고수한다. 1---2---3---4---5

H 나는 상대방에게 줄 것은 주고 받을 것은 받음으로써 (give and take) 타협점을 모색하려고 한다. 1---2---3---4---5

I 나는 상대방과 문제를 함께 해결하기 위하여 정확한 정보를 교환하려고 노력한다. 1---2---3---4---5

J 나는 의견 차이에 대하여 터놓고 말하는 것을 피한다. 1---2---3---4---5

K 나는 다른 사람들의 요구를 다 들어준다. 1---2---3---4---5

L 나는 모든 문제를 확 터놓고 토의하려고 노력한다. 1---2---3---4---5

M 나는 문제를 끝내기 위해 중도노선을 제안한다. 1---2---3---4---5

N 나는 상대방의 제안을 수용하는 편이다. 1---2---3---4---5

O 나는 서로 감정 상하는 것을 피하기 위하여 동료들과 의견차가 있더라도 나타내지 않는다. 1---2---3---4---5

다음의 표에 점수를 적어 합계를 비교해 보자.

제휴		수용		경쟁		회피		타협	
문항	점수	문항	점수	문항	점수	문항	점수	문항	점수
4 9 12		3 11 14		1 5 7		6 10 15		2 8 13	
합계		합계		합계		합계		합계	

가장 점수가 높은 유형은? ______________________

가장 점수가 낮은 유형은? ______________________

나의 일상적 갈등대처유형은 가장 점수가 높은 ____________ 유형이다.

조직상황에서는 위의 다섯 가지 유형 중 어느 한 유형이 항상 바람직하다기보다는 때에 따라서 회피하는 것이 나을 수도 있는가 하면 경쟁하는 것이 바람직할 수도 있다. 따라서 상황에 따라 관리자는 적절한 유형의 갈등대처전략을 행사할 수 있다.

이를 다시 표로 정리해 보면 다음과 같다.

갈등대처유형	바람직한 상황
경 쟁	· 빠른 결정이 요구되는 비상시 · 예산삭감, 해고 등과 같이 중요한 문제에 대하여 단호한 조치가 요구될 때 · 회사의 운명에 관한 중요한 이슈에 대하여 리더가 옳다고 확신할 때
제 휴	· 양자의 입장이 서로 중요하여 통합적 해결방안을 찾아야 할 때 · 틀린 견해를 가진 사람들의 식견을 수렴하고자 할 때 · 공통적인 관심사에 대한 합의를 도출함으로써 적극적 협조를 얻어내고자 할 때
타 협	· 목표가 중요하나 조직의 분열을 가져오기를 원하지 않을 때 · 비슷한 권력을 가진 상대방과 서로 추구하고자 하는 목표가 충돌되지 않을 때(give and take) · 복잡한 사안에 대하여 시간적 압박 때문에 일시적인 합의에 이르고자 할 때 · 경쟁이나 제휴의 대처방안이 수용되지 않을 때의 차선책
회 피	· 사안이 별로 중요하지 않거나 보다 중요한 사안이 압박할 때 · 해결되었을 때의 이점보다 문제가 확대될 가능성이 더 클 때 · 시간을 두고 정보수집을 하는 것이 당장의 결정보다 더 중요할 때 · 다른 사람들이 그 갈등을 더 효과적으로 해결할 수 있을 때
수 용	· 내가 잘못되었다는 것을 알고 더 나은 방안을 수용하고자 할 때 · 나보다 상대방에게 그 이슈가 더 중요하기 때문에 상대방의 요구를 수용하면 협조를 얻어낼 수 있을 때 · 조화와 안정이 매우 중요할 때 · 나중의 중요한 사안에서 유리한 입장을 얻기 위해 신뢰를 쌓을 필요가 있을 때

출처 : Nelson & Quick, *Understanding Organizational Behavior*, South-Western, p.372 일부 수정

|7.3.2| 조직갈등 관리방안

조직 내 갈등을 적정한 수준으로 유지하며 관리하기 위해서는 일단 파괴적인 갈등이 생겨나지 않도록 방지하여야 하고 갈등이 발생하였을 때는 해소를 위하여 노력하여야 한다. 또한 조직 내의 갈등수준이 너무 낮아서 조직 내에 무사안일과 변화에 대한 저항이 팽배해 있을 때는 인위적인 갈등요소를 추가시킴으로써 조직 내 갈등수준을 높일 수 있다.

1 갈등의 방지

평소 조직 내에서 갈등발생의 요소는 없는지 항상 모니터링한다. 불필요한 경쟁을 회피하고 균형된 자원배분 및 인사정책을 수립하며 뚜렷한 공동의 목표와 비전을 제시함으로써 조직구성원들이 신나게 일할 수 있는 분위기를 유지한다.

2 갈등의 해소

일단 갈등이 발생하였을 때는 갈등상황이 너무 오래 가지 않도록 빠른 문제해결을 위하여 노력한다. 상급자들은 갈등 당사자들과의 직접대면을 통하여 갈등의 원인을 파악하고 협동적인 해결방안을 모색한다. 또한 상위목표를 설정하고 외부에 공동의 경쟁대상을 설정함으로써 내부의 갈등은 상대적으로 축소해 나갈 수 있다. 자원의 부족으로 인하여 갈등이 생겼을 때는 자원을 재조정해서 확충해 나갈 수 있는 방안을 모색하고 확충된 자원을 적절히 분배한다.

3 갈등의 조장

조직이 침체되고 구성원들의 능동적인 참여가 떨어질 때는 갈등을 적절히 조장함으로써 조직에 활력을 불어넣을 수 있다. 새로운 팀을 구성하여 경쟁체제를 만들거나, 새로운 외부 인사의 영입 그리고 의사전달통로의 다양화 및 새로운 정보의 소통 등을 통하여 조직원들에게 긴장감을 주고 새로운 동기를 유발시킬 수 있다.

|7.3.3| 대인관계 갈등대처방안

대인관계에서 발생하는 갈등에 대한 대처방안은 다양하겠지만 여기에서는 자신의 감정관리와 문제해결을 위한 'I-message 커뮤니케이션' 을 중심으로 살펴보자.

1 감정의 관리

사람들 간의 갈등은 자신의 감정을 억제하지 못하거나 제대로 표현하지 못해서 발생하기도 한다. 또한 다른 이유에 의해서 갈등이 시작되어 감정의 관리를 제대로 하지 못한 탓으로 갈등이 더욱 깊어지기도 한다. 어떤 상황이든 감정적으로 화를 내고 분노를 표출하는 것은 그다지 도움이 되지 않는다. 물론 매우 화가 났거나 부당한 대우를 받았을 때는 자신의 감정을 조절하면서 상대방에게 매우 단호한 어조로 분노를 표현하는 것이 필요하다.

또한 상대방이 매우 화가 나 있을 때는 함께 화를 내며 감정을 표출하기보다는 차분하게 대처하는 것이 필요하다. 특히 상대방이 고객이거나 앞으로도 계속 관계를 유지해야 할 대상이라면 먼저 상대방이 왜 화가 났는지 문제를 파악하기 위하여 상대방의 주장을 경청한 뒤 상대방의 관점을 인식하고 인정해 준다. 만일 상대방의 주장이 옳다면 잘못된 부분을 즉시 사과하고 시정하는 것이 필요하다. 또 빠른 시간 내에 시정하는 것이 어렵다면 그 조치가 언제 어떤 형식으로 이루어질 것인지에 대하여 상대방의 이해를 구한다. 그러나 상대방의 주장이 옳지 않다면 일단 충분히 경청한 뒤 상대방의 화가 어느 정도 가라앉으면 긍정적인 태도로 자신의 관점과 입장을 이야기하고 이를 증빙할 수 있는 사례나 정보를 제공한다.

2 I-message 커뮤니케이션

흔히 사람들은 다른 사람들이 우리 자신의 감정과 입장을 잘 안다고 생각한다. 그러나 자신의 감정과 관련된 정보를 상대방에게 정확히 전달하지 않고 알아주기를 바라는 것은 갈등상태를 심화시킨다. 나의 감정을 확인하고 상대방과 피드백을 주고받을 때 또는 상대방의 행동변화를 요구할 때는 'I-message' 를 이용한 의사소통방식을 택한다.

I-message는 감정을 자신의 관점에서 표현하는 것을 의미하는데 (1) 감정의 원인 진술, (2) 감정의 확인, (3) 타인에 대한 영향의 진술 순서로 이야기한다. 즉 "당신이 ____________________ 했을 (할) 때 나는 ____________ 했(한)다. 왜냐하면 당신의 그 ____________ *행동(말)*은 나의 감정을 ________ 하게 만들기 때문이다." 때에 따라서는 마지막에 타인의 행동 변화에 대한 바람, 욕구, 제안을 덧붙일 수 있다. 이러한 경우에 네 번째 부분은, "나는 당신이 ____________ *행동(말)* 하기를 정말로 원해" 등과 같이 구성된다.

예를 들어, 데이트에 자주 늦게 나오는 남자친구에게 여자친구는 "넌 어떻게 맨날 늦게 나오냐? 여기는 너무 사람이 많아서 머리가 아파 죽는 줄 알았어……"라고 투덜거리면서 뾰루뚱하기보다는 "네가 나를 오래 기다리게 할 때마다 나는 마음이 상해. 왜냐하면 네가 아주 중요한 사람을 만나러 갈 때는 이렇게 자주 늦을 수 있겠어? 그러니 네가 늦을 때마다 나는 내가 하찮은 사람이라는 생각이 들어 기다리는 동안 마음이 불편해. 네 시간이 소중한 만큼 나의 시간도 존중해 주기를 원해"라고 이야기한다면 상대방도 자신은 별 생각없이 늦는 행동이 상대방의 마음을 크게 상하게 할 수도 있다는 것을 인식하게 된다.

적용문제

1 현재 자신이 처한 갈등상황의 원인을 분석하고 그 해결방안을 생각해 보자.

갈등상황 :

원　　인 :

해결방안 :

2 다음의 상황에 대하여 상대방에게 I-message로 표현해 보자.
강민희는 대학을 졸업하고 갑을회사 기획실의 사원으로 입사하였다. 기획실에는 상무 외에도 5명의 남자 과장 및 사원들이 있었고 여자사원으로는 강민희가 처음이었다. 강민희보다 나이가 한참 위인 김 과장이 반말을 하는 것은 어쩔 수 없지만 6개월 먼저 들어온 1~2살밖에 많지 않은 이철수가 반말을 하는 것은 부당하다고 느꼈다. 한 달 정도 지난 뒤 강민희는 이철수에게 자신의 생각을 표현하기로 하였다. 다음 빈칸에 표현해 보거나 자신의 말로 빈 난에 표현해 보자.

이철수 씨! 이철수 씨가 ____________ 할 때 나는 ________ 합니다. 왜냐하면 이철수 씨가 _________________ 할 때마다 나는 _____________________. 나는 앞으로 이철수 씨가 ____________________ 해 줄 수 있으면 좋겠습니다.

이철수 씨!
____

____

____

Chapter 08

조직에서의 인간관계

학습목표

1. 팀원으로서의 인간관계의 중요성을 인식한다.
2. 상사 및 부하직원과의 업무관계 증진을 위한 방안을 설명할 수 있다.
3. 고객서비스를 실천할 수 있는 방안을 안다.

조직에서의 인간관계

8
Chapter

초대형 특급호텔에는 하루 수 천명씩 사람들이 들고 난다. 그러다 보니 손님들 기분을 맞추기도 여간 어렵지 않다. 서울 R호텔은 단골투숙객 L씨가 머물고 간 방을 치우면서 항상 '박카스' 빈병 몇 개가 방안에 남아있는 걸 알게 되었다. 이 호텔은 L씨의 자료 파일에 '기호음료 - 박카스'라고 입력했고, 그 뒤 L씨가 투숙할 때면 객실 냉장고에 박카스 한 상자를 공짜로 넣어둔다. 이 호텔이야기는 고객과의 인간관계에서 가장 중요한 점인 '상대방에 대한 배려'를 말해주고 있다.

이 장에서는 조직생활에 있어 원만한 인간관계를 유지할 수 있는 방안을 살펴보자.

Chapter 8

조직에서의 인간관계

팀원으로서의 인간관계 8.1

|8.1.1| 협동정신

영어로 협동이라는 뜻인 'cooperation'의 어원을 살펴보면 라틴어의 'co'와 'opus' 두 단어가 합성된 것이라고 한다. 'co'는 'with'를 뜻하며 'opus'는 'work'라는 뜻으로 문자 그대로 함께 일한다라는 것을 의미한다. 우리는 직장이나 사회에서 무슨 일을 하든지간에 혼자 일할 수는 없다. 일을 즐겁게 하기 위해서는 다른 사람들과 함께 일하는 데서 즐거움과 보람을 느낄 수 있어야 한다.

성공적인 협동은 일방적인 것이 아니라 쌍방적이며 내가 조금도 양보하지 않으면서 다른 사람들의 협동을 기대할 수는 없다. 물론 다른 사람은 조금도 양보하지 않는데 나만 항상 양보하라는 뜻은 아니다. 개인의 능력, 지능, 성실성 등도 중요하지만 자신의 직업에서 성공하고 또 즐겁게 일하기 위해서는 다른 사람들과 협동적인 관계 형성 없이는 불가능하다.

항상 자신이 최고여야만 한다는 태도를 가진 사람에게는 일에 있어서의 만족감을 느끼기도 어렵고 직장이 항상 전쟁터와 같은 긴장의 연속일 수밖에 없다. 항상 다른 사람을 이용하고 비난하며 다른 사람의 공을 자신의 것으로 돌리려는 사람은 단기적으로는 앞설 수 있을 지 모르지만 장기적으로는 실패하는 인생을 살게 된다. 이런 사람들은 항상 불안하고 공격적이며 모든 사람이 자신에게 비우호적이며 적대적이라고 생각한다. 다른 사람을 지배함으로써 외적인 보상을 얻으려는 사람일수록 내부적인 불안감을 감추기 위해서 이러한 행동을 하는 경우가 많다.

인생의 실패자들은 다른 사람을 디딤으로써 내가 이기려는 성향이 있으며 결국에는 양쪽 다 실패하게 된다. 그러나 상대방도 이기고 나도 이기는 태도*, 즉 상대방이 성공할 수 있도록 도와주면 결국에는 나도 성공한다는 태도를 가진 사람은 궁극적으로 성공하게 된다. 함께 일하는 사람들끼리 서로 관심을 기울여 주고 서로 발전할 수 있도록 밀어 준다면 생산성은 저절로 향상될 것이며 일과 직장을 통하여 큰 만족을 얻을 수 있을 것이다.

주위에서 살펴보면 부하직원이 승진하고 목표를 성취하도록 적극적으로 밀어주는 태도를 가진 상사가 있는가 하면 부하의 공을 자신의 것으로 돌리며 부하에 대한 평가는 인색하면서 자신은 성공하기를 바라는 상사도 볼 수 있다. 어떠한 유형의 사람이 성공적인 인생을 사는지 또 자신은 어떠한 유형의 사람이 되기 원하는지 각자 생각해 보아야 할 것이다.

협동정신은 직장생활뿐 아니라 결혼, 가정, 사회생활에서도 마찬가지이다. 다른 사람의 이해와 이익이 나 자신의 것보다 우선할 때 궁극적인 행복과 성공을 얻을 수 있다. "결혼이란 두 사람이 서로 바라다 보는 것

승-승전략(win-win strategy)
나와 상대방 모두에게 이익이 되는 전략

이 아니라 같은 방향을 함께 보며 나아가는 것이다"라는 말이 있듯이 직장생활에서도 공동의 목표를 추구하기 위하여 함께 협동하는 것이 중요하다.

개인의 특성 중 협동정신을 키우고 성공적인 커리어를 추구함에 있어서 장애물이 되는 10가지 특성과 성공의 열쇠가 되는 10가지 특성을 살펴보자.

장애요인	성공요인
불신	신뢰, 확실
적대감	선의
게으름	자발성
단정치 못함	단정함
의심	개방적
불평 불만	쾌활
무례함	예의바름
방해, 간섭	협조
부정적, 불성실	정직, 성실
이기적	이타적

|8.1.2| 협동정신과 커뮤니케이션

자신의 목표를 달성하기 위해서는 다른 사람의 협동을 얻어내는 것이 필수적이다. 직장에서 목표를 달성하기 위해서는 상사가 끌어 주고 부하 직원들이 지원하며 또한 주위 동료들의 협조를 받아야 할 때도 있다. 필요한 때 협조를 얻어내기 위해서는 평소 우호적인 인간관계를 형성하는 것이 매우 중요하다.

다른 사람들에게 협조를 구할 때는 결과적으로 본인들에게도 이익이 돌아간다는 점을 설득시켜야 한다. 자신에게 손해가 돌아온다고 생각하면 아무도 협조하지 않을 것이다. 이 장의 서두에서도 살펴보았듯이 협동이란 함께 일하는 것이지 누구를 위해서 일하는 것은 아니다. 따라서 협동하였을 때 나에게도 이익이 돌아온다는 믿음이 있을 때에 사람들은 기꺼이 협동하게 된다.

사람들과의 관계는 일반적으로 감정적인 수준과 이성적인 수준이 동시에 영향을 받으며 형성된다. 예를 들면, 평소에 친하게 지내는 동료가 복도에서 옆을 지나쳐 가면서 아는 척도 하지 않고 지나갔다. 순간적으로 "나한테 뭐가 화가 났나?" 혹은 "아니 얼마 전에 승진했다고 나를 무시하는거야"와 같은 생각이 들 수 있다. 그렇지만 먼저 "잘 지내, 아는 척도 안 해?"라고 말을 걸었더니 "어 미안해, 사실 나 뭔가를 생각하느라 자네를 미처 못 보았네"라고 대답을 하였을 때 조금 전의 오해가 풀린다. 그러나 이때 "자기가 아는 척 안 하는데 내가 왜 아는 척 해"라고 생각하고 그냥 지나쳐 버리면 오해가 지속될 것이다.

먼저 감정적인 수준에서 생각하였더라도 이성적인 수준에서 대화를 할 때 협동적인 관계가 유지될 수 있다. 어떤 경우에는 감정적인 대응이나 오해가 협동적인 관계를 완전히 파괴시키기도 한다. 동료, 상사, 부하들의 감정을 잘 이해하고 그들의 감정상태를 파악할 때 이성적인 대처방안이 나올 수 있다. 평소 의사소통의 경로를 활짝 열어놓고 다른 사람의 입장을 먼저 이해하려 할 때 바람직한 협동관계를 형성할 수 있다.

나 중심적인 사회에서 다른 사람들과 동료들에게 진정한 관심을 가질

어떻게 사람들의 적극적인 협조를 얻어낼 것인가?

A 사람들마다의 가치를 찾아내고 존중한다.
B 모든 사람을 존중하고 개인으로서 존경한다.
C 상대방의 좋은 점을 찾아내어 마음으로부터 우러나오는 칭찬을 한다.
D 다른 사람들이 나를 만나면 편안한 느낌을 가질 수 있도록 한다.
E 상대방이 말할 때 경청한다.
F 상대방의 입장에서 이해한다.
G 나 자신이 다른 사람에게 도움이 되도록 노력한다.

때에 나의 생활과 일에도 즐거움이 오게 마련이다. 즉, 내가 다른 이들에게 관심을 가질 때 직장에서도 많은 친구들을 발견할 수 있고 또 그들과 협력함으로써 일의 기쁨도 느낄 수 있다.

8.1.3 실 수

인간은 완벽하지 않기 때문에 모든 사람은 실수를 하게 된다. 즉 실수는 삶에 있어서 피할 수 없는 부분이다. 그러나 실수를 통해서 스스로 배우지 못한다면 후에 더 큰 실수를 하게 된다. 실수는 때로는 기회가 되기도 하기 때문에 실수를 통해서 배우고 실수를 통해서 앞으로 한 발자국 나아갈 수 있어야 한다.

사람들은 실수에 대하여 다양하게 반응하나 일반적인 반응은 자신에 대하여 화가 나고 실망을 하게 된다. 그러나 실수에 어떻게 대처하는가에 따라 실수로부터 무엇을 배울건가가 결정된다. 어떤 사람은 필요 이상으로 오랫동안 자신에 대해 자책하고 자신의 능력없음을 속상해 한다. 그 실수가 큰 실수이든 사소한 실수이든 자신이 실패하였다는 느낌을 강하게 가진다. 더구나 일상생활에서의 개인적인 실수보다 조직원이 업무상 실수를 하게 되면 그로 인한 피해나 죄책감은 더 커지게 된다. 그러나 이러한 태도는 자신의 경력(career) 발전에 있어 전혀 도움이 되지 않는다. 따라서 실수를 용납하고 같은 실수를 되풀이하지 않겠다는 다짐과 준비가 더욱 중요하다.

실수는 스스로의 강점과 개선해야 할 약점에 대하여 알 수 있는 좋은 기회이다. 더구나 새로운 직장에 들어가거나 직책을 맡게 되면 실수할 확률은 더욱 높아지게 된다. 그러나 처음일수록 실수를 두려워하지 말고 모험을 감수하는 태도가 필요하다. 실수할까 두려워서 몸을 사리게 되면 제대로 일을 배울 수 없을 뿐 아니라 나중에 가서는 어차피 실수를 하게 되어 있기 때문이다. 오히려 신입사원이거나 업무를 익히는 동안에 저지르는 실수는 이해가 되고 용서가 되어 배움의 기회로 삼을 수 있지만 입사한지 한참 후에 신입사원이나 저지르는 실수를 하게 되면 능력이나 자질을 의심받기 쉽다.

1 실수를 극복하는 방안

실수에 대한 두려움을 극복하고 실수를 통하여 성장할 수 있는 방안은 다음과 같다.

실수를 인정한다

사람들은 때로 실수에 대한 책임을 부정하는 태도를 취하는데 이러한 태도는 다음에 같은 실수를 또 하게 하는 원인이 된다. 문제가 있을 때에 이를 부정하거나, 방어적인 태도나 생각을 하는 것은 바람직하지 않다. 나에게 야단을 치는 상대방이 틀렸다는 것이 완전히 입증되기 전까지는 상대방이 옳다는 가정하에 행동하는 것이 방어적인 태도를 취하거나 변명을 하는 것을 방지해 준다.

자신을 받아들인다

자신을 지나치게 자학하지 않으면서 자신의 잘못된 점이나 자신에 대한 비판을 받아들이는 것을 배운다. 실수를 하였을 때 필요 이상으로 자신을 탓할 필요는 없다. 실수를 오랜 시간 기억하면서 자학하는 것은 전혀 도움이 되지 않을 뿐더러 자신감의 상실까지 가져오게 한다. 어제의 실수를 속상해 하면서 오늘이라는 시간을 낭비하지 말고 오히려 오늘에 초점을 맞추어 내일을 준비해 나가야 한다.

호기심과 문제의식을 가진다

계획이나 생각대로 일이 되지 않고 실수가 일어나게 된 이유에 대한 건강한 호기심을 가진다. 자신의 실수를 이해하기 위해 끊임없이 노력하면 자신의 결점이나 부족한 점으로부터 빨리 벗어날 수 있다. 자신이 올바르게 그 일을 할 수 있을 때까지 실수를 두려워하거나 부끄러워 하지 말고 계속 연습하고 노력한다.

피드백을 받는다

실수로 인하여 꾸지람을 받거나 질책을 받을 때 상대방의 말 때문에 화를 내거나 속상해 하거나 혹은 질책을 무시하면 아무 것도 배울 수 없다. 상대방의 비판적인 시각으로부터 더 많은 것을 배울 수 있기 때문에 비판해 주는 상대방에게 오히려 감사해 하고 앞으로도 자신이 잘못 하는 점이 있으면 더욱 꾸짖어 줄 것을 요청한다. 이러한 태도는 상대방으로 하여금 화를 가라앉게 하고 가르침을 받고자 하는 겸손함을 표현하기 때문에 배움과 충고를 받을 수 있는 자신의 든든한 후원자를 얻을 수 있는 기회가 될 수도 있다.

기회에 관심을 기울인다

생에 있어서나 혹은 업무상의 실수는 자신의 부족함과 능력의 부족한 점을 일깨워 준다. 따라서 중대한 실수일수록 더 많은 배움을 깨우치게 되는 기회이므로 이를 잘 극복함으로써 다음에 이와 유사한 문제가 발생하였을 때 그 문제를 해결할 수 있는 능력의 개발 기회로 삼는다.

다른 사람의 실수를 통하여 배운다

사람들은 모든 것을 자신의 실수를 통하여 배울 수는 없다. 다른 사람들의 실수를 유심히 살펴보고 그 이유를 잘 분석해봄으로써 자신의 실수는 최소화하면서 보다 많은 것을 배울 수 있다. 객관적인 시각으로 어떤 유형의 실수는 어떠한 경우에 발생하는가를 잘 살펴봄으로써 그러한 실수를 미연에 방지할 수 있는 방법을 깨닫는다. 유명인들이나 훌륭한 위인들의 전기를 읽음으로써 그 사람들이 경험한 실수를 간접 체험할 수 있는 기회를 가질 수 있게 된다. 또한 주위의 친구들이나 동료가 행하는 실수를 잘 살펴보고 자신이 그 입장이면 어떻게 행동하였을 것이며 어떻게 하면 그러한 실수를 피할 수 있었을 것인가에 대하여 자신에게 물어본다.

바람직한 직장은 상사나 동료들이 다른 사람의 실수에 대하여 너그럽게 눈감아 주고 동료들의 실수를 최소화할 수 있도록 협력하는 분위기를 유지할 수 있어야 한다. 평소 잘하고 있을 때는 한 마디의 칭찬도 없다가 어쩌다 한 번 실수라도 하게 되면 다른 사람들 앞에서 야단치는 상사라면 그 상사를 위하여 일을 할 기분이 전혀 나지 않을 것이다.

또 때에 따라서는 자신이 하지 않은 일이나 혹은 잘못하지 않은 일에 대하여 상사로부터 야단을 맞을 수도 있다. 그럴 때는 방어적인 태도를 취하거나 항의하는 듯한 표정으로 상사에게 맞서기보다는 일단 상사의 화가 좀 누그러졌을 때 차분하게 자신의 입장이나 상황을 설명한다. 때에 따라서는 상사의 의도를 잘못 파악하여 업무를 수행함으로써 야단을 맞을 때도 있다. 그럴 때는 그와 같은 상황이 다시 일어나지 않게 하기 위해서는 구체적으로 무엇을 어떻게 해야 할지를 질문한다. 그래도 상사의 이유없는 질책이 빈번할 때는 그 의사결정이나 업무실행의 책임소재를 추후에라도 밝혀낼 수 있는 문서나 전화통화 내용을 적은 메모 등을 기록하고 보관함으로써 문제를 미연에 방지할 수 있다.

8.2 상사 및 부하직원과의 인간관계

8.2.1 상사와의 인간관계

조직에서는 상사와 부하직원이 팀을 이루어 목표달성을 위하여 팀워크를 이루어 낼 수 있어야 한다. 상사는 책임자로서 조직으로부터 많은 것을 요구받고 있다. 부서에 맡겨진 목표를 달성해야 할 책임을 지고 있고 또한 직원들이 업무를 잘 수행해 낼 수 있도록 동기부여시키는 동시에 부서원 간에 화합을 유지할 수 있는 리더의 역할도 해야 한다.

그러나 상사들 중에서도 여러 유형으로 동료들이나 부하직원들을 힘들게 하는 상사들이 있게 마련이다. 까다로운 고객의 요구를 충족시키기 위하여 노력하다 보면 더 많은 아이디어나 서비스 방안이 나올 수 있는 것처럼 까다롭거나 힘든 상사와 함께 일할 때에도 무조건 힘들어 하기보다는 상사와의 경험을 통하여 많은 것을 배우겠다라는 의지를 가질 때에 업무적인 지식이나 인간관계에 대한 이해 등을 더욱 넓혀 나갈 수 있기 때문이다. 즉 "내가 상사가 되었을 때에는 저런 점을 조심해야지"라고 깨달을 수도 있고 깐깐한 상사의 기대를 맞추기 위하여 노력하는 가운데 자신의 실력을 향상시킬 수 있기 때문이다.

1 상사와의 신뢰관계 구축

완벽한 인간이 없는 것처럼 완벽한 상사도 없다. 세상에서 존경받는 상사도 가까이서 함께 일하다 보면 여러 인간적인 결점이나 부족한 점이 보이기 마련이다. 따라서 상사의 입장을 이해하고 상사가 자신의 책임을 잘 감당하도록 지원하는 것이 부하직원의 역할이기도 하다. 상사를 보다 더 잘 보좌하기 위해서는 다음과 같은 점들을 유념하여 상사와의 신뢰관계를 구축하도록 한다.

상사를 존중한다.

상사 특히 직속상사는 회사에서 가장 중요한 인물이라는 것을 받아들이고 그의 지시를 존중하고 따른다. 직속상사를 건너뛰고 업무를 진행하거나 상사의 상사와 더 가까운 것처럼 행동하는 것은 도리가 아니다.

상사를 지원한다.

상사가 자신의 목표, 즉 부서와 회사의 목표를 달성할 수 있도록 최선을 다해서 지원한다.

나의 생각과 맞지 않더라도 사소하거나 본질적인 것이 아니면 참고 지나친 힘이나 감정을 소모하지 않도록 한다.

상사에게 꼭 필요한 사람이 되려고 노력한다.

상사의 부족한 점을 자신이 보완할 수 있다면 드러나지 않게 그 부분을 메운다. 예를 들면, 자신의 어학실력이 상사의 어학실력보다 더 나으면 어학을 사용해야 하는 업무는 자원해서 맡고 상사가 기획력이 조금 부족하다면 충분한 자료조사를 하여 상사의 의사결정과 업무기획에 도움이 되는 정보형태로 제공한다.

상사의 장점을 찾아 배우고 이를 다른 사람들에게 칭찬한다.

일반적으로 근로자들이 윗사람이나 동료가 자신의 능력을 인정해 주고 칭찬해 주면 가장 큰 만족을 느끼는 것과 마찬가지로 상사도 윗사람으로부터 뿐 아니라 부하로부터의 인정과 존경 그리고 칭찬을 받고 싶어한다. 상사가 훌륭한 프리젠테이션을 했거나 어려운 계약을 수주했을 때는 "부장님 대단하십니다. 어떻게 그렇게 어려운 계약을 성사시키셨어요?"와 같이 충분한 존경의 표현을 한다. 지나친 아부로 느껴질 수 있는 억지 칭찬이 아니라 상대방의 장점과 능력을 발견하고 이를 인정하는 칭찬이 되어야 할 것이다.

상사의 취향과 스타일을 잘 인식하고 사려깊게 처신한다.

예를 들면, 상사가 어떤 일 혹은 어떤 인물을 높이 평가하는지, 그를 화나게 하는 일 혹은 인물은 누구인지를 아는 것이 좋다. 사내에서 상사의 경쟁상대와 각별히 친하게 지내는 것은 상사로부터의 신뢰를 상실하기 쉽다.

업무추진에 있어 내부에서는 의견이 틀리더라도 대외적으로는 통일된 입장을 취한다.

중요한 일에 있어 의견이 틀릴 때는 외부의 사람들에게 비난하지 말고 상사와 함께 허심탄회하게 견해의 차이를 토론하고 설득하도록 한다. 의사결정권자는 내가 아니라 상사임을 인식하고 견해차가 있더라도 일단 결정이 되고 나면 상사의 결정과 지시를 따른다.

믿을 수 있다는 신뢰감을 주도록 평소 노력한다.

퇴근 직전에 떨어진 업무에 대해서도 바로 불만을 표시하거나 거절하지 말고 업무의 중요성과 긴급함을 따져 해야 할 일은 남아서라도 처리하는 조직과 상사에 대한 충성심이 필요하다.

그러나 도저히 상사와 팀워크를 맞출 수 없는 때는 자신이 물러나는 수밖에 없다. 상사를 선택할 수 있다면, 즉 조직 내에서의 수평이동이 가능하거나 혹은 새로운 직장을 구할 때는 그 상사로부터 얼마나 배울 수 있는가가 중요한 평가기준이 된다. 무능한 상사 밑에서는 배울 것이 없으며 모든 일을 독단적으로 처리하는 상사 밑에서는 독자적으로 의사결정을 하는 능력을 키울 기회가 없을 것이기 때문이다. 부하직원이 최대한 역량을 발휘할 수 있도록 도와주며, 믿고 중요한 일을 맡겨주는 상사와 함께 일하면 책임이 많아지는 만큼 많은 것을 경험하고 배우게 된다. 따라서 일을 많이 시키기로 소문난 상사를 두려워 하지 말고 그 상사로부터 무엇을 배울 수 있는가를 살펴보고 일을 통한 능력개발의 기회로 삼는 것이 중요하다.

8.2.2 상사의 유형에 따른 대응

다양한 유형의 사람들이 존재하는 사회와 마찬가지로 조직에는 다양한 유형의 상사가 존재한다. 성격이 불 같고 화를 잘 내는 상사가 있는가 하면, 화를 내지 않지만 자신의 고집을 굽히지 않는 상사도 있다. 따라서 상사가 어떠한 유형인가를 잘 파악하여 적절히 대응하는 것이 때로는 현명하다.

1 다혈질 상사

다혈질의 상사는 화가 나면 고함을 지르기도 하고 책상을 꽝 치기도 한다. 화가 나 있는 상사에게 설명을 하고 설득을 하기보다는 화가 가라앉을 때까지 기다렸다가 자신의 입장이나 경우를 설명한다. 부당하게 질책을 할 때에도 억울한 표정으로 바로 변명이나 해명을 하거나 혹은 마음에 상처를 받기보다는 소나기가 지나가기를 기다리는 것이 현명하다.

상사와 스스로를 위해 화가 나 있을 때 반발하거나 같이 언성을 높이지 말고 상사가 화를 내는 이유를 이해하도록 노력한다. 이런 유형의 상사일수록 내면적으로는 자신감이 결여되어 있는 경우도 의외로 많으며 화를 그 자리에서 내이버리는 사람일수록 뒤에서 다른 말을 하지 않는 경향이 있다.

평소 상사가 어떠한 경우에 화를 잘 내는가를 경험을 통하여 분석한 뒤 그러한 상황을 만들지 않고 또 얼굴 표정이나 행동 등으로 화를 내는 징조가 나타나면 상황이 악화되지 않도록 유의한다.

2 마찰회피형 상사

마찰을 피하는 유형의 상사는 대부분의 문제상황에서 부하의 편을 들어 적극적으로 문제를 해결하려고 하기보다는 현상유지를 원하거나 갈등을 외면해 버린다. 이런 유형의 상사에게는 많은 것을 기대하지 않는 것이 좋으며 부하직원의 개발이나 발전을 위하여 적극적으로 나서지 않을 유형의 상사이다.

3 친구 같은 상사

신입사원으로 친구 같은 상사를 만나는 것은 흔하지는 않다. 상사가 친구같이 대하더라도 같은 태도를 취하기보다는 상사로 정중하게 대하는 것이 좋다. 친한 사이일수록 또 잘해주는 사람일수록 예의를 지켜야 하기 때문이다. 그러나 겉으로 친근하게 대하지만 시간이 지나면서 권위적으로 변하거나 친한 것을 이용하려는 경향이 있는 상사는 주의하는 것이 좋다.

4 완벽주의형 상사

작은 실수도 용납하지 않는 완벽주의형 상사와 함께 일하기는 매우 힘들다. 내가 아무리 노력해도 상사는 결코 만족하는 법이 없고 뭔가 흠을 찾아내어 요구하기 때문이다. 이 유형의 상사는 부하의 능력을 신임하지 못하고 작은 일까지 참견하고 확인하며 일을 시키고도 마음을 놓지 못하는 경향이 있다. 또한 이러한 유형의 상사는 전체 숲을 보지 못하고 나무만 보거나, 작은 것에 너무 집착하다 큰 것을 놓치는 경향이 있으므로 그러한 점을 보완하도록 노력한다.

그러나 다른 사람은 상사와 별 문제가 없는데 나만 유독 힘들 때는 자신의 업무처리방식이 꼼꼼하지 못하고 대충 처리하는 경향이 있을 수도 있다. 오히려 이러한 상사와 함께 일하는 것을 불평만 하기보다는 자신의 개발을 위한 기회로 삼아 섬세하고 정확하게 챙기는 점을 본받도록 한다.

5 정직하지 않은 상사

흔하지는 않지만 회사나 부하직원에 대하여 정직하지 않고 속이는 상사도 있을 수 있다. 이러한 상사는 일반적으로 매우 불안정하고 주위로부터 신임을 얻지 못한다. 경우에 따라서는 자신의 부정직한 일에 부하직원도 함께 돕도록 명령하거나 요구하기도 한다. 그럴 때 상사의 말을 따르지 않는 것은 어렵기는 하지만 불가능하지는 않다. 회사와 자신에게 충실하기를 원한다는 것을 상사가 알게 하고 자신의 윤리기준이나 신념과 맞지 않는 지시는 따르지 않는 것이 좋다. 단기적으로는 불이익이 있겠지만 이렇게 단호한 태도를 취함으로써 상사도 주의하게 된다.

6 이상적인 상사

이상적인 상사는 뚜렷한 목표의식과 뛰어난 직무능력을 가지고 있을 뿐만 아니라 매사를 분명하게 생각하고 처리한다. 또한 부하직원에 대한 태도는 너그러우면서도 부하의 자기계발에 관심을 가진다. 이러한 상사의 특징은 다음과 같다.

- 뚜렷한 목표를 설정한다.
- 신중하고 타당한 사고와 행동을 보여준다.
- 결정을 내리기 전에 먼저 충분한 분석을 한다.
- 직원들에게 일을 맡겨주며 그에 필요한 정보와 시간을 준다.
- 인사고과나 평가에 있어 사실에 근거해서 정직하고 객관적으로 판단한다.
- 엄격하지만 공정하고, 칭찬을 아끼지 않지만 남발하지는 않는다.
- 자신과 주변 사람들에게 많을 것을 기대하고 요구하기 때문에 종종 극심한 스트레스를 준다.
- 주관이 뚜렷하여 좋은 결과를 가져오리라 예상되는 일에 대해서는 자신감을 가지고 추진한다.
- 상사나 동료, 부하로부터 신뢰를 받는다.

이런 상사를 만나면 아무리 힘들더라도 자신의 역할모델이나 조언자로 삼고 열심히 배우도록 한다. 기꺼이 많은 것을 배울 용의가 있음을 상사에게 전달하고 또 가르침을 받아 열심히 성장하겠다는 의지를 표명함으로써 그 조직에 있는 동안에는 지속적인 후원을 받을 수 있게 된다.

누구나 이상적인 상사를 만나기를 원하지만 사내에서 성질이 나쁘기로 악명이 높은 상사와 함께 일하는 것도 그 나름대로 배울 바와 이득이 있다. 이상적인 상사와는 대부분의 사람들이 좋은 관계를 유지할 수 있다. 그러나 까다롭고 별난 상사와 팀워크를 잘 이루어 일을 해내면 그 부하직원의 능력은 더욱 돋보일 수 있다. 또 까다롭기로 소문난 상사도 이해를 하고 보면 의외로 많은 장점을 가지고 있는 경우가 많다.

따라서 일단 상사의 유형을 알고 나면 상사를 보다 더 잘 이해하기 위하여 상사의 목표, 스트레스요인, 강점, 약점 그리고 상사가 선호하는 업무스타일들을 생각해 본다. 평소에는 매우 관대한 사람도 큰 목표나 마감일에 압박을 받다 보면 인내심이 없어지기도 하고 업무에 있어서 실수가 생기면 호되게 야단치는 상사도 있다. 어떤 상사는 많은 재량을 부하직원에게 부여하고 웬만한 일은 알아서 처리하고 보고하기를 원하는가 하면 어떤 상사는 처리하기 전에 반드시 자신에게 의논해 주기를 바라는 상사도 있다.

일정기간 동안 관찰함으로써 알아낼 수도 있지만 가장 정확하고 빠른 방법은 직접 물어보는 것이다. 일주일 중 정기적으로 시간을 정하여 그간의 업무에 대한 피드백을 받고 자신이 상사나 회사의 기대에 부응하여 목표달성을 하는 데 있어 제대로 방향설정을 하여 노력하고 있나를 점검하고 또 자신이 한 업무를 상사도 알게 하는 시간이 필요하기 때문이다.

상사의 흉은 어떤 경우나 어느 자리에서도 보지 않는다. 현재 내가 하고 있는 말이 상사가 들어도 괜찮은지를 스스로 자문해 본다. 본인이 없는 자리에서 흉을 보는 것은 상대방에게 불신감을 주게 된다.

훌륭한 보조자가 될 것

나는 한 광고회사의 우편물 담당자 조수라는 하찮은 직책으로 사회생활을 시작했지만, 나 자신을 필요한 존재로 만들기 위해 최선을 다했다. 기회가 닿는 대로 다른 사람을 돕고 책임을 맡았다. 그 결과, 3년 반 후에 나는 부사장이 되었다. 자기가 조수라고 해서 그 '조수'라는 말에 지나치게 신경을 쓸 필요는 없다. 누구나 자기 상사의 조수이며, 부사장까지도 예외는 아니다. 부사장은 사장의 조수인 것이다. 진실로 지혜로운 사람이란, 자기의 직책이 무엇인가를 따지지 않고 누군가를 필요로 하는 일이 있으면 그것을 맡아서 하는 사람이다. 그리고 그 결과를 상사에게 알려야 한다. 만약 상사가 당신이 훌륭하게 일을 해내고 있음을 모르고 있다면, 당신의 노력이 제대로 평가받지 못할 수도 있기 때문이다.

출처 : 데이비드 머호니, '체험에서 우러나온 성공비결' 리더스 다이제스트

8.2.3 부하직원과의 인간관계

일반적으로는 상사와의 관계만을 강조하기 쉬운데, 사실 한 명의 상사가 일을 하기 위해서는 여러 부하직원들의 적극적인 협조와 노력에 의해서 성과를 얻게 되는 것이기 때문에 상사로서 부하직원과의 원만한 관계를 형성하는 것에도 많은 주의를 기울여야 한다.

1 인정과 격려하기

설문조사에 의하면 부하들이 가장 듣고 싶어하는 말은 "자네 참 잘했네"와 같은 칭찬의 말이고 가장 듣기 싫어하는 말은 "자네 그것밖에 안돼?"와 같이 부하직원을 비하하는 말이었다. 조금 부족하더라도 잘 했다라고 칭찬하며 지도하는 상사와 나무라며 야단치는 상사는 부하직원의 성과와 능력개발에 있어 매우 차이가 나게 된다. 혹 실수를 하였더라도 격려하고 용기를 줄 때 부하직원은 실패를 딛고 일어설 수 있으나 "자네 그럴 줄 알았네" 혹은 "자네 하는 일이 매사 그렇지"와 같이 자의식을 손상하게 하는 질책은 더욱 자신감을 잃게 만든다.

2 질책하기

상사로서 혹은 윗사람으로서 부하나 아랫사람의 잘못을 지적해 주는 것은 쉬운 일이 아니다. 그러나 부하직원의 성장과 자기개발 그리고 조직목표의 달성을 위해서는 잘못된 점을 지적해주고 유사한 잘못이 되풀이되지 않도록 하는 것이 중요하다.

질책 받는 사람으로 하여금 자신에 대하여 관심과 애정이 있어서 질책을 하는 것이라는 생각이 들도록 하여야 한다. 질책할 때의 주의점을 살펴보면 다음과 같다.

다른 사람 앞에서 공개적으로 질책하지 않고 조용히 본인에게 한다.

남들이 있는 앞에서는 꾸짖지 않고 조용히 본인을 불러서 나무란다. 또한 이러한 사실을 다른 사람들이 모르게 함으로써 부하의 인격을 존중해준다.

인신공격을 하지 말고 잘못된 행동이나 결과에 대하여 나무란다.

잘못 된 점이 드러나면 그 원인과 과정을 살펴보고 다시 한 번 신중히 생각해서 나무란다. 많은 상사들이 잘못된 행동에 대하여 구체적으로 야단치기보다는 "자네가 하는 일은 맨날 그 모양이야" 혹은 "자네는 사람이 왜 그 모양인가?"와 같이 인격에 모욕을 주는 것을 종종 볼 수 있다.

질책할 때는 타이밍에 유의한다.

잘못을 그때그때 지적해 주지 않고 한꺼번에 미루었다 질책을 하게 되면 본인은 기억하지 못하는 경우도 있다. 또 화가 나면 한꺼번에 폭발해서 하는 질책도 효과적이지 않다. 잘못된 행동에 대한 수정도 즉각 지적해 줄 때에 더 효과적으로 이루어진다.

당사자에게 자신의 입장을 설명할 기회를 주도록 한다.

눈 앞에 나타난 결과로 야단을 치게 되지만 그 이유를 자세히 알아보면 의외로 책임의 소재는 다른 사람이나 부서에 있을 수도 있다. 무조건 변명을 하는 것과 그렇지 않은 것을 구분할 수 있어야 하며 본인의 잘못이 있었을 때는 그에 대한 사과와 똑같은 일이 재발하지 않도록 다짐을 받아내어야 한다.

비판만 하지 말고 바람직한 행동이나 개선책을 제시하여 준다.

상대방의 잘못을 지적할 경우에는 바람직한 행동이나 개선책을 구체적으로 일러줌으로써 같은 실수를 반복하지 않도록 하여야 한다. 화가 나서 큰 소리로 야단만

치고 행동을 제시해 주지 않는다면 부하직원 입장에서는 질문을 할 수도 없고 기분만 상하게 된다.

자신의 실수담을 들려주며 누구나 그와 같은 실수를 할 수 있음을 인정해 준다.

사람은 누구나 다 실수할 수 있으며 완벽할 수는 없다. 또 나 자신도 다음에 똑같은 실수를 하지 말라는 법도 없다. 자신의 불완전성도 인정하면서 상대방을 설득할 때 더욱 감동을 줄 수 있다.

칭찬할 점을 찾아 우선 칭찬한 다음 잘못된 점이나 개선점을 이야기해 준다.

그러나 때로는 듣는 사람이 자신에게 유리한 내용을 확대해서 해석하려는 경향이 있기 때문에 끝에 가서 다시 한 번 강조하는 것이 좋다.

3 칭찬하기

사람들이 열심히 일하는 이유를 살펴보면 금전적인 보상도 중요하지만 자신의 일을 동료들이나 상사가 인정해주고 칭찬해 줄 때 더 큰 동기부여가 된다고 한다.

잘한 일에 대해서는 칭찬을 아끼지 않는다.

우리나라 상사들은 일반적으로 감사와 칭찬에 대하여 인색한 경향이 있다. 심한 경우에는 부하의 공적을 가로채는 상사도 있다.

칭찬은 많은 사람들 앞에서 한다.

질책은 조용히 본인에게만 하지만 칭찬은 여러 사람들 앞에서 하는 것이 더 효과적이다.

바람직한 행동을 구체적으로 지적하여 칭찬함으로써 바람직한 행동이 더욱 자주 일어나 그 사람의 습관이 되도록 한다.

사소한 것이라도 부하직원의 장점을 찾아 칭찬해 준다.

잘못된 점은 저절로 눈에 띄지만 칭찬거리는 세심하게 관찰해야 보이는 경우가 많다.

부하직원을 믿어주는 상사가 최고

S그룹은 사보에서 과장급 이하 직원 372명(남자 230명, 여자 142명)을 대상으로 설문조사를 한 결과 직장인들이 부하직원의 기를 살려주는 상사를 최고로 꼽았다고 밝혔다.

직장인들은 "자네가 한 일이니 틀림없겠지"(28%) "함께 해결해 보자"(21.5%) 등 부하직원에 대한 신뢰를 담은 말을 단순한 칭찬보다 더 듣고 싶어하는 것으로 나타났다. 또 대부분의 직장인이 "시키면 시키는 대로 해" "이걸 일이라고 했나"와 같이 명령조나 불신을 표시하는 말이 가장 듣기 싫다고 답했다.

바람직한 상사로 남자직원들은

A 일을 믿고 맡기는 상사(24.3%)

B 부하직원의 의견을 존중하는 상사(24.3%)를 꼽았고

여자직원들은

A 부하직원의 의견을 존중하는 상사(31%)

B 모든 직원을 평등하게 대하는 상사(23.9%)

를 꼽았다. 여전히 어느 정도는 성차별이 존재한다고 생각하는 여직원이 많았다.

8.3 고객과의 인간관계

오늘날과 같은 경쟁시대에 있어서는 고객에게 최대한의 서비스를 제공함으로써 고객의 만족을 극대화시킬 수 있어야 경쟁력을 갖출 수 있게 된다. 일본과 독일, 미국 등 선진국의 경제구조는 서비스산업이 많은 비중을 차지하고 있다.

그러나 우리나라 서비스산업의 수준은 매우 낙후되어 있으며 일반적으로 서비스의 질 또한 매우 낮고 점원이나 회사원 그리고 공무원들은 서비스정신이 매우 부족하고 불친절한 것이 현실이다. 불친절한 서비스를 경험한 고객은 다시 찾아주지 않는다. 대기업들 중에서 고객만족을 경영

이념으로 채택한 기업도 있고 신입사원들에게 장기간에 걸친 철저한 서비스교육을 시키는 기업이 늘어가는 것은 고품질 서비스의 중요성을 인식하였기 때문이다. 최근에는 고객만족의 차원에서 고객감동의 차원으로까지 의식이 바뀌어 가고 있다.

|8.3.1| 고객만족 방안

훌륭한 고객서비스*는 나중심이 아니라 고객중심으로 항상 생각하여야 한다. 내가 아무리 훌륭한 서비스를 제공한다고 생각하더라도 고객이 그것을 인식하지 못한다면 아무런 소용이 없다. 우리 회사의 상품이나 서비스에 만족한 고객만이 우리 회사의 고객이나 단골로 남게 된다. 한 번 만족한 고객은 단골고객이 될 뿐만 아니라 주위 사람에게도 널리 알려주는 살아있는 광고의 역할까지 담당해 준다.

연구조사에 의하면 새로운 고객을 물색하는 데 드는 비용은 현재의 단골고객을 유지하는 데 드는 비용의 다섯 배가 든다고 한다. 우리 회사의 상품이나 서비스에 불만족한 고객은 장기적으로 많은 손해를 가져다 준다. 불만족한 고객은 자신의 불쾌한 경험을 주위의 가족이나 친구들 등 적어도 8~10명의 사람들에게 그 불만을 이야기할 것이며 그로 인한 손실은 매우 크다고 할 수 있다. 한 번 우리 회사의 상품이나 서비스를 구매한 고객은 놓치지 않고 단골로 확보할 수 있도록 최선을 다하여야 한다.

고객을 만족시키기 위해서는 두 가지 기본원칙을 지켜야 하는데 이 두 원칙은 매우 간단하면서도 완벽하게 실천하기가 쉽지 않다. 그 두 가지 원칙이란 고객의 욕구를 정확히 파악하는 것과 그 욕구를 충족시켜 주기 위하여 가능한 모든 방안을 찾아서 실천하는 것이다.*

고객서비스
판매원이나 상품의 관점이 아니라 서비스를 받는 고객중심으로 항상 생각하고 행동하는 의식

Golden Rule(황금률)
내가 대접받고자 하는 대로 남을 대접한다는 성경에 나오는 인간관계 법칙

- 우선 가장 기본적인 원칙은 고객이 말하는 바에 귀 기울이는 것이다. 어떤 경우에 고객은 자신이 무엇을 원하는지에 대하여 명확한 개념을 가지고 있지 않을 때도 있다. 그럴 때는 우선 그 고객이 말하는 바를 잘 듣고 그가 원하는 바를 파악할 수 있어야 한다.
- 둘째 원칙은 성경에도 있는 바와 같이 "내가 대접받고자 하는 대로 남을 대접하라"는 것이다. 사람은 누구나 타인으로부터 존경받기를 원하며, 공평하게 대우받기를 원하며, 인정받기를 원한다. "손님은 왕이다"가 구호에 그치는 것이 아니라 최상의 서비스를 받았다고 손님이 생각할 수 있도록 왕처럼 대우를 하는 것이 필요하다.
- 셋째 원칙은 손님의 자긍심과 자존심을 최대한 높여주는 것이다. 손님이 편안하게 느낄 수 있도록 최대한으로 배려하고 손님의 입장에 서서 손님의 요구를 민감하게 수용하도록 노력한다. 또한 칭찬할 점을 찾아 적절히 마음에서 우러나오는 칭찬을 한다. 예를 들면 "그 모자가 참 잘 어울리시는데요." "안목이 상당히 높으십니다." "저 사진 속의 아이들이 선생님의 자녀들이세요? 참 예쁘게 생겼군요." 등 관심을 기울이면 칭찬할 점을 얼마든지 발견해 낼 수 있다.

손님응대시의 좋은 매너와 나쁜 매너

좋은 매너

A 앉아 있다가도 일어나서 공손하고 반갑게 맞이한다.
B 손님이 기다려야 할 경우 편히 기다릴 수 있는 장소로 안내한다.
C 사무실 밖에까지 배웅하여 인사한다.
D 손님이 편안한 느낌과 신뢰감을 느끼도록 응대한다.

나쁜 매너

A 귀찮다는 듯한 태도를 취한다.
B 사무실로 들어온 손님에게 전혀 주의하지 않는다.
C 자기를 찾아온 손님이 아니라고 그냥 지나친다.
D 기다리게 하거나 질문에 충분히 설명해 주지 않아 반복하여 묻게 한다.
E 손님을 접대하면서 다른 일을 한다.
F 오래 서 있어도 바쁘다는 핑계로 의자를 권하지 않는다.
G 손님에게 물어보지도 않고 커피부터 가져온다.

출처 : Daewoo Entrance Program Ⅱ

|8.3.2| 고객불만 고충처리

고객들을 소중하게 여기고 존중하며 그들의 불만사항을 귀담아 듣고 그 불만사항을 개선해 나가는 것은 장기적으로 볼 때 회사의 발전과 성장에 매우 중요한 요소이다. 어떤 기업은 오히려 손님들의 불만을 많이 수집하기 위하여 최고경영자가 직통전화*를 개설한다든지 정기적으로 모니터하는 방안을 채택하기도 한다.

고객의 불만은 귀찮은 존재가 아니라 서비스와 상품의 질을 개선하기 위한 필수요건이라고 생각을 바꾸면 침묵하는 고객보다 지적해 주는 고객이 훨씬 감사하게 여겨진다. 상품이나 서비스에 대하여 지적을 해주는 고객은 회사의 파트너와 같은 존재이므로 개선사항에 대한 즉각적인 통보나 감사편지를 보냄으로써 그 고객을 오히려 단골고객으로 전환할 수 있다. 고객의 입장에서도 자신의 충고를 받아들이고 감사해 하는 기업에 훨씬 더 관심이 가기 때문이다.

회사 전체적으로도 불평하는 고객들을 대접하는 분위기를 만드는 것이 중요하다. 고객들의 불만이 없다면 상품이나 서비스의 개선점에 관하여 구체적인 정보를 구할 수 없기 때문이다. 오히려 불만을 표하는 고객들을 '품질향상 컨설턴트' '품질비평가' 라는 이름으로 우대하면서 품질향상에 기여하는 불만이나 아이디어를 제공해 준 고객에게는 공중전화카드, 감사카드, 문화상품권과 같은 간단한 상품으로 포상하는 제도를 실시할 수도 있을 것이다.

그러나 이러한 제도보다 더 중요한 것은 고객의 불만사항은 반드시 시정되어야 하고 다음 서비스에 반영되어야 한다는 것이다. 말만 앞세우고 실천이 따르지 않는다면 어떠한 정책도 무용지물이 되고 말 것이고 고객들도 더 이상 개선을 위한 정보를 제공해 주지도 않을 것이다.

직통전화(hot line)
고객의 불만처리나 예약서비스, 문의사항 등을 즉각적으로 처리하기 위해서 책임자와 직접 연결되도록 만든 전화시스템

우리나라 대부분의 서비스업체에서는 친절에 대한 철저한 의식이 부족할 뿐 아니라 소비자들도 불친절한 대우에 대해서 무감각한 경우가 많이 있다. 제대로 고객의 의견을 피드백받는 방법으로서는 일반적인 질문을 하기보다는 구체적으로 질문을 하는 것이 좋다. 예를 들어, 호텔투숙 손님이 체크아웃을 할 때 "머무르시는 동안 서비스는 어떠했습니까?"라고 묻기보다 "머무르시는 동안 가장 불편한 점은 무엇이었습니까?" 혹은 "더 좋은 서비스를 제공하기 위해 한 가지만 고치라고 말씀해 주시고 싶은 점은 무엇입니까?"라고 질문을 던짐으로써 구체적인 개선점을 찾아낼 수 있을 것이다.

착한 손님 이야기

나는 착한 손님입니다. 나는 어떠한 서비스를 받더라도 불평하지 않는 착한 손님입니다. 식당에 가면 조용히 앉아 종업원들이 자기네들끼리 잡담하면서 주문받을 생각을 하지 않아도 그들을 귀찮게 하지 않고 주문받으러 올 때까지 기다립니다. 어떤 때는 나보다 늦게 온 사람에게 먼저 가서 주문을 받더라도 불평하지 않고 나에게 올 때까지 기다립니다.

물건을 사러 가게나 백화점에 가서도 다른 사람들을 귀찮게 하지 않습니다. 내가 물건을 고르면서 여러 종류의 상품을 보여달라고 해서 점원이 투덜거리면 미안하다고 아주 공손하게 이야기합니다. 점원들이 불평한다고 해서 내가 무례히 대하거나 화를 내는 것이 좋은 태도는 아니라고 생각합니다. 왜냐하면 나는 착한 손님이기 때문입니다. 그저께 차에 기름을 넣기 위하여 주유소에 갔는데 주유원들은 자기네들끼리 이야기하느라 5분이나 기다리게 했으며 주유를 하면서 기름을 쏟기도 하였지만 나는 불평하지 않았습니다. 나는 잔소리하지도 않고 어떤 사람들처럼 화내거나 싸우지도 않습니다. 나는 착한 손님이기 때문에 그런 행동은 점잖치 못하다고 생각합니다. 그러나 내가 누구인지 아십니까? 나는 내가 친절한 서비스를 받지 못한 곳에는 두 번 다시 모습을 나타내지 않는 손님입니다.

|8.3.3| 화난 고객 응대법

"고객은 항상 옳다" 혹은 "고객은 왕이다"라는 표현을 실천하기는 매우 힘들다. 어떤 고객은 전혀 들어줄 수 없는 요구를 해오기도 한다. 그런 경우에도 고객의 입장을 이해하고 수용하려는 노력을 기울여야 한다. 어떤 경우에는 자존심이 상하기도 하고 같이 화를 내고 싶은 충동도 생기게 되지만 고객이 어떠한 말을 하더라도 자긍심에 손상을 입지 않도록 객관적인 감정과 태도를 유지하도록 노력하며 고객이 화를 풀도록 도와주어야 한다.

- 고객이 화가 나서 큰소리를 칠 때는 말리거나 같이 싸우기보다는 고객이 화를 발산할 수 있도록 하고 그 고객의 입장에서 왜 화가 났는지를 판단해 본다.
- 어느 정도 고객이 진정되고 나면 화를 낸 구체적인 이유를 물어본다. 어떤 경우에는 고객이 오해를 하였거나 고객의 잘못일 수도 있지만 고객과 시비를 가려 상대방이 틀렸다라는 것을 분명히 하는 것은 현명하지 않다. 내가 상대방에게 말하지 않더라도 스스로 알아차릴 것이므로 이 때 잘잘못을 말하면 오히려 고객에게 무안을 주게 되고 그러면 고객은 감정적인 억지를 주장할 수도 있기 때문이다.
- 해결방안을 제시한다. 그러나 독단적으로 제시하기보다는 회사정책의 범위 내에서 제시하되 손님이 원하는 바를 충족시켜 줄 수 없을 때는 충분한 설명과 함께 다른 대안을 제시한다.
- 일단 합의가 이루어지면 고객에게 문제제기를 해주어서 고맙다는 표현을 하고 다음에는 그러한 불편이 없을 것이라는 약속을 함으로써 그 고객이 계속 단골손님이 될 수 있도록 한다.
- 아무리 최선을 다하더라도 사사건건 불만을 토로하고 화를 내는 까다로운 사람이 있게 마련이다. 그런 사람은 자신에게 문제가 있으므로 그의 말이나 행동으로 인하여 나 자신이 상처받지 않도록 한다.

|8.3.4| 고객만족 극대화

고객의 요구를 수용하는 차원이 아니라 한 발 더 나아가 그들의 욕구를 찾아내어 감동을 주는 전략이 필요하다. 크게 비용이 들지 않으면서도 실천할 수 있는 방안들은 우수기업의 예화에서 얼마든지 찾아볼 수 있다.

일반적으로 회사규정은 고객에게 더 나은 서비스를 제공하기 위하여 필요한 것이지 그 규정을 지키기 위하여 고객이 있는 것이 아니다. 그러나 실제적으로는 회사의 규정을 들먹이며 고객들에게 불친절한 경우가 허다하다. 다음 사례에서도 알 수 있는 바와 같이 고객을 배려하는 창구 직원의 기지와 재량권이 항공회사로서는 손님에게 좋은 이미지를 심어 줄 뿐만 아니라 단골손님까지 확보할 수 있게 된 것이다. 가능한 한 모든 방안을 찾아 고객의 만족을 극대화시켜 주려는 기본 자세가 필요하다.

설사 규정이 있더라도 고객에게 '회사 규정 때문에 안 된다' 라는 직접적인 표현보다는 그 규정의 이면에 있는 이유를 자세히 설명해 줌으로써 고객을 설득할 수 있어야 한다.

조직원 한 사람 한 사람은 그 회사의 얼굴이며 외부적으로는 그 회사의 이미지를 대표하게 된다. 특히 서비스직에 종사하는 직원 각자의 태도와 업무는 고객을 확보하는 데에 있어 매우 중요한 역할을 한다. 위의 여러

호텔 이야기

서울 역삼동 리츠칼튼 호텔 프런트데스크와 12층 클럽라운지 사무실 게시판에는 백여 명의 얼굴사진이 붙어 있다. 이 호텔 객실에 2회 이상 묵거나 장기투숙한 단골고객들의 허락을 받고 사진을 직접 찍어놓은 것이다. 사진 밑에는 고객이 일하는 회사와 직책 같은 것이 적혀 있다. 나이키, 앤더슨컨설팅, IBM과 같은 외국 대기업 중역들이 대부분이다. 프런트데스크, 영업장, 휘트니스센터 직원들은 그들의 얼굴을 기억해 놨다가 먼저 이름을 부르며 반갑게 맞이한다. 손님으로선 기분좋을 수밖에 없는 일이다. 리츠칼튼은 '고객얼굴 익히기' 서비스를 하고 있으며 지금까지 2백여 명의 단골사진이 붙여졌다. 신 이사는 "이런 서비스로 전체 고객의 48%를 단골로 확보, 비수기인 지난 7월에도 열흘 연속 1백% 객실예약률을 기록하기도 했다"고 말했다.

출처 : 조선일보 '작은 서비스'

사례에서 살펴볼 수 있는 바와 같이 고객에게 만족을 주고 감동을 줄 때 서비스사회, 정보사회에서 경쟁력을 갖추고 기업이 발전할 수 있다.

할인점의 점원과 할머니 이야기

대구에 있는 할인점인 홈플러스에서 있었던 일이었다. 여상법 씨 부부는 쇼핑을 끝내고 계산대에 줄을 서 있었다. 퇴근 무렵이라 할인점은 북적거렸다. 그때 뒤에 있던 한 할머니가 초등학교 5학년쯤 돼보이는 손자 손을 꼭 잡은 채 물어왔다. "오래 기다리면 아이스크림 녹을까봐 그러는데 자리를 좀…" 차림이 허름한 할머니였다. 큰맘 먹고 손자에게 아이스크림을 사주려는 할머니에게 부부는 선뜻 자리를 내주었다. 그런데 문제는 계산대에서 생겼다. 할머니에겐 2,750원이 전부였는데, 한 캐셔(계산보조원)가 확인을 해보니 아이스크림은 3천원이었다.

난감해진 할머니는 때묻은 손지갑에서 꼬깃꼬깃 접은 1천원짜리 1장과 동전을 쏟아내며 "2,750원인줄 알았다"는 말만 되뇌었다. 뒤로 길게 손님 줄이 늘어선 상태에서 손자는 부끄러운지 고개를 떨구고 있었다. "캐셔가 짜증이라도 내면 어떡하지…"라고 생각한 여씨는 모자라는 돈을 보태야겠다고 마음먹었다. 그런데 그 순간, 캐셔는 맛있게 드시라며 할머니에게 아이스크림을 내드렸다. 얼굴엔 환한 웃음이 담겨 있었다. 그러더니 몰래 자기주머니에서 동전을 꺼내 부족한 돈을 채워넣기 시작했다.

출처 : 조선일보 '작은 서비스'

고객감동 서비스

우리 가족들은 미국으로 출발하기 전에 국내에서 항공권을 구입하면서 국제선과 미국 국내선 구간을 연결하여 구입하면 미국 내에선 일반 가격보다 훨씬 저렴하게 미국 내 여러 곳을 경유할 수 있다는 사실을 알게 되었다. 할인된 가격이다 보니 그에 따른 제약도 있었는데 한 번 경유지를 결정해서 티켓을 끊으면 경유지를 변경할 수 없으며 만약 변경하기를 원하는 경우에는 상당액수의 항공권재발행 비용을 물어야 한다는 것이었다. 심각하게 생각하지 않고 서울-샌프란시스코-뉴욕-워싱턴 D.C.-마이애미-샌프란시스코-서울의 스케줄로 항공권을 구입하였다.

샌프란시스코 근처의 버클리대학에 가서 자리를 잡은 후, 저자는 가족들과 함께 뉴욕–워싱턴–플로리다 마이애미를 거쳐 다시 샌프란시스코로 돌아오는 여행길을 떠났다. 여행 도중 워싱턴의 친구집에서 이야기를 하는 가운데 아이들이 가고 싶어하는 디즈니월드는 플로리다의 올랜도에 있으며 마이애미와 올랜도는 제법 떨어져 있음을 알게되었다. 공항에 가서 보니 올랜도행 비행기 출구와 마이애미행 비행기 출구가 나란히 있었으며 출발 시간대도 비슷하였다. 네 식구의 티켓을 재발행하기에는 비용이 너무 비쌌고 올랜도를 포기하자니 아이들의 얼굴에 실망한 표정이 역력하였다. 난감해진 남편은 용기를 내어 카운터로 씩씩하게 걸어가서 직원에게 상황설명을 하고 아이들을 실망시키고 싶지 않으니 도와주기 바란다고 하였다. 카운터 직원은 웃으면서 잠시만 기다려주면 상사와 의논해 보겠다고 사라진 뒤 곧 자리로 돌아와서 간단한 양식에 사인을 하게 한 뒤 추가비용 없이 탑승권을 발행해 주었다.

아이들과 즐거운 시간을 보내라는 직원의 인사까지 받으면서 탑승구로 향할 때 우리 가족들은 그렇게 행복할 수가 없었다. 그 뒤로부터 그 항공사에 대하여 좋은 인상을 가지게 되었음은 물론 그 항공사를 애용하게 되었다.

적용문제

1 그룹으로 프로젝트를 하는 경우 팀워크가 효율적으로 이뤄지지 않는다면 어떤 이유에서인지 그 이유를 구체적으로 적어본다. 팀워크를 높이기 위한 방안을 적어 보자.

2 자신이 이상적으로 생각하는 상사의 이미지를 구체적으로 적어 보자.

3 가까운 금융기관, 백화점 등을 방문하여 종업원들의 손님응대 태도, 전화매너, 표정과 말투 등을 조사하여 바람직한 경우와 그렇지 않은 경우를 구체적으로 조사하여 팀별로 토론해 보자.

바람직한 경우

바람직하지 않은 경우

Chapter 09

스트레스관리

학습목표

1. 스트레스의 정의와 종류를 열거할 수 있다.
2. 성격과 스트레스의 관계를 설명할 수 있다.
3. 스트레스의 증세를 열거할 수 있다.
4. 스트레스를 효율적으로 관리할 수 있는 실천방안을 설명할 수 있다.

Chapter 9

스트레스관리

앨빈 토플러(Alvin Toffler)는 1984년에 쓴 『Future Shock』이란 저서에서 사람들이 짧은 시간 동안 많은 변화를 경험하면 더 심한 스트레스를 받는다고 하였다. 현대사회의 가장 큰 특징 중의 하나는 끊임없는 변화이며 그 변화의 속도가 점점 더 빨라지고 있다는 것이다. 현재의 불안정성, 미래에 대한 불안감 등으로부터 발생되는 스트레스도 있지만 매일매일 직장과 가정 그리고 인간관계에서 발생하는 스트레스도 있다. 극심한 스트레스는 병을 가져다 주기도 하지만 반대로 스트레스가 전혀 없다면 삶의 의욕이 떨어진다고 한다.
이 장에서는 스트레스를 잘 관리하고 조절하여 삶을 즐길 수 있는 방안을 살펴보자.

Chapter 9

스트레스관리

스트레스란? 9.1

사람이라면 누구나 어느 정도의 스트레스*를 받고 산다. 직장인들은 가정생활이나 개인관계에서 오는 스트레스 외에 직장에서의 업무관련 스트레스, 환경변화와 갈등, 좌절 등 다양한 원인의 스트레스를 경험한다. 그러나 사람의 성격이나 태도, 또 환경에 따라서 그 스트레스에 반응하는 정도나 스트레스로 인한 영향의 정도가 다르다.

과다한 스트레스는 만병의 원인이 되기도 하지만 또 학자들은 적당한 스트레스는 오히려 생활에 자극을 주고 생의 목적을 성취할 수 있는 동기를 부여한다고 긍정적인 측면을 이야기하기도 한다. 자신이 받는 스트레스는 어디에 원인이 있으며 어느 정도로 자신에게 영향을 주는지 잘 살펴

스트레스(stress)
외부적 요구에 대해 반응하여 일어나는 생각과 감정상태, 심리적인 반응들의 복합적인 행태

서 스트레스가 자신의 생활에 긍정적인 역할을 하도록 잘 관리하고 조정해야 할 것이다.

|9.1.1| 스트레스의 정의

스트레스에 대하여 많은 학자들이 다양한 정의를 내리고 있는데, 일반적인 정의를 살펴보면 다음과 같다. 스트레스는 외부적 요구에 대해 반응하여 일어나는 생각과 감정상태, 심리적인 반응들의 복합적인 행태라고 한다. 라자러스(A. Lazarus)는 "스트레스란 우리의 편안함을 위협함으로써 적응능력에 긴장을 준다고 여겨지는 모든 상황"이라고 정의하고 있다.

|9.1.2| 스트레스의 기능

스트레스는 순기능과 역기능을 동시에 가진다. 즉, 생의 활력을 주는 순기능이 있는가 하면 건강을 파괴하고 정신적으로 황폐화시키는 역기능적인 측면이 있기도 하다.

결혼, 임신 등과 같이 생에 있어서 그 무엇보다 기쁘고 즐거운 일을 맞아서도 신체리듬에 영향을 받게 되어 신체적인 반응이 야기되기 때문에 많은 스트레스를 경험하게 되기도 한다. 또한 인간에게 전혀 스트레스가 없다면 무기력에 빠질 것이다. 오히려 적당한 스트레스는 업무의 생산성과 성과를 높여준다고 한다. 인간이 살면서 전혀 스트레스를 느끼지 않고 살 수는 없으므로 적정한 수준으로 스트레스를 관리하는 것이 필요하다.

위의 이야기에서 볼 수 있는 바와 같이 치열한 삶의 경쟁은 생명체에게 살아나갈 수 있는 활력을 주기도 한다. 우리 인간들도 아무런 스트레스와 자극이 없다면 삶이 무미건조하고 나태해지고 결국에는 권태에 못 이기게 될 것이다. 주위에서 정년퇴직을 맞기 전까지 현직에서 건강하게

청어의 스트레스

북해에서 청어잡이를 하는 어부들이 가장 크게 관심을 가지고 있는 것은 어떻게 하면 그곳에서 잡은 청어를 런던까지 살려서 가지고 오는가 하는 것이었다. 어부들이 아무리 신경을 써도 배가 런던에 도착하면 청어들은 거의 죽어 있었다. 그런데 한 어부만은 싱싱하게 청어를 산 채로 런던에 가지고 와서 비싼 값에 파는 것이었다.

동료 어부들이 그 비결을 물었지만 비밀이라며 말을 하지 않았다. 그러나 간청에 못이겨 털어놓은 그 비결은 너무나 간단한 것이었다. 청어를 잡은 통에다 바다메기를 한 마리씩 넣은 것이었다. 그 비결에 다른 어부들이 놀라 물었다. "그러면 바다메기가 청어를 잡아먹지 않소?"

그러자 어부는 이렇게 말하는 것이었다. "바다메기가 청어를 잡아먹는 것은 사실입니다. 그러나 바다메기는 오는 동안 청어를 두 세 마리밖에 못 잡아먹지요. 그러나 그 통에 있는 수백 마리의 청어들은 잡아먹히지 않으려고 계속 도망쳐 다닙니다. 런던에 올 때까지 모든 청어들은 계속 헤엄치고 도망다니지요. 그래서 청어는 여전히 살아서 싱싱합니다. 다 살아 있거든요."

활동하던 사람들이 정년퇴직을 맞고 난 후 얼마 되지 않아 병이 들거나 죽음을 맞는 경우를 본다. 이는 일을 하면서 적정수준의 스트레스를 받는 것이 오히려 정신적인 긴장감을 줌으로써 육체적으로 대응할 수 있는 건강이 유지되었으나 퇴직 후 긴장감이 풀어지고 할 일이 없어짐으로써 건강이 나빠졌기 때문이다.

따라서 스트레스의 역기능적인 면*은 최소화하고 순기능적인 면*은 최대화시킬 수 있는 스트레스의 관리가 필요하다.

순기능적 스트레스
생활의 활력을 가져다 주는 스트레스

역기능적 스트레스
과다하면 신체적 · 정신적 질병을 가져다 주는 스트레스

9.2 스트레스의 주요 원인

|9.2.1| 업무관련 스트레스

직업을 가진다는 것 자체는 크든 작든 스트레스를 받기 마련이나 직업의 종류나 직위에 따라 개인이 스트레스를 받는 정도는 다양하다. 특히 조직의 분위기나 조직체계 혹은 업무체계가 가져다 주는 스트레스의 종류도 다양하다.

직장생활에서는 해고를 당했을 때 가장 큰 스트레스를 받으며, 새로운 직업이나 직장을 시작하거나 또 새로운 책임을 맡았을 때 스트레스를 느낀다고 한다. 또한 상사나 동료 등 인간관계에서 오는 불편함도 많은 직장인들의 스트레스 요인으로 꼽히고 있다.

1 직업에 따른 스트레스

직업의 종류 또는 매우 다양한데 외과의사, 비행기 조종사, 외환딜러 등과 같이 시간에 따라 생명을 잃거나 많은 금전적 손실이 올 수 있는 직업에 종사하는 사람들의 스트레스 강도는 매우 높다. 반면 도서관 사서, 교사, 일반공무원 등 비교적 업무내용이나 시간에 있어 여유가 있는 직종에 종사하는 사람들은 상대적으로 스트레스를 덜 느낀다.

업무에 있어서 많은 의사결정을 해야 하는 일, 다른 사람들과 많은 의사소통과 정보교환을 해야 하는 일, 많은 기기나 장비를 계속 모니터링해야 하는 일, 불유쾌한 작업환경, 구조화되지 않은 모호한 일 등은 근로자들로 하여금 계속 스트레스를 느끼게 한다. 또한 컴퓨터프로그래머와 같이 테크놀로지가 끊임없이 바뀌고 발전하는 분야에 종사하는 사람들도 발전속도를 지속적으로 따라가야 하는 심한 스트레스를 느끼게 된다.

2 업무와 역할모호성*에 따른 스트레스

자신의 역할이나 주어지는 일 혹은 지시가 명확하지 않을 때 대부분의 사람들은 스트레스를 느끼게 된다. 업무의 권한이나 상하명령체계가 명확한 부서나 업무에서는 비교적 스트레스 수준이 낮으나 수평적인 구조에서 업무영역이 정확하게 분화되지 않은 경우에는 조직구성원들이 느끼는 스트레스가 크고 직무에 대한 만족도가 낮을 수 있다. 또한 직무명세서에 나타난 업무의 성격이나 부서나 직책과 다른 업무를 수행하여야 할 때에도 개인이 느끼는 스트레스는 크다.

3 업무량에 따른 스트레스

업무시간 혹은 조직원의 숫자에 비해 절대적으로 업무량이 많을 때는 항상 일이 밀리고 잔업을 하거나 업무를 집으로까지 들고 가게 되므로 개인이 경험하는 스트레스는 크다. 또한 개인의 능력에 비하여 요구되는 지식이나 기술의 수준이 높을 때는 그로 인한 스트레스도 업무량의 과다 못지 않게 크다. 능력있는 사람이 처리하면 단시간에 가능한 것도 능력이 미치지 못하는 사람이 하게 될 때에는 장시간에 걸쳐 스트레스만 받게 된다.

많은 사람들은 업무량이 지나치게 많으면 스트레스를 느끼는 것에 대하여 당연하게 생각하지만 지나치게 적을 때 스트레스를 느끼는 것에 대하여서는 그 심각성을 미처 인식하지 못하는 경우가 많다. 기업에서 감원의 방법으로 급여는 주되 일을 주지 않으면 얼마 견디지 못하고 그만두는 사례를 보더라도 일 자체의 중요성을 알 수 있다. 양적으로 업무량이 적을 때뿐만 아니라 질적으로도 자신의 능력을 충분히 발휘하지 못한다고 느낄 때 개인은 스트레스를 경험하게 된다.

역할모호성
해야 할 직무의 주요 요구사항에 대하여 불명확한 경우

4 일과 개인생활의 양립에 따른 스트레스

직장과 가정을 양립하는 여성근로자들이 특히 많이 느끼는 스트레스로서 육아와 가사를 전담하거나 도와주는 보조자가 없을 경우에는 직장에서의 업무와 가정에서의 책임 때문에 지속적인 스트레스에 시달리게 된다. 양쪽의 일을 완벽하게 하려고 노력하다 보면 역할갈등이 생기게 되고 이러한 현상이 장기화되면 소진상태*에 이르게 된다.

미국에서는 맞벌이를 하는 남자의 경우에도 가정생활에 따른 스트레스나 직업상의 불이익을 받는다고 하는 연구결과도 나와 있다. 최근 미국의 '가족과 일 연구소' 의 연구조사에 따르면 미국 노동력의 87%가 일과 가족에 대한 책임이 상충됨으로 인한 스트레스를 경험하였다고 한다. 특히 일이 항상 최우선이라는 인식을 가져왔던 남성근로자들 사이에서도 가족이 먼저라는 생각이 확대되어가고 있다. 전통적으로 여성들은 직업과 가정의 책임 사이에서 많은 스트레스를 받아왔으나 최근에는 남자들도 자녀들과 함께 하는 시간을 더 갖기를 원하고 잦은 출장이나 외근은 싫어하는 것으로 나타나 가치관의 변화를 말해주고 있다. 이에 따라 1990년대에 들어와서는 미국의 기업들도 직장과 가정을 병행할 수 있는 각종 제도적 장치와 복지후생을 확대해 나가고 있다.

그러나 맞벌이부부에게 있어서 부부가 가정과 직장을 양립하는 것은 매우 힘들거나 어느 한쪽에서는 불이익을 받을 수밖에 없다는 것이 현실이다. MBA(경영학석사)를 취득한 사람 중 부인이 전업주부인 경우와 부인이 직업을 가졌을 경우를 비교 · 조사한 결과 전업주부를 가진 남성들이 맞벌이부부의 남성보다 연봉에 있어서 평균적으로 $23,000 더 많이 버는 것으로 나타났다. 이는 맞벌이부부의 경우 가사와 육아를 분담하는 과정에서 자신의 일에 보다 많은 시간을 투여하지 못함으로 인한 결과라

소진상태(burnout)
계속적인 스트레스를 받는 상황에서 신체적, 감정적 그리고 정신적인 탈진과 더불어 자신감이 결여된 상태

고 볼 수도 있다. 결국 가정에 보다 많은 시간과 의미를 부여하고자 원하는 남성근로자들은 커리어에 있어 뒤질 수밖에 없다는 결론이 가능하다. 또 다른 재미있는 연구는 27세에서 33세의 자녀가 없는 여성 및 남성관리자들을 대상으로 급여수준을 조사한 결과 여성들이 남성들과 거의 동등한 수준의 급여 (98%)를 받는 것으로 나타났다.

5 사회적 지원의 부족

힘들고 어려운 일을 하더라도 이를 이해하고 후원해 주는 상사, 동료, 가족, 지원단체가 있으면 그렇지 않은 경우보다 정신적인 스트레스는 훨씬 줄어들게 된다. 반대로 동료나 상사의 이익이나 뜻과 반대되는 일을 해야 하는 경우에는 스트레스 수준이 훨씬 높아진다고 한다. 따라서 조직원들이 어떠한 형태의 어려움에 부딪쳤을 때 도움을 구할 수 있는 인간적인 유대관계뿐 아니라 카운슬링과 같은 조직적인 차원에서의 지원도 필요하다.

6 열악한 근무환경

예전에 비하여 최근에 와서는 조명, 사무가구, 사무공간 등 사무근무환경은 많이 개선되었다. 그러나 개방된 공간에서 많은 사람이 함께 일함으로써 발생하는 대화소리, 전화소리 등의 소음은 오히려 예전보다 늘어났다. 또한 컴퓨터로 처리하는 업무가 많아지면서 과다한 컴퓨터사용에 따른 신체적 · 정신적 장애현상과 스트레스도 많아지고 있다.

7 조직의 불확실성

조직 내에서 일상적으로 일어나는 구조조정, 감원, 부서이동 등 조직의 잦은 변화는 자신의 미래에 대하여 예측하는 것을 불가능하게 하고 새로운 환경이나 역할에 적응하는 과정에서 많은 스트레스를 경험하게 된다. 업무역할 또한 예전에 비하여 과중하게 주어지며 새로운 지식이나 기술을 습득해야 하는 경우도 잦아지게 됨으로, 인하여 스트레스의 강도는 더욱 높아진다.

8 기타 업무관련 스트레스

기타 업무와 관련된 여러 종류의 스트레스 예는 다음과 같다.

- 자신의 적성과 맞지 않는 일을 해야 할 때
- 하나도 제대로 못한다고 느끼면서도 여러 가지 일을 한꺼번에 처리해야 할 때
- 신체적으로 혹은 정신적으로 충분한 휴식을 취할 여가도 없이 일을 해야 할 때
- 하지 않아야 할 일을 어쩔 수 없이 해야 할 경우 혹은 거절할 용기가 없어서 억지로 일을 맡아야 할 때
- 수많은 작은 일과 문제에 시간과 에너지를 빼앗기다 보니 꼭 해야 할 중요한 일을 하지 못할 때
- 한꺼번에 여러 가지 일을 해야 할 때
- 일을 완료하려는 급한 시기에 전화가 오거나 손님이 오는 등의 방해가 생길 때
- 쉬고 싶어도 마음 한가운데 일이 자리잡고 있을 때
- 마감일이 다가오는데 일을 완수할 자신이 없을 때
- 모든 일이 한꺼번에 터져 감정이 폭발하려 할 때
- 바쁜 때에 찾아와서 시간을 빼앗는 사람이 있을 때
- 해야 할 일이 매일 쌓여갈 때
- 일을 해야 하는데 건강이 따라주지 않을 때
- 삶에 있어서나 일에 있어 목표달성을 하지 못하였을 때

직무상 스트레스를 발생시키는 것은 불필요한 전화, 사내와 외부의 방해 및 방문, 중복된 서류보관, 불필요한 복사, 반복적이며 비생산적인 회의, 동료 및 관리자와의 직접적인 의사소통 부족, 자원의 부족 등 다양하다.

사람들은 일을 하면서 그들의 활력을 약화시키고 효율성을 감소시키는 여러 가지 심리적 · 신체적 압박을 받는다. 마감일에 압박하에서 효과

적으로 대처하지 못하는 사람들은 스트레스를 받고 때로는 스트레스성 질병에 걸리기도 한다. 자신의 문제를 스스로 해결할 수 있다고 확신하는 사람들이 스트레스관리에도 비교적 효과적으로 대처한다.

사회적 스트레스

권위적인 상사 등 조직생활에서 발생하는 '사회적 스트레스'가 영양실조, 수면부족 등 육체적 결핍보다 갑절이나 치명적이라는 연구결과가 나왔다. 미국 오하이오 주립대학의 과학자들은 학술지 「신경면역학(Neuroimmunology)」 최근호에 발표한 논문에서 사회적 스트레스가 면역체계의 과잉반응을 유발, 죽음을 초래할 수 있음을 밝혀냈다고 한다.

연구진들은 실험을 위해 두 그룹의 쥐를 사용했다. 한 그룹은 매일 2시간씩 공격적이고 힘센 쥐로부터 괴롭힘을 당하게 하고, 다른 그룹은 실린더관에 갇힌 채 16시간 동안 물과 음식을 먹지 못하게 했다. 이후 쥐들을 세균성 독소에 노출시킨 결과, 사회적 스트레스를 받은 그룹이 육제적 결핍 그룹보다 죽을 가능성이 2배나 높은 것으로 나타났다.

|9.2.2| 업무외 스트레스

우리는 흔히 부정적이거나 괴로운 사건들만 스트레스를 가져올 것이라고 생각하기 쉬우나 긍정적이든 부정적이든 간에 생에 있어서의 크고 작은 변화는 스트레스 요인으로 작용한다.

생애에서 일어나는 각종 변화는 다음과 같은 형태들이 있으며 이들은 대부분 내가 통제할 수 있는 일상적인 영역이 아니라 때로는 변화시키거나 바꿀 수 없는 사건들이기 때문에 극복하기가 더욱 힘이 든다. 결혼, 이사, 출산 등 좋은 일도 때로는 새로운 변화를 경험하기 때문에 스트레스를 느끼게 된다.

1 생애의 중대한 사건

배우자의 사별, 이혼, 큰 질병, 수감 등 한 개인을 여태까지와는 전혀 다른 삶의 방향으로 몰고가는 생의 중대한 사건들을 맞이할 때 사람들은 매우 심한 스트레스를 경험하게 된다. 다음은 미국인들을 대상으로 조사한 결과 배우자의 죽음을 100으로 보았을 때 다른 주요 사건들의 스트레스를 지수로 나타낸 것이다.

A	배우자의 사별	100
B	이혼	73
C	별거	65
D	수감	63
E	가까운 가족의 죽음	63
F	건강에 있어서의 변화	53
G	결혼	50
H	해고	47
I	퇴직	45
J	임신	40
K	이사	20

출처 : T. H. Holmes and R. H. Rahe, "The Social Readjustment Rating Scale," *Journal of Psychosomatic Research*(Pergamon Press, Ltd. 1967, pp. 217~218)

2 일상생활의 스트레스

생애의 큰 사건에서만 스트레스를 느끼는 것이 아니라 매일의 일상생활에서도 현대인들은 많은 스트레스를 경험하게 된다. 교통체증에 갇혀 약속시간에 늦을 때, 마감시간 직전, 복잡한 백화점에서의 쇼핑, 금전적인 문제 등 다양한 유형의 일상적인 사건을 통하여 스트레스를 느낀다.

이러한 사건들이 자주 그리고 장시간에 걸쳐 일어날 때에는 인생에 있어서의 중대사건과 마찬가지로 신체적인 이상까지 가져올 수 있는 정도의 스트레스가 될 수 있다.

한편 대학생들은 어떠한 종류의 스트레스를 일반적으로 받고 있는지를 60여 명의 학생들을 대상으로 대략적으로 조사한 결과(자신이 현재 경험하고 있는 스트레스를 5개 나열하라고 했을 때) 다음과 같은 순위로 나타났다.

① 불투명한 진로 및 취업
② 학과공부와 과제물, 아르바이트 등으로 인한 과중한 작업
③ 학과성적, 학점
④ 외모(다이어트 등)
⑤ 인간관계(친구관계, 선 · 후배관계, 이성관계 등)
⑥ 부모와의 가치관 차이
⑦ 행동에 대한 책임감, 주위의 기대
⑧ 어학실력, 능력 등에 있어서의 자신감 결여, 열등감
⑨ 건강

성격과 스트레스 9.3

9.3.1 퍼스낼리티 유형과 스트레스

1 A유형

심장전문의인 프리드맨(Friedman)과 로젠맨(Rosenman)은 심장마비의 주요 원인으로 담배, 콜레스테롤 혹은 혈압뿐만 아니라 그 사람의 개인적인 성격과 기질도 포함된다는 사실을 알아내었다. 그들은 사람을 크게 성격에 따라 A유형과 B유형으로 분류하였다.

A유형의 행동적, 성격적인 특성을 살펴보면 다음과 같다.

- 모든 게임, 심지어는 어린 아이와 게임을 하더라도 꼭 이겨야 한다.
- 다양한 과제를 동시에 추진하며 항상 한꺼번에 두 가지 이상의 일을 하려고 한다.
- 다른 사람이 이야기할 때 끝까지 기다리지 않고 중간에 가로막거나 끼어든다.
- 기다리는 것을 참지 못한다.
- 시간에 대한 강박관념이 있어 조금이라도 늦어지는 것을 참지 못한다.
- 다른 사람이 하는 일을 믿지 못하는 경향이 있다.

2 B유형

이와 반대로 B유형의 사람은 매사에 여유가 있고 느긋하며 참을성이 있고 낙관적이다. 또한 A유형보다 덜 경쟁적이고 화도 잘 안내는 편이다. 연구조사에 의하면 회사나 조직의 최고경영자 및 관리자의 지위에까지 오르는 사람은 B유형의 사람들이 많고 중간관리자급에서는 A유형이 더 많다고 한다. 결국은 최고 의사결정권자들은 서두르지 않는 성격의 소유자로 멀리 그리고 넓게 볼 수 있어야 하고 중간관리자들은 조직이 원활하게 돌아갈 수 있게끔 항상 바삐 생각하고 움직이는 사람들이 적격이라는 것이다.

결국 A유형의 사람들은 B유형의 상사들을 위하여 열심히 일하고 그 열심이 지나치면 건강까지 잃게 될 수도 있다. 왜냐하면 한 의학보고서에 의하면 A유형의 사람들이 심장병에 걸릴 확률이 훨씬 더 높은 것으로 나타났으며 성격적 특성을 조금 여유있게 수정하면 그 확률이 낮아진다고 한다.

또 1984년 임상심리학자 브레이커(Dr. Braiker) 박사는 Type E Woman, 즉 E유형의 여성에 대한 이론을 제기하였다. 이때의 E는 Everything to Everybody로서 커리어우먼이 직장에서나 가정에서 모든 역할을 완벽하게 해내기 위하여 스트레스를 받고 그 결과로 스트레스성 질병에 걸리기 쉽다는 것이다.

나는 어느 유형일까?

다음은 일상적인 행동에 있어 A유형과 B유형을 연속선상에서 나타내 보이는 척도이다.

각 항목을 읽고 자신을 가장 잘 나타내는 번호를 ( ) 안에 써넣는다. 예를 들면, 약속시간에 거의 늦은 적이 없는 사람은 '7'을, 약속시간에 대해 별로 신경을 안 쓰고 늦는 경우도 많으나 정시에 가는 경우도 있으면 그 정도에 따라 '2' 혹은 '3'을 ( ) 안에 써넣는다.

1 2 3 4 5 6 7 8

B형 ←→ A형

B형	A형
( ) 약속시간에 대해서 태평이다	한 번도 늦은 적이 없다
( ) 경쟁적이 아니다	아주 경쟁적이다
( ) 급해도 서두르지 않는다	항상 서두른다
( ) 일을 순서대로 한다	다음에 할 일을 앞질러 생각한다
( ) 일을 천천히 한다	일을 빨리하며 식사, 걸음걸이도 빠르다
( ) 자신의 느낌에 대해서 잘 말한다	자신의 느낌을 잘 말하지 않는다
( ) 다방면에 흥미를 갖고 있다	일(공부) 이외에 별로 취미가 없다

합계 ( )점

합계가 구해지면 그 점수에 3을 곱하여 다음의 점수표를 보고 자신이 어느 형인지 판단해 보자.

점수	유형
90점 미만	강한 B유형
90 ~ 99점	약한 B유형
100 ~ 105점	약한 A유형
106 ~ 119점	보통 A유형
120점 이상	강한 A유형

나의 유형 ( )

E유형의 여성은 자신이 중요하며 유능하다고 믿으나 때로는 불안정함을 나타낸다. 그리고 다른 사람에게 자신의 일을 부탁하거나 또는 거절하는 것에 대하여 죄책감을 느끼며 자신이 다 해내야 한다는 강박관념에 결국에는 과도한 스트레스를 받게 된다. 이에 대한 처방으로 브레이커 박사는 명상요법을 권하고 있다. 중요한 회의나 프리젠테이션, 전화에 앞서서 5분 동안 문을 닫고, 눈을 감고, 심호흡을 하며 자신이 남태평양의 해변가에 누워있는 듯한 기분으로 상상을 하면서 자신을 완전히 이완시킨다.

또한 다른 사람에게 부탁하거나 일을 시키는 데 대하여 죄책감을 느끼지 말고 나도 스스로 행복할 권리가 있으며 내가 모든 것을 직접 해야 한다는 강박관념에서 벗어나도록 노력하여야 한다.

9.3.2 스트레스를 받는 성격적 특성

일 이외에도 개인이 가지는 성격적 특성 때문에 개인이 받는 스트레스의 정도는 틀릴 수 있다. 스트레스에 영향을 미치는 성격적 특성은 서두름, 타인우선주의, 완벽주의, 열심히 하지 못한 데 대한 죄책감 등이 있는데 이러한 특성이 무의식에 자리잡고 있어 모든 생각과 행동을 통제한다.

1 서두름

서두르는 성향이 있는 사람은 항상 여러 가지 일을 하려 하고, 시간을 가지고 보다 중요한 목표나 일에 대하여 생각하고 실천하기보다는 뭔가를 끊임없이 하는 것 그 자체로 만족을 얻는 경향이 있다. 많은 일을 하기는 하나 항상 스트레스가 많으며 쉴 여유가 없기 때문에 생활의 질은 높지 못하다. 기다리는 것을 싫어하고 인내심이 없으며 동료나 후배에게 자세하게 설명을 할 마음의 여유를 가지지 못한다.

이러한 성향의 사람은 의도적으로 일의 속도를 늦추며 낚시나 골프와 같이 충분한 시간을 요하면서도 휴식할 수 있는 운동을 하는 것이 좋다.

매일 명상하는 시간을 가지며 많이 걷도록 노력하고 자연을 즐길 여유도 가져야 한다. 가족이나 가까운 친구들에게 자신이 서두르거나 스트레스를 받으면 지적해 주고 도와줄 것을 요청한다.

2 타인우선주의

공동사회에서 자신의 이익과 권리만을 주장하기보다는 다른 사람을 배려하고 돕는 태도가 매우 바람직하다. 그러나 자신의 일보다 다른 사람의 일을 우선시 함으로써 자신의 일을 제대로 하지 못하고 항상 스트레스를 받는다면 그것도 바람직하지 못하다. 너무 착하거나 성격이 유순하여 다른 사람의 요청을 거절하지 못하기 때문에 일을 해주면서도 충분히 못해주는 데 대하여 죄책감까지 느끼는 경우도 있다. 자신의 일이 아니거나 그보다 중요한 자신의 일이 있을 때는 거절할 수 있는 용기가 필요하다.

3 완벽주의

자신의 조그마한 실수도 용납하지 못하고 어떤 일이든 완벽을 기하려는 성향을 가진 사람들이 있다. 그러나 인간인 이상 모든 일을 완벽하게 할 수는 없다. 일의 성격에 따라 중요한 일은 완벽에 가깝게, 또 어떤 일은 적당한 정도로 하면서 일의 균형과 조화를 이룰 수 있어야 한다. 영문 편지를 쓰면서 중요하지도 않은 문장의 완벽성을 기하기 위하여 네 번 다섯 번 다시 읽고 고친다면 스트레스도 쌓일 뿐 아니라 효과적인 시간관리도 할 수 없다.

이러한 유형의 사람은 자신의 실수도 용납할 수 없을 뿐 아니라 다른 사람의 실수도 참지 못한다. 자신이 하지 않으면 완벽하지 않기 때문에 다른 사람에게 맡기지 못하는 경우도 많다. 그러다 보니 모든 일에서 스트레스를 느끼게 된다. 완벽하지는 않더라도 적정한 수준이면 다음 일로 넘어가고, 부하직원에게 일을 시켜 100% 만족스러운 것은 아니지만 80%

이상만 되면 칭찬하고 일을 맡기는 것이 자신의 스트레스도 줄일 뿐 아니라 부하직원의 자기계발도 가능하게 한다. 이러한 유형의 사람은 대범하게 일을 하는 사람과 팀을 이루면 서로를 보완할 수 있어서 바람직하다.

4 죄책감

모든 일의 잘못을 자신이 아닌 다른 사람이나 환경의 탓으로만 돌리는 사람도 문제가 있지만 모든 잘못을 자신의 탓으로만 돌리는 경향이 있는 사람도 문제가 있다. 어떠한 결과에 대하여 자신이 열심히 하지 못해서, 혹은 자신의 능력이 부족해서 그렇다고 생각하는 사람은 아무리 최선을 다하더라도 그러한 생각에 사로잡히게 된다. 과거에 대하여 후회를 하거나 미래에 대하여 걱정을 하는 것은 아무 도움이 되지 않고 오히려 스트레스만 줄 따름이다.

이러한 경향이 있는 사람은 될 수 있는 대로 자신의 장점과 성공적인 경험을 생각하고 최선을 다한 뒤의 만족하지 못한 결과에 대해서는 지나치게 죄책감을 가지지 않는 것이 좋다.

9.4 스트레스 증세 및 결과

스트레스를 받게 되면 일반적으로 다음과 같은 3단계로 반응하게 되는데 이를 일반적 적응증후군(GAS : General Adaptation Syndrome)*이라고 한다. GAS는 경고반응, 저항, 소진의 세 단계로 진행된다.

경고반응 단계에서는 자율신경계의 교감신경계를 활성화시켜 위기상황에 신체가 대비할 수 있도록 하며 혈압과 체온이 올라가고 손에 땀이

일반적 적응증후군
(GAS : General Adaptation Syndrome－경고반응, 저항, 소진의 세 단계)

나게 된다. 저항단계로 넘어가면 경고반응단계에서 생긴 작용으로 생리적 활동이 평소보다 높게 유지되어 전력을 다하여 스트레스 상황을 벗어나려 노력하게 된다. 그러나 이 단계가 오래 지속되면 신체의 기능은 약화되고 저항력이 떨어져 소진상태 단계에 이르게 된다. 외부위협에 대한 저항력이 떨어진 상태에서 신체적으로나 심리적으로 불균형이 생겨 병이 난다.

예를 들면, 학사경고를 받은 학생이 성적을 만회하기 위하여 결심을 하고 밤을 새워 공부를 하여 시험을 본다. 1주일 이상 열심히 공부하여 기말고사를 마치고 나면 소진상태에 이르러 감기 몸살을 앓느라 시험 끝나자마자 여행가자고 한 친구들과의 약속도 못 지키고 자리에 눕게 된다.

스트레스에 대한 반응으로 건설적 대응과 비건설적 대응을 들 수 있다. 건설적 대응은 스트레스의 정확한 원인을 발견하고 문제해결을 위해 적극적으로 노력하는 것임에 반해 비건설적 대응은 원인에 대한 규명이나 해결 없이 회피하거나 포기하거나 자신을 합리화시켜서 스트레스의 근원적 원인을 해결하지 못하는 것을 말한다. 비건설적 대응으로는 포기, 자기비난, 공격적인 행동, 탐닉행동 등을 들 수 있다.

1 스트레스 체크리스트

스트레스의 증세는 여러 형태로 나타나는데, 다음의 증세들이 일에서나 행동에서 자주 나타나는지를 스스로 점검하여 보자.

직장에서

_____ 내가 원해서가 아니라 일이 많아서 밤늦게 퇴근하는 경우가 잦다.
_____ 밀린 일을 하기 위해서 주말에도 늦게까지 사무실에서 일한다.
_____ 일거리를 집으로 가지고 온다.
_____ 휴가 중에도 편히 쉬지 못한다.
_____ 책상이 항상 처리해야 할 일들과 서류들로 어지러져 있다.
_____ 내가 직접 일하지 않으면 마음이 놓이지 않는다.

행동

_____ 자기 직전까지 일을 생각한다.
_____ 감정해소를 위해 음주를 한다.
_____ 운전을 할 때 작은 일에도 화가 나고 끈기가 없어진다.
_____ 집은 항상 정리되어 있지 않다.

육체적 증세

_____ 기력이 떨어지고 일을 하려고 해도 피곤하다.
_____ 평상시보다 사고나 실수를 자주 저지른다.

_____ 평상시보다 체중이 늘어났다.
_____ 소화가 안 되고 어깨가 결린다.

정신적/심리적 증세

_____ 할 일은 많은데 시간이 없다고 계속 불평한다.
_____ 한 번에 한 가지 일에 집중하기가 힘들다.
_____ 신경이 예민해지고 별 일 아닌 일에도 화를 버럭 낸다.
_____ 유머감각이 없어진다.
_____ 긴장이 완화되지 않고 평화로운 마음이나 상황을 갖기가 힘들다.

중요한 회의에 참석하거나 중요한 사람을 만나기 전에 손에 진땀이 나며, 마감시간을 앞두고 업무를 빨리 처리하여야 할 때 두통이 나거나, 숨가쁘게 하루를 보내고 나면 목, 등, 어깨 등의 근육이 뻐근한 것을 직장인이라면 적어도 한 두 번은 다 경험을 한다.

밤이 되면 온 몸이 피곤하지만 쉽게 잠에 들지 못하고 또 아침에 일어나더라도 개운한 느낌없이 또 하루를 시작하게 되고 만성적으로 소화가 잘 안 되고 그러면서 공연히 짜증이 나고 무기력해지는 상태가 지속되면 만성스트레스를 겪고 있다는 증세이다.

우울증 자가진단

다음 각 문항을 읽고 자신에 해당되는 번호에 ○표 하라.

문항	전혀 아니다	가끔 그렇다	자주 그렇다	항상 그렇다
1. 나는 매사에 의욕이 없고 우울하다.	1	2	3	4
2. 내가 하루 중 기분이 가장 좋은 때는 아침이다.	4	3	2	1
3. 나는 갑자기 울음을 터뜨리거나 울고 싶을 때가 있다.	1	2	3	4
4. 나는 밤에 잠을 설칠 때가 있다.	1	2	3	4
5. 나는 전과 같이 식욕이 좋다.	4	3	2	1
6. 나는 매력적인 남성(여성)을 보거나 앉아서 이야기하는 것이 좋다.	4	3	2	1
7. 나는 요즘 체중이 줄었다.	1	2	3	4
8. 나는 변비 때문에 고생한다.	1	2	3	4
9. 나는 요즘 가슴이 두근거린다.	1	2	3	4
10. 나는 별 이유없이 자주 피로하다.	1	2	3	4
11. 내 머리는 한결같이 맑다.	4	3	2	1
12. 나는 전처럼 어려움 없이 공부(일)를 할 수 있다.	4	3	2	1
13. 나는 안절부절해서 진정할 수가 없다.	1	2	3	4
14. 나의 미래는 희망적이라고 생각한다.	4	3	2	1
15. 나는 전보다도 더 안절부절한다.	1	2	3	4
16. 나는 결단력이 있다고 생각한다.	4	3	2	1
17. 나는 사회에 유용하고 필요한 사람이라고 생각한다.	4	3	2	1
18. 내 인생은 즐겁다.	4	3	2	1
19. 내가 죽어야 다른 사람들, 특히 가족들이 편할 것 같다.	1	2	3	4
20. 나는 전과 다름없이 일하는 것이 즐겁다.	4	3	2	1

합계 ____________

평가 : 점수를 합산하여 60점 이상이면 우울증이 의심되므로 전문상담가나 정신과 의사를 찾아가 도움을 구하는 것이 좋다.

만성스트레스의 초기증세는 저녁이 되면 기진맥진하고, 두통이 잦으며, 사소한 일에도 화를 벌컥 내거나, 우울증 등으로 나타난다. 이러한 상태가 지속되면 탈진감, 비관주의, 자신에 대한 회의 등으로 나타나며 신경성 고혈압이나 심장병 등 중병으로까지 발전하게 된다.

2 탈 진

탈진* 혹은 소진이란 과다한 스트레스가 장기간 지속되면 신체적 · 정신적 · 심리적 등 모든 측면에서 대처능력을 잃고 무기력해지는 상태를 의미한다.

그림 9-1 | 탈진의 구성요소와 영향

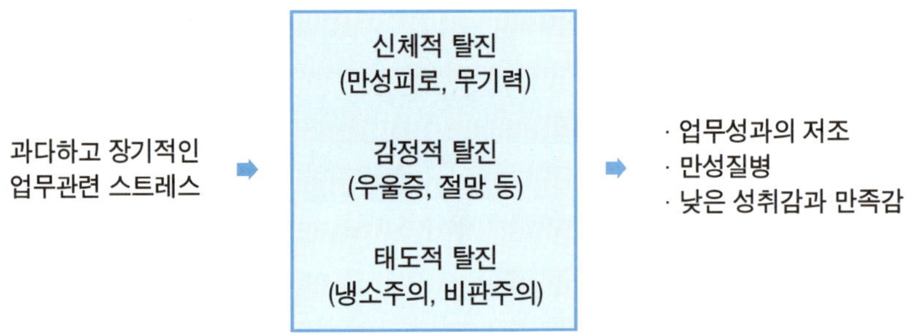

이런 상태에 빠지면 쉽게 피곤을 느끼고, 일은 열심히 하지만 성과가 오르지 않게 된다. 탈진상태를 극복하기 위해서는 자기를 점검하고 이를 치유하도록 노력하지 않으면 안 된다.

3 스트레스와 건강

그동안 스트레스와 개인의 건강은 매우 밀접한 연관이 있는 것으로 많

탈진(脫盡, burnout)
과다한 스트레스가 장기간 지속되는 상태로 소진이라고도 함.

은 연구를 통하여 입증되었다. 어떤 학자는 신체적인 질병의 50~70%가 스트레스에 의해 발병하거나 악화된다고 함으로써 스트레스가 건강악화에 있어 중요원인으로 꼽힌다고 주장하기도 한다. 더구나 심장마비, 중풍, 암, 당뇨 등 심각한 각종 성인성 질병이 스트레스를 받음으로 인하여 유발되거나 악화되고 두통, 소화불량과 같은 일상적인 질병도 스트레스가 원인이 되는 경우가 많다고 한다.

박테리아나 바이러스에 의하여 감염되는 질병의 경우에도 스트레스를 많이 받는 사람은 저항력이 약화되어 쉽게 감염되고 치료효과도 더디게 나타난다고 한다. 실제로 에이즈에 감염된 사람 중에서도 가족들과 행복한 가정생활을 하고 스트레스를 적게 받는 사람이 그렇지 않는 사람보다 생존율이나 치유율 면에서 더욱 높은 것으로 나타났다.

또한 스트레스가 증가하게 되면 사람들은 몸에 해로운 술과 담배를 더 섭취하게 되고, 어떤 이들은 스트레스를 받으면 많이 먹는 현상으로도 나타나 비만이 되기도 한다. 심하면 마약과 같은 중독성 약품에 의존하는 경우도 발생하게 된다. 이러한 요소들도 건강을 악화시키는 중대한 요인으로 작용한다.

4 스트레스와 업무성과

조직원들에게 적절한 수준의 스트레스가 주어지면 업무성과가 높아지지만 스트레스 수준이 어느 시점 이상으로 올라가게 되면 업무성과는 급격히 떨어지게 된다. 그러나 스트레스를 느끼는 수준은 개인에 따라서 또한 업무의 성격에 따라서 다르다. 같은 일이라도 어떤 사람에게는 스트레스를 주는 일이지만 또 다른 사람에게는 도전을 통한 배움의 기회가 되기도 한다. 개인적으로 능력이 있을 때는 특정 업무를 스트레스 없이 수행해 낼 수 있지만 능력이 부족한 사람은 업무성과 없이 결과적으로 스트레스만 받게 된다.

조직 내에서 다수의 인원이 장기적으로 스트레스를 느끼게 되면 지각,

무단결근, 이직률이 증가하고 의료비 지출이 증가하게 된다. 따라서 이러한 현상이 일어날 때는 그 원인을 잘 분석하여 근본적인 문제를 해결하는 것이 중요하다.

9.5 스트레스관리

위에서 살펴본 바와 같이 직무로 인한 스트레스는 조직에 있어서는 업무의 비능률을 가져오며 개인에게는 건강의 악화로 연결되기도 한다. 미국 내 대기업들은 조직원들의 스트레스가 결국은 업무능률의 저하 및 의료비 증가로 나타나기 때문에 스트레스관리에 관한 프로그램을 개설하고 있다.

중요한 것은 개인들이 스트레스로부터 벗어나거나 극복할 수 있다는 생각과 함께 적극적인 행동을 취하는 것이다. 만약 내가 현재 스트레스를 받고 있다고 생각되면 너무 늦기 전에 구체적인 행동을 취하여야 한다. 자신의 목표를 검토하여 재설정하거나 업무스케줄을 조정하고 회복될 때까지 업무의 양을 의도적으로 조절하도록 한다. 또 술, 담배, 의약품에 의존하기보다는 균형있는 영양섭취와 아울러 운동, 충분한 수면 등을 취하고 가능하다면 업무로부터 잠시 완전히 떠나 자신을 회복하는 시간이 필요하다.

일중독

공부만 하는 사람을 공부벌레라고 하듯이 일만 하는 사람을 일벌레 혹은 일중독자(workholic)라고 부른다. 일을 아무리 즐긴다고 해도 일이 너무 많으면 스트레스가 될 수 있다. 일중독자들은 정력적이고 잠을 적게 자며, 깨어 있는 시간의 대부분을 일을 하며 보내고, 놀기보다는 일하길 더 좋아한다. 일하는 것과 노는 것을 잘 구분하지 못하고 때와 장소를 가리지 않고 일한다.

이런 사람들은 다른 무엇보다도 일에 가치를 두는 사람들이다. 그러기에 "일 없으면 무슨 맛에 사나?"라고 반문할 정도로 일에 미친 사람들이다. 마치 알코올 중독자나 마약중독자가 술이나 마약에 빠져 헤어나오지 못하듯이 일중독자는 일에 빠져 헤어나오지 못한다. 이런 사람들은 일에서는 성공할지 모르나 일 이외에 다른 많은 것들을 잃어버리기 쉽다.

우선 신체를 혹사하다 보니 여기저기서 이상이 나타난다. 너무 일을 많이 하거나 너무 자주 일에 좌절하다 보면 신체적으로는 물론 정신적으로는 무기력증에 빠질 수 있다. 이런 증후군을 탈진(burnout)이라고 부른다. 이것은 직장인의 사기를 떨어뜨리고 결근율과 이직률을 높인다. 이외에도 신체적 고통이나 질병, 알코올 및 약물남용, 경제적 문제, 가족들 간의 갈등을 비롯한 각종 심리적 문제들을 일으키는 주된 원인이 되기도 한다.

그리고 일중독에 빠지다 보면 자신이 하는 일에 얼마나 능률적이고 생산적인지를 판단할 수 있는 객관성을 상실해 버리고 만다. 다음의 예화는 방향감각이나 생각없이 무조건 열심히 하는 일은 얼마나 비생산적이고 소모적인지를 잘 보여주고 있다.

벌목공으로 일하기 시작한 한 젊은이는 첫째 날에 큰 나무를 10그루 쓰러뜨렸다. 그것도 혼자서 해냈다. 그것을 보고 자신은 물론 사장도 몹시 흡족해 했다.

그 다음날에도 첫째 날과 마찬가지로 열심히 일해 8그루를 베어 내었다. 그런대로 만족할 만한 수준이었다. 그러나 그 후 1주일이 지나면서 하루에 베어 내는 나무의 수는 날이 갈수록 줄어들기만 하였다. 이상하게 생각한 사장은 그를 불렀다.

그 젊은이는 "저도 계속 똑같이 열심히 일을 하느라고 했는데도 하루에 한 그루밖에 베어 낼 수가 없었습니다"라고 울먹였다. 그 말을 들은 사장은 "도끼날은 갈아 보았나?"하고 물었다. 그 젊은이는 "아뇨, 너무 바쁘게 일하느라 그럴 틈이 없었습니다"라고 대답하였다.

같은 수준의 스트레스를 받더라도 긍정적이고 낙천적인 생각을 가진 사람이 부정적이고 비관적인 생각을 가진 사람보다 스트레스를 더 잘 견뎌 낼 수 있다. 또한 자신의 일과 직장을 사랑하는 사람, 그날그날 스트레스를 해소할 수 있는 대범함을 가진 사람이 그렇지 않은 사람보다 훨씬 더 스트레스를 잘 견뎌 낸다.

|9.5.1| 업무관리를 통한 스트레스관리

일상적인 업무에서 오는 스트레스는 효과적인 시간관리를 통하여 조절할 수 있다. 개인이 스트레스의 원인을 통제할 수 있는지의 여부와 스트레스의 원천에 따라 분류해 보면 다음 표와 같다.

표 9-1 | 스트레스의 원인

스트레스의 본질		통 제 가 능	통제불가능 (그러나 최소화할 수 있음)
스트레스의 원천	외재적 요인	• 한꺼번에 여러 활동 혹은 일을 하려고 함 • 스트레스를 받는 일이 많음 : 경쟁적, 마감일 임박, 높은 실패가능성 등	• 질병/죽음, 사고 • 가족문제, 금전문제 • 직업변화 및 문제
	내재적 요인	• 잘못된 시간관리, 즉 미루기, 조직력 부족, 업무관리능력 결여 등	• 성격적 요인 : 부정적 자아개념, 걱정, 끈기부족, 불안 등

통제 가능한 스트레스

만약 일이나 스트레스가 과도하게 증가할 때는 스스로 일을 줄임으로써 스트레스의 양을 조절하여야 한다. 특히 효과적인 시간관리를 통하여 일의 능률을 높임으로써 스트레스의 정도를 낮출 수 있다.

통제 불가능한 스트레스

스트레스를 피할 수 없다면 스트레스가 주는 피해를 최소화할 수 있도록 자신의 감정을 조절하고 주위의 일들을 잘 해결할 수 있도록 계획하고 대처해 나간다.

1 업무량 축소

스트레스가 과다하다고 판단되어질 때는 스트레스를 주는 요인을 줄이는 것이 중요하다. 스트레스를 주는 일, 사람, 근무환경을 줄이거나 개선하는 것이 필요하다.

- 현재 직장, 집, 사회에서 하는 활동들을 검토하고 덜 중요한 일들을 하나씩 줄여나감으로써 업무의 양을 줄인다.
- 자신의 능력이나 권한 밖의 일에 대해서는 과감히 'No'라고 거절할 수 있도록 한다.
- 자신에게 스트레스를 주는 사람과의 접촉을 가능한 한 줄이거나 아니면 스트레스를 적게 받을 수 있는 방향으로 그들과의 관계를 조절한다.
- 자신이 스트레스를 민감하게 받는 상황이 있다면 그러한 상황이 일어나지 않게 하거나 발생횟수를 줄이도록 조절한다.
- 자신이 꼭 하지 않아도 되는 일들은 다른 사람에게 이양한다. 이양* 하고 난 뒤에는 자주 진전상황을 모니터함으로써 일이 계획대로 추진될 수 있도록 한다.
- 불가피한 경우가 아니면 될 수 있는 대로 일을 집으로 가지고 오지 않는다.

2 효과적인 시간관리

- 뚜렷한 목표를 설정한다.
- 덜 중요한 일에 할애하는 시간을 줄인다.
- 자기계발과 계획에 보다 많은 시간을 할애하여 장기적인 안목을 가지고 일을 추진한다.
- 머뭇거리고 망설이기보다는 일단 행동을 취한다.
- 자세히 모르고 걱정하기보다는 더 많은 정보수집을 통하여 대안을 마련한다.
- 방해요인을 제거한다.

이양(delegate)
자신의 업무나 권한을 다른 사람에게 넘김

9.5.2 자아관리를 통한 스트레스관리

스트레스 징후를 초기에 인식하고 명상, 운동, 휴식 등의 신체적 · 정신적 노력을 기울이는 것은 매우 중요하다.

스트레스를 해소하는 가장 좋은 방법은 규칙적인 운동이다. 아침 산책이나 등산, 조깅 등을 하다 보면 머리가 맑아지는 것을 느끼게 된다. 또 적극적인 취미활동이나 자기조절훈련, 최면요법, 명상 등도 권할 만한 방법이다. 또한 실패를 두려워하지 말고 단계별 목표를 세우고 성취감을 느끼는 것도 도움이 된다. 남이 나를 어떻게 볼까 두려워하지 말고 다른 사람과 많은 대화를 하며 여가생활과 휴가를 즐김으로써 스트레스를 그때그때 해소하는 것이 필요하다.

1 스트레스를 이길 수 있는 신체적인 노력을 기울인다

- 하루에 20분 이상 사이클링, 조깅과 같이 땀을 흘리는 운동을 한다.
- 음식을 적정수준으로 섭취하고 과식, 과음을 피하도록 한다.
- 커피, 콜라와 같은 카페인 함유량이 높은 음료수와 지나친 당분을 피한다.
- 음주, 흡연을 하지 않는다.
- 낚시, 걷기와 같이 스트레스를 완화할 수 있는 취미활동을 한다.
- 수면을 충분히 취한다.
- 편안한 휴식환경을 마련한다.

2 명상과 이완훈련을 한다

- 하루 중 조용한 시간을 지정하여 종교적인 묵상 혹은 명상*을 실시한다. 편안한 자리에 앉아 눈을 감고 천천히 심호흡을 하면서 마음

명상(meditation)
정신적인 잡념을 없앰

에서 잡념을 없애도록 노력한다.

- 이완훈련*을 한다. 스트레스를 받아 팽팽한 긴장상태가 계속된다고 느끼게 되면 이완훈련을 받거나 익혀서 몸의 긴장상태를 풀어주는 것이 좋다. 명상과 마찬가지로 눈을 감고 몸의 부분들을 차례대로 힘을 뺀다고 생각하면서 이완을 하면 신체적인 긴장을 완화시켜 줄 수 있다.

3 인간관계의 균형을 유지한다

- 일과 가정의 균형을 유지한다.
- 자신에게 중요한 사람들과는 충분한 시간을 가진다.
- 자신의 목표와 자기계발에 관하여 상사와 상의한다.
- 다른 사람의 말과 감정을 충분히 이해할 수 있는 개방된 마음을 가진다.
- 도움이 필요할 때는 평소 자신의 일을 의논하는 멘터에게 충고를 요청한다.

4 자기계발을 꾸준히 하고 긍정적인 생각을 한다

- 독서를 게을리 하지 않는다.
- 자신의 전문성을 개발할 수 있는 훈련을 받는다.
- 역할모델을 설정하고 자신도 그 모델을 닮아갈 수 있도록 노력한다.
- 긍정적인 독백과 생각을 하도록 노력한다.
- 현재를 즐긴다.
- 문제를 기회로 본다.

이완훈련(relaxation)
신체적인 긴장을 풀어주는 훈련

적용문제

1 지난 1주일 동안 어떨 때에 짜증이 나고 스트레스를 받았는지 아래에 적어 보자. 내가 통제할 수 있는 스트레스 상황과 내가 통제할 수 없는 스트레스 상황을 구분해 보자.

1.

2.

3.

2 위의 각각의 상황에 있어 어떻게 하면 스트레스를 덜 받을 수 있을까에 대한 방안을 아래에 적은 후 친구들과 토론해 보자.

1.

2.

3.

3 다음의 문장을 하나씩 읽고 심호흡을 한 뒤 잠시 눈을 감은 뒤 그 장면을 상상해 보자. 눈을 뜬 후 어떤 느낌이 오는지 친구들과 이야기해 보자.

- 향기로운 물비누를 푼 따끈한 목욕물로 가득찬 욕조에 누워 감미로운 음악을 듣는다.
- 조용한 숲속을 걷는다. 주위에서는 새들이 노래하고 감미로운 풀냄새가 코끝에 와 닿는다.
- 햇볕이 따사로운 창가의 가장 편안한 의자에 몸을 기대어 좋아하는 시집이나 소설을 읽는다.

Chapter 10

시간관리

학습목표

1. 시간관리의 중요성을 인식한다.
2. 우선순위를 설정하고 실천할 수 있는 방안을 서술할 수 있다.
3. 만성적으로 미루는 습관을 없애는 방법을 개발할 수 있다.
4. 업무시간을 효율적으로 관리할 수 있는 방안을 설명할 수 있다.

10 Chapter

시간관리

인간이 하고 싶은 일을 다 하자면 아무리 오래 살아도 시간이 모자랄 것이다. 인간의 생명이 무한하다면 목표를 세우고 시간관리를 하면서 바쁘게 살아갈 필요조차 없을지도 모른다. 어느 소설에 영원히 죽지 않는 사람이 몇 세기에 걸쳐 수많은 전쟁을 경험하고 유한한 생명을 지닌 사랑하는 사람들이 계속 자신의 곁을 떠나가는 경험을 하면서 결국은 절망하고 생에 대하여 자포자기하고 만다는 이야기가 있다. 생이 유한하고 시간은 누구에게나 공평하게 주어지기 때문에 더 치열하게 더 열심히 살려고 노력하는지도 모른다. 이 장에서는 시간을 적절히 관리하여 자신이 이루고자 하는 바를 달성할 수 있는 방안을 살펴보자.

Chapter 10

시간관리

시간관리 10.1

시간은 공평하여 모든 사람은 하루 24시간을 신으로부터 똑같이 부여받는다. 부자라고 할지라도 시간을 돈으로 살 수 없으며 과학자도 시간을 발명할 수는 없다. 더구나 한 번 사용한 시간을 다시 되돌릴 수도 없고 다음에 쓰기 위하여 저축할 수도 없다. 그러나 시간을 낭비할 수는 있다. 대부분의 사람들은 시간의 소중함을 인식하지 못한 채 흘려버린다. "나 어제 뭐 했지?" 혹은 "방학이 어느새 끝나 버렸지?"와 같은 자책을 자주 하면서도 시간 사용의 방식을 바꾸려 하지 않는다.

그러나 과거에 얼마나 많은 시간을 허비했든 간에 내일이라는 시간은 또다시 다가온다. 따라서 지나간 시간에 대한 후회보다는 내일에 대한 계획을 철저히 세우고 시간을 최대한 활용하는 지혜가 필요하다. 현명한 사람에게는 '시간을 죽인다'라는 말이 있을 수 없다. 하여야 할 일을 계획하고 우선순위를 정하고 실천함으로써 매일매일, 매 순간 매 순간을 최대한으로 활용함으로써 성공적인 삶을 살 수 있다.

|10.1.1| 시간관리의 중요성

현대인들은 항상 바쁘게 허둥거린다. 때로는 잘못된 목표를 향하여 줄달음 치기도 한다. 가끔씩은 하던 일을 멈추고 내가 왜, 무엇을 하느라 바쁜가를 생각할 시간을 가져야 한다. 내가 시간을 잘 활용하고 있는가? 내가 하는 이 일은 가치가 있는 일인가? 이 일을 좀 더 시간을 단축해서 할 수는 없는가? 어떻게 하면 더 효과적으로 또 효율적으로 할 수 있는가?를 생각해야 한다.

효과(effectiveness)란 꼭 하여야 할 일을 바른 방법으로 수행하는 것을 의미하고 효율(efficiency)이란 일을 수행함에 있어 시간적으로나 비용적으로 절약할 수 있는 방법을 사용하여 생산성을 높이는 것을 의미한다. 어떤 경우에는 효율적일지는 모르나 효과적이지 못한 방법으로 업무를 수행할 수도 있다. 예를 들면, 경비를 줄임으로써 이익을 좀 더 내기 위하여 광고비를 대폭 삭감하였다. 그러나 조금 달리 생각하면 광고비를 투자하더라도 더 많은 매출액을 낼 수 있는 방안을 연구한다면 광고비 정도의 비용은 충분히 벌 수 있을 뿐 아니라 더 많은 이익을 올릴 수도 있을 것이다. 광고비를 삭감하는 것은 비용삭감이라는 목표를 달성하는 데 있어서는 효율적인 방법이 될 수 있을지 모르지만 조직의 궁극적인 목표를 달성하는 데 있어서는 효과적인 방안이 아닐 수도 있다.

|10.1.2| 효과적인 시간관리

효과적인 시간관리 능력은 평범한 사원에서부터 최고경영자에 이르기까지 꼭 필요한 능력이다. 평사원은 자신이 수행하여야 할 일상적인 업무처리를 위하여 또 최고경영자는 사업에 있어서 중요한 의사결정 시간의 확보를 위하여 시간관리를 하게 된다. 평소에 시간을 효과적으로 관리하는 습관을 가짐으로써 더 많은 성과를 올릴 수 있도록 훈련하여야 한다.

다음과 같은 질문들을 자신에게 던져보고 내가 시간을 효과적으로 사용하고 있는지에 대하여 생각해 보자.

- **A** 하루가 끝난 저녁 그 날 했어야 할 중요한 일을 하지 못해서 화가 나고 불안한 적은 없었는가?
- **B** 숙제를 미리 하지 않고 꾸물거리며 미루다가 마감 전날 밤샘을 하면서 후회해 본적은 없는가?
- **C** 책상 위에 해야 할 일이나 과제들이 며칠 째 손도 대지 않은 채 쌓여있지는 않은가?

특히 직장인들은 시간을 제대로 활용하지 못하면 생산성은 오르지 않고 실적을 내어야 한다는 강박관념과 불안감에 시달리기 쉽다.

직장인들은 다음과 같은 일들이 자신에게 종종 일어나거나 해당되는지 체크함으로써 자신이 시간관리를 잘하고 있는지의 여부를 점검할 수 있다.

- **A** 다른 사람의 부탁을 거절하지 못하고 일을 맡았다가 나중에 후회한다.
- **B** 같은 실수를 두 번 이상 되풀이 한다.
- **C** 해야 할 단기적인 과제가 많아 중요한 장기적인 과제를 생각할 시간이 없다.
- **D** 자신이 일을 통제하지 못하고 일에 끌려 다닌다.
- **E** 해야 할 일을 다하지 못해서 스트레스를 받는 경우가 있다.
- **F** 하루 일과가 끝나고 오늘 하루 종일 내가 뭘 했지라고 생각하는 적이 많다.
- **G** 집에서도 직장의 문제를 생각한다.
- **H** 내일 무엇을 해야 할지 잘 모른다.
- **I** 책상 위에는 해야 할 일이 일주일도 넘게 쌓여 있다.
- **J** 중요한 뭔가를 잊어버렸다 뒤늦게야 생각해 내었다.
- **K** 마감일을 놓친 적이 있다.
- **L** 해야 할 일의 목록(things to do list)이 나날이 더 길어진다.

1 시간분석(time analysis)

가계부나 금전출납부처럼 시간기록부*를 일주일 정도 기록해 보면 자신이 어떠한 활동에 어느 정도의 시간을 소비하는가에 대한 정보를 얻을 수 있다.

매일 소요시간, 활동을 적어 하루가 끝난 후 평가하여 등급을 매기고 낭비적인 요소가 어디에 있었던가를 적어보면 보다 효과적인 시간계획에 도움이 된다. 시간을 적어나갈 때는 시간대를 15분 단위로 나누고 자신의 대표적인 근무 관련 행동을 10가지 정도로 분류하여 행동번호를 시간대별로 적어나간다.

① 전화 커뮤니케이션
② 보고서 쓰기
③ 회의참석
④ 동료와 업무관련 협의
⑤ 컴퓨터 작업
⑥ 점심, 휴식시간
⑦ 결재
⑧ 손님응대
⑨ 문서정리
⑩ 기타

2 최고경영자의 시간관리

누구에게나 시간은 중요하며 잘 관리되어야 하지만, 특히 현대의 경쟁적 기업환경에서의 최고경영자/최고관리자에게 가장 잘 관리되어야 할 자산이 바로 시간이다. 현대의 최고경영자들은 효과적인 시간관리를 위

시간기록부(time log)
시간의 사용용도를 적은 기록

해 각종 시스템을 도입하며 비서를 채용하는 등 주위 사람들의 도움을 받는다. International Paper Company의 회장이었던 Edward A. Gee에 의하면 최고경영자에게는 효과적인 업무 및 시간관리를 위해 다음의 세 가지가 필수적이라고 하였다.

- 최고경영자와 그의 일을 이해하는 유능한 비서가 필수적이다. 비서는 경영자의 사무실로 밀려드는 전화, 방문객, 서류 등을 걸러서 중요하고 필수적인 일만 경영자에게 통과시키고 나머지는 본인이 알아서 다른 사람에게 의뢰하거나 처리함으로써 경영자의 부담을 덜어주게 된다. 상사의 바쁜 스케줄을 관리하며 방문객과 전화의 중요도 및 우선순위를 판단할 수 있는 능력을 갖춘 비서는 최고경영자의 유능한 시간관리자이다.
- 부하직원에게 올바르게 일을 이양*할 수 있어야 한다. 의사결정이나 업무를 적절히 이양할 때 자신의 시간을 절약할 수 있을 뿐 아니라 부하직원들의 능력을 개발하고 성장시켜 주는 효과까지 가져올 수 있다.
- 직접 그리고 혼자 결정하거나 검토하여 답해야 할 사항이 있을 때는 미루지 말고 즉시 처리해 버린다. '시간이 나면 하지'라고 옆에 밀쳐 두면 처리해야 할 일이 계속 부담으로 남게 된다. 상사가 즉각적인 결정을 하지 않으면 부하직원들도 그 결정이 날 때까지는 일을 미루게 되므로 결국에는 조직 전체의 비능률을 가져오게 된다.

우선순위 10.2

전쟁터에 있는 야전응급실에서는 부상당한 군인들이 한꺼번에 많이 후송되어 오면 먼저 세 가지 기준에 의하여 환자를 구분한다고 한다. 첫째, 너무 부상을 심하게 당하여 어떤 조치를 취하더라도 죽을 병사, 둘째

이양(移讓, delegate)
주로 상사가 부하직원에게 업무, 책임, 권한 등을 나누어 주는 것

당장 어떠한 조치를 취하지 않더라도 살 가망이 높은 병사, 그리고 셋째로는 지금 당장 응급처치와 조치를 하면 생존할 가망성이 높으나 그렇지 않은 경우에는 죽을 병사로 나누어 세 번째 기준에 속하는 환자부터 먼저 진료한다고 한다.

시간관리에 있어서의 우선순위를 설정하는 것도 이와 유사할 것이다. 일의 중요도와 시간의 긴급함에 따른 우선순위를 나열한 뒤 자신이 꼭 하여야 할 일과 자신이 하지 않고 다른 사람에게 이양해도 될 일 그리고 나중에 해도 되는 일 등 각종 일들 사이에서 우선순위를 설정하여야 한다. 또한 일들 중에서는 내가 할 수 있고 했을 때 성공할 수 있는 일, 노력을 기울이더라도 성과가 나지 않을 일, 그리고 노력을 기울였을 때 성과가 날 수도 안 날 수도 있는 일 등이 있다. 이럴 때에도 주어진 시간 안에 바람직한 성과를 얻어 내기 위해서는 자신이 해야 하고 잘 할 수 있는 일에 노력과 시간을 투입하는 것이 바람직하다.

|10.2.1| 업무유형

모든 일을 내가 꼭 해야 한다는 생각은 시간관리에 있어 큰 걸림돌이 될 수 있다. 일의 중요도와 시간의 촉박성에 따라서 다음과 같이 업무를 네 가지 유형으로 분류할 수 있다.

유형 1 **급하고 중요한 일**

지금 당장 그리고 제대로 처리해야 할 일로서 예를 들면, 점심시간까지 준비해야 할 이사회자료, 화난 고객의 문제해결, 중대한 안전문제 발생에 따른 해결 등을 들 수 있다. 이러한 일이 자주 일어난다면 이는 시간관리에 있어서의 문제점을 노출하는 것으로 유형 3에 있던 과제들을 처리하지 않고 시간이 경과하게 되면 유형 1로 바뀔 수도 있다는 것을 보여준다. 따라서 중요한 사안들을 미리미리 파악하여 충분한 시간을 가지고 처리해 나가야 하는 태도와 업무처리방식이 필요하다.

그림 10-1 | 업무의 4가지 유형

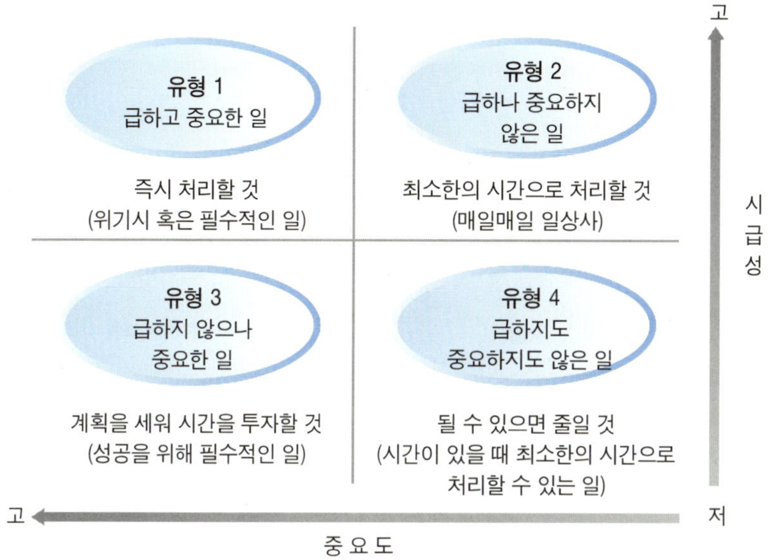

유형 2 급하나 중요하지 않은 일

공과금 납부, 재고수량 파악 및 주문, 전화받기, 프린터 수리 등 시간적으로 빨리 처리하기는 해야 하나 중요도에서는 떨어지는 일들이다. 그러나 사무실에서나 가정에서 이러한 종류의 일들이 매일매일의 일 중에서 차지하는 시간적 비중은 크다. 자신이 하지 않아도 결과를 얻어낼 수 있는 일은 될 수 있는 대로 다른 사람에게 업무를 맡기거나 이양하고 보다 중요한 일에 많은 시간을 할애할 수 있어야 한다. 개인적인 용무에 있어서도 심부름센터, 인터넷/폰뱅킹, 전자상거래 등 첨단서비스나 테크놀로지를 활용하여 업무를 처리하도록 한다.

유형 3 급하지 않으나 중요한 일

이 유형의 일들은 보람있는 삶을 영위하기 위하여 매우 중요하다. 예를 들면, 시간이 없어서 하지 못했던 일 중 현재와 미래의 삶을 윤택하게 할 수 있는 일로서 오늘 당장 실시할 수 있는 일을 적어 보자. 가족들과 함께 시간보내기, 운동, 독서, 명상 등 자아개발 및 행복감의 증대를 이룩할 수 있는 일들은 대부분 이 유형에 속함을 알 수 있다.

이 유형의 일들을 미리 처리하지 않음으로써 유형 1, 유형 2의 일들이 더욱 늘어나게 되는데 예를 들면, 건강검진을 받는 일을 정기적으로 하지 않아서 중한 병으로 발전되면 그때는 건강이 시급하고 중요한 일이 되게 된다. 또한 자기계발을 미리 해 놓지 않으면 요즘과 같이 변화가 많은 사회에서는 경쟁에서 밀려 해고당하는 시급하고도 중요한 상황에 놓이게 된다.

유형 4 급하지도 중요하지도 않은 일

위의 세 유형의 일들을 다 했을 때 할 수 있는 일들로서 서류정리, 앨범정리, 철 지난 옷정리 등 비교적 시간적 여유를 가지고 느긋하게 할 수 있으며 또 즉시 처리하지 않았다고 해서 중대한 결과를 가져오지도 않는 종류의 일들이다.

성공하는 사람

유형 1 10%	유형 2 40%
유형 3 40%	유형 4 10%

성공하지 못하는 사람

유형 1 15%	유형 2 60%
유형 3 5%	유형 4 20%

위의 네 영역을 하루 시간 중에서 적절히 배열함으로써 시간관리를 해 나갈 수 있다. 급하고 중요한 일을 먼저 처리하여야 하며 중요하나 시급하지 않는 일은 하루 중 어느 시간대를 따로 책정함으로써 매일매일 꾸준히 추진해 나가도록 한다. 급하지만 중요하지 않은 일들은 위의 두 가지 일들을 하는 틈틈이 처리해 나가고 그러고도 시간이 남으면 유형 4의 일을 수행한다.

성공하지 못하는 사람은 유형 2, 4의 일에 많은 시간을 보내는 사람들이고 성공하는 사람들은 유형 3, 즉 급하지 않으나 중요한 분야의 일을 시간계획을 세워 꾸준히 실천해 나가는 사람이라 할 수 있다.

|10.2.2| 우선순위 설정

주위의 작은 일에 관심을 쏟느라 큰 일은 시작도 못하는 사람들이 종종 있다. 한정된 시간 내에 효과적인 방법으로 업무를 처리하기 위해서는 모든 일에 있어서 우선순위를 정해야 한다. 우선순위를 정하는 방법은 아주 간단한 메모장에 그날그날 처리해야 할 일들을 단순히 나열하여 일의 처리순서를 정하는 방법부터, 스케줄 관리표에 장 · 단기 프로젝트 진행 일정과 개인적인 대소사까지 미리 스케줄을 정하고 우선순위를 정하여 실천해 가기도 한다.

시중에 나와 있는 다이어리를 사용하여 매일 해야 할 일을 나열해 봄으로써 간단한 방법부터 실천해 본다. 약속정하기, 전화하기, 회의참석, 의제 생각하기, 정보수집, 새 프로젝트 기안, 출장준비, 공문 내보내기 등 수없이 많을 것이다. 그런 다음 하나하나의 일에 대하여 일의 우선순위를 정한다.

해야 할 일을 적을 때는 '김 과장에게 전화할 것' 이라고 모호하게 표현하기보다는 '1시까지 김 과장에게 전화하여 견본요청 건 마무리 지을 것' 과 같이 구체적으로 서술하는 것이 좋다.

오늘의 할 일(things to do list)의 예

날짜 : 20xx년 10월 5일(금)
1 : 급하고 중요한 일
2 : 급하나 중요하지 않은 일
3 : 급하지 않으나 중요한 일
4 : 급하지도 중요하지도 않은 일

실시 여부	업무유형	우선순위	해야 할 일
	3	5	30분 뛰기
	1	1	1:00 이사회 자료완성
	4	6	관리협회총무에게 전화하기
	2	3	컴퓨터 프린터 A/S 전화하기
	3	4	10월 10일 오찬 장소 예약(이화장)
	1	2	주간보고서 작성
	4	7	문서정리

|10.2.3| 우선순위 실천

우선순위가 매겨지고 나면 당장 설정한 순서에 따라 실행에 들어간다. 한 가지 일이 매듭지어지기 전까지는 될 수 있는 대로 다른 일을 시작하지 않는다. 물론 더 급박한 일이 생길 때는 항상 먼저 처리할 수 있는 융통성을 지녀야 한다. 하루의 일과가 끝나면 내일을 위한 새로운 리스트를 만들되 오늘 못다한 업무가 있으면 내일의 업무로 보낸다. 다음 날 출근하여 일의 우선순위를 정하고 다시 업무에 착수한다

현실적으로 어떤 날은 리스트에 있는 일을 다 할 수 없는 날도 많다. 그러나 적어도 중요한 우선순위 업무는 처리할 수 있을 것이다. 리스트에 있는 업무를 거의 매일 다 수행하거나 아니면 급한 일조차도 그 날 끝내지 못하고 계속 다음 날로 넘긴다면 시간관리에 있어 문제가 있다는 신호일 수 있으므로 시간관리전략을 다시 수립한다. 시간에 쫓겨 다니는 것이 아니라 자신의 계획에 따라 시간을 사용하는 시간의 주인이 될 수 있어야 한다.

효과적인 시간관리를 위하여 컴퓨터 소프트웨어나 일정관리 프로그램을 활용하는 것도 추천할만 하다.

10.3 미루지 않기

시간관리를 효과적으로 하기 위해서는 무엇보다 자신이 해야 할 일을 미루지 않아야 한다. 격언에 "오늘 할 일을 내일로 미루지 말라"는 말이 있으나 대부분의 사람들은 "내일로 미룰 수 있는 일은 오늘 절대로 하지 말라"는 원칙으로 살아가는 경우가 많다.

만성적으로 미루는 습관이 있는 사람은 만성적인 스트레스 속에 시달리게 되고 업무의 효율이 떨어질 뿐만 아니라 자신감과 건강에도 막대한

손상을 입는다. 미루어 놓은 일들이 항상 심리상태를 압박하고 만성피로에 시달리게 한다. 해야 할 일을 미루고 꾸물거리는 사람들은 미래의 성공에 대한 확신도 부족하다. 또한 미루다 마지막 순간에 처리한 업무의 질은 최선, 최상의 것이 되기 힘들 것이다. 특히 자신의 일이 상사나 동료의 일과 연결되어 있을 때는 무능하게 비추어지고 비난을 받을 수도 있다.

|10.3.1| 미루는 이유

사람들이 일을 미루는 이유는 내면적으로 살펴보면 매우 다양하다. 해야 할 일이 어렵거나 혹은 그 일 자체가 즐겁지 않기 때문일 수도 있다. 내가 좋아하는 일을 하는 것도 중요하지만 내가 해야 할 일을 좋아할 수 있도록 노력하여야 한다. 사람들이 해야 할 일을 미루는 데는 대체적으로 다음과 같은 몇 가지 두려움 때문이다.

1 실패에 대한 두려움

"난 이것을 하고 싶지만 잘 못할까 봐 걱정이 돼. 그건 나중에 할거야. 그러면 당장에는 실패하는 걸 보지 않아도 돼."

2 완벽하지 못한 결과에 대한 두려움

"나 이 일 정말 잘하고 싶어. 그러나 그 결과가 어떨지 확신이 안 서. 마지막 순간까지 미루면 나중에 자신이나 주위의 사람들에게 시간이 충분하지 않아서 그랬다고 합리화할 수 있겠지. 짧은 시간에 할 수 있는 최선이었다고 말이야."

3 자신의 열등감으로부터 나오는 두려움

"나는 다른 사람들보다 잘하고 싶어. 그러나 나는 그럴 능력이 없는 걸 알아. 그럴 바에는 차라리 될 수 있으면 미루다가 다른 사람이 하면 그때 잘난 척 비판을 할 수 있을 거야. 그러면서 다른 사람들에게는 내가 했더라면 더 잘할 수 있었을텐데라고 말할 수 있겠지."

그 외 사람들이 해야 할 일을 미루는 이유는 다음과 같다

- 일이 너무 방대하여 어떻게 처리하여야 할지 모르겠음.
- 일을 하면 하겠는데 일의 시작이 그다지 유쾌하지 않음.
- 내가 좋아하는 성격의 일이 아님.
- 집중을 방해하거나 일을 못하도록 유혹하는 요소가 많음.
- 장기간에 걸친 일보다 단기간에 끝내고 결과를 볼 수 있는 일을 선호함.
- 신체적인 에너지가 부족하여 무기력함.

결국 꾸물거리면서 미루는 것은 많은 사람들의 공통적 특성인 자기방어적인 행동이라고 할 수 있다. 자신이 미루는 경향이 있는지를 알아보기 위해서 스스로 다음과 같은 성향이 있는지 점검해 보자.

체크리스트

예	아니오	
( )	( )	• 어려운 업무상황은 될 수 있는 대로 피한다. 버틸 수 있을 때까지 버티다 보면 업무 자체가 취소되거나 상황이 바뀔 수도 있다라고 생각한다.
( )	( )	• 일상적이고 자질구레한 일들을 미루는 경향이 있다.
( )	( )	• 더 이상 배울 것이 없고 업무 자체가 도전적이지 않는데도 그 직업이나 위치에 오래 안주하기를 원한다.
( )	( )	• 변화를 두려워하고 부서이동이나 전근이 될까 겁낸다.
( )	( )	• 어려운 업무를 맡거나 불유쾌한 상황에 처하게 되면 자주 아프거나 사소한 사고를 잘 당한다.
( )	( )	• 다른 사람이 할 때까지 업무를 미루거나 아니면 제대로 처리

하지 못한다.

( ) ( ) • 다른 사람에게 정당하게 따져야 할 때에도 될 수 있으면 피하려고 한다.

( ) ( ) • 자신이 불행하거나 성공하지 못한 데 대하여 외부적인 탓으로 원인을 돌린다.

|10.3.2| 미루는 습관 없애기

미루는 습관을 없애기 위해서는 스스로의 객관적 분석 위에 만성적 미루기를 없앨 수 있는 계획을 세우고 이를 꾸준히 실천하여야 한다.

미루는 습관을 없앨 수 있는 구체적 방안은 다음과 같다.

- 잠시 하던 일을 멈추고 5분 동안 현재 해야 할 일 중 자신이 미루어 왔던 일이 무엇인지 적어 본다.
- 그 중의 하나를 당장 실천해 보자. 끊임없이 핑계대기에 쏟던 에너지를 그 일을 실천하는 데에 써보자. 행동으로 실천하면 그에 대한 걱정이나 스트레스는 그만큼 더 적어진다.
- 만약 당장 시작하는 것이 어렵다면 그 일을 할 수 있는 시간을 '수요일 오전 10시'와 같이 구체적으로 미래의 시간을 설정한다.
- 평소 지루하다는 생각을 없앤다. 지루하다고 느껴지는 회의에서는 뭔가 도전적인 질문을 생각해 보고 점심이나 휴식시간에는 창의적인 목표설정이나 미래에 대한 꿈을 생각해 본다.
- 일년 후에 내가 죽는다고 상상한 뒤 내가 죽기 전에 하고 싶은 일이 무엇인가를 생각해 본다. 그 일을 하기 위해서는 시간분배를 어떻게 할 것인가를 계획해 본다. 이러한 정신적 훈련은 자신의 우선순위를 설정하고 실천하는 데에 많은 도움이 된다. 어떤 컴퓨터회사는 현 상태라면 2년 후에 회사가 파산할 것이라는 가정하에 파산하지 않기 위해서는 어떻게 할 것인가를 회의에서 논의하고 이를 전략수립에 반영한다고 한다.
- 결과가 완벽해야 한다는 강박관념에서 벗어난다. 노력하는 과정이 중요하며 완벽한 결과는 올 수도 있고 안 올 수도 있기 때문이다.

- "나는 ~ 했으면 좋겠어" 혹은 "아마 난 ~ 할지도 몰라"라는 표현방식이 아니라 "난 ~ 할거야" 혹은 "할 수 있어"와 같은 적극적이고도 긍정적인 표현을 한다.
- 만약 내가 미루는 일이 혼자만의 일이 아니라 여러 사람이 관여되어 있다면 함께 의논한다. 혼자 하는 것보다 함께 할 때 미루는 것에 대한 심리적인 부담은 나눌 수 있고 실천은 더 빨리 할 수 있다.
- 결과가 두려워 회피하고 있는 일이 있다면 그 일을 오늘 당장 실천했을 때 발생할 수 있는 최악의 상황은 무엇인가를 생각해 본다. 의외로 우려하는 것보다 별 것 아닐 수도 있다.
- 미루어 왔던 일을 끝냈을 때 얼마나 기분이 좋을까를 스스로 상상해 본다.
- 일의 규모가 너무 커서 미루는 일이 있다면 이를 비교적 짧은 시간 내에 끝낼 수 있는 작은 규모의 일로 분할한다. 예를 들면, 파일시스템을 다시 만들어 서류정리를 해야 한다면 한꺼번에 벌이기는 규모가 큰 일이나 매 주 한 상자씩만 정리하는 것으로 계획을 세운다면 충분히 가능할 것이다. 작은 일을 통하여 성취감을 경험하면 다음 일에 착수할 때 훨씬 기쁜 마음으로 시작할 수 있다.
- '오늘의 할 일' 리스트에서 별로 하고 싶지 않지만 꼭 해야 할 일을 리스트의 맨 꼭대기에 적고 아침에 그 일부터 처리한 후 다음 일로 넘어가면 하루 종일 그 일을 해야 한다는 압박감에서 벗어날 수 있다.
- 일주일의 시간계획을 수립하면서 일정표에 일정한 시간을 자신이 미루어 온 일을 처리하는 시간으로 지정하여 적어둔다. 일단 적어두면 그 시간대에 그 일을 수행할 확률은 훨씬 높아지게 된다.
- 만성적으로 미루는 일에 대하여 주위의 동료 혹은 친구들에게 자신이 언제까지 그 일을 하겠노라고 선언을 하고 약속을 한다. 그러면 그 약속을 지키기 위해서라도 열심히 하게 되는데 어떤 사람은 이렇게 함으로써 더 많은 스트레스에 시달리는 경우도 있으므로 자신의 업무스타일에 맞을 때 활용해 본다.
- 해야 할 일의 리스트를 살펴본 후 다른 사람에게 시킬 수 있거나 비용을 지급하고 서비스를 살 수 있는 일이 있으면 위임을 하는 것이 오히려 효과적인 방법이다. "사무실 대청소를 해야 할텐데"라고 몇 주를 벼르는 것보다 청소대행회사에 맡기는 것이 장기적으로는 오히려 경제적인 방법이다.
- 책상 위를 항상 깨끗이 유지함으로써 책상에 앉으면 금방 집중해서 일을 할 수 있는 분위기를 유지한다. 책상 위에는 필요한 집기나 사무용품들이 잘 구비가 되어 있어 시간적 낭비요소가 없도록 한다. 신문을 읽거나 커피를 마시거나 하는 행동

은 책상이 아닌 다른 곳에서 하고 책상으로 돌아오면 짧은 시간 내에 일로 돌아갈 수 있도록 한다.

- 내가 현재 미루고 있는 일의 영향을 받는 상대방의 입장과 기분을 생각해 본다. 그 대상이 상사이든 고객이든 혹은 가족이든 간에 일을 연기하였을 때 나에 대하여 결코 유쾌한 감정을 가지지 않을 것이다.
- 일을 마지못해 해야 하는 고역으로 생각하지 말고 하나의 기회로 생각을 바꾸어 추진해 본다. 일정기간 내에 작성해야 하는 보고서가 있다면 그 보고서로 인하여 스트레스를 받기보다 자신의 능력이나 아이디어를 상사에게나 주위 동료들에게 알릴 수 있는 좋은 기회라고 생각을 바꾸고 계획을 세워 추진해 나간다면 훨씬 좋은 결과를 얻을 수 있을 것이다.
- 매일 스스로에게 다음과 같은 독백을 한다. 즉 "나는 힘든 일부터 처리하는 것을 좋아해." "나는 일을 시작하면 단숨에 해치울 수 있어." "난 밀려있는 일이 하나도 없어서 내가 원하는 대로 시간을 쓸 수 있어." "나는 능률적이고 활동적이야." 등을 독백하고 또 자주 보는 거울 앞에서 스스로에게 최면을 건다.
- 신체적으로 무기력하고 건강하지 못하면 에너지가 없어 일들이 밀리게 된다. 가끔씩은 근무시간 후 혹은 주말에 밀린 일들을 처리할 수 있어야 하는데 건강이 따라주지 못한다면 계속 뒤쳐지게 된다. 일주일에 2~3번 정기적으로 운동을 함으로써 더 힘을 얻을 수 있다. 운동한 날이 더 피곤할 것 같으나 오히려 저녁이 되어도 피곤하지 않은 것은 정신적인 스트레스를 운동을 통해서 풀어주기 때문이다. 직장 근처에서 손쉽게 할 수 있는 운동 프로그램에 등록하는 것도 한 방법이다.

10.3.3 지연의 결과

해야 할 일을 미루었을 때 나타나는 결과들은 다음과 같다.

1. 미루고 있는 일을 생각할 때마다 스트레스가 증가된다.
2. 중요하고 장기적인 성과를 가져오는 일에 시간을 할애할 수 없는 데서 오는 압박감과 스트레스를 느끼게 된다.
3. 마감시간에 쫓겨 엉망으로 일을 처리해 버리게 된다.
4. 일이 점점 더 힘들어지고 비용도 더 늘어나게 된다.
5. 자신의 비능률에 대하여 타인들이 어떻게 인식할까라는 두려움을 가지게 된다.

어떤 사람들은 고의로 마지막 순간까지 미루기도 한다. 그들은 마지막 순간에 전력을 다해서 뭔가를 해내었을 때의 성취감을 즐기거나 그때에 가장 성과가 오른다는 것을 경험을 통하여 알기 때문이다. 따라서 지금 해야 할 일을 불필요하게 미루는 것과 계획적인 지연과는 차이가 있다. 때로는 보다 많은 정보를 수집한 후 일에 착수하는 것이 바람직하기 때문에 의도적으로 미루기도 한다.

의사결정을 하지 못하고 시간을 지체하는 관리자들을 흔히 볼 수 있다. 이는 실제의 문제가 무엇인지 알지 못하는 경우이거나 아니면 완벽한 대안을 원하기 때문인데 의사결정에 시간을 끌기보다는 여러 대안 중 가장 나은 대안을 선택하여 실천에 옮기는 것이 바람직하다.

10.4 시간낭비 요소의 관리

파레토법칙(The Pareto Principle)*에 의하면 일에 대한 결과의 80%는 전체 시간 중 20%의 시간을 활용하여 성취된다고 한다. 즉, 대부분의 사람들이 시간의 80%를 생산적으로 사용하기보다는 비능률적이고도 낭비적으로 사용한다는 것이다. 똑같은 24시간을 사용하지만 남들보다 많은 것을 성취할 수 있는 사람은 80%의 시간을 효과적으로 활용하기 때문에 가능한 것이다.

시간을 낭비하는 요소(time waster)를 찾아내기 위하여 먼저 자신이 하루의 시간을 어떻게 사용했는가에 대한 기록을 하고 분석을 하는 것이

Pareto Principle
파레토법칙은 프랑스의 사회학자 파레토가 사회현상을 20:80의 법칙에 적용 · 설명한 것이다. 예를 들어, 회사 내에서 회사업무를 처리할 때 20%의 직원들이 80%의 일을 해 낸다. 또는 한 사회의 부(富)의 80%는 20%의 사람들이 소유하고 나머지 20%의 부는 80%의 사람들이 소유하고 있다라고 설명하는 이론

필요하다. 적어도 일주일 동안의 활동을 기록해 보면 자신이 시간을 어떻게 낭비하고 있는가에 대한 주요한 원인을 찾아낼 수 있을 것이다.

다음은 사무실에서 일어날 수 있는 시간낭비요소의 예와 그에 대한 개선방안을 제시한 것이다.

아침 출근 후 본격적인 근무에 앞서 신문을 보고 커피를 한 잔을 마신다.

- 전날 퇴근 직전 다음 날 수행해야 할 일의 목록(things to do list)을 작성한다. 아침에 출근하여 리스트를 점검하고 바로 업무에 들어간다.

모든 일을 완벽하게 처리하여야 직성이 풀린다.

- 모든 일을 다 완벽하게 처리할 수는 없으며 오히려 지나친 완벽주의자는 항상 스트레스를 받으므로 업무성과도 오르지 않는다. 중요한 일은 될 수 있으면 잘하려고 노력하되 그렇지 않은 일은 적정선에서 마무리하거나 다른 사람에게 이양하는 것을 배운다.

책상 위가 항상 어지러져 있다.

- 한쪽에 서류가 쌓여있고 책상 위가 어지러져 있으면 집중하기가 힘들 뿐 아니라 필요한 서류를 찾기 위하여 여기 저기 뒤적거리며 많은 시간을 낭비하게 된다. 적어도 1주일 이상 책상 위에 쌓여있는 문서가 없도록 정리하고 필요 없는 것은 버린다.

업무 중 방해받는 요소가 많다.

- 업무 중 많은 전화가 걸려오거나 책상이 통로 쪽에 위치하다 보면 앞을 지나다니는 사람 때문에 업무에 집중하기가 힘들다. 자신의 업무가 비서 혹은 안내원일 경우는 전화를 피할 도리가 없지만 중요한 일을 전념해서 처리해야 할 때는 전화를 다른 직원에게 부탁하거나 자동응답기로 메시지를 받아 일정시간 동안 전화로 인한

방해를 차단한다. 또한 책상이 통로 쪽으로 면하고 있으면 지나다니는 사람과 시선이 마주치지 않는 방향으로 책상을 돌리는 것도 한 방안이 될 수 있다.

다른 사람의 일을 대신해야 할 때가 많다.

- 먼저 자신이 그 일을 꼭 해야 하는가, 그 일을 해야 할 사람이 왜 그 일을 하지 않는가에 대한 결정을 먼저 내린다. 만약 그 사람이 방법을 모르거나 능력이 모자란다면 그 직원의 직무능력을 향상할 수 있는 훈련계획을 먼저 수립하고 기술을 익힐 수 있도록 도와준다. 그러나 그 사람이 동료나 부하직원이 아니라 상사일 때는 자신의 업무범위와 영역에 대하여 상사에게 다시 한 번 확인을 한다.

다른 사람으로부터의 부정확한 정보로 인한 시간의 낭비가 생긴다.

- 정보의 오류*가 빈번하게 일어날 때는 그 오류의 원천이 어디에 있는가를 밝힌다. 컴퓨터 파일이나 서류가 그 원천일 때도 있으나 특정직원의 빈번한 입력 혹은 계산 실수로 인한 경우도 있다. 증세만 치료할 것이 아니라 증세의 원인을 정확하게 파악하여 정확성을 확보해야 한다.

빈번한 회의로 인하여 업무를 제대로 할 수 없다.

- 회의를 소집하는 입장이라면 어떠한 회의든 소집하기에 앞서 "이 회의는 꼭 필요한 것인가"를 반문해 본다. 회의의 가장 주요한 기능은 의사결정이므로 주요 의사결정사항이 없을 때는 통지나 보고사항을 이메일이나 간단한 문서로 대신하고 정례회의라고 하더라도 휴회하는 것이 시간관리 측면에서는 더 바람직하다. 또한

정보의 오류
부정확한 정보로 인한 손실

회의 참석자가 많을 때는 안건당 또는 참석자당 소요시간을 미리 제시하고 의제를 알려줌으로써 충분한 준비와 검토를 하고 회의에 참석할 수 있도록 한다.

긴 보고서를 읽느라 시간이 낭비된다.

- 모든 보고서는 반드시 1~2장으로 된 요약서, 즉 문제, 결론, 건의사항을 간단하게 정리한 개요서 혹은 요약보고서*를 만드는 것을 의무화한다. 긴 보고서를 읽어야 하는 것이 불가피할 때는 형광펜 등으로 주요 내용에 밑줄을 치면서 자신이 요약서를 만드는 것이 좋다.

가끔씩 자리에 와서 떠들고 가는 동료나 한 번 방문하면 자리를 뜨지 않는 방문객들 때문에 시간이 낭비된다.

- 시간을 끄는 방문객이 예상되면 동료나 다른 직원에게 일정시간이 지나면 "아까 그 보고서 제출했어?" 혹은 "회의시간이 다 되었는데요"라는 식의 간단한 코멘트를 해주도록 미리 부탁함으로써 면담을 짧게 끝낸다. 혹은 "바빠서 10분 정도밖에 시간을 못 내겠는데 그래도 괜찮아요?"와 같이 미리 시간제한을 하거나 서서 이야기한다.

상습적으로 회의나 약속에 늦는 사람을 기다리느라 시간이 낭비된다.

- 늦을 것을 예상하고 조금 더 빠른 시간으로 약속을 정하거나 오늘은 얼마나 늦을까 하는 느긋한 마음으로 그 시간 동안 밀린 전화를 하거나 쉽게 매듭지을 수 있는 일들을 처리한다.

요약보고서(executive summary)
보고서를 제출할 때 주요 내용을 1~2장으로 정리하여 맨 앞에 첨부함

사무실 내에서의 동선이 길어서 시간이 낭비된다.

- 사무실 내의 사무기기, 특히 복사기, 팩스 등이 멀리 떨어져 있어서 왔다 갔다 하느라 시간낭비가 발생할 때는 사무가구 배치를 다시 하여 동선을 절약할 수 있는 방안을 연구한다.

10.5 업무시간관리

10.5.1 능률시간대의 효과적 활용

사람들은 각자 정신적 · 육체적 그리고 정서적으로 일정한 주기에 따라 리듬을 타고난다고 주장하는 학자들이 있다. 이러한 리듬을 바이오리듬 혹은 생체리듬이라고 하는데, 하루를 통하여 살펴보면 몸의 에너지가 더 왕성한 때가 있는가 하면 유난히 피곤을 느끼는 때가 있기도 하다.

아침 일찍 하루를 시작하면서 아침시간에 정신집중을 하여 독서나 글쓰기, 공부 등을 하는 종달새형의 사람(morning person)이 있는가 하면, 밤늦게까지 일하는 것은 힘들지 않고 오히려 능률이 오르나 아침에 일찍 일어나기는 힘든 올빼미형의 사람(night person)도 있다. 따라서 개인마다 자신이 어떠한 유형인가를 살피고 어느 시간대가 가장 능률이 오르는 시간대(prime time)*인가를 파악하여 잘 활용하면 같은 시간 내에 더 많은 일을 할 수 있다. 일은 얼마나 많은 시간을 소요하는가가 문제가 아니라 얼마나 짧은 시간에 능률적으로 처리하느냐가 문제이기 때문이다.

그러나 직장생활을 하면서 자신이 결정할 수 있는 시간보다 업무나 상사에 의하여 시간의 지배를 받게 되는 경우가 많기 때문에 자신의 유형만

프라임 타임(prime time)
일반적으로 TV시청률이 가장 높은 시간대를 의미하는 것으로 황금시간대라고 하기도 함

고집할 수 없다. 주어진 시간 안에서 자신의 유형과 업무성격을 잘 조화하면서 나름대로 시간표를 짜보는 것은 유익하다.

예를 들면, 자신의 시간능률을 살폈을 때 다음과 같은 결과가 나왔으면 시간능률대가 높을 때는 가장 중요하고 집중을 요하는 업무를 처리하고 시간능률대가 보통이거나 낮은 시간대에는 업무상의 전화를 한다든가, 외근을 한다든가 하는 등의 일상적인 업무를 처리하도록 한다. 능률이 낮은 시간대에는 5~10분 동안 눈을 감고 명상을 하며 심호흡을 하거나 비타민 C가 많은 주스를 섭취하고 신선한 공기를 마시는 것도 매우 도움이 된다.

시간에 따른 능률도분석의 예

시간대	능률
7:00 a.m. ~ 9:00 a.m.	보통
9:00 a.m. ~ 12:00 p.m.	높음
12:00 p.m. ~ 1:00 p.m.	점심시간
1:00 p.m. ~ 2:00 p.m.	낮음(점심시간 직후)
2:00 p.m. ~ 5:00 p.m.	높음
5:00 p.m. ~ 6:00 p.m.	낮음(퇴근시간 전)

|10.5.2| 자투리 시간 활용

우리는 하루 중 많은 시간을 무료하게 소비하는 경우가 많다. 은행이나 병원에서 순서를 기다리면서, 버스를 기다리면서, 지하철로 출근하면서, 사람을 기다리면서, 출장을 가는 차안에서 등 비능률적인 시간이 많이 생긴다. 이러한 자투리 시간들을 모아서 잘 활용하면 얼마든지 큰 일을 해낼 수 있다.

1 출장여행시간

바쁜 직장인들에게는 출장여행시간만큼은 방문객이나 걸려오는 전화로 인한 방해 없이 집중하여 업무를 처리할 수 있는 시간이다. 출장에 앞서 미리 무엇을 할 것인가에 대한 계획을 세우고 자료를 준비함으로써 시간을 활용하도록 한다. 될 수 있으면 편안한 여행수단을 택하고 자리도 방해가 적은 창문가 자리를 택하며 아울러 노트북컴퓨터, 휴대폰, 펜 등 필요한 도구를 준비한다. 필자는 지방으로 출장을 갈 때는 기차를 애용하며 이때 채점할 시험지나 검토해야 할 보고서를 들고 간다. 목적지에 도착하기 전에 채점이나 보고서 검토를 끝낼 수 있어서 기차 안에서의 무료한 시간을 오히려 능률적인 시간으로 활용할 수 있다.

2 기다리는 시간

항상 펜과 메모지, 읽을 책 등을 준비해 다니면서 기다리는 시간이 생길 때를 대비한다. 은행이나 우체국 등 공공기관을 이용할 때는 될 수 있으면 사용자가 적은 시간을 택하며 또한 공공기관에서도 이메일이나 팩스, 전화서비스를 확대하고 있는 추세이므로 이를 잘 활용하도록 한다. 폰뱅킹서비스*나 인터넷 쇼핑과 같은 첨단 서비스를 활용하는 것도 한 방안이다. 또 자신이 직접 갔을 때의 시간비용을 따져보고 심부름센터에 맡기는 것이 더 경제적일 경우에는 믿을만한 서비스기관의 전화번호를 알아두어 활용하도록 한다. 예를 들면, 요즘에는 시간에 쫓기는 직업여성을 위하여 일정가격대 이상의 물품을 인터넷을 통하여 주문하면 대신 장을 봐서 배달해 주는 백화점 서비스도 있고 저렴한 수수료를 내면 할인점에서 장보기를 대신해 주는 서비스도 있다.

폰뱅킹서비스(phone banking service)
폰뱅킹서비스란 은행업무를 전화로 처리하는 것으로 인터넷뱅킹서비스와 함께 수수료의 절약과 이용시간이 길다는 장점을 갖고 있다.

3 출퇴근시간

출퇴근시간을 활용하는 방법은 개인마다 틀리다. 지하철에서 살펴보면 신문을 읽는 사람, 모자라는 잠을 보충하는 사람, 음악이나 외국어테이프를 듣는 사람, 무료하게 시간을 보내는 사람 등 사람들의 시간 사용 방법은 다양하다. 그러나 하루에 짧게는 1시간 길게는 2~3시간 걸리는 출퇴근시간 동안 어떤 이는 생각을 집중하여 메모한 글로 수필집을 출간하기도 하고 또 어떤 이는 그날 해야 할 일을 구상하고 계획을 짜기도 한다. 신문의 주요난을 미리 훑어두어 사무실에 가서는 바로 업무를 시작하거나, 회사에서 추천하는 비즈니스 관련 책을 읽는 것도 좋은 시간활용 방법이다.

자가운전을 하는 경우에는 카세트테이프나 CD 형태로 나와 있는 어학교재, 강의, 자기계발 자료를 활용하고, 길이 막혀 차가 꼼짝도 못하는 경우를 대비하여 차내에 읽을거리를 비치해두도록 한다.

10.5.3 전화업무 시간관리

사무원의 경우 하루 중 전화응대에 소비하는 시간은 업무나 직위에 따라 다양하다. 또한 전화는 업무나 직위에 따라 자신이 통제할 수도 있고 통제할 수 없는 경우도 많이 있다. 서비스직이나 고객의 질문에 응대해야 하는 일선직원들은 자신의 의사와는 상관없이 끊임없이 울려대는 전화에 응대하여야 하며 중간관리자 이상 올라가게 되면 어느 정도 전화시간을 통제할 수 있게 된다. 특히 최고경영자와 관리자들은 비서에게 전화업무 관리를 맡기면 시간생산성을 더욱 높일 수 있다.

1 전화하기

상대방에게 전화를 하였을 때 한 번의 시도로 통화가 되면 지극히 운이 좋은 것으로 생각될 만큼 요즘의 사무실은 전화연결이 쉽지 않다. 통화중이거나 외근중이거나 고객과 상담하느라 전화를 받지 못하거나 다양한 이유로 인하여 다시 전화를 하게 되고 또 상대방이 나에게 전화를 걸어왔을 때는 내가 마찬가지 사정으로 인하여 전화통화를 하지 못하게 되는 경우도 많이 있다. 따라서 업무상 자주 통화를 해야 하는 거래처나 고객은 어느 시간대에 통화하는 것이 가장 효율적인지 평소에 파악해 두도록 한다. 상대에 따라 출근하자마자 전화하는 것이 통화가 잘되는가 하면 저녁 퇴근시간 직전에 전화를 하면 통화가 잘 되는 경우도 있기 때문이다.

최근에는 통신기술의 발전으로 인하여 휴대폰이 일반화됨에 따라 연락하기가 훨씬 간편해지긴 하였으나 상대방이 어떤 장소, 어떠한 상황에 있는지 알 수 없기 때문에 휴대폰으로 업무 이야기를 하기 전에 상대방의 사정이 어떤지를 우선 물어보고 통화를 시작하는 것이 좋다. 또한 전화통화는 될 수 있는 대로 용건 중심으로 간단히 하고 곧 만날 수 있는 사람의 경우에는 구체적인 내용까지 전화로 통화할 필요는 없을 것이다.

- 회의를 할 때 능률적인 회의진행을 위해서는 의제*를 작성하는 것이 필수적이고 편지나 보고서를 효과적으로 쓰기 위해서는 개요를 먼저 작성하는 것이 필수적이다. 이와 마찬가지로 전화를 하기 전에 먼저 통화내용이나 안건에 대한 계획을 쓰고 필요 자료를 충분히 준비한 후 전화를 하면 시간을 절약할 수 있을 뿐 아니라 전화업무의 성과도 높일 수 있다.
  통화하면서 묻고 싶은 질문의 목록, 상대방으로부터 예상되는 질문에 대한 자료, 필기구와 같은 메모도구 등을 준비하고 얼마 동안 통화할 것인가에 대한 예상 소요시간까지 생각해 본 후 통화한다.
- 전화가 연결되면 간단한 인사를 한 후 바로 본론으로 들어간다. 말할 때는 간단히 그리고 정확히 이야기하며 통화 후 통화결과에 대한

의제(議題, agenda)
회의 안건

보고서를 작성해야 하는 경우에는 주요단어를 중심으로 요점만 기록한다.

- 어떤 사람들은 의자에 비스듬히 누워 커피잔을 책상 위에 두고 다리를 편안히 책상 위에 둔 채 끊임없이 전화로 이야기하기도 한다. 용건만 간단히 통화하기 위해서는 자리에서 일어서서 전화를 한다. 회의의 형태에도 잠시 동안 서서 진행하는 회의가 있는데 이는 가장 짧은 시간 내에 가장 효과적인 회의를 하기 위해서이다. 이와 마찬가지로 서서 전화를 하게 되면 전화로 잡담을 늘어놓는 등의 행동은 피할 수 있게 된다.
- 각 통화당 얼마 동안의 시간을 할애할 것인가를 미리 결정한 후 전화기에 부착된 타이머나 컴퓨터의 알람기능 등을 이용하여 통화시간을 설정한다. 특히 휴대폰에는 타이머 기능이 부착되어 있으므로 용건 중심으로 통화하면 시간뿐만 아니라 비용까지 절감할 수 있다.
- 통화를 끝내기 원할 때는 상대방의 기분을 상하지 않게 하면서도 통화를 끝낼 수 있는 대화요령을 사용한다. 예를 들면, "바쁘신데 제가 전화해서 너무 오래 붙들었군요…" "전화가 많이 걸려 올텐데 한 가지만 여쭈어보고 끊겠습니다…" "지금 점심식사하셔야 할테니까 다음에 제가 다시 전화를 드리겠습니다" 등과 같이 나의 사정이 아니라 상대방의 사정을 배려하여 전화를 끊는다는 메시지를 보낸다.
- 상대방의 전화가 자주 통화중이거나 잦은 외근 등으로 인하여 통화가 힘들 때는 자동응답장치에 메시지를 남기거나 이메일을 활용하는 것이 시간을 절약할 수 있다. 메시지를 남길 때는 구체적인 용건까지 남김으로써 상대방이 다시 전화할 필요가 없도록 하는 것이 바람직하다. 본인이 자리에 없어서 대신 다른 사람에게 메시지를 남길 때는 이쪽에서 언제 다시 전화할 것인지 혹은 상대방으로 하여금 자리에 오는대로 전화해 주기 원하는지를 명확히 전달한다.
- 자동다이얼 기능을 활용하면 시간을 절약할 수 있다. 상대방이 통화

중이면 여러 차례 번호를 들여다보고 다시 눌러야 하는 번거로움과 시간낭비를 줄일 수 있다. 급히 통화하여야 하는데 계속 전화가 통화 중인 때는 '급히 전화를 요청한다'는 메시지를 상대방의 팩스에 보내거나 같은 사무실의 다른 전화로 걸어 메모를 본인에게 전달하여 줄 것을 요청한다.

- 자동응답기에 메시지를 남길 때는 상대방이 나의 전화번호를 가지고 있는 것을 확신하더라도 자신의 이름과 전화번호를 남기는 것이 좋으며, 잘 듣지 못하였거나 메모할 준비가 미처 되어 있지 않을 경우를 대비하여 전화번호는 두 번 반복해서 남기는 것이 좋다. 상대방이 나의 전화번호를 찾기 위해 명함철이나 전화번호부를 찾아야 하는 번거로움을 없애줌으로 인하여 훨씬 더 신속하게 통화할 수 있기 때문이다.
- 전화하기 부담스럽거나 망설여지는 용건이 있는 통화는 될 수 있는 대로 빨리 처리하는 것이 계속해서 스트레스를 받는 것보다 훨씬 능률적이다. 아침에 일단 전화로 업무를 처리해버리고 나면 전화를 해야한다는 압박감에서 벗어나 하루 종일 가벼운 마음으로 일을 할 수 있다.

2 전화받기

비즈니스에 있어 전화업무는 필수불가결하다. 전화는 벨이 3번 울리기 전에 수화기를 들며 고객우선주의에 따라 아무리 바쁘더라도 전화를 받아 처리하거나 메모를 받아야 한다.

내가 불가피하게 전화를 받을 수 없을 때는 그에 대한 대책을 마련하여야 한다. 다른 사람으로 하여금 대리로 응답하게 하거나 통화중이거나 부재중일 때 활용할 수 있는 자동응답시스템이 있어야 한다.

- 음성사서함이나 자동전화응답기를 이용하여 걸려오는 전화를 선별해서 받을 수 있다. 급한 전화는 즉시 받고 나중에 덜 바쁜 시간대에

한꺼번에 전화해서 처리할 수 있는 전화는 녹음으로 받는다. 전화는 점심시간이나 퇴근시간 바로 전에 하면 당사자가 자리에 있을 확률도 높을 뿐 아니라 점심을 나가거나 퇴근을 하기 위하여 용건만 간단히 통화하는 경향도 높다.

- 전화를 받는 도중에 상대방으로부터 기다려 달라는 메시지를 받거나 전화회선이 날 때까지 기다려 달라는 자동응답서비스가 나오면 그 동안 책상 위 정리, 간단한 파일링, 이메일 체크 등 동시에 처리할 수 있는 업무를 하며 기다린다.
- 다른 부서의 전화가 잘못 걸려왔을 때는 해당부서의 전화번호와 담당자명을 가르쳐주고 연결 도중 끊어지면 그 번호로 다시 전화해 달라고 안내한다.
- 통화 도중 조회나 추가 정보가 필요하면 오랫동안 기다리게 하지 말고 전화번호를 받은 후 정보를 조사하여 이쪽에서 다시 전화하도록 한다.
- 다른 사람을 대신하여 메모를 할 때는 성명, 전화번호, 메시지, 통화시각 그리고 메모기록자 이름을 적는다.

10.5.4 업무환경관리

1 업무공간의 효율화

효과적인 시간관리를 위해서는 자신이 작업하는 업무공간을 효율적으로 구성하는 것이 필요하다. 책상, 의자, 파일박스, 필요자료, 사무용품 등을 자신의 업무능률을 최대한 올릴 수 있게 정비한다. 어떤 사람은 말끔히 치운 책상 위에서 작업하는 것이 더 능률이 오르는가 하면 또 어떤 사람은 자신이 필요한 모든 자료들을 책상 위에 어질러 놓은 상태에서 작업을 하는 것이 더 능률이 오르기도 한다. 그러나 일반적으로는 현재 작업과 관련이 있는 자료들만 책상 위에 올려놓고 나머지는 적절한 파일시스템을 이용하여 가까운 곳에 정리해두고 필요한 경우에 꺼내어 쓰는 것이 공간이용과 시간이용을 더 극대화할 수 있다.

컴퓨터, 전화 그리고 다른 작업도구들을 편리하게 책상 위에 배열함으로써 업무의 효과를 높인다. 즉 펜과 연필은 손쉽게 집을 수 있는 위치에 배치하고 포스트 잇(post-it)과 클립, 그리고 자주 쓰는 전화번호부도 손쉬운 위치에 놓는다. 편안한 의자와 적절한 조명도 능률적인 업무처리를 위해서 필수적이며 컴퓨터 작업시에 손목을 편안히 놓을 수 있는 손목대, 마우스패드 등 사무용품 전문점에 나와 있는 각종 액세서리들도 잘 살펴서 편안한 사무공간을 꾸민다.

2 문서관리

일반적으로 사무실에는 많은 문서들이 이 곳에서 저 곳으로 옮겨 다닌다. 특히 복사기가 일반화되고 컴퓨터 프린터의 값이 하락한 이후부터는 유통되는 문서의 양이 더욱 더 늘어났다. 이러한 문서 이외에도 신문, 잡지, 선전책자, 보고서, 메모 등으로 인해 책상 위는 금방 종이더미에 묻히게 된다. 그러다 보면 긴급히 처리해야 할 문서와 그렇지 않은 문서가 섞이고 또 그걸 찾느라 시간을 소모하는 악순환이 계속되게 된다. 따라서 문서관리원칙을 정해서 실천함으로써 시간의 낭비를 줄일 수 있다.

- 문서가 도착하면 일단 한쪽에 가지런히 쌓아둔다.
- 문서검토 시간을 정해서 하나씩 훑어보고 분류한 뒤 어떤 행동을 취할 것인가를 결정한다. 문서를 읽을 때는 항상 펜이나 형광펜을 손에 쥐고 줄을 그어 가면서 읽는 것이 나중에 참고하거나 결정할 때 시간을 절약할 수 있고 더 효과적이다.
- 종이 재활용 박스를 가까이 두고 불필요한 종이서류는 즉시 분류해서 버리되 내용이 유출되면 곤란한 서류는 찢거나 문서세단기*를 이용하여 잘라서 버린다.

문서세단기(paper shredder)
문서를 가는 테이프 모양으로 잘라주는 기계

- 문서는 검토를 하고 처리하되 한 번에 처리하는 것을 원칙으로 한다. 즉 답신을 보내든지, 파일을 하든지, 혹은 필요부서로 보내든지 간에 필요한 행동을 취한다. 쌓아두고 며칠 후 다시 읽고 또 쌓아두는 행태는 시간낭비의 주요 요소이다. 자신의 습관을 확인하기 위하여 종이를 집어들 때마다 오른쪽 아래 귀퉁이에 작은 체크표를 해보면 하나의 서류를 처리하기 위해 자신이 몇 번이나 그 서류를 집어드는지를 확인해 볼 수 있을 것이다.
- 비망록*을 만들고 해당 날짜에 마감일을 기입한 서류들을 보관한다. 예를 들면, 상사가 월말까지 부서예산을 짜서 제출하라고 하였다면 마감일 일주일 전인 23일경에 예산을 짜도록 23일 칸에 '예산짜기' 라고 기록해둔다. 그 날이 되면 예산을 짜기 시작하여 3~4일 걸려 예산작성을 끝내고 다시 마감일 하루 전날 칸에 '예산서 제출' 이라고 기록해두면 실수하지 않고 업무를 처리할 수 있다. 매일 퇴근에 앞서 비망록을 검토하고 다음 날 해야 할 업무계획을 수립하도록 한다.

효과적인 시간관리

시간관리 습관은 매일매일의 행동 속에서 형성된다. 효과적인 시간관리를 위한 바람직한 습관형성을 위하여 다음과 같은 사항들을 실천해 보자.

A 매일 아침시간의 여유를 갖기 위하여 일찍 일어난다.
B '오늘도 좋은 날' 혹은 '상쾌한 아침' 이라는 독백으로 하루를 시작한다.
C 잠시 좋은 책이나 글을 읽으며 명상이나 묵상의 시간을 가진다.
D 그날의 계획을 잠시 생각한다.
E 영양있는 아침식사를 한다.
F 책상 위에 쌓여있는 것들을 정리한다.

비망록(備忘錄, tickler file)
해야 할 일을 날짜별로 적어 정리해 두는 파일

- G 될 수 있으면 하루에 한 번 운동을 한다.
- H 매사에 부정적인 사람들과는 될 수 있는대로 어울리지 않는다.
- I 목표달성에 초점을 둔다.
- J 영역 3, 즉 급하지는 않으나 중요한 일을 할 수 있는 시간대를 설정한다.
- K 잠시라도 하늘을 올려보거나 계절에 따른 나뭇잎의 변화를 느낄 수 있는 여유를 가진다.
- L 시간낭비적 요소가 어디에 있었나 생각해 보고 이를 해결할 수 있는 방안을 생각한다.

적용문제

1 주간 캘린더를 구입하거나 컴퓨터로 작성, 출력하여 한 주간에 대한 실천계획을 세운다. 매일 아침 하루를 시작하기에 앞서 스케줄을 점검해 본다. 매일의 우선순위를 정하여 실천한 일들은 지워나가기를 한 주간 실천해 보자.

2 자신의 우선순위 실천을 방해하는 요소가 무엇인지 적어보자. 늦잠, 엉성한 계획, 친구들과의 비건설적인 시간, 채팅, 휴대폰 통화, 공상시간 등이 있을 수 있을 것이다. 그런 뒤 각각의 문제에 대한 해결방안을 생각해 보자.

방해요소

1.
2.
3.
4.

해결방안

1.
2.
3.
4.

적용문제

3 꼭 해야 하지만 하기 싫어서 미루었던 일들을 다섯 가지 적어 보자. 각각의 일에 얼마나 시간이 소요될 것인가를 예상하고 그 일을 실행하기 위한 시간을 배분한다. 다섯 가지 일들의 우선순위를 정하여 한 번에 한 가지씩 차례로 실천해 보자.

미루었던 일

1.
2.
3.
4.
5.

실천방안

1.
2.
3.
4.
5.

Chapter

11

직업과 윤리

학습목표

1. 일과 직업의 중요성을 인식한다.
2. 직업윤리의 중요성을 설명할 수 있다.
3. 전문직종 윤리강령의 공통점을 열거할 수 있다.
4. 성희롱시의 대처방안을 설명할 수 있다.

Chapter 11

직업과 윤리

중세 프랑스의 어느 건축현장에서 노동자들이 어떤 생각으로 일을 하고 있는가를 알아보기 위하여 왕이 변장을 하고 몇 사람에게 다가가 질문을 하였다. 첫 번째 노동자에게 다가가서 "당신은 지금 무엇을 하고 있소?"라고 질문을 하였다. 그 노동자는 질문하는 사람을 힐끗 돌아보며," 아니 당신은 눈이 멀었소? 보면 몰라서 묻소? 이 바위를 잘라서 내 상관이 시키는대로 가지런히 만들고 있어요. 햇볕은 뜨겁고 땀이 비오듯 하는데 정말 힘들고 지겨워서 죽겠소"라고 대답하였다.

다시 두 번째 사람에게 다가가서 똑같은 질문을 하였다. 그 노동자는 대답하기를 "나는 이 바위를 다듬어서 건축가가 설계한 대로 지을 수 있도록 만들고 있소, 힘들고 때로는 반복적이기도 하지만 나는 한 주일에 5프랑씩 벌어 나의 아내와 자녀들을 먹여 살릴 수 있소. 이것보다 못한 일도 있는데 이만하면 괜찮지 않소?"라고 대답하였다. 그 대답에 좀 힘이 난 왕은 다시 세 번째 사람에게 다가가 역시 같은 질문을 하였다. 그 세 번째 사람은 팔을 하늘로 향하면서 대답하기를 "무얼 하느냐구요? 보면 모르시오? 나는 대성당을 짓고 있소"라고 즐겁게 대답하였다. 이것이 바로 일의 즐거움이다. 똑같은 일을 하면서도 자신에게 주어진 일에 의미를 부여하면서 즐겁게 일하는 세 번째 노동자의 태도가 모든 직업인에게 필요한 태도이다. 이 장에서는 직업과 직업윤리에 대하여 살펴보자.

Chapter 11

직업과 윤리

일과 직업 11.1

|11.1.1| 일의 의미

"인간은 왜 일을 하나?" 이는 매우 중요한 질문이다. 엘버트 허바드(Elbert Hubbard)는 "우리는 소유하기 위해서 일하는 것이 아니라 진정한 자신이 되기 위해서 일을 한다(We work to become, not to acquire)"라고 하였다. 일은 오로지 물질적 충족을 위한 수단이 되어서도 안 되고 또한 아무런 생각없이 시간을 때우는 수단이어서도 안 된다. 일은 어떻게 보면 우리 생에 있어서 매우 중요하지만 궁극적으로는 생의 목적의 일부분에 불과한 것이다. 이러한 생각을 염두에 두지 않으면 일에서 성공을 하더라도 허탈하게 되거나 아니면 맹목적으로 일을 하다 지치거나 아무런 의식없이 대충 일하게 된다.

어떠한 형태로든 성공적인 인생을 살기 원한다면 다음과 같은 질문들을 의도적으로 던져보아야 한다.

- 더불어 살만한 가치가 있는 사람이 되기 위하여 나는 어떤 종류의 사람이 되어야 하는가?
- 나의 삶이 의미있기 위하여 나는 어떠한 종류의 일을 해야 하는가?
- 내가 삶의 마지막에 도달했을 때 무엇을 유산으로 남기고 싶은가?

1 일의 현대적 의미

현대에 와서는 일에 대한 견해도 많이 달라지고 있다. 특히 젊은 세대에서는 일 그 자체에 의미를 두기보다는 일로부터 얻어지는 경제적 결과에 더 의미를 두기도 한다. 일의 전통적 의미와 현대적 의미를 살펴보면 다음과 같다.

일의 전통적 의미

- 일은 신으로부터 부름받은 소명*
- 자신의 가치관을 실현하는 장
- 헌신에 중요한 의미를 둠

일의 현대적 의미

- 일은 단지 직업일 뿐임
- 자신이 원하는 바를 얻은 곳
- 소유와 보상에 의미를 둠(승진, 휴가 등)
- 생활을 위한 월급을 얻는 곳
- 목적달성을 위한 수단

소명(召命, calling)
신으로부터의 부름

자본주의사회에서는 일은 일정한 수입을 보상으로 가져다 준다. 그러나 사람들이 만족스럽다고 느끼는 최소한의 부를 축적한 이후에도 일을 계속하는 사람들에게는 돈이 일하는 근본적인 이유가 되지는 않는다. 특히 많은 미국인들은 일이란 그 자체가 중요하다는 기독교적인 직업윤리관을 가지고 있다. 거액의 복권에 당첨된 사람들에게 현재 자신이 하고 있는 일을 그만둘 것인가를 질문했을 때 현재 하고 있는 일을 계속하겠다는 대답이 한국사람보다 미국사람들에게서 더 많은 것은 바로 이러한 직업관을 반영하고 있다고 할 수 있다. 생활비를 버는 단순한 행위 자체도 가치로운 것이지만 일이란 생에 있어 또 다른 만족감을 가져다준다고 생각하고 있다.

또한 일이란 개인적인 만족을 제공하기도 한다. 예를 들면, 직업은 개인이 자신에 대하여 가지는 정체성의 근원이 된다. 우리가 흔히 초면의 사람에게도 직업이 무엇인가를 물어보는 경우가 있는데, 이는 직업을 통하여 그 사람을 판단하기도 하고 또 우리 자신도 자신의 직업을 통해서 내가 어떤 사람인가를 평가받기 원하는 경우가 많음을 나타낸다. 또한 가장이 가지고 있는 직업에 따라 그 가족의 위상도 커다란 영향을 받는다. 명예퇴직이나 조기퇴직을 하여 직장을 잃어버린 사람들의 경우 경제적인 곤란보다 오히려 더 심각한 것이 직업이 없어짐으로 인한 자아정체성의 상실에 따른 고통이라고 한다.

자신의 삶에 있어서의 일의 의미와 생에 대한 태도를 다시 인식하기 위하여 다음과 같은 점을 생각하고 실천해 보자.

1. 나는 왜 일을 하는가에 대하여 생각해 보자. 나는 일을 단지 살아가는 수단으로 생각하는가? 아니면 일이 나의 인생의 가장 큰 목표인가? 일이 단지 생계의 수단이어서도 곤란하지만 일중독자처럼 일 자체가 최고의 목표가 되어서도 곤란하다.
2. 내가 개인적으로 혹은 직업적으로 관여하는 모든 분야에 있어 최선을 다할 각오가 되어 있는가? 개인이 추구하는 가치나 생활도 존중

하고 직업에도 충실하는 것은 모든 분야에 최선을 다할 때에 가능하다.

3. 나에게 있어 물질은 단지 수단일 뿐이며 다른 사람들의 행복에 관심을 가지는 편인가? 아니면 사람을 이용한 물질습득에 관심을 두는 편인가? 조직의 관리자나 상사들을 보면 부하직원을 이용하여 자신의 승진이나 성과를 위해서 이용하는 사람이 있는가 하면 부하직원들의 성장과 능력개발에 관심을 가지고 격려해 주는 상사도 있다.
4. 현실에 안주하지 않고 끊임없이 배우는 자세가 되어 있는가? 일은 인생에 있어 매우 중요한 부분을 차지하고 대부분의 시간을 일터에서 보내게 된다. 자신이 현재 하고 있는 일을 더 잘하고 또 성장해 나가기 위해서는 지속적인 노력을 필요로 한다. 책을 읽고 어학실력을 높이며 새로운 지식과 기술을 습득하기 위한 노력을 게을리 하지 않음으로써 일에서 더욱 생산적이며 또한 더 많은 만족감을 얻을 수 있다.
5. 다른 사람들을 위해 봉사할 수 있는 마음의 준비가 되어 있는가? 자칫 자신의 이익을 추구하기보다 타인을 위해 봉사하는 것이 어리석어 보일 수도 있으나 많은 경험자들은 타인을 위해 봉사하는 것이 우리 자신에게 가장 큰 기쁨과 만족을 돌려준다고 이야기하고 있다.

|11.1.2| 직 업

1 직업이란?

직업*이란 생계를 유지하기 위하여 자기의 적성과 능력에 따라 전문적으로 한 가지 일에 종사하는 경제적이고 지속적인 활동이라고 정의할 수 있다. 생계에 필요한 의식주 및 기타 부가되는 물자를 취득하기 위하여

직업
생계를 유지하기 위하여 전문적으로 종사하는 경제적이고 지속적인 활동

매일 반복적으로 계속되는 '일' 로서 '생업' 이라 부르기도 한다.

직업이란 단순히 생활비를 버는 것보다 훨씬 더 중요한 역할을 한다. 직장은 사람들로 하여금 광범위한 세계를 여러 면에서 경험할 수 있도록 해준다. 사람들이 직업을 통하여 하는 일 또 직장에서 하는 일은 그들의 인격형성에 많은 영향을 미친다. 우리의 삶에 대한 태도, 가치관, 일반적인 인격형성이 많은 부분 가정에서 이루어진다. 그러나 실제적으로 우리가 어떤 종류의 사람인가 하는 것은 날마다 우리가 직장에서 수행하는 역할에 따라 일어나는 일들에 의해서 크게 영향을 받는다.

그렇기 때문에 어디에서 일을 하고, 누구와 함께 일하며, 무엇을 생산하고, 어떻게 그것을 생산하며, 동료들과 어떤 관계를 맺어 나갈지를 선택하는 일들이 상당히 중요한 의미를 지니게 된다. 특히 우리나라 사람들은 자신을 소개할 때 자신의 특성이나 자신이 좋아하는 바를 이야기하기보다는 어느 회사에 다니는 아무개다라고 소개함으로써 자신과 회사를 동일시하는 경향이 있는 것을 보더라도 직장이 개인에게 미치는 영향은 크다.

직장의 일이 사람들을 더욱 훌륭한 사람으로 변화시킬 수도 있고 그와 반대로 조직의 수레바퀴에서 일상적인 일을 반복적이고 무의미하게 수행하는 무관심한 사람으로 만들 수도 있다. 친절하고 사려깊은 동료들과 계속적인 친교를 갖고, 일을 통하여 다른 사람들에게 봉사하며 사람들이 정말로 필요로 하는 물건들을 만들어 내는 일을 하면서 우리들은 일을 통한 만족감을 얻을 수 있다.

2 직업의 목적

사람들은 다양한 목적을 달성하기 위하여 직업을 가진다. 직업을 가지는 목적을 보다 구체적으로 살펴보면 다음과 같다.

생계유지의 수단

사람은 일정한 나이가 되면 직업을 갖게 된다. 대개 20세 전후에 직업을 가져 60세 전후까지 직업생활을 한다. 직업은 여러 가지 기능을 가지고 있지만 그 중의 하나는 일을 하는 대가로 경제적 보수가 따라오기 때문에 생계를 유지할 수 있게 된다.

자아실현

인간은 기본적 욕구가 충족되고 나면 보다 높은 차원의 욕구를 가지게 된다. 생업의 수단으로서의 직업에서 한 단계 발전하게 되면 일을 통하여 자아를 실현하고자 하는 욕구로 자연스럽게 올라가게 된다. 그러나 모든 사람이 다 직업을 통하여 자아를 실현할 수 있는 것은 아니다. 사회적으로나 객관적으로 좋은 직업이라고 평가되는 직업에 종사하는 사람만이 자아실현을 하는 것도 또한 아니어서 어떠한 직업에 종사하든 그 일을 통하여 자신을 발전시키고 자신이 원하는 바를 성취하며 이상을 실현할 수 있는 것이 바람직하다.

사회에의 봉사

직업은 본질적으로 사회성을 가지고 있다. 즉 직업은 이웃에 대한 봉사성, 사회에 대한 필요성, 국가와 인류에 대한 공헌성을 가지고 있다. 사회의 구성원들 각자가 맡은 일을 열심히 할 때 사회와 국가가 발전되어 나갈 수 있다.

11.1.3 직업의 선택

직업을 통하여 자아실현이 가능하고 사회에 대한 봉사도 가능한 것이므로 자신에게 적합한 직업을 선택하는 것은 매우 중요하다. 자신에게 적합한 직업이 무엇인가를 알아보기 위해서 제일 먼저 해야 할 일은 자신의 소질을 파악하는 것이다.

- 나는 어떤 일을 할 준비가 되어 있는가?
- 나는 어떤 일을 잘할 수 있는가?
- 나는 어떤 일을 정말 즐겁게 할 수 있는가?

이 질문들에 대한 답을 구하기 위해 나의 삶을 통해서 내가 어떤 일을 해야 할지를 깊이 생각해 보아야 할 것이다.

자신이 가진 재능과 능력을 발휘할 수 있는 직업이라면 그것은 좋은 직업이라고 할 수 있다. 만약 자신이 잘 할 수 없는 일과 즐겁게 할 수 없는 일을 하도록 요구하는 직업을 선택한다면 자신의 불행은 물론 다른 사람에게도 피해를 주게 될 것이다.

'동물학교' 의 예화에서 볼 수 있듯이 자신이 잘 할 수 없거나 준비가 되어 있지 않은 일을 하도록 만드는 직업 상황에 처해진다면, 자신도 불행할 뿐 아니라 작업성과도 오르지 않아 조직에도 결과적으로 해를 끼치게 된다.

동물학교

어느 날 동물들이 숲속에 모여서 학교를 시작하기로 결정했다. 그곳에는 토끼, 새, 다람쥐, 물고기, 뱀장어가 각각 한 마리씩 있었다. 그들은 교육위원회를 구성하고 교과과정을 만들고자 하고 있었다.

토끼는 땅속에 굴을 파는 것이 교과과정에 포함되어야 한다고 주장하였다. 물고기는 수영을 주장했다. 다람쥐는 수직으로 나무 타는 법을, 그리고 새는 나는 법이 포함되어야 한다고 주장하였다.

그들은 이러한 것들을 모두 교과과정으로 채택하기로 하고 교안을 작성했다. 그리고 나서 그들은 모든 동물들이 이 모든 과목들을 수강해야 한다고 주장했다. 토끼는 비록 굴을 파는 데는 A학점을 받았지만 수직으로 나무 타기는 그에게 정말로 문제였다. 그는 계속해서 아래로 떨어져 버렸다. 머지않아 그는 떨어질 때의 충격으로 뇌에 손상을 입게 되었고, 굴을 파는 것도 더 이상 잘 할 수 없게 되어 굴파기에서조차 A학점이 아닌 C학점을 받았다. 물론 수직으로 나무 타기에는 언제나 F학점이었다.

새는 정말로 아름답게 날았다. 하지만 땅속에 굴을 파는 일은 그리 잘 할 수 없었다. 결국 그의 부리와 날개가 상할 수밖에 없었고 그는 굴파기에서 F학점을 받았을 뿐만 아니라 날기에서도 C학점을 받게 되었다. 그리고 수직으로 나무 타기는 그에게 아주 괴로운 시간이었다.

다람쥐는 수직으로 나무 타기에는 아주 훌륭했다. 그러나 물을 너무 무서워하여 매번 수영에는 실패했다.

물고기는 수영반에서는 쉽게 최고의 존재가 될 수 있었다. 그러나 다른 과목들을 배우기 위해서 물 밖으로 나올 수조차 없었다.

그 학급의 우등생은 모든 것을 중간 정도로 해 버리는 지능이 낮은 뱀장어였다.

11.2 직업의식과 직업윤리

|11.2.1| 직업의식

같은 일을 해도 어떠한 생각을 가지고 하느냐에 따라 그 태도는 달라진다. 직업에 임할 때 생계의 수단으로 할 수 없이 일하는 것과 자신이 하는 일에 가치를 부여하며 최선을 다해서 일을 수행하는 것에는 결과 면에서 차이가 날 뿐만 아니라 일하는 사람의 성취감에도 중대한 영향을 미친다. 직업인으로 가져야 할 직업의식은 다음과 같다.

1 소명의식*과 천직의식*

직업은 개인이 부여하는 단순한 의미와 사회 전체나 조직에서 갖는 의

소명의식
자신이 맡은 일은 하나님의 부름을 받아 맡겨진 일이라고 생각하는 태도
천직의식
자신의 일이 자신의 능력과 적성에 꼭 맞는다 여기고 그 일에 열성을 가지고 성실히 임하는 태도

미로 나눌 수 있다. 사회를 구성하는 개인으로서 각자 자신이 맡은 역할을 어떻게 수행하느냐에 따라 국가와 사회에 미치는 영향이 크고, 그 영향은 다시 개인의 삶에 영향을 미치는 순환을 반복한다. 직업의식 중 소명의식은 자신이 맡은 일은 하나님의 부름을 받아 맡겨진 일이라고 생각하는 태도이다.

또한 자신의 직업에 긍지를 느끼며 그 일에 열성을 가지고 성실히 임하는 직업의식이 바로 천직의식이다. 자신이 하고 있는 일보다 다른 사람의 직업이 경제적으로나 명예적으로 높은 위치에 있다 하더라도 현재의 직업에 충실하고 보람을 느끼고 있다면 그것이 바로 천직이다.

2 직분의식* 과 봉사정신

인간의 사회참여는 특정한 일을 수행하는 직업을 통해서이다. 각자 직업을 통해 사회적 기능을 수행하게 되는데, 특히 어떤 일의 일부를 나누어 수행함으로써 참여하게 된다. 그러므로 개인이 일정한 직업을 가지고 활동함으로써 사회의 각종 기능수행에 직 · 간접으로 수행하고 있다는 직분을 다하는 것이라 볼 수 있다.

또한 급변하는 현대산업사회에서의 직업환경의 변화와 직업의식의 강화는 자신의 직무를 수행하는 과정에 협동정신과 봉사정신을 요구한다.

3 책임의식과 전문가의식*

직업인은 그 직업에 대한 사회적 역할과 직무를 충실히 수행하고 책임

직분의식
자신이 하고 있는 일이 사회나 기업, 기타 타인을 위해 중요한 역할을 하고 있다고 믿고 자신의 활동을 수행하는 의식

전문가의식
자신의 일이 어떤 사람이든지 아무런 교육이나 지식없이 할 수 있는 일이 아니라, 이 분야의 지식과 교육을 밑바탕으로 성실히 수행해야만 해 낼 수 있는 일이라 믿고 직업을 수행하는 태도

을 다해야 한다. 책임을 효과적으로 완수하기 위해서는 그 직업의 중요성을 인식하고, 그 일을 완벽하게 수행할 수 있는 전문적 지식을 가지고 있어야 한다. 흔히 변호사나 의사와 같이 일반적으로 전문직이라고 생각하는 직종에서만 전문적 지식을 필요로 한다고 생각하기 쉬우나 모든 직종에서 그 나름대로의 전문지식을 필요로 한다. 호텔 청소원이 호텔 청소를 효과적으로 잘 하고 그 방법을 동료들에게 잘 전수하였다고 하여 지식경영의 사례로 꼽힌 사례도 있다. 다음의 예화에서와 마찬가지로 웨이터직에서도 전문가적인 태도와 지식으로 일을 할 때에 그 직업에서 보람을 느낄 뿐 아니라 많은 사람들에게 기쁨을 줄 수 있을 것이다.

웨이터의 직업의식

필자가 노스 캐롤라이나 샬로트의 옴니호텔 레스토랑을 방문했을 때의 일이다. 학회에 참석한 미국인들과 함께 10명이 넘는 그룹이 미리 예약해둔 좌석에 가서 앉았다. 얼굴에 미소를 가득 담은 웨이터가 우리들에게 자신의 이름은 데이비드이며 오늘 여러분들의 서비스를 담당하게 되어 무척 영광이라고 인사를 하였다. 그런 다음 그 식당에서 잘하는 요리, 그리고 그날 주방장이 특별히 준비한 요리 등을 재료와 맛까지 친절하게 설명하였다. 와인에 대한 설명까지 곁들이면서 어떤 와인을 원하는지를 물어서 주문을 받았다. 차례대로 음식 주문을 받으면서 자세히 듣고 메모를 한 뒤, 한 사람 주문이 끝나면 수프, 샐러드, 샐러드 드레싱, 주요리, 음료를 차례로 복창하여서 주문자에게 확인을 시켜주었다.

열 몇 사람의 주문을 한꺼번에 받아 갔으면서도 누가 어떠한 음식을 주문했는지를 어느새 기억하고는 순서도 틀리지 않게 음식을 서빙하였다. 음식을 서빙하면서도 샐러드가 괜찮았느냐, 샬로트에는 예전에 와 본 적이 있었는가 등 질문을 하면서 관심을 기울였다. 우리들 중 누군가가 애완견에 대한 이야기를 하였다. 그 웨이터는 자신의 품 안에서 지갑을 꺼내더니 지갑 속에 있는 자신의 애완견의 사진을 보여 주면서 그 애완견의 종자와 특성에 관하여 전문가 수준의 설명을 해주었다.

이 웨이터는 단순히 음식을 서빙하는 것이 아니라 자신의 레스토랑을 찾아 준 고객들에게 전문가로서 고객들이 음식을 잘 선택할 수 있도록 메뉴와 관련된 음식정보를 제공하고 고객들이 즐거운 기분으로 음식을 먹을 수 있도록 분위기를 살려주는 고객서비스 정신을 가지고 있었다. 음식과 서비스에 만족한 우리 그룹은 그 레스토랑을 떠날 때 넉넉한 팁을 남겼음은 물론 웨이터에게 악수를 하면서 덕분에 즐거운 저녁을 했다고 칭찬을 하였다. 자신이 어떠한 일을 하든 열심히 그리고 전문가적인 태도로 수행하면 그것을 보는 사람도 행복하다는 사실을 다시 한 번 깨닫게 해준 사건이었다.

|11.2.2| 사회변화와 윤리의식

1 윤리의식의 형성

윤리란 특정사회에 있어서의 행동과 도덕의 기준을 의미하는 것으로 이는 과거로부터 행해져 오던 전통에 기초하면서도 현재까지 존중되어지는 것을 의미한다. 다시 말하면 윤리는 옳고 그른 것의 기준을 나타내는 것이다.

윤리와 비슷한 개념으로 도덕이 있는데, 두 가지가 정확히 일치하는 개념은 아니다. 도덕은 사회문화적으로 개인의 행동에 있어 옳고 그름을 나타내는 것은 유사하나 도덕은 우리가 어떻게 행동하여야 하는가에 대한 불문율을 광범위하게 나타낸다. 반면 윤리는 보다 더 구체적이며 성문율에 의거하는 경우가 많으며 윤리는 형평성과 평등성 그리고 특정집단에 있어서의 구체적인 행동지침과 주제들을 다루고 있다.

개인의 윤리의식에 영향을 미치는 요소들은 개인적 요인, 사회적 요인, 경제·제도적 요인, 문화적 요인 등이 있다.

개인적 요인

개인적 요인으로는 개인의 가치관, 감정, 선에 대한 기준, 도덕적 기준, 태도, 정직성 등을 들 수 있다.

사회적 요인

사회적 요인으로는 집단목표, 형평성, 공평성(기회의 균등)에 대한 기준, 관계, 집단압력 등을 들 수 있다. 즉, 개인적으로는 윤리적인 의사결정을 하고 싶더라도 한 조직의 구성원으로서 다른 의사결정을 내릴 수도 있다는 것이다.

경제 · 제도적 요인

경제 · 제도적 요인으로는 법률적 해석, 경제적 이익 및 손해, 성과측정과 보상(징계)의 불일치, 비도덕적 행동에 대한 제재장치 등을 들 수 있다. 예를 들면, 원칙을 지키는 것이 오히려 손해일 정도로 사회적인 제도가 확립되어 있지 않으면 옳지 않다는 것을 알면서도 자신의 경제적 이익을 추구할 것이다.

그림 11-1 | 개인의 윤리의식에 영향을 미치는 요소

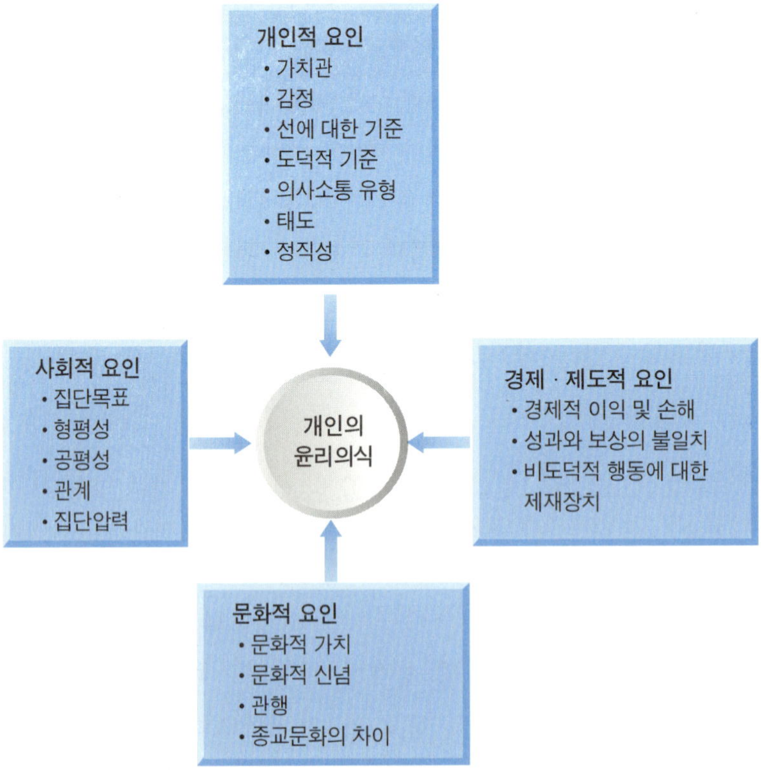

문화적 요인

문화적 요인으로는 문화적 가치, 문화적 신념, 관행, 종교문화의 차이 등을 들 수 있다.

2 윤리의식의 변화

오늘날 한국사회에서 기업이나 개인의 기업윤리나 직업윤리가 매우 중요한 주제로 거론되고 있다. 외국의 신용조사에 의하면 한국의 국제적 신뢰도는 매우 낮은 반면에 부패 정도는 매우 높은 것으로 나타났다. 국제사회로부터 투명한 경영을 요구받고 있는 한국사회는 개인과 사회의 신뢰도를 높여나가야 한다.

기업의 목표는 이윤의 추구라는 개념에서 적정이윤의 추구 및 사회공헌이라는 목표로 변화되었으며 이 두 가지를 추구하기 위해서는 윤리에 바탕을 둔 경영이 필요하게 되었기 때문이다. 윤리는 절대적이라기보다는 시대와 집단에 따라서 상대적인 면이 있다. 예전의 서양에서는 오랫동안 의사나 법률가들이 미디어에 광고를 하지 않았는데 그 이유는 그 집단에서는 이러한 행동이 비윤리적이라고 여겨졌기 때문이다. 그러나 오늘날에는 그러한 광고를 한다고 해서 비윤리적으로 여길 사람은 아무도 없다.

어떤 사람들은 비즈니스와 윤리는 결코 어울리지 않는다고 여기는데 이것은 크게 세 가지 이유 때문이다. 첫째는 이윤과 도덕은 함께 추구할 수 없다고 생각하는데 이것은 돈을 번다는 것은 성공의 방법이기는 하지만 부정을 하지않고 돈을 벌기란 불가능하다고 생각하기 때문이다. 둘째로는 윤리적인 문제는 옳고 그른 것과 같이 명백한 해결책만 있다고 생각하며 윤리적인 의사결정을 내리기 위하여 고민해야 하는 모호한 부분에 대한 것은 무시하기 때문이다. 셋째는 윤리란 규칙이나 법규를 지키기만 하면 되는 것으로 오해하는 경우가 많다는 것이다.

실제로 법률적인 기준과 도덕적 기준이 일치하지는 않는다. 기업의 적대적 합병이나 인수는 법률적으로 잘못이 없을지 모르지만 도덕적으로는 문제가 될 수 있다. 인수(takeover)를 추진하는 사람은 기업운영의 법에 따라 실시할지는 모르지만 그것이 도덕적으로 항상 옳다고는 할 수 없기 때문이다. 그러나 윤리는 사회와 시대에 따라 유동적으로 변화하기도 한다. 한때는 기업을 팔거나 사는 행위를 죄악시 하였지만, IMF 상황 이후 한국경제는 기업을 팔고 구조조정을 해야 하는 입장이 되어 오히려 이를 장려하고 있다.

11.2.3 직업윤리

1 직업윤리의 개념

직업윤리란 사회생활을 하는 인간이 근본적으로 부딪칠 수밖에 없는 윤리문제 중 직업과 관련된 윤리를 한정시킨 것이다. 직업윤리는 두 가지 관점으로 해석되어질 수 있다. 하나는 직업윤리를 직업인의 행동이나 태도에 있어 옳고 그름이나 선과 악을 체계적으로 구분하는 판단기준이나 규범체계를 의미한다. 또 다른 해석으로는 직업인의 업무수행이나 의사결정에 있어 현실적인 도움을 주기 위한 것으로 다양한 이해관계자나 광범위한 사회에 이익을 주거나 해를 줄 수 있는 행동과 의사결정의 기준을 의미하기도 한다. 즉, 조직 혹은 사회 내에서 직업인으로 활동할 때 자신의 행동이나 의사결정의 파급효과까지 알 수 있어야 한다.

2 직업인의 윤리

각 직종에 따라 직업인으로서 지켜야 할 기본적인 윤리가 있다. 전통적으로 전문직으로 인정되는 법률가, 의사 등과 같은 직업뿐 아니라 최근에 생겨난 시스템 분석가, 펀드 매니저에 이르기까지 각 직종과 직장에서는 조직원의 윤리적인 행동과 자율을 촉구한다.

미국의 직장인들을 대상으로 한 설문조사 결과 비윤리적인 행위들과 비윤리성에 대한 정도는 다음과 같다.

매우 비윤리적인 행동

- 아무 죄없는 동료에게 실수에 대한 비난을 전가한다.
- 대외비 정보를 발설한다.
- 시간/품질/수량에 관한 보고서를 허위로 작성한다.
- 다른 사람의 공을 자신의 것으로 가로챈다.
- 경비를 10% 이상 불려서 허위 청구한다.
- 회사의 물품과 비품을 훔친다.

중간 정도의 비윤리적인 행동

- 특혜를 조건으로 뇌물이나 호의를 받는다.
- 특혜를 구하기 위하여 선물이나 호의를 제공한다.
- 경비를 실제경비보다 10% 이내로 불려서 허위 청구한다.
- 부하직원으로 하여금 회사의 규칙을 위반하도록 승인한다.
- 아프다는 핑계를 대고 회사를 빠진다.

직장인들이 흔히 범하는 비윤리적인 행동

- 자신의 잘못이나 실수를 은폐한다.
- 고의로 일을 질질 끌거나 게을리 한다.
- 개인적인 목적으로 회사의 서비스를 이용한다.
- 회사 업무시간 중 개인적인 일을 본다.
- 점심시간이나 휴식시간을 규정보다 오래 가진다.
- 다른 사람이 회사의 정책이나 규칙을 어기는 것을 보고도 모른척 한다.

3 윤리적 의사결정

법률에 대하여서도 법의 해석에 따라 여러 의사결정이 나올 수 있다. 법의 형평성을 논의하면서 귀에 걸면 귀걸이 코에 걸면 코걸이라는 비판을 받는 것도 어떻게 해석하고 어떻게 적용하는가의 문제가 개인에 따라

A 나의 주위에 있는 대부분의 사람들이 나의 행동을 올바른 행동이라고 생각하는가?
B 다수의 사람들에게 최대의 이익을 가져다 주는가?
C 다른 사람이 나에게 하기를 원하는 것처럼 나도 다른 사람에게 행하고 있는가?
D 선과 진리를 반영하는가?
E 나의 양심에 저촉되지는 않는가?
F 법에 저촉되지는 않는가?
G 나의 종교적인 신념과 일치하는가?
H 내가 속한 사회에서 널리 행해지고 있는가?
I 내가 속한 직업이나 업종의 사람들은 이에 대하여 어떻게 판단하리라고 생각하는가?
J 이것은 올바른 일인가?
K 이것은 공평한 일인가?
L 이 일로 인하여 피해를 당하는 사람은 없는가?
M 이 일이 신문의 일면기사로 나더라도 괜찮은가?
N 나의 자녀들에게도 이렇게 하라고 할 수 있는가?
O 정확히 표현할 수는 없지만 어딘가 모르게 개운치 못한 부분은 없는가?

틀려진다는 데에 있다. 윤리적인 의사결정은 상황적인 요소나 상대적인 요소들이 많기 때문에 어떠한 사안에 대하여 행동이나 의사결정을 해야 할 때 그 문제에 대하여 다음과 같은 질문을 스스로에게 던져볼 필요가 있다.

사람들은 스스로의 행동에 대하여서는 그럴듯한 이유로 합리화하려는 경향이 있기 때문에 아래와 같은 생각이 들 때는 스스로 주의하여야 한다.

"법적으로 아무런 문제가 없으니 윤리적으로도 괜찮을 거야" 라는 생각

법은 최소한의 행동범위를 규정해 놓은 것에 불과하므로 법적으로는 문제가 없더라도 윤리적으로 혹은 도덕적으로 받아들여지지 않는 행동이 얼마든지 있을 수 있다. 특히 정치인들이나 공직자들이 법적으로 하자가 없다며 자신의 잘못을 부인하려 드는 것이 그 예이다.

"나에게 이익을 가져다 주기 때문에 괜찮을 거야" 라고 자신을 설득하는 합리화

뇌물이나 촌지를 받는 것에 대하여 '내 월급이 작으니까 이런 것은 누구나 월급을 보충하는 수단으로 쓰는 것' 이라고 자신을 합리화시키기도 한다.

"내가 이런 행동을 하더라도 아무도 모를 거야" 라는 생각

부도덕한 행위를 하는 사람들의 대부분은 다른 사람들이 자신의 이런 행동을 눈치채지 못할거라고 생각한다. 그러나 세상에는 완벽한 비밀이란 없다.

"나 자신의 이익을 위해서가 아니라 결과적으로 조직이나 회사를 위하는 일이기 때문에 나중에 설사 문제가 발생하더라도 괜찮을 거야" 라는 생각

경제가 국제화되고 개방화될수록 투명성과 공정성을 요구하기 때문에 뇌물이나 향응 제공과 같은 비윤리적인 행동은 결과적으로 회사를 위하는 일이 될 수 없다.

4 비윤리적 행동에 대한 대응

만약 회사 내에서 누군가가 비윤리적인 행동을 하는 것을 알았을 때는 어떻게 해야 하는가? 라는 질문은 직장생활을 하는 사람이면 한번쯤은 부딪치게 되는 질문이다. 그 질문에 대한 해답으로는 비윤리적인 행동을 하는 사람으로 하여금 누군가가 그 잘못이나 비리를 알고 있다는 것을 간접적 혹은 직접적으로 알게 하는 방법과 그 사람을 상급 부서에 고발하여 진실이 드러나게 하는 방법 등이 있을 수 있다.

비리고발 대행 전문회사

미국에서는 직장 동료의 비행, 비리에 대한 신고를 받아 처리해 주는 내부고발 대행 전문회사가 짭짤한 재미를 보고 있다. 직장 동료의 횡령, 뇌물상납, 성폭력 등의 사실을 알게 되었을 때 회사에 직접 알리기 꺼려 하는 사원들에게 제3자격인 이 대행회사에 신고토록 하는 것이다.

사원신분증이나 출입카드에 대행회사의 24시간 접수 전화번호를 인쇄하여 쉽게 전화 수화기를 들도록 하고 있다. 익명신고도 가능하다. 신고를 받은 대행회사에서는 사안에 따라 사실확인 절차를 거쳐 형사적 성격이 있을 때는 수사기관에 알려주고 단순한 직무상의 불만에 관련된 내용은 인사담당 부서에 통보해 준다.

이 분야 전문업체 핑커튼(Pinkerton)사는 현재 모두 8백여 개 회사가 계약중이다. 포춘지 선정 5백대 기업의 상당수가 고객 리스트에 들어 있다. "회사 내 고충처리 창구보다 심리적으로 부담이 없다"는 것이 이용자들의 반응이다. 이용 회사들 사이에서는 "비리 예방 효과가 더 큰 것 같다"는 평가도 나오고 있다.

출처 : 조선일보, 30초 경영학

그러나 현실적으로는 잘못을 고발하는 사람이 오히려 '고자질장이' 나 '문제사원' 으로 따돌림당하는 경우가 많다. 특히 우리나라와 같이 구조적으로 또는 조직적으로 부정이 확산되어 있으며 많은 사람들이 '관행' 이나 '관례' 라는 이름으로 어떤 대가를 받고 각종 특혜나 이권에 개입하는 것이 일반화된 사회에서는 대부분 사람들의 윤리의식이 무디어져 있어서 문제를 제기하는 사람이 불이익을 당하는 경우도 적지 않다.

자신이 투철한 윤리의식을 가졌을 때에도 다른 사람의 비리를 공개적으로 고발해야 하는가 하는 행동 자체에 대하여 갈등을 겪는 경우도 많다. 일단 고발을 하면 그에 따라 본인에게 돌아올 감정적인 그리고 시간적인 손해도 적지 않고 다른 사람으로부터 "저 사람은 자기 혼자 깨끗한

비리 고발자(whistle blower)
영어에서는 비리고발 행위를 '호르라기 불기' 로 표현함

척 해서 시끄럽게 만들어"라는 비난을 받는 등 본래의 의도와 달리 억울한 오해를 받을 수도 있다. 따라서 이런 위험과 번거로움 때문에 비리를 알면서도 모르는 척 용인하는 경우가 많으며, 문제가 발생하였을 때는 본의 아니게 피해를 당하기도 한다.

어떤 경우에는 본인은 원하지 않지만 상사로부터 기업이나 상사의 이익을 위하여 비윤리적이고 불법적인 명령을 수행하도록 요구받기도 한다. 이럴 때는 그 명령을 따르지 않으려면 회사를 떠나는 방법밖에 없다고 생각할 수도 있으나 회사를 떠나는 것은 근원적인 해결방법이 되지 않으며 다른 회사에 가면 또 그와 유사한 문제가 있음을 발견하게 된다.

따라서 비윤리적인 조직문화와 환경에 굴하지 않고 나부터 바른 윤리관을 가지고 실천해 나가야 한다는 굳은 의지와 함께 정직성을 회복하여 비슷한 생각을 가진 사람들이 점차 많아질 수 있도록 힘써야 한다. 뿐만 아니라 조직이나 회사 차원에서도 부정을 고발하는 사람에게 불이익이 돌아가는 것이 아니라 보상하는 분위기와 제도를 정착시켜야 한다.

최근에 와서 공직사회나 회사 혹은 전문직 단체에서 윤리위원회를 설치하고 윤리헌장을 정립하는 현상이 늘어가고 있는데 이는 바람직하다고 할 수 있으며, 단지 구호에만 그칠 게 아니라 실질적으로 사회를 정화해 나갈 수 있는 역할을 할 수 있어야 한다. 그러나 자칫 잘못하면 조직원들 사이에 불신을 조장하거나 다른 사람을 모함하는 투서와 같은 역기능이 생길 수도 있으므로 운영에 있어 유의를 하여야 한다.

5 솔선수범의 윤리의식

조직원들 사이에 있어서 윤리의식을 높이고 비윤리적인 행동을 방지하는 보다 근원적인 방안은 기업과 조직 리더들이 확고한 윤리의식으로 무장하는 것이다. 먼저 기업이 기업경영에 있어 기업윤리를 지키며 투명하게 기업경영을 하고 경영자들 또한 윤리적인 경영철학을 지니고 원칙을 존중하는 기업경영을 할 때 부하직원들에게도 마찬가지의 행동과 의

상사의 이익보다는 회사의 이익을 먼저…

외국회사에서 외국인 지사장을 보좌하는 비서 윤 차장은 상사의 해외출장 항공권 예매 비용을 처리하면서 그 액수가 많음에 깜짝 놀랐다. 평소 C항공사를 주로 이용하며 탑승마일리지를 누적해 온 상사는 출장목적지까지 다른 항공사의 직행노선이 있음에도 불구하고 홍콩에서 하루밤 묵으며 갈아타면서까지 C항공사를 이용하는 노선을 잡아놓았다. 윤 차장은 여행사에 전화를 하여 요금이 얼마인지를 확인해 보니 K항공사를 이용하는 것이 C항공사를 이용하는 것보다 요금이 무려 40%나 저렴하였다. 비슷한 비용이면 C항공사를 이용하는 것이 타당하나 회사의 경비를 낭비하면서까지 개인의 탑승마일리지를 쌓는 것은 직업윤리에 어긋나는 행동이며 그런 행동을 묵과하는 것도 옳지 않다고 생각하였다. 또한 상사의 이익보다 회사의 이익을 앞세우는 것이 올바른 의사결정이라고 윤 차장은 판단하였다.

윤 차장은 이 사실을 어떻게 상사에게 이야기해야 할 것인지를 고민하다 용기를 내어서 "지사장님 홍콩에 꼭 들리셔야 하나요? K항공사를 이용하면 직행노선이어서 여행시간도 절약되고 항공료도 40%나 저렴해서 경비도 절약될 것 같은데요?"라고 넌즈시 물었다. 상사는 당황해 하며 "그래요? 꼭 들릴 필요는 없는데...내가 다시 한 번 알아보리다"라고 대답하였다. 몇 시간 후 상사는 "정말 그렇군요. 직행편으로 바꿔줘요"라고 하였다. 그 사건이 있은 이후로 상사는 해외출장 항공편 선정에 있어 조심하는 것 같았다.

식을 요구할 수 있으며 부하직원들도 자연히 상사의 원칙을 따르게 된다. 자신은 비윤리적인 행동을 하면서 부하직원들이나 자녀들에게는 윤리적으로 행동하라고 말하는 것은 설득력이 없다.

위 사례에서 볼 수 있는 바와 같이 지사장으로서 자신의 이익을 위해 회사의 경비를 낭비하면서 부하직원에게는 경비를 줄이라고 요구할 수는 없을 것이다.

부하직원이 비윤리적이거나 정직하지 못한 행동을 하는 것을 발견했을 때는 일차적으로 비공개적인 자리에서 잘못을 지적하고 시정할 것을 요구한다. 그래도 시정되지 않을 때는 회사의 법규나 관례에 따른 징계를 내릴 수 있다. 그러나 하급 직원으로서 회사 내 상사나 혹은 다른 동료들이 비윤리적이고 정직하지 못한 일을 행하는 것을 알았을 때는 문제해결이 간단하지 않다. 이를 어떻게 막아야 할지 혹은 누구에게 알려야 할지를 망설이게 된다. 평소 직장에 믿을 만한 선배나 상사가 있으면 함께 의논하여 신중을 기함으로써 개인의 성급한 판단에 따라 행동하지 않도록 유의한다.

성경에 "타인의 눈에 있는 티는 보면서 자신의 눈에 있는 대들보는 보지 못한다"는 비유가 있다. 보통 사람들은 타인에게는 엄격한 윤리기준을 적용하면서 자신의 그보다 더한 행동에 대해서는 나름대로의 이유를 내세워 합리화시키는 어리석음을 자주 범한다. 따라서 자신의 가치관과 윤리기준을 정립하여 스스로 실천하며 사회에서 구조적으로 행해지는 부정에 대하여서도 문제의식을 가지고 개선해 나가는 노력이 필요하다고 하겠다.

특히 우리 사회에 만연해 있는 '봉투문화', 즉 촌지를 추방할 때 비로소 정직하고 깨끗한 거래가 정착되고 신뢰할 수 있는 사회가 될 수 있을 것이다.

윤리헌장 11.3

만약 윤리적 문제와 법률적 문제가 같지 않다면 우리는 모호한 부분에 대하여 어떻게 판단하여야 할 것인가라는 질문에 부딪치게 된다. 이를 위해서 미국 유수의 기업들과 전문직 협회들은 윤리헌장을 제정하여 실천하려고 노력하고 있다. 물론 우리나라 기업이나 조직에서도 최근에 와서는 윤리위원회의 설치나 윤리헌장의 제정과 같은 제도를 도입하고 있으나 실질적으로 구체적인 윤리지침을 제공하기보다는 형식에 그치는 경우가 대부분이다. 윤리헌장에 어긋난 행동을 했을 때는 윤리위원회의 공정한 심사를 거쳐 징계나 불이익을 받는 제도가 정착되어야 사회전반적으로 공정성을 확립할 수 있으며 공평한 게임의 법칙을 지켜나가려는 분위기가 확산될 수 있을 것이다.

|11.3.1| 기업윤리헌장

1990년대 초 우루과이라운드(Uruguay Round : UR)에 의하여 세계무역기구가 설립되어 전세계 국가가 하나의 시장으로 변화되기 시작하였다. 1997년에는 그린라운드(Green Round : GR)에 의해 국제무역에서 환경, 공해 문제의 중요성이 제기되었다. 최근에는 미국을 중심으로 비윤리적 기업의 제품과 서비스를 국제시장에서 규제하자는 윤리라운드(Ethic Round : ER)가 확산되고 있다.

기업이 윤리적으로 잘못하면 대외적으로 회사의 신용도가 떨어지며 그 결과 매출과 수익이 감소한다. 뿐만 아니라 대내적으로는 종업원의 사기가 떨어지고 생산성도 낮아진다. 뿐만 아니라 국제 상거래에 있어 윤리기준을 지키지 않으면 국제적인 망신과 손해를 당할 수도 있다. 따라서 기업윤리는 회사 경쟁력을 강화시키며 회사 이익을 증대시키는 매우 중요한 요소이다.

선진국에서는 많은 기업들이 기업윤리헌장을 제정하였으며 우리나라 기업들도 앞 다투어 기업윤리헌장을 선포하고 있다.

"우리의 책임은 우리가 생활하고 일하고 있는 지역사회는 물론 전세계 공동체에 대한 것이다. 우리는 선량한 시민이 되어야 하며 선행과 자선을 베풀고 적절한 세금을 내야 한다. 사회의 발전과 건강 및 교육의 증진을 위해 노력해야 하고 환경과 천연자원을 보호해야 한다."

세계적으로 윤리경영의 선두기업으로 손꼽히는 미국 존슨앤드존슨(J&J)이 1943년부터 제정해 실천해오고 있는 '우리의 신조 (Our Credo)' 중 일부다. 이 회사는 미국 뉴브런즈윅 본사는 물론 세계 각지의 현지법인에도 석판이나 목판에 이를 새겨 현관에 걸어놓고 있다. "첫 번째 책임은 고객이며, 둘째는 직원, 셋째는 지역사회, 넷째는 주주에 대한 책임" 이란 내용이다. 창업자의 손자인 로버트 존슨이 명문화해 만든 이 신조는 미국식 윤리강령의 표본이 되었다.

존슨앤드존슨은 윤리경영을 실천하는 일이 중요하다는 사실을 뼈저리게 느낀 경험을 갖고 있다. 바로 '타이레놀' 사건이다. 지난 1982년 미국 시카고에서 타이레놀 제품을 복용한 사람이 사망한 사건이 일어났다. 그것도 지난 1970년대에 개발한 해열진통제로 이 회사 순이익의 17%를 차지하는 주력상품에서 발생한 일이었다.

조사결과 사망자가 먹은 타이레놀에 독극물이 들어 있었다는 사실이 밝혀지자 존슨앤드존슨은 고객에 대한 책임을 내세운 '신조'에 맞춰 대응방안을 마련했다. 원인이 밝혀질 때까지 타이레놀을 사먹지 말라고 대대적으로 홍보했다. 제3자가 독극물을 주입했다는 사실이 드러나고 미국 식품의약청(FDA)에서 해당지역인 시카고에 배포된 제품을 거둬들이도록 권고했다. 그러나 이 회사는 시카고는 물론 전국에서 제품을 회수했다. 여기에 든 비용은 자그마치 1억 달러나 되었다.

이처럼 철저하게 '신조'를 지킨 결과 소비자들로부터 변함없는 신뢰를 받게 됐다. 지금도 미국시장에서 가장 점유율이 높은 해열진통제로 자리를 잡았고 전세계에서 연간 15억 달러의 매출을 올리고 있다.

존슨앤드존슨은 또 자신이 내린 결정이나 행동을 가족들에게 얼굴을 붉히지 않고 설명할 수 있을 만큼 윤리에 어긋나지 않는지 스스로 자문해 보도록 하는 '레드 페이스(Red Face)테스트' 제도도 운영하고 있다.

기업윤리현장

부패방지법 제정을 앞두고 기업들마다 윤리강령 마련에 비상이 걸린 가운데 국내 외국기업들의 강도 높은 윤리강령(code of conduct)들이 새삼 주목받고 있다. 경제협력개발기구(OECD)가 '기업윤리라운드' 출범을 추진하는 등 엄격한 기업윤리가 국제 비즈니스의 한 조류로 등장하고 있기 때문이다.

쉘 한국지사는 사업준칙(business principle)에 따라 임 · 직원들이 10만원 이상의 선물을 남으로부터 받았을 경우 선물을 받는 상세한 이유를 회사에 서면보고토록 하고 있다. 특이한 점은 보고한 뒤에도 그 선물은 회사로 귀속된다는 점, 사업준칙 중에는 사업상의 인간관계를 위해 불가피하게 물건이나 현금이 오가는 경조사비 지출이나 선물증여도 매월 회사에 보고하도록 한 조항도 있다. 특히 10만원 이상의 선물은 지사장의 직접결재를 받아야 한다.

볼보건설기계코리아는 접대비 지출이 까다롭기로 유명하다. 우선 직원들의 접대비 지출은 각 팀장(부장)들이, 각 팀장이 쓰는 것은 대표이사가, 지방의 영업간부들의 경우는 영업총괄 전무가 각각 결재해 상호견제하는 역할을 한다. 독특한 것은 대표이사까지도 재무담당부사장(CFO)에게 비용지출을 일일이 결재받아야 한다는 점이다.

볼보건설기계코리아 김희장 홍보과장은 "사내 회계전산시스템을 통해 개개인이 쓴 비용지출내역, 접대 상대에 대한 모든 정보가 한눈에 드러난다"며 "단 한 푼도 지출내역 없이 마구 쓰는 일이란 불가능하다"고 말했다.

한국다우코닝도 사업과 관련없는 사람에 대한 접대를 원칙적으로 금지하고 있다. 황경수 사장은 "목적이 불분명한 기부행위나 필요 이상 부당한 접대가 발각되면 해고사유가 될 수도 있다"고 강조했다.

우리나라는 한때 벤처기업이 몰려있는 강남일대의 유흥주점들이 특수를 누린 적도 있으나 외국의 경우에는 닷컴기업도 주머니가 가볍긴 마찬가지. 온라인 마케팅회사인 헬로우 아시아 코리아는 1인당 3만원 이상의 접대비는 각 해당국가 지사의 CFO-CEO-자금담당자의 무려 3개 라인에서 일주일 전에 사전승인을 받아야 한다. 실리콘밸리에 있는 본사는 접대비의 상한선을 아예 1인당 50달러로 묶어 놓았다.

한국 IBM도 "특정 공급자에게 특별한 대우(special treatment)를 해서는 안 된다"는 규정과 함께 판촉용 물품이 아닌 기타 선물을 공급자나 고객에게 주는 것을 엄격히 금지하고 있다. 외국계 금융회사에서도 윤리규범은 엄격하다. 독일 알리안츠그룹의 한국합작회사인 알리안츠 제일생명은 "직원은 업무수행중에 자기 자신 또는 타인을 위해 선물이나 기타 사례를 요구하거나 수락해서는 안 된다"고 규정하고, 불가피할 경우 회사의 사전승인을 받아야 한다고 못박고 있다.

자기사람 심기, 안면봐주기 등이 만연돼 있는 납품관련 업무에서도 엄격하기는 마찬가지. 모토로라는 해당 납품업체 관계자와 혈연관계에 있는 사람을 관련 부서에 고용하는 것을 금지하고 있다.

출처 : 조선일보

|11.3.2| 전문직 윤리헌장

각종 전문직 단체에서는 윤리강령 혹은 윤리헌장을 제정하여 회원들로 하여금 구체적인 행동의 지침으로 삼도록 권장하고 있다. 윤리헌장은 해당전문직이 추구하고자 하는 이상을 나타내며 그 직종의 규범적 요소를 공식적으로 표현한 것이기도 하다.

이 윤리헌장을 구성원 스스로도 지킬 뿐만 아니라 그 직업으로 들어오는 사람들에게 교육시킴으로써 전문인으로서의 긍지를 높임과 동시에 사회에 봉사하고 있다. 또한 그 규범을 준수하지 않는 구성원들에게는 협회 등과 같은 단체의 명의로 제재를 가하기도 한다.

의사, 법률가, 간호사, 사회복지사, 비서 등의 직종에서 제정한 윤리헌장을 살펴보면 크게 네 분야를 포함하고 있다. 즉 ① 공공 및 사회에 대한 봉사정신, ② 고객 및 고용주에 대한 자세 및 태도, ③ 동료집단에 대한 자세, ④ 자기계발 등의 해당 전문직에 대한 자세로 나눌 수 있다.

윤리강령의 내용은 직업의 특성에 따라 틀리나 공통점은 전문직에 종사하는 사람들이 자신의 직무수행에 있어서 윤리의식을 촉구하며 전문인으로서의 자기계발을 강조할 뿐만 아니라, 사회에의 봉사정신을 중요하게 여긴다는 것이다.

사회복지사 윤리강령은 다음과 같다.

사회복지의 이념은 정의, 평등, 평화를 기반으로 하여 사회성원들이 존엄성을 유지하면서 모두가 자기실현을 할 수 있도록 사회 전체가 공동으로 책임을 지는 것이다. 이를 위하여 사회복지사는 복지대상자와 직접 일하거나 사회제도적 개선 활동에 참여한다.

위의 사명을 완수하기 위하여 사회복지사는 다음의 윤리강령을 준수한다.

A 사회복지사는 전문가로서의 품위와 자질을 유지하고 수행하는 서비스에 대하여 책임을 진다.

B 사회복지사는 전문적 판단을 흐리게 하는 어떠한 압력에도 타협하지 말고, 전문적인 관계를 개인적 이익을 위해 이용하지 않아야 한다.

C 사회복지사는 전문직의 가치를 유지하고 전문지식과 기술을 습득, 개발, 전달하는 데 최선의 노력을 한다.

D 사회복지사는 복지대상자를 성별, 사상, 종교, 인종, 국적, 지위 및 계층 등에 의해 차별하지 않는다.

E 사회복지사는 복지대상자의 권익을 최우선으로 삼는다.

F 사회복지사는 복지대상자가 능력에 맞는 자기결정권을 최대한 행사할 수 있도록 돕는다.

G 사회복지사는 복지대상자의 사생활을 존중하고 직무상 취득한 정보를 전문적 업무 이외에는 개방하지 않는다.

H 사회복지사는 동료의 전문적 지위와 인격을 손상시키는 언사와 행동을 하지 않는다.

I 사회복지사는 동료나 기관의 비윤리적 행위에 대하여 적절한 경로를 통하여 대처한다.

J 사회복지사는 자기 소속기관과 전문단체 활동에 적극 참여하여 발전을 도모하며, 관련 기관과의 긍정적 관계를 유지한다.

한국비서협회에서 제정 공포한 비서윤리헌장은 다음과 같다.

전문비서윤리강령

서 문

전문비서윤리강령은 비서가 전문 직업인으로서 신뢰와 책임감을 갖추고 성실히 업무를 수행하며, 나아가 사회에 공헌하도록 함을 목적으로 제정되었다.

비서는 윤리강령을 준수할 의무를 지니며 직무를 수행함에 있어 본 강령을 행동준칙으로 채택한다.

Ⅰ. 직무에 관한 윤리

【상사 및 조직과 고객의 기밀 유지】 비서는 업무와 관련하여 얻게 되는 상사나 조직, 또는 고객에 대한 정보의 기밀을 보장하고 업무 외의 목적으로 기밀 정보를 사용하지 않는다.

【조직과 상사와의 관계】 비서는 전문적인 지식과 사무능력을 보유하고 업무를 효율적으로 수행함으로써 상사와 조직의 이익을 증진시킨다.

【예의와 정직】 비서는 항상 상사와 고객에게 예의를 갖추어 친절하게 대하며 직무수행에 있어 직위의 범위를 벗어나는 언행을 삼가고 정직하게 임하여 신

뢰를 받도록 노력한다.

【동료와의 관계 및 팀워크】 비서는 존중과 신뢰를 바탕으로 동료들과의 관계를 협조적 · 우호적으로 유지하여 효과적인 팀워크를 이루어 나갈 수 있도록 노력한다.

【보상】 비서는 최선의 업무결과에 대한 정당한 대우를 받을 권리가 있으나 부당한 목적을 위해 제공되는 보상에 대해서는 응하지 않는다.

【자원 및 환경보존】 비서는 업무 수행시 경비절감과 자원절약, 환경보존을 위해 노력한다.

【직무수행 봉사정신】 비서는 자신의 직무와 관련된 사항에 대해 직무수행 효과를 제고한다.

II. 전문성에 관한 윤리

【전문성 유지 및 향상】 비서는 지속적인 자기 계발을 위해 교육 훈련 프로그램에 적극적으로 참여함으로써 비서로서의 전문성을 유지 및 향상시킨다.

【전문직 단체 참여】 비서는 자신의 전문성을 향상시킬 수 있는 전문직 단체에 참여하여 정보 교환과 상호 교류를 통해 비서직 성장 발전과 권익 옹호를 도모한다.

【품위유지】 비서는 직업의 명예와 품위 향상을 위하여 노력한다.

【사회봉사】 비서는 지역 사회의 발전 및 공공의 이익을 도모할 수 있는 각종 봉사 활동에 적극적으로 참여한다

직장내 성희롱 11.4

|11.4.1| 성희롱

직장에서는 여러 유형의 사람들이 함께 근무를 하며 다양한 인간관계를 맺는다. 특히 남녀가 함께 일을 함에 있어서 정상적인 인간관계가 아니라 직위나 권력을 이용하여 상대에게 성적인 희롱을 하거나 요구를 할 때 부하직원의 입장에서는 이를 거절하거나 피하기가 쉽지 않다. 미국과 같은 선진국에서는 성희롱(sexual harassment)에 대한 문제점을 일찍이

인식하여 법적 제도와 제도적 장치를 정비하였으며 우리 나라에서도 최근에 와서 남녀고용평등법 내에 성희롱에 관한 조항을 삽입하고 노동부의 여성정책국 중심으로 인식확산 및 대응방안에 대한 상담을 하고 있다. 다음은 노동부에서 발간한 「직장내 성희롱 – 이렇게 대처하십시오」의 주요 내용을 토대로 기술하였다.

1 성희롱의 정의

남녀고용평등법 제2조의 2 제2항에 성희롱을 다음과 같이 정의하고 있다.

"직장내 성희롱이라 함은 사업주, 상급자 또는 근로자가 직장 내의 지위를 이용하거나 업무와 관련하여 다른 근로자에게 성적인 언어나 행동 등으로 또는 이를 조건으로 고용상의 불이익을 주거나 또는 성적 굴욕감을 유발하게 하여 고용환경을 악화시키는 것을 말한다." 직장내 성희롱은 사업장 밖에서도 상급자가 그 지위를 이용하거나 업무와 관련이 있다면 성립된다. 예를 들면, 출장 중의 차 안, 출장중의 숙소, 회식장소 등에서 이루어진 성희롱도 직장내 성희롱의 범주에 속한다.

이 때 중요한 것은 자신은 싫은데 자신의 의지와 반대해서 상대방이 강압적 혹은 일방적으로 성희롱 행위를 한다는 데 그 문제가 있다.

2 성희롱의 행위자와 피해자

성희롱의 행위자는 사업주나 직장 내의 상급자, 동료근로자, 하급자가 해당되며 거래처 관계자나 고객 등 제3자는 제외된다. 피해자는 여성근로자가 주로 대상이지만 남녀근로자(협력업체 및 파견근로자 포함) 모두 해당되며 모집채용과정 중인 구직자도 포함된다.

11.4.2 성희롱의 유형

1 고용상 불이익을 주는 성희롱

윗사람의 요구에 응하지 않았을 때 해고 또는 부서변경 등 고용상의 불이익을 주는 성희롱의 유형으로 다음과 같은 예를 들 수 있다.

- 직장 내에서 사업주가 근로자에게 성적인 관계를 요구했는데 이를 거부했다는 이유로 해고하는 것
- 상급자가 차 안에서 근로자의 허리, 가슴 등을 만져 이에 저항하자 현재보다 불리한 부서로 배치 전환하는 것
- 회식자리에서 상사가 외설적인 춤을 출 것을 요구하며 포옹하려 하여 이를 거부하자 승진에서 탈락시키는 것 등이다.

2 성적 굴욕감을 유발하는 성희롱

직접적으로 접촉을 하거나 성적인 요구를 하지는 않으나 언어적 혹은 시각적 행위로 굴욕감을 유발하는 유형으로 다음과 같은 예를 들 수 있다.

- 직장 내에서 음담패설, 외모에 대한 성적인 평가 등의 발언을 하여 근로자가 굴욕감을 느끼고 근로의욕이 저하되도록 하는 것
- 여성근로자와 관계되는 성적 소문을 의도적으로 퍼뜨려 심적 고통을 느껴 제대로 일을 할 수 없게 하는 것
- 직장상사가 음란 사진, 그림 등을 게시하여 여성근로자가 굴욕감을 느끼고 업무에 집중할 수 없게 하는 것 등이다.

그러나 특정인에게 무조건 커피심부름을 시키거나 반말을 하는 것은 성적인 언동이 아니기 때문에 성희롱에 해당되는 것은 아니다.

3 행동유형별로 본 성희롱

육체적 행위

입맞춤, 포옹, 뒤에서 껴안는 등의 신체적 접촉행위, 가슴, 엉덩이 등 특정 신체부위를 만지는 행위, 안마나 애무를 강요하는 행위

언어적 행위

음란한 농담을 하거나 음탕하고 상스러운 이야기를 하는 행위(전화통화 포함), 외모에 대한 성적인 비유나 평가를 하는 행위, 성적인 사실관계를 묻거나 성적인 내용의 정보를 의도적으로 유포하는 행위, 성적인 관계를 강요하거나 회유하는 행위, 회식자리 등에서 무리하게 옆에 앉혀 술을 따르도록 강요하는 행위

시각적 행위

음란한 사진, 그림, 낙서, 출판물 등을 게시하거나 보여주는 행위(컴퓨터 통신이나 팩시밀리 등을 이용한 경우도 포함), 성과 관련된 자신의 특정 신체부위를 고의적으로 노출하거나 만지는 행위

|11.4.3| 성희롱 대처와 예방방안

성희롱 판정의 중요한 요건은 얼마나 일방적으로 그리고 강압적으로 나의 의사가 무시된 채 문제의 행동이 이루어졌는가의 여부이다. 성희롱으로 고발된 많은 남성들은 자신은 성희롱을 한 적이 없을 뿐 아니라 상대방도 싫어하지 않았고 오히려 동조했는데 이제와서 무슨 소리냐고 강하게 반발하는 경우가 많다고 한다. 본인도 같이 동조를 하거나 자발적으로 협조했다면 성희롱이 성립될 수가 없다.

1 성희롱 대처

상대가 성희롱이라 볼 수 있는 행동을 나타내면 그 행위자에게 명확한

거부의사를 표시해야 한다. 명확하게 표현하지 않으면 허용하는 것으로 오해할 수도 있기 때문이다. 처음에는 행위의 시점에 정중하게 중단할 것을 요청하고 그래도 지속적으로 또 여러 차례에 걸쳐 성희롱이 이루어지면 행위자에게 중단을 요청하는 편지를 쓴다.

성희롱 행위가 중단되지 않으면 문서화된 기록을 증거로 남기는 것이 필요하다. 나중에 사실 여부를 확인할 근거가 될 수 있도록 일시, 장소, 성희롱 행위의 유형, 목격자, 대화내용 등을 정확히 서술한다. 문제가 심각하다고 인식될 때는 직장내 선배, 상급자, 회사내 상담요원 등에게 상담을 요청하거나 여성단체나 노동부(여성정책과, 지방노동청)로 상담을 하거나 신고한다(노동부 성희롱 신고센터는 전국 어느 곳에서나 전화 번호 1544-5050).

그러나 성희롱에 대하여 지나치게 경직된 태도를 취하는 것은 바람직하지 않다. 농담으로 넘길 것은 넘길 수 있어야 하며 너무 민감하게 반응하지 않아야 한다. 어떤 조직에서는 남자들이 비공식적인 모임인 회식자리나 사적인 자리에 여자들을 동반하면 신경이 쓰이거나 공연히 오해받는다고 하여 공공연하게 여자들을 모임에서 소외시키는 경우도 있다고 한다. 이렇게 되면 직장내 정보교류나 인간관계 형성에 부정적인 영향을 끼칠 수도 있기 때문에 성희롱에 대한 문제제기를 할 때는 신중한 판단을 하는 것이 필요하다.

2 성희롱 예방방안

직장 내에서 성희롱이 일어나지 않게끔 하는 데에는 무엇보다 최고경영자가 성적 위협이 없는 분위기 좋은 직장을 만들겠다는 의지를 갖는 것이 중요하다. 사업주는 직장내 성희롱 예방을 위하여 연 1회 이상 성희롱 예방교육을 실시하여야 할 의무가 있다.

사업주는 성희롱 행위자에 대해서 부서전환, 징계 등의 조치를 취하여 성희롱을 하였을 때는 불이익이 따른다는 것을 명백히 하여야 한다. 그러나 현실적으로는 거꾸로 성희롱 피해자에게 고용상 불이익을 주는 조치를 하는 경우가 있다. 특히 가해자가 고위관리자이며 피해자가 말단 여직원일 경우에는 오히려 문제제기를 한 여직원이 회사에서 견디기 힘들도록 유도하여 사표를 내게 만들기도 한다. 사업주가 성희롱 여부 판단이나 관련분쟁 해결이 어려운 경우는 관할 노동지방관서의 장에서 지원요청을 할 수 있다고 노동부에서는 밝히고 있으나 현실적으로 사내 문제를 외부에까지 표출할 사업주는 거의 없다고 해도 과언이 아니다.

어떤 회사에서는 성희롱 상담센터를 설치하고 성희롱에 관한 매뉴얼이나 비디오로 사원들에게 교육시키고 교육실시 여부에 대하여 확인서명을 받기도 한다. 문제는 형식적인 것이 중요한 것이 아니라 성희롱이 없는 사내 분위기를 유지하겠다는 최고경영자의 의지가 중요하며, 피해자가 불이익을 받지 않고 상담하고 고발할 수 있는 제도적 장치가 마련되어야 한다.

사례연구 : 당신이 A라면 어떻게 하겠는가?

대기업 기획예산부에서 근무하는 말단사원인 A양은 요즘 마음이 편치 않다. 기획예산부의 관리자들이 가끔 술자리를 갈 때 같은 부서의 여직원 1~2명을 동행하게 하고 술을 따라 달라고 하거나 춤을 같이 추자고 요구하기 때문이다. A는 자신은 원하지 않는데 상사들이 가자고 할 때는 싫다고 이야기할 용기가 없었다. 반면 같은 부서의 B양은 그런 자리에 따라 가기를 좋아하고 과장에게 언제 가느냐고 묻기까지 하는 것 같았다. A는 가능하다면 그런 자리에 가고 싶지 않았다. 내가 A라면 어떻게 행동할 것인가?

적용문제

1 졸업 후에 직업을 갖고 일하기를 희망하는가? 그렇다면 일하려는 이유를, 일을 하지 않을 생각이라면 일을 하지 않는 이유를 3가지 적어본다.

1.
2.
3.

2 자신이 잘하는 일이 무엇인지 5가지를 구체적으로 적어 보자. 자신이 추구하고 싶은 직업의 종류 3가지를 적어 본다. 잘하는 일과 하고 싶은 직업이 잘 맞는다고 생각하는가?

잘하는 일	원하는 직업
1.	1.
2.	2.
3.	3.
4.	
5.	

3 노동부, 여성부 혹은 여성단체의 홈페이지를 방문하여 성희롱의 구체적인 사례들을 조사해 보자.

1.
2.
3.

Chapter 12

글로벌사회의 인간관계

학습목표

1. 문화에 따라 사람들의 사고와 행동이 다른 이유를 이해한다.
2. 비즈니스 프로토콜 실천방안을 설명할 수 있다.
3. 비즈니스 인간관계에서 올바른 매너의 중요성을 이해하고 실천할 수 있다.

12 Chapter

글로벌사회의 인간관계

엘리베이터 안에 나 외에 한 명이 더 있다. 물론 같은 학교 건물 안의 엘리베이터이지만 그와 나는 서로 모르는 사람이다. 이럴 때 우리는 서로 다른 곳을 응시하며 무덤덤하게 가고자 하는 층에 이르기를 기다린다. 복도에서 만나도, 길에서 스쳐 지나가게 되어도, 모르는 사람이라면 우리는 서로 눈을 마주친다는 것이 어색하고 두렵기까지 한 일이다. 그러나 미국인들은 이 상황에서 다르게 반응하였을 것이다. 그들은 눈인사를 하거나 가볍게 목례를 하여 서로의 존재를 인정해 준다. 가벼운 인사는 자연스러운 글로벌매너인데, 우리가 무표정하게 대한다면 우리와 다른 문화를 가진 상대방은 어색해 할 것이다.

이 장에서는 글로벌사회의 인간관계에 대하여 살펴보자.

Chapter 12

글로벌사회의 인간관계

12.1 문화 이해

정보통신의 발달로 인하여 세계가 점점 좁아지고 국제화되는 비즈니스 환경 속에서 여러 문화권에 속한 사람들과 의사소통하고 원활한 인간관계를 유지할 수 있는 능력은 매우 중요하다.

1970년대 아시아에 진출하려던 미국기업들은 아시아권 사람들과 거래를 할 때 비즈니스문화의 차이로 인하여 많은 어려움을 겪었다. 중국, 한국, 일본과 같은 아시아 나라들은 친밀한 인간관계가 형성이 된 다음 거래로 들어가고, 일단 관계가 형성되고 나면 거래의 조건은 그다지 중요하지 않을 수도 있다. 반면 미국인들은 거래의 조건에 대한 협상이 이루어지면 바로 계약으로 들어가기를 원하기 때문에 친밀한 인간관계가 형성되기 전에 계약서를 상대방에게 제시하고 서명을 요구함으로 인하여 번번히 거래가 성사되지 않기도 했다.

한국에서는 계약서의 문구나 조건에 그다지 신경을 쓰지 않는 반면 미국기업들은 계약서에 모든 조건들을 명시하기 때문에 추후 분쟁이 발생했을 때 한국기업들이 미처 예상하지 못한 손해를 입는 경우도 있었다. 따라서 무역, 협상에 종사하거나 다국적기업에 근무하는 사람들은 다른 문화권 사람들의 문화와 관습을 잘 이해하여야 우호적인 협력관계를 구축할 수 있을 뿐 아니라 원활하게 업무를 처리할 수 있을 것이다.

12.1.1 문화란?

문화는 "사회구성원에 의해 공유되는 지식, 신념, 행위의 총체"라고 브리태니카 사전은 정의하고 있다. 즉, 문화는 지식, 신앙, 예술, 도덕, 법률, 관습 등 인간이 그 사회의 구성원으로서 공유하는 인식과 습관의 총체라고 할 수 있다. 문화는 우리의 행동, 의사결정방법, 감정, 생각에 영향을 미치고 우리가 우리 자신과 다른 사람들 뿐 아니라 우리를 둘러싼 세계를 어떻게 인식하는가를 결정짓는다.

예를 들면, 대부분의 사람들은 개인의 생활을 물질 면에서 편안하게 해줄 수단인 집, 의복, 냉·난방시설 등은 기본적으로 갖추어져야 한다고 믿는다. 그래서 각자 자신의 자동차와 집과 같은 물질적 소유물을 원하는 것을 바람직하고 당연한 일로 받아들인다. 물론 물질과 편안함에 특별한 관심을 갖지 않는 사람들도 있지만 최신기구나 설비, 쾌적한 교통수단 등에 쏟는 시간, 노력, 돈을 생각해 보면 편안한 물질 생활이 매우 중요한 요소임에는 틀림없다. 반면 물질적 풍요보다 영적인 수행을 더 중시하는 문화권의 나라도 있다.

이렇듯 사람들이 속해 있는 지역과 종교 그리고 경험에 따라 각기 다른 문화와 가치관을 나타내나 최근에 와서는 미국의 자본주의적인 물질문화와 실용주의적인 가치관이 세계적인 문화 표준으로 확산되어 감은 부인할 수 없게 되었다. 따라서 글로벌시대에 다양한 문화를 접하며 사는 우리로서는 항상 우리와 다른 문화를 관찰하고 관심을 기울임으로써 지구촌 사회의 변화에 유연하게 적응할 수 있어야 한다.

12.1.2 문화차이 비교

네덜란드의 홉스테드(G. Hofstede)는 60여 국가의 160,000 IBM 지사 혹은 현지법인의 직원들을 대상으로 설문조사를 실시한 결과를 토대로 국가 간의 전반적인 문화차이에 대하여 아래와 같은 다섯 범주에서 비교하고 있다.

1 개인주의 성향

개인주의 성향에 따라 개인주의와 집단주의의 차원으로 나눌 수 있다. 집단주의가 강한 국가일수록 구성원들의 능력보다는 조직에의 협조와 충성을 강조하며 모든 것을 같이 결정해야 한다고 믿는다. 자기와 다른 가치관을 수용하고 체면을 더 중시하고 능력주의보다 집단보상을 더 원한다. 이러한 나라의 예로는 이스라엘, 덴마크, 아일랜드, 핀란드, 독일, 일본 등이 있다.

반면 개인주의적 국가에서는 모든 것을 자기가 결정해야 된다고 믿으며 자기 존중에 비중을 두며 나의 능력과 자격 때문에 회사가 나를 채용했다고 생각한다. 이러한 나라의 예로는 뉴질랜드, 미국, 캐나다 등이 있다. 우리 나라는 전통적으로 집단주의적 성향이 강한 나라였으나 최근에 와서는 젊은층 사이에 개인주의적 성향이 확대되고 있다.

2 권위주의 성향

권위에 대응하는 성향에 따라 권위주의와 평등주의 차원으로 나눌 수 있다. 권위주의 성향이 큰 문화를 가진 기업의 사원들은 상사가 권한을 크게 가진 것으로 보고, 상사의 업무지시도 당연하게 받아들인다. 또한 권위주의 성향이 강하기 때문에 계층순서를 밟지 않고 건너뛰는 것은 불복종이나 반항으로 간주한다. 이러한 나라의 예로는 인도, 필리핀, 싱가포르, 홍콩 등이 있으며 우리나라도 이 범주에 속하나 최근에 와서는 조직 내에서도 권위주의적인 성향이 많이 약화되고 평등주의적 성향이 확대되고 있다.

반면 평등주의 문화를 가진 국가의 조직원들은 상사가 능력이 있기 때문에 권위를 가진다고 보며, 사업협상시에도 계층 구분 없이 능력위주로 파견한다. 이러한 나라의 예로는 미국, 캐나다, 스위스, 뉴질랜드 등이 있다.

3 불확실성 회피성향

불확실성에 대응하는 성향에 따라 안정주의와 모험주의 차원으로 나눌 수 있다. 불확실성 회피성향이 큰 문화권에서는 조직원의 동기부여 조건으로 직업의 안정성이 제공되며, 규칙과 규정의 제정과 준수가 강하며 이탈된 생각과 새로운 혁신을 거부하는 경향이 있다. 이런 나라에서는 조직구조가 피라미드형이며 지식, 보고계통과 역할분담이 명확하다. 이러한 나라의 예로는 스위스, 이탈리아, 이란, 일본, 이스라엘 등이 있으며 우리나라도 이 범주에 속한다.

반면 불확실성 회피성향이 약한 나라에서는 조직은 정형화되어 있지 않고 모든 사람이 모든 사람과 대화하는 커뮤니케이션 형태를 취한다. 역할분담도 때로는 애매하고 규범도 잘 지켜지지 않는 것 같으나 다양한 행동을 보이며 융통성이 많다. 이러한 나라의 예로는 덴마크, 스웨덴, 아일랜드가 있다.

4 남성적 성향

남성적 성향이 얼마나 강한가에 따라 남성지향성 그리고 여성지향성으로 나눌 수 있다. 인간보다 물질을 숭상하고 단호한 결단력과 진취성을 가진 문화를 말하는 남성지향성 사회에서는 목표, 성과, 이익중시의 경영활동에 초점을 두고 있다. 이러한 성향을 가진 나라의 예로는 이탈리아, 미국, 캐나다, 뉴질랜드, 남아프리카, 홍콩 등을 들 수 있다.

반면 타인에 대한 배려가 크고 물질보다는 삶을 중시하는 성향인 여성 지향성 사회에서는 종업원의 직무만족을 더 중시한다. 예를 들면, 직장 여성이 아기를 낳으면 남편에게도 출산휴가를 주어 집에서 아기를 돌보도록 하게 한다. 이러한 성향을 가진 나라는 스웨덴, 덴마크, 네덜란드, 브라질, 프랑스, 스페인 등이다. 우리나라는 언뜻 생각하면 남성적 성향이 강한 나라인 것 같으나 인정이 많고 조직원 중 능력이 모자라는 개인이 있더라도 해고하기보다는 감싸고 돌보아주는 풍토가 있는 것을 보면 여성주의적 성향이 더 많다고 할 수 있다.

5 시간성향

시간에 대하여 어떠한 인식을 가지고 있는가에 따라 과거, 현재, 미래에 대한 생각이 문화권마다 다르다.

과거지향의 문화를 가지고 있는 지역은 과거의 선례, 전통, 관습의 유지에 가치를 부여하며 대표적으로 중동지역을 들 수 있다. 현재지향의 문화를 가지고 있는 지역은 중남미 지역으로 거래선의 현재 또는 가까운 미래의 실적이 중요한 요소이다.

미래지향의 문화를 가지고 있는 지역은 미국과 캐나다가 대표적이며 동아시아는 과거와 미래를 모두 지향한다. 미래지향의 국가에서는 장기적인 목표와 비전을 추구한다.

6 고맥락 문화*와 저맥락 문화*

문화를 분류하는 방법은 여러 가지이나 그 중 언어와 커뮤니케이션 형

고맥락 문화(high context)
직관적이고 관조적이며 모호한 메시지 사용
저맥락 문화(low context)
분석적이고 행동지향적이며 직접적이고 분명한 메시지 사용

태의 차이를 나타내는 분류방법으로는 홀(Hall)의 고맥락 문화와 저맥락 문화를 들 수 있다.

고맥락 문화는 언어의 사용이 직관적이고 관조적이며 모호한 메시지를 사용하는 경향이 있다. 반면 저맥락 문화는 분석적이고 행동지향적이며 직접적이면서 분명한 메시지를 사용하는 경향이 있다. 일반적으로 고맥락 문화는 집단중심적인 사회인 중국, 일본, 한국, 베트남 등의 아시아 국가들이 여기에 속한다. 반면 저맥락 문화는 개인중심적인 사회로 독일, 스칸디나비아 국가, 스위스, 미국, 캐나다 등이 이 범주에 속하는 대표적인 국가라 할 수 있다.

고맥락 문화에서는 배경과 상황이 더 중요하게 여겨지는 문화로서 시간관념이 분명하지 않고 서로 어울리는 공간을 중요시하며 일의 진행에 많은 시간이 걸린다. 이에 반해 저맥락 문화에서는 상황이나 배경은 별로 중요하지 않고 구체적으로 표시된 문서와 문장의 표현 그 자체가 중요한 문화이다. 예를 들면, 정확히 작성된 계약서가 사적인 자리에서의 구두약속보다 훨씬 더 중요한 비중을 차지한다. 시간관념이 매우 강하고 개인적 공간을 중요시하며 협상은 신속히 진행된다.

또한 저맥락 문화권의 사람들은 이질적이며 공통적인 경험이 적기 때문에 다른 사람을 만날 때는 상세한 배경 정보를 필요로 한다. 즉, 언어적 메시지가 매우 중요하게 인식되기 때문에 협상시 충분한 데이터가 없거나 언급된 요점이 분명하지 않으면 곧바로 질문을 던지게 마련이다. 반면 고맥락 문화에서는 말이나 글과 같은 언어적 메시지에 의존하는 저맥락 문화권의 사람들을 신뢰성이 적다고 여기는 경향이 있다. 비즈니스를 하기에 앞서 서로간에 신뢰를 쌓을 수 있는 관계형성이 중요시 여겨지는 것도 이러한 이유 때문이다.

이슬람 문화권에서는 왼손을 사용하지 않는다. 왼손은 화장실에서 사용하기 때문이다. 그들은 왼손으로 물건을 주고받지 않으며 특히 왼손으로 그들의 머리를 만지거나 때리면 예상치 못한 봉변을 당하게 된다.

독일 및 유럽 선진국에서는 도덕 및 신고정신이 아주 투철하다. 자동차 사고를 목격하였을 경우 증인이 되는 것을 귀찮게 여기지 않고 서로 기꺼이 증인이 되고자 한다. 그리고 길가 잔디 위에 주차하거나 인도 위에 주차를 하면 조금도 주저하지 않고 신고를 한다.

미국에서 교통경찰이 차를 세웠을 때는 곧바로 갓길에 차를 세우고 운전대에 손을 올린 채로 경찰이 지시할 때까지 움직이면 안 된다. 특히 운전면허증을 꺼내기 위해 주머니에 손을 넣으면 총을 꺼내려는 것으로 간주하고 경찰이 총을 쏠 수도 있으므로 특별히 주의해야 한다.

'No friend, no business.' 중국에서 무엇이든 하려면 일단 친구를 사귀어야 한다. 관계가 없거나 소개해주는 친구가 없으면 2일 걸릴 일이 2달씩 걸리기가 일쑤다. 중국에선 경영학보다 '꽌시학(關係學)'이 더 중요하다는 말이 있을 정도다.

|12.1.3| 문화와 커뮤니케이션

1 문화에 따른 커뮤니케이션 차이

미국을 중심으로 하는 서양문화권과 한국을 중심으로 하는 동양문화권의 커뮤니케이션의 특징과 차이를 살펴보면 다음과 같다.

첫째, 커뮤니케이션에 있어 언어적인 특징의 차이로 가장 대표적인 것은 동양문화권에서는 'Yes'와 'No'의 구분이 명확하지 않다는 것이다. 한국인의 문화와 심리를 꿰뚫고 있는 조선일보의 '이규태코너'에 따르면 유교의 덕목이 가급적 자신을 숨기고 사는 것을 미덕으로 삼아서인지 우리 한국사람은 본심을 숨기는 경향이 많다고 한다. 그는 한말에 미국 공사로 서울에서 일했던 알렌의 회고록의 일부를 인용하여 그 예를 들고 있다.

"한국 고관을 파티에 초대하면 으레 정중하게 거절을 한다. 내가 초대되어 간 한국 가정에서 그 집 아이들에게 양과자를 주면 사양하지 않는 사례를 체험한 적이 없다. 한데 이 거절이나 사양이 의례적인 것으로 본심과는 정반대라는 것을 알기에는 꽤 오랜 세월이 필요했다." 겸손이 미덕이요, 하고 싶은 것일수록 하고 싶지 않다고 하는 데 체질화된 한국인의 'No'가 'Yes'라는 사례는 비일비재하다.

또 다른 측면으로 'Yes'와 'No'가 불분명한 경우도 있다. 서양인들은 한국인들이 협상 테이블에서 구두로 이야기할 때는 'Yes'라고 했다가 실제 서류에 계약을 할 때는 정반대인 'No'라고 대답한다고 불만을 토로하는 경우가 종종 있다. 그 이유는 영어가 외국어이기도 하지만 미국문화를 완전히 이해하지 못한 한국인들은 꼭 동의해서가 아니라 상대방이 이야기할 때 알아들었다는 표현으로 고개를 끄덕이며 'Yes' 혹은 'Yes sir'라고 대답하는 경향이 있다. 따라서 자신과 의견이 틀릴 때는 뚜렷하게 'No'라고 반대의사표현을 분명히 해야 한다.

반면 서양인들은 국제업무에 있어서 매우 직선적이어서 면전에서도 'No'라는 말을 서슴지 않는다. 그러나 계약조건을 검토한 후 객관적이고 합리적이라고 판단되면 즉석에서 결정을 내린다. 물론 이러한 직선적이고 무뚝뚝한 태도는 때로는 동양인들에게 건방지다는 느낌을 주기도 한다.

2 비언어적 커뮤니케이션의 차이

얼굴표정, 시선 등과 같은 비언어적인 커뮤니케이션 방법에 있어서도 차이가 있다. 한국인들은 자신의 감정을 얼굴에 잘 드러내지 않는 경향이 있다. 이 또한 유교적인 관습에서 좋고 싫음과 기쁨과 슬픔의 감정상태를 상대방에게 내보이지 않고 숨기는 것이 미덕으로 여겨져 온 때문이다. 따라서 자신의 감정을 가장 잘 드러내 보이는 눈을 상대방과 맞추는 것은 바람직하지 않다고 여겨져 왔다. 어떤 경우에는 상대방을 똑바로 쳐다보는 것은 특히 젊은 사람이 연장자를 바로 쳐다보는 것은 무례하다고 여겨지는 경우도 있다. 반면 서양문화권의 사람들에게는 상대방을 똑

바로 쳐다보는 것은 아무 것도 숨길 것이 없고 솔직하다는 표현의 발로이다. 오히려 시선을 맞추지 않으면 솔직하지 않고 무언가를 숨기거나, 무관심하거나 또는 상대방을 무시한다고 오해받는 경우도 있다.

실제로 우리나라에서 미국으로 이민간 지 얼마되지 않은 학생이 선생님으로부터 주의를 듣는데 이 학생은 우리나라에서 선생님으로부터 야단을 맞을 때처럼 고개를 떨군 채 아래만 내려다 보고 있었다. 처음에는 조용히 이야기하기 시작했던 선생님의 언성이 점점 높아지면서 자신의 눈을 똑바로 쳐다보라고 하였다. 선생님은 학생이 자기의 말을 듣지 않고 무시하며 딴 생각을 한다고 오해하였던 것이다.

또 다른 비언어적 의사소통의 차이의 예는 인사에서도 찾아볼 수 있

비언어적 커뮤니케이션의 문화 간 차이

OK 사인

- 미국 : OK
- 남미 : 상대방에 대한 욕
- 프랑스 : '0' 이나 '쓸모없음'
- 한국, 일본 : 돈

승리의 V사인

일반적으로 V자형으로 두 손가락으로 높이 쳐드는 것은 대부분의 사람들에게는 '평화' 나 '승리' 를 의미한다. 그러나 손바닥을 안으로 향하고 손을 위로 올리면 상대방에 대한 욕의 뜻이 된다.

미인을 보았을 때

- 미국 : 눈썹을 위로 올린다.
- 이탈리아 : 집게 손가락을 뺨에 누르고 휘파람을 분다.
- 브라질 : 눈에 망원경 모양을 만든다.

웨이터를 부를 때

- 프랑스 : 시선을 맞추고 빠르게 머리를 뒤로 끄덕인다
- 스페인, 멕시코 : 입술로 '삐익' 소리를 내거나 두 손가락으로 '딱딱' 소리를 낸다.

다. 일본인은 사람을 만났을 때 표정은 거의 바꾸지 않고 여러 번 절을 한다. 아랍인은 양팔을 벌려 인사하거나 포옹하는 것과 같이 몸짓을 이용하여 우호감이나 친근감을 나타낸다. 미국인은 눈을 마주 보며 굳은 악수를 나누면서 서로 간에 한 팔 정도의 간격을 유지하는 것을 좋아한다.

3 언어적 커뮤니케이션 차이

대화와 발표에 대한 기본 태도에도 차이가 있다. 우리나라 사람들 특히 남자들은 말이 적은 것을 미덕으로 여겨왔다. 격언에도 "웅변은 은이요. 침묵은 금이다"라는 말이 있고 보면 말의 뜻을 이해하면서도 자신을 지나치게 표현하지 않았으며, 말이 많으면 가볍다거나 경박하다고까지 하였다. 그러나 서양에서는 말이 없으면 능력이 없다고 여기거나 무관심, 거절, 비판, 슬픔의 뜻으로 받아들이거나 뭔가를 숨기고 말하지 않는다고 생각한다.

미국교수들은 미국에 유학온 한국학생들이 수업시간에는 질문이나 발표도 하지 않고 가만히 있어서 수학능력이 있는지 의심스러웠는데 시험을 보면 미국학생들보다 우수한 성적을 낸다고 이야기한다. 토론보다는 주입식 그리고 암기시험 공부에 익숙한 교육방식 탓도 있지만, 사소한 문제라도 진지하게 이야기하고 토론하는 미국과, 아주 중요하다고 생각되는 의견이 아니면 여러 사람 앞에서 이야기하기를 꺼리는 우리나라의 문화와 차이가 있기 때문이다.

12.1.4 직장문화 비교

외국에 이민간 한국인들이나 혹은 한국 내에서 외국인 상사와 근무하는 직장인들은 문화차이로 인한 갈등을 겪을 수 있다. 이런 문화차이를 미국회사와 한국회사 혹은 미국인 상사와 한국인 상사와의 관계를 예로 들어 비교해 볼 수 있다.

1 평등의식과 권위의식

일반적으로 미국인들은 권위의식이 없고 평등의식이 강하다. 직장 내에서의 호칭도 주로 직급으로 부르는 우리나라와는(예 : 김 부장님) 달리 상사와 부하와의 관계에서도 서로 이름이나 애칭*(예 : Tom, Ron)을 부른다. 신상에 관한 문제를 의논할 때 미국인들은 상사에게 직접 불만, 불평, 건의사항을 말한다. 문제를 해결하는 가장 적절하고 효과적인 방법은 직접 솔직하게 털어놓고 이야기하는 것이다.

반면 한국의 직장인들은 훨씬 간접적인 방법으로 문제를 상사에게 알리려고 하거나 혹은 상사와 술자리를 함께 하면서 자신의 문제에 관하여 상의하기도 한다. 한국인의 문화에서는 윗사람이 권위의식을 나타내고 아랫사람은 그런 권위를 발휘하도록 도와주는 것이 일반적이고, 아랫사람이 윗사람을 존경함으로써 그 권위의식을 인정해 주는 것이라고 할 수 있다.

그러나 최근에 와서는 조직의 구조가 점점 수평화되고 있으며 연공서열에 따른 급여체제가 무너지고 능력과 업적에 따른 승진과 성과급이 일반화됨에 따라서 우리나라에서도 직장 내에서의 권위의식이 점차 없어지고 있다.

2 사생활과 직장생활의 구별

한국인들의 직장생활은 사생활로 연결되는 경우가 많다. 직장동료끼리의 회식자리나 술자리가 퇴근시간 이후의 활동에서 가장 큰 비중을 차지하며 시간이 지남에 따라 직장동료들과의 관계는 사적인 친구관계와 비슷한 성격으로 발전되어 간다.

애칭
미국인들은 first name, 즉 이름을 줄여서 애칭으로 부르는 경우가 많다. 예를 들면 Ronald를 Ron, Thomas를 Tom으로 부른다 미국의 경우에도 직장의 동료가 친구관계로 발전하는 경우가 드문 것은 아니다. 그러나 직장생활과 사생활을 분리하는 것이 대부분이며 특별한 이유없이 퇴근 후의 시간을 직장동료들끼리 보내는 일은 거의 볼 수 없고 개인이나 가족단위의 생활을 즐긴다.

3 성과주의와 연공주의

성과주의는 일한 만큼 혹은 성과가 있는 만큼 임금을 주는 것이고, 연공주의는 성과보다는 근무연한에 따라 적절히 차등을 두어서 임금을 주는 것이라 할 수 있다. 미국과 같은 개인주의가 일반화된 사회에서는 성과주의 원리를 분배에 적용한다. 대부분 업무의 내용이 철저하게 분석되어 있고 객관적이고도 수치적인 평가가 가능하도록 만들어져 있으며 개개인의 실적을 기준으로 한 보상을 실시하는 연봉제와 같은 제도가 일반적이다.

반면 한국조직은 개인의 이익이나 목표보다는 집단의 이익이나 목표달성을 중시하는 집단주의적인 성격이 강해서 개인적인 업적을 인정하기보다는 나이, 서열 등에 따라 적절히 분배하는 것이 일반적이었다. 그러나 이러한 현상은 최근에 와서 급격히 변화하여 한국사회에서도 평생직장 및 연공서열의 개념이 무너지고 능력별 성과급제가 일반화되고 있다.

4 성실성과 충성심

주어진 업무를 성실하게 그리고 묵묵히 해내는 것을 중요하게 여기는 한국인들과는 달리 미국인들은 실적이나 성과를 중요시하며 성실성이나 충성심 그 자체는 그리 높게 평가하지 않는다. 미국조직에서는 자신의 능력이나 성과에 대해서 자신을 객관화시키고 수치화시켜 타인들에게 알리는 사람이 묵묵히 성실하게 일하는 사람보다 더 높이 평가받는 경향이 있다.

업무에서도 미국식의 행동방식으로는 상사의 명령에 그대로 복종하고 따르기만 하는 것보다는 담당업무의 흐름을 파악하여 스스로 다음 단계의 일을 찾아 해내고 스스로 창의성을 발휘하여 업무개선을 위한 새로운 방식을 찾아내어 일의 효율성을 높이는 것이 더 바람직한 태도이다.

5 완벽주의와 적당주의

서양에서는 건물이나 다리 하나를 건축하는 데 몇 십년씩 걸려서 짓는 경우가 허다하다. 그러나 우리나라는 1~2년 새에 도시의 스카이라인이 변할 정도로 수많은 건축물이 생겨나고 있다. 이렇듯 건축 한 가지를 비교해 보더라도 서양의 완벽주의와 우리나라의 적당주의가 확연히 드러난다.

요리법을 살펴보더라도 서양요리에서는 '설탕 2TS' 혹은 '버터 50g' 등 재료를 정확하게 양을 달거나 부피를 재어서 사용하도록 되어 있으나 우리나라 요리에서는 '설탕 조금' 혹은 '생강 서너쪽' 등의 표현으로 조리방법을 설명한다. 그러다 보면 표준화가 어렵고 사람마다 각기 다른 기준이 생겨 적당주의로 흘러갈 수밖에 없다.

옳고 그름을 따지는 문제에 있어서도 한국인들은 어떤 뚜렷한 기준을 둘 필요성을 그다지 느끼지 못하는 경향이 있다. 뿐만 아니라 뚜렷한 기준이 마련되어 있는 경우에도 그 기준을 항상 엄격히 적용시키지는 않는다. '적당히' 혹은 '이 정도면 괜찮아'라는 말이 아직도 한국사회에서 많이 사용되고 있다.

특히 어떤 행동이 절대적으로 옳고 그르다기보다는 상황이나 집단논리를 중요시하는 경향이 있다. 절대적인 잣대가 존재하기보다는 상황에 따라 법률과 같은 잣대도 신축적으로 운용되다 보면 사람들은 결과가 잘못되면 자신이 범법행위를 하였다기보다는 운이 나빴다고 생각한다.

그러나 법을 완벽하게 지키는 사회에서는 법이 잘못된 내용일지라도 "악법도 법이다"라는 원칙으로 준수하면서 동시에 그 법을 바른 방향으로 개정하기 위해 노력한다. 법과 질서는 개인의 자유를 보장해 주고 동시에 개인의 자유로 인해 상대의 자유가 침해받지 않는 범위 내에서 개인의 자유를 지켜 준다고 믿기 때문에 누구에게나 공정하게 적용이 되어야 한다고 믿는다.

6 실용주의와 형식주의

한국사회는 유교관습의 영향으로 형식과 체면을 중시하는 반면, 미국사회는 존 듀이의 실용주의 영향을 받아 실질적인 이해관계를 중시하고 형식주의는 시간의 낭비를 가져오고 일의 본질을 흐리게 하는 것이라는 생각을 가지고 있다.

미국 조직에서는 직책의 명칭도 보험설계사(life planner), 신용분석가(credit analyst) 등과 같이 담당하는 업무를 중심으로 이루어져 있다. 그러나 한국조직 내에서의 직급이나 직책은 자신이 맡고 있는 업무나 책임만을 의미하지는 않는다. 경우에 따라서는 업무나 책임보다 자신의 사회적 혹은 조직내 지위를 상징하는 호칭으로서 더욱 중요하게 생각되기도 한다. 예를 들면, '김과장님', '정부장님' 등과 같이 직급명칭이 호칭으로 불리워지는 것도 한국조직의 독특한 현상이다. 한국기업에서는 '과'나 '부'라는 조직과 부하직원이 하나도 없는 과장이나 부장을 종종 볼 수 있는데 이는 형식주의의 대표적인 예라고 할 수 있다. 어떤 경우에는 급여 인상보다 승진을 더 선호하는 것도 남에게 과시하고 싶은 형식주의적인 사고의 표현이라고 할 수 있다.

한국에 나와 있는 외국회사들도 따로 '부'나 '과'가 없음에도 불구하고 영업사원들의 외부 영업활동을 위해 각 사람에게 과장, 차장, 부장 등의 직함을 줄 수밖에 없는 것이 현실이다. 거래업체에서 직함을 물어 오기 때문에 어쩔 수 없이 그에 상응하는 한국직함을 따로 부여할 수밖에 없다고 한다.

7 시간개념

서양문화권의 비즈니스에 있어서는 시간의 개념이 아주 철저하기 때문에 회의나 세미나와 같은 행사는 인원이 다 모여야 시작하는 동양문화권과는 달리 약속된 시간에 정확히 시작한다. 만약 미국에서 바이어와 상담약속을 했을 경우 5분 정도는 늦을 수 있으나 15분 정도 늦는 것은 곤란하고 30분 이상 늦으면 그 상담이 실패했다고 봐도 무방하다. 또한 무역회사간 거래에 있어서 납품일자를 어기는 일은 업무상의 중요한 실수로 간주되며, 어겼을 경우는 금전적 보상과 같은 클레임을 당하기도 한다.

그러나 브라질과 같은 남아메리카국가 혹은 중국, 인도권에서는 비교적 시간에 대한 개념이 철저하지 못하다고 할 수 있다.

국제매너와 비즈니스 프로토콜 12.2

에티켓은 사회상황에서 일반적으로 받아들여지는 예의방식을 가리키며 기본정신은 상대방에 대한 배려라고 할 수 있다. 국제비즈니스에서 각 문화 특유의 적절한 에티켓을 실천하는 것은 매우 중요하다. 한 나라에서 통용되는 에티켓이 다른 문화권에서는 버릇없고 불쾌한 것으로 인식될 수도 있다.

예를 들면, 우리 나라에서는 내 아이가 아닐지라도 아이의 머리를 쓰다듬어 주는 것은 귀여움을 나타내는 애정의 표현이 될 수 있지만 중동권이나 미국에서는 남의 아이의 머리를 쓰다듬는 것은 매우 큰 실례이다. 따라서 문화에 따른 매너의 차이를 인식하고 그에 따라 행동할 수 있는 세계인의 소양이 필요하다.

|12.2.1| 매너와 에티켓

매너와 에티켓은 엄밀히 살펴보면 다음과 같은 차이가 있으나 일상적으로는 같은 의미로 널리 쓰여진다.

Manner

어떤 행동을 하는 데 있어서의 올바른 방법, 모양, 태도, 행동 등을 의미한다. 일반적으로 테이블 매너, 응대 매너, 운전 매너 등과 같이 특정한 상황에서 요구되는 올바른 방식이나 방법을 말한다.

Manners

manner의 복수형으로 manner들이 모여 형성하는 예의바른 습관, 생활상의 의식, 풍습의 의미이다. 그 문화권에서 받아들여지는 관습을 실천함으로써 타인에 대한 존경이나 대인관계를 원활히 하고자 하는 의식으로 유지되는 자세를 의미한다.

Etiquette

예의범절로 타인에게 불유쾌한 기분을 주지 않기 위해 지켜야 하는 예절을 의미한다. 배려의 마음, 상대의 입장에 대한 마음 씀씀이 등 사람들 속에서 지켜야 할 예의를 의미한다.

에티켓의 유래는 베르사이유 궁전의 화원에 세워진 "화원을 훼손하지 마시오"라고 쓰여진 팻말에서 변형되었다고 전해지고 있다. 먼저 꽃을 보러 온 사람이 꽃을 꺾어 버린다면 나중에 온 사람은 꽃을 즐길 수 없게 된다. 나중에 온 사람의 기분을 생각하는 배려의 마음을 가진 행동에서 예의범절이라고 하는 의미로 발전되었다.

|12.2.2| 비즈니스 매너

1 인 사

서양에서의 인사는 주로 악수이며 이제는 동양권에서도 일반적인 인사로 통용되고 있다. 원래 악수의 기원은 자신의 손에 상대방을 해칠 무기가 없음을 확인시켜 주는 절차였다고 한다. 악수는 윗사람이 먼저 손을 내밀 때에 아래 사람이 손을 내미는 것이며 손아랫사람이 먼저 상대에게 악수를 청하는 것은 실례이다. 동등한 위치의 남녀는 여자가 악수를 먼저 청한다.

악수는 상대의 눈을 보고 힘있게 손을 잡고 2~3번 가볍게 흔든다. 우리나라나 일본에서는 상대의 지위가 높은 경우 겸손한 태도를 보이는 의미에서 허리를 구부려 절하면서 악수하는데 이것은 그다지 바람직한 매너가 아니다.

또한 초면에는 서로 명함을 교환하는데 명함의 교환은 예의 이상의 상징적 기능을 가진다. 자신의 이름과 직장, 연락처 등이 명기된 명함의 기본적인 모양은 한국이나 미국에서 그렇게 큰 차이를 나타내지는 않지만 그 명함이 가지는 의미는 두 나라에서 매우 다르다.

한국이나 일본에서는 초면인 사람들 사이에서는 거의 반드시라고 해도 좋을 만큼 먼저 명함의 교환이라는 의식이 따른다. 서로의 첫인상을 교환하게 되고 향후 서로의 관계를 설정하는 상당히 중요한 의미를 가진다. 명함을 건네고 받을 때 두 손으로 공손하게 받아서 상대방의 직책과 직급을 주의깊게 살피면서 상대방과 자신 간의 상하관계를 보다 명확히 설정하고 상대방을 부르는 적당한 호칭도 정할 수 있게 된다.

반면 서양에서의 명함은 향후에 연락할 필요에 대비해서 단순히 이름이나 연락처를 간편하게 기억하게 해주는 수단일 뿐이다. 처음 만나는 순간보다는 오히려 거의 대화가 마무리 지어져 가는 단계에서 추후 서로의 연락 편리를 위하여 명함을 교환하는 경우가 일반적이다. 따라서 서양에서는 명함을 받은 다음에도 그 명함에는 눈길을 주지 않을 수도 있으며, 심지어 받은 명함을 대충 보지도 않고 그냥 호주머니에 집어 넣는 경우도 자주 볼 수 있다. 그러나 동양에서는 이러한 행동은 매우 무례하다고 여겨진다.

서양에서는 남성들이 여성들을 매우 철저하게 배려하는 'lady first' 에티켓을 지킨다. 우리나라 남성들도 다음의 에티켓을 평소에 실천하여 습관화시킴으로써 국제사회에서 실수하는 일이 없어야겠다. 여성들은 남성들로부터 배려를 받았을 때 머뭇거리기보다는 당당하고 우아하게 'thank you'로 답한다. 다음은 신사의 행동수칙이다.

A 악수할 때는 숙녀가 먼저 손을 내밀 때까지 기다린다.

B 숙녀를 위해 문을 열어준다.

C 숙녀의 코트를 받아준다.

D 숙녀가 자리에 편하게 앉도록 의자를 당겨주고 밀어준다.

E 숙녀가 방으로 들어올 때는 자리에서 일어서며, 그녀가 자리에 앉을 때까지 서 있는다.

F 숙녀가 자리에서 일어설 때는 같이 일어선다.

G 숙녀와 같이 식사를 할 때는 음식을 대신 주문해 준다.

H 숙녀의 식사 값을 지급하는 것이 관례였고 지금도 지켜지고 있지만 신세대에서는 각자 지급하거나 여자가 사기도 한다.

I 숙녀에게 먼저 음식이나 음료수가 제공되도록 배려를 한다.

J 숙녀를 위하여 무거운 짐을 들어준다.

K 숙녀가 먼저 앞서서 걸어갈 수 있도록 배려한다.

L 숙녀가 안전하게 걸을 수 있도록 차도 안쪽으로 보호하며 걷는다.

M 숙녀가 떨어뜨린 물건은 대신해서 줍는다.

N 숙녀가 엘리베이터를 먼저 타고 먼저 내릴 수 있도록 한다.

O 숙녀가 회전문에서 먼저 들어가도록 하며, 만일 무거운 회전문이 멈추어 있을 때는 남자가 먼저 밀고 들어간다.

2 초청과 방문

공식적인 초청을 할 때는 반드시 초청장을 보내도록 한다. 중요한 행사일수록 시간여유를 넉넉히 두고 초청장을 발송한다. 일반적으로 연말파티나 규모가 큰 모임일 경우에는 3주 전, 일반적인 행사는 적어도 2주

전에 도착하도록 한다. 상대방, 특히 사회 저명인사이거나 바쁜 사람일수록 스케줄이 미리 잡히기 때문에 촉박하게 초청장을 보내는 것은 예의에 어긋난다.

회사방문을 할 때는 반드시 전화로 시간예약을 하여 상대방이 편한 시간대에 방문하여야 하며, 회사방문시에는 식사약속이 아닌 경우에는 업무에 방해가 되지 않는 범위 내에서 15~20분을 넘지 않도록 유의한다.

가정을 방문할 때는 정시에 도착하도록 하여야 하며 식사초대를 받았을 때는 꽃이나 와인 혹은 외국인에게는 한국 민예품을 준비하는 것이 무난하다.

3 선 물

어느 나라에서건 순탄한 기업활동을 하기 위해서는 주위의 많은 사람과 좋은 관계를 유지하는 것이 필수적이다. 그렇지만 미국에서보다 한국에서 이것이 더 중요하게 받아들여지고 있고 또 중국에서는 한국보다 사람과의 관계가 더 중요시되고 있다. 좋은 관계를 유지하는 하나의 방법으로 선물을 주고 받는데, 선물과 뇌물의 구분이 확실하지 않다는 데에 그 문제점이 있다.

한국에서는 선물과 뇌물의 차이가 모호할 뿐만 아니라 '촌지'라는 명목으로 현금을 선물하는 문화가 존재한다. 어디까지가 선물이고 어디서부터 뇌물인지는 한국인에게도 구분이 모호한 것이 현실이다. 반면 미국은 국내에서 뿐만 아니라 국외에서도 일정금액 이상의 선물이나 뇌물을 주는 것을 금하고 있다.

미국기업에서는 거의 대부분의 회사에서 모든 직원으로부터 윤리규정을 준수한다는 서약서를 받으며 그 윤리규정에는 선물과 뇌물에 관한 조항이 포함되어 있다. 담당자에게 선물을 주어서 그 거래선을 잡을 수 있었더라도 그것이 밝혀지면 윤리규정을 지키지 않았다는 이유로 직장을 잃을 수도 있다. 아주 작은 금액의 개인적인 선물이라면 무방하지만 그렇지 않은 경우에는 명확히 정해져 있는 규정에 따라야만 한다. 일반적으로 미화 20~30불(약 2만5천원~4만원) 이내의 금액인 경우에 허용하며 그 이상의 선물은 받지 않거나 부득이해서 받을 경우에는 반드시 신고하도록 하고 있다.

4 팁

외국여행을 할 때 가장 신경 쓰이는 일 중의 하나가 팁주기이다. 팁은 언제 어디서 생겨난 것일까? 그 유래를 살펴보면 팁이 기록에 등장하는 것은 로마시대까지 거슬러 올라간다. 일부 학자는 그보다 더 일찍 화폐가 발명되면서 팁도 동시에 생겨났을 것으로 보기도 한다.

팁의 어원은 '선물'을 뜻하는 라틴어 'stips'이라는 학설이 유력하다. 미국에 팁문화가 전해진 것은 식민지 시절 영국으로부터였다. 독립전쟁 직후 미국인들은 팁을 영국 귀족계급제도의 유산이라고 한동안 일상 생활에서 몰아냈다. 하지만 얼마 지나지 않아 그같은 자부심은 사라지고, 지금은 미국이 세계에서 가장 팁이 발달한 나라가 되어 있다. 미국에서 식당이나 택시 운전사 등에게 주는 팁의 비율은 10%에서 15%이다.

팁을 주고 안주고는 손님 마음이어야 옳지만, 지금은 사실상 전체 서비스가격의 일부처럼 취급되고 있다. 과거엔 음식값은 신용카드로 계산해도 팁만은 현금으로 탁자 위에 놓고 나오는 것이 보통이었지만, 요즘은 계산서에 아예 팁을 적는 칸이 따로 있어 거기에 팁 액수를 적어넣을 수 있게 되어 있다.

우리나라 대부분의 특급호텔에서는 세금과 팁(service charge)을 각각 10%씩 계산서에 아예 포함하기 때문에 따로 팁을 줄 필요가 없으나 외국의 경우에는 일반적으로 그렇지 않으므로 계산서를 미리 살펴봐서 팁이 포함되어 있지 않으면 반드시 팁을 주어야 한다. 많은 경우 레스토랑 종업원들은 아주 낮은 수준의 일당을 받고 팁으로 수입을 보충하기 때문이다. 서비스에 매우 만족할 때는 웨이터에게 칭찬해 주거나 감사의 표시를 해주고 식당주인이나 매니저에게 웨이터의 서비스가 매우 좋았다고 이야기해 준다.

5 호텔

호텔은 현대인에게 다양한 서비스를 제공한다. 기본적으로 숙박시설을 제공할 뿐 아니라 회의 및 행사장, 사교모임의 장소로 이용되기도 한다. 호텔의 다양한 서비스에 대하여 평소 잘 알아두면 업무시 편리하다. 예를 들면, 비즈니스 센터*(business center), 룸 서비스*(room service), 모닝 콜*(morning call), 공항리무진서비스*(airport limousine), 안전금고*(safety box) 등 무료 혹은 저렴한 비용으로 편리한 서비스를 받을 수 있다.

호텔도 반드시 미리 예약을 하여야 하며 이때 도착시각, 원하는 방의 종류(예 : 싱글, 트윈 등), 요금, 선호하는 객실의 위치(예 : 바닷가 등) 등을 정확히 하여야 하며 예약확인서를 이메일이나 팩스로 받아 두는 것이 좋다. 또한 밤늦게 도착할 때는 도착예정시각을 알리고 늦은 도착에 대한 확인을 받아두어야 한다.

외국에서 중요한 손님이 올 때에는 손님의 선호도에 따라 호텔을 예약

비즈니스 센터(business center)
호텔이나 큰 빌딩에 있으며 종합적인 사무업무 및 회의 등을 할 수 있는 곳이다. 팩스, 전화, PC 업무 등을 직접 이용하거나 혹은 센터에 상주하는 직원의 서비스를 받을 수 있다.

룸 서비스(room service)
호텔 객실에서 받을 수 있는 서비스로 주로 식사, 음료, 세탁물 등을 객실까지 서비스해준다.

모닝 콜(morning call)
아침에 일어나고 싶은 시간에 전화를 걸어 깨워주는 서비스

공항리무진서비스(airport limousine)
공항까지 호텔 전용 리무진버스를 왕복운행하여 투숙객에게 교통편을 제공하는 서비스

안전금고(safety box)
귀중품을 맡겨둘 수 있는 서비스

하며 공항영접에서부터 환송에 이르기까지의 일정을 안내하여야 한다.

6 레스토랑

고급 레스토랑을 이용하려면 반드시 예약을 하여야 한다. 레스토랑에 따라 반바지나 슬리퍼 차림의 복장 혹은 넥타이를 매지 않은 복장으로는 입장이 허용되지 않는 레스토랑도 있다.

레스토랑에 들어가서는 웨이터의 안내를 받을 때까지 입구에서 기다렸다 웨이터가 예약된 좌석으로 인도할 때 여성, 남성의 순서로 안내받도록 한다. 좌석에 앉을 때는 남성과 여성이 섞여서 앉는 것이 좋으며 동성끼리 앉는 것은 좋은 매너가 아니다. 부부가 함께 초대를 받았을 때는 부부가 나란히 앉지 않으며 서로 다른 상대로 짝을 지어 앉는 것이 서양식의 매너이다. 또한 좌석에도 상 · 하석의 개념이 있어서 일반적으로 그림이 걸려있는 벽을 뒤로 하는 자리나 바깥 경치를 잘 감상할 수 있는 좌석이 상석이고 벽을 바라보거나 입구에 가까운 좌석은 상대적으로 하석이다.

레스토랑에 손님으로 초대를 받았을 때는 너무 비싸거나 싼 음식이나 와인은 될 수 있는 대로 주문하지 않는 것이 좋으며, 호스트에게 그 레스토랑이 잘 하는 음식을 추천받거나 그 날의 특별 메뉴를 청하는 것도 무난하다. 와인은 레스토랑에서 추천하는 하우스 와인(house wine)이 비교적 값과 맛이 무난하다.

12.2.3 지역별 매너

"로마에 가면 로마의 법을 따르라" (When in Rome, do as the Romans do)는 속담이 있다. 그 나라의 관습이나 매너를 따르라는 말이다. 그 나라의 관습을 따르기 위해서는 무엇보다 각 지역별 매너를 잘 알고 있어야 가능하다. 지역에 따른 관습의 차이를 간단히 살펴보면 다음과 같다.

1 유 럽

유럽은 인간관계나 커뮤니케이션 형태에 있어 미국보다 훨씬 더 형식이나 격식을 찾는 편이다. 그러나 유럽국가들 간에도 나라마다 특색이 있으며 북부유럽과 남부유럽 간에도 문화나 관습의 차이가 있어 일반적인 법칙을 적용하기보다는 방문 국가에 따라 세밀한 자료조사가 필요하다.

- 캔디와 꽃과 같은 일상적 선물은 호의적으로 받아들여진다. 그러나 꽃을 선물할 때 죽음을 상징하는 국화와 사랑을 상징하는 붉은 장미는 피하는 것이 좋으며 불길함을 상징하는 13송이를 제외하고 꽃송이를 홀수로 고르는 것이 좋다.
- 대부분의 국가에서는 시간을 엄수하는 것이 좋다. 그러나 스페인, 그리스, 이탈리아 등에서는 시간에 대한 개념이 덜 엄격하므로 상대방이 혹 늦게 약속장소에 나오더라도 불쾌하게 생각하지 않는 것이 좋다.
- 이탈리아에서는 사교모임에서 비즈니스 이야기를 하는 것은 예의에 어긋난다. 대화에 있어 몸짓과 손짓을 많이 쓰며 친근한 제스처를 잘 쓴다.
- 프랑스에서는 가정에 초대를 받았을 때 아주 고급 포도주가 아니면 가지고 가지 말고 다른 선물로 준비하는 것이 낫다.
- 스페인에서는 Mr. Carlos Domingas는 Mr. Domingas가 아니라 Mr. Carlos라고 불리운다. 스페인에서는 상대방의 말을 가로채더라도 무례하게 여겨지는 것이 아니라 오히려 상대방의 말에 적극적으로 반응한다는 표시이다. 점심은 오후 3~4시 저녁은 9시 넘어서 하는 것이 일상적이다.
- 핀란드, 노르웨이와 같은 북구유럽에서는 가벼운 포옹과 같은 인사도 아주 친한 사이가 아니면 하지 않으며 first name으로 상대방을 잘 부르지 않는다.

- 영국의 잉글랜드 지방은 스코틀랜드나 웨일즈에 비해 더 격식을 찾으며 작위와 호칭을 매우 중요시한다. 영국 사람들은 프라이버시를 매우 존중하며 비즈니스 약속은 충분한 시간을 두고 미리 신청하여야 한다. 저녁식사 초대석상에서 "좀 더 드시겠느냐"는 질문에 대해서는 사양하는 것이 좋다.
- 아일랜드에서는 시간 개념이 덜 엄격하다. 술을 권하면 사양하지 않아야 하며 상대방이 술을 사면 그 보답으로 술을 사야 한다. 선물을 주는 것이 일반적 관습은 아니다.

2 중동

중동의 대부분의 국가는 이슬람종교의 영향을 많이 받아 생활 속에서 이슬람교의 교리를 실천한다.

- 금요일은 휴무이고 토요일, 일요일은 근무를 한다.
- 하루에 다섯 번 일정한 시각에 메카를 향하여 다섯 번씩 절하는 시간이 있다. 철저한 이슬람교도들은 외국에 나갔을 때도 이를 실천한다. 술은 마시지 않으며 돼지고기나 소시지 같은 돼지고기 가공식품도 먹지 않는다.
- 페르시아만 지역의 국가에서는 비교적 시간을 엄수하는 편이다.
- 손가락으로 사람을 가리키는 것은 무례하게 여겨지므로 손바닥으로 가리키도록 한다. 왼쪽 손은 지저분하고 불경하게 여겨지므로 반드시 오른 손으로 음식을 먹으며 명함이나 선물을 줄 때도 오른 손으로 준다.
- 값비싼 선물도 무방하다. 그러나 아랍인의 부인에게는 절대로 선물을 하지 않는다. 이는 미국과 같은 나라에서 상대방 부인을 위하여 가벼운 선물을 할 수 있는 것과는 대조적이다.
- 남자들끼리는 포옹하고 뺨을 맞대는 등 신체적 접촉을 통한 친밀감을 나타낸다.

- 이 문화권에서는 여자들은 2등국민' 취급을 받으며 일반적으로 얼굴을 가리고 다니며 다리를 꼬거나 드러내면 안 된다.

3 이스라엘

중동에 위치해 있는 나라 중 이스라엘은 종교적 배경이 유대교이어서 다른 중동국가들과는 다른 문화를 가진다.

- 유럽사람들보다는 덜 격식을 차리나 미국사람들보다는 더 형식을 찾는다. 도착했을 때나 출발시 악수를 반드시 한다.
- 인사말로 '샬롬(shalom)', 즉 '평안'이란 말을 자주 쓴다.
- 안식일은 금요일 일몰시부터 토요일 일몰시까지이며 상점들이 문을 닫기도 한다.
- 역사와 문화에 대한 토론을 하는 것을 즐겨 한다. 선민의식이 있어 특히 구약성경에 나오는 역사적인 사건에 대하여 언급하는 것을 좋아한다.

4 아시아

- 악수를 하지 않고 절을 하기도 한다. 특히 일본에서는 여러 번의 절을 한다. 그러나 최근에 와서는 서양식의 인사인 악수가 보편화되어 가고 있다. 직위와 계급이 매우 중요하며 직위에 따른 의전을 매우 중요시한다.
- 중국, 싱가포르에서는 세 글자로 된 이름을 쓰는데 일반적으로 처음에 나오는 글자가 성이다.
- 비즈니스 상황에서는 'No'라는 표현을 직접적으로 하지 않는 경향이 있다. 특히 일본말에는 직설적으로 '아니다'라는 표현을 하지 않는다. 또한 직접적인 눈맞춤(eye contact)은 무례한 것으로 여겨질 수 있다.
- 형식과 예식을 존중하며 예의를 갖추어 깍듯이 대해주는 것을 좋아

한다. 예를 들어, 대학간 학술교류 협정시 미국의 대학에서는 총장이나 실무자가 미리 작성된 문서에 간단히 사인을 하는 것으로 끝나지만 일본이나 한국에서는 많은 보직교수가 배석한 가운데 기념사진촬영을 포함하여 격식을 차린 협정식을 가진다.

- 일본에서는 제2차세계대전에 관한 이야기를 하는 것을 매우 싫어하며 천황을 숭배하는 종교적 전통을 중요시 한다. 예를 들면, 국화꽃 16송이로 만든 화환은 천황가족을 위하여 지정되어 있어 일반인들은 국화꽃 16송이를 쓰지 않는다.
- 명함은 인사나 악수를 하기 전에 먼저 주고 받는다. 선물을 주고받는 것은 일반적인 관습이며 흰색과 검정색이 아닌 포장지를 사용한다.

5 호주와 뉴질랜드

호주와 뉴질랜드는 지역적으로 비슷하게 위치해 있어 매우 유사하다고 생각하나 다른 문화적 배경을 가지고 있다. 외국인이 우리 나라와 일본을 제대로 구분하지 못하면 우리가 불쾌한 감정을 느끼는 것처럼 각 나라의 고유성과 독자성을 인식하는 것이 매우 중요하다.

- 호주 사람들은 친근하고 다정하며 솔직하고 유머감각이 뛰어나며 직설적으로 말하는 경향이 있다. 계급이나 직위를 싫어하며 다른 사람들 눈에 특별히 드러나는 것도 좋아하지 않는다.
- 뉴질랜드 사람들은 좀 더 형식적인 경향이 있었으며 공공장소에서 시끄럽게 떠드는 것을 싫어한다. 비즈니스에 있어서의 직위는 그다지 중요하다고 여겨지지 않는다.
- 뉴질랜드 사람들은 자신들이 호주 사람이라 불리우는 것을 싫어하며 호주와 차별화된 이미지를 유지하려 한다.
- 뉴질랜드는 자연친화적이어서 의사결정에 있어서도 수익성보다는 자연보존이 더 우선이다.

6 라틴 아메리카

- 포르투갈어를 쓰는 브라질을 제외하고는 대부분의 국가들이 스페인어를 공용어로 쓴다.
- 친근함을 나타내기 위하여 신체적 접촉을 활발히 하는 편이며 서로 대화할 때도 가까운 거리에서 한다.
- 멕시코에서는 비즈니스 상황에서 서로 이름(first name)을 잘 부르지 않으며 직급명(title)이 매우 중요하다.
- 카리브연안 국가에서는 영어를 공용어로 쓰는 나라가 많으며 시간관념이 투철하지 않으며 테이블 매너도 엄격하지 않다. 악수는 보편화되어 있으며 선물교환은 일반적으로 하지 않아도 된다.
- 푸에르토리코에서는 영어를 공용어로 쓰며 일반적으로 사람들이 친근하고 서로 가까이 서서 대화하므로 뒤로 물러서는 것은 무례하다고 여겨진다. 선물교환은 무방하나 선물을 받았을 때는 처음에는 사양을 한 뒤, 열어 보고 감사를 표한다.

7 소련 및 동구권

- 선물은 청바지, 펜, 간단한 필수품이 바람직하다.
- 친한 사이에서는 'bear hugs', 즉 포옹을 하고 뺨을 비비는 인사를 한다.
- 외국인들에게는 덜 개방적이다.

12.3 비즈니스 프로토콜

|12.3.1| 프로토콜이란?

프로토콜*이란 의전(儀典)이라고 번역하며, 주로 외교분야에서 상대국과의 관계에 있어 지켜야 할 주요한 형식의 법칙이라고 할 수 있다. 일반적으로 프로토콜과 에티켓을 혼용하여 쓰기도 하는데, 프로토콜은 '무엇을 할 것인가' 에 대한 원칙을 결정하는 일이라고 하면, 에티켓은 '어떻게 할 것인가' 에 대한 구체적인 방법의 문제를 정하는 일이라 할 수 있다. 일례로 남북정상회담에 앞서 우리나라에서 의전팀이 먼저 방북하여 두 정상의 회담에 있어 모든 만남의 순서와 형식을 어떻게 진행할 것인가에 대한 원칙을 먼저 합의한 바 있다.

비즈니스 프로토콜은 비즈니스를 위한 관계형성에 있어 매우 중요하다. 특히 새로이 비즈니스를 개발하는 단계에 있어서는 상대방이 기대하는 수준의 프로토콜을 제공해 줄 수 있어야 한다. 문화권에 따라서 기대하는 바와 행동이 틀리기 때문에 문화의 차이를 인식하고 그 문화권의 법칙을 존중하여야 한다.

영국대외무역청의 '한국진출 성공 10계명' 과 미국상공회의소(AMCHAM)에서 작성한 '성공 7계명' 을 보면 외국인에게 비추어진 우리나라의 비즈니스 관행과 프로토콜은 어떤가를 알 수 있다.

외국기업 성공 10계명

한국 진출에 성공한 영국기업들은 한국사회가 극히 '안면중심적' 이며 사업성공 여부도 인적 관계망 구축과 정서적 접근방법에 달려 있다고 인식하는 것으로

---

* 프로토콜(protocol)
의전(儀典). 주로 외교분야에서 상대국과의 관계에 있어 지켜야 할 주요한 격식

나타났다.

대한무역투자진흥공사(KOTRA)에 따르면 영국대외무역청의 한국관련 사업자문그룹인 '파트너십 코리아'는 최근 '한국진출 성공 10계명'을 마련, 배포했다.

10계명 중 첫 번째는 인사와 소개는 격식을 갖춰서 할 것. 특히 안면을 중시하므로 적당한 중간자가 당신과 해당 기업인을 이어주면 좋다고 조언했다. 또

- 위계질서가 명확하고 직위에 비중을 두므로 회사명과 직위가 분명히 인쇄된 명함을 가지고 다닐 것
- 영어 해독력이 높지 않고 문화장벽도 커 중요사항은 반드시 서류로 남길 것
- 금전을 이용하면 협상을 유리하게 이끌 수 있음
- 인적 관계가 법적 서류보다 중시될 때가 많아 평소에 신뢰관계를 구축하는 데 힘쓸 것
- 한국인은 기분에 좌우되는 경향이 있어 절대로 상대방을 궁지에 몰지 말고 치켜 세울 것
- 접대문화가 중시되므로 접대제의를 받으면 반드시 응할 것이라고 조언했다. 특히 음주실력이 협상결과에 결정적 요소로 작용하는 일이 많다고 지적했다.

AMCHAM '성공 7계명'

"한국어 명함을 만들어 돌리고 상대방의 직책에 주의를 기울여라", "비즈니스 파트너의 체면을 살려줘라", "처음 만날 때 자신을 최대한 부드럽게 소개하라", "협상하듯 직설적으로 대화를 시작하는 것은 금물이다" 태미 오버비 주한 미국상공회의소(AMCHAM) 수석 부회장이 최근 이야기한 '한국 비즈니스 성공 7계명'의 일부이다.

오버비 부회장은 "한국은 외침에 시달린 역사와 유교문화, 한(恨)의 정서가 어우러져 있으므로 한국의 독특한 비즈니스 관행에 유의해야 한다"며 이같이 말했다. 그는 또 "상대방(한국인)이 영어를 잘 이해하지 못하리라 생각하고 나중에 서면으로 확인하는 인내심을 발휘해야 하며, 한국에선 인간관계가 오래 지속되는 만큼 처음 관계를 맺을 때 시간과 공을 들여야 한다"고 강조했다.

오버비 부회장은 마지막으로 한국인 파트너로부터 점심이나 저녁, 골프접대나 선물을 받았다면 반드시 답례해야 한다고 주문했다.

1 외국 비즈니스 파트너에 대한 프로토콜

각 문화권에 따라 기대하는 바가 틀리기 때문에 모든 문화권에 대한 프로토콜을 다 언급할 수는 없으므로 여기에서는 외국 비즈니스 손님을 맞이할 때의 일반적인 원칙에 대해서 간략하게 언급하고자 한다.

문화는 틀릴지라도 인간관계의 황금률, 즉 "대접받고자 하는 대로 대접하라"는 여기에서도 마찬가지로 통용된다. 우호적인 친구로서 겸손한 태도로 대접할 때 상대방도 좋은 인상을 받게 된다. 상대방이 자신이 최대로 VIP대접을 받았다고 느낄 수 있도록 배려를 하는 것이 중요하다. 예를 들면, 다음과 같은 사소한 배려들이 크게 감동을 줄 수 있다.

- 호텔예약을 하고 미리 체크인등록을 해둔다. 초대할 때는 비용 부분에 대해서 지급한계를 분명히 밝혀서 오해가 없도록 한다.
- 호텔 지배인을 미리 만나서 최대한으로 친절히 서비스 해 줄 것을 요청한다.
- 투숙하는 방이 정해지면 방에 꽃이나 과일/스낵 바구니, 환영카드 등을 탁자 위에 준비해 두면 더 큰 감동을 줄 수 있다. 꽃은 종류, 색채나 개수 등에 있어 상대국가의 예의 기준에 벗어나지 않도록 한다.
- 공항에 사람을 보내어 영접하고 수하물처리를 돕고 교통편을 제공하도록 한다.
- 호텔에 요청하여 매일 아침 방문객 나라의 언어로 된 신문이나 이러한 신문이 없는 경우에는 영자신문을 넣도록 한다.
- 사무실에는 방문객 국가의 국기를 준비하여 협상탁자나 입구에 우리나라 국기와 나란히 건다. 이때 바른 방향으로 게양하는 것이 중요하다.
- 차를 대접할 때는 일회용 컵은 될 수 있는 대로 사용하지 않고도 자기로 된 찻잔을 사용하며 중요 손님일 경우에는 봉지차보다 잎을 우린 차가 낫고, 인스턴트 커피보다 원두커피를 사용하도록 한다.
- 회의장이나 회식장소에서는 반드시 상석을 권하도록 한다.
- 기념사진을 촬영하고 가능하다면 회사에 머무르는 동안 현상하여 돌아가기 전에 주도록 한다. 이때 반드시 기념사진을 촬영해도 되는지의 여부를 묻도록 한다. 또한 공장이나 시설 견학시 촬영이 허용되지 않는 곳이 있다면 이를 방문객에게 미리 알려 주어야 한다. 또한 방문기간이 길면 체류기간 동안의 사진을 모아 작은 앨범으로 만들어서 선물하면 더욱 좋은 인상을 줄 수 있다.

- 회사의 기념품은 부피가 크지 않으면서도 품위와 실용성을 동시에 갖춘 기념품으로 몇 종류 준비해 두었다가 방문객에게 적합하다고 생각되는 기념품을 주도록 한다. 기념품에 회사로고가 지나치게 크게 들어가지 않도록 하는 것이 좋다.
- 외국인 방문객에게 가장 큰 접대는 집으로 초대하여 가족적인 분위기에서 대화하고 음식을 나누며 한국문화에 대한 소개를 하는 것이다. 이때 미리 특정 음식재료에 대한 알러지가 없는지 혹은 관습상 피하는 음식은 없는지 파악하는 것이 좋다.

2 일정의 작성과 운영

외국에서 손님이 오면 방문목적을 이룰 수 있도록 도착일부터 출발일까지 꼼꼼하게 챙겨 모든 지원을 하여야 한다. 손님이 오기 전 임시일정

영문 일정표 예

ITINERARY
For
Mr. Adam Smith, President of World Company

March 4, 200X (Tuesday)

9:40	Arrive at Incheon Int' l Airport via KE 008
11:30	Check in Hyatt Hotel
12:30	Luncheon with VP Paul Fuller, AMCHAM at Orchid Garden
15:00	Meet President Hong, Gil-dong, Korea Trading Co.
17:30	Reception at Hyatt Hotel Grand Ballroom

March 5, 200X (Wednesday)

10:00	Visit Samsung Electronics Co. VP Kim, Gil-soo
12:00	Luncheon at Samsung Guest House
14:00 ~ 16:30	City tour (Gyungbok Palace, Museum)
18:30	Dinner at Hilton Hotel hosted by Cheil Co. Mr. Kim, Suk-jin, President Mr. Choi, Yong-suk, Vice President Ms. Kim, Mi-ran, Director

March 6, 200X (Thursday)

11:00	Leave for Singapore via KE 123 (Pick up at Hotel Lobby at 8:00 a.m.)

표를 작성하여 이메일로 협의를 거쳐 최종 일정표*를 작성하게 된다. 이 일정표에는 일정시각, 행사명, 참석자명, 참고사항 등을 상세히 기록하도록 한다. 공식적인 행사와 비공식적인 관광이 균형있게 들어가도록 일정을 짠다.

|12.3.2| 비즈니스 파티

비즈니스 상황에서 개최하는 파티의 목적과 형태는 매우 다양하다. 파티를 여는 목적을 살펴보면

- 중요한 고객사와의 비즈니스 관계를 돈독히 하고 싶을 때
- 감사를 표현하고 싶을 때
- 비즈니스의 성공을 축하하고 싶을 때
- 새 비즈니스의 시작/개점, 신상품 발표 후
- 외국에서 중요한 손님이 오셨을 때

등 매우 다양하다.

파티의 형태는 리셉션, 칵테일파티, 디너/런천 파티 등이 있으며 파티의 규모와 성격, 참가인원 수 등에 따라서 형태를 정하게 된다. 호텔에서 개최할 수도 있지만 회사 내에서 출장 연회서비스*를 이용할 수도 있다.

다른 행사와 마찬가지로 비즈니스 파티는 치밀한 기획과 준비가 필요하며 모든 사항에 대한 체크리스트를 작성하여 검토하면서 진행해야 한다.

1 준비 및 초대시 유의사항

- 항상 초대리스트를 최신의 것으로 갱신시켜 둔다. 이름, 주소, 전화

일정표(日程表 itinerary)
방문 스케줄을 일목요연하게 정리한 표
출장연회서비스(catering service)
음식, 서비스요원, 식기 등 파티에 필요한 모든 사항을 전문적으로 준비해 주는 서비스

번호, 회사, 직급, 취미, 회사와의 관계, 과거의 초대 기록 등을 포함하는 데이터베이스를 만든다.

- 목적에 따라 손님을 초대하며 초대받은 사람들끼리의 관계도 고려한다.
- 초대장은 적어도 열흘 전에 도착하도록 보낸다.
- 장소는 참석자들이 편리하게 올 수 있는 위치를 택하며 실내는 계절에 따라 적정한 온도를 유지할 수 있도록 한다.
- 공간과 의자는 편안하고 넉넉하게 준비하도록 한다.
- 소수의 인원을 초대하는 점심이나 저녁정찬일 경우에는 좌석배치에 유의한다. 주빈의 오른쪽에 가장 중요한 손님이 앉도록 한다.
- 참석하는 모든 손님들이 VIP*라고 느끼게끔 배려한다.
- 주빈 테이블과 행사장 주위에 적절한 꽃장식을 한다.

2 참석자의 바람직한 태도

- 초대장을 받으면 초대측의 원활한 준비를 위하여 참석 여부(RSVP*)를 즉시 통보한다.
- 불가피한 일로 당일 참석을 하지 못하였다면 반드시 다음 날 전화를 걸어 사과한다.
- 정확한 시각에 도착한다.
- 주빈이 좌석을 지정해 줄 때까지 서 있는다.
- 서서하는 리셉션이나 칵테일 파티일 경우 평소에 아는 사람과만 대화하지 않고 다양한 사람들과 인사를 하고 대화하면서 네트워킹을 한다.

VIP(Very Important Person)
귀빈
RSVP(Repondęz, Síl Vous Plaît)
참석 여부를 연락해 주기 바람

- 접시와 드링크는 왼손에 들고 오른 손은 필요할 때 악수를 할 수 있도록 한다.
- 준비한 음식을 맛있게 먹는다.
- 담배는 따로 지정된 장소에서 피운다.
- 평소 테이블 매너를 익혀둔다.

직업별 행사 초청장 응답률

한국 지도층 인사들의 행사초청응대예절은 수준 이하이다. 행사 주최측이 참석 여부를 알려달라며 회신용 엽서를 동봉해 보낸 초청장은 대부분 휴지통에 버려질 뿐이다.

C은행은 창립 1백주년 기념행사를 치르면서 초청한 사회 각계 인사들의 초청응대 태도를 분석했다. 은행측은 행사 20일 전쯤 각계 주요 인사 4,064명에게 초청장을 발송하면서 음식과 주차공간 확보를 위해 참석 여부를 묻는 회신용 엽서를 동봉했다. 수신자인 은행 주소를 미리 기재했고 우표까지 붙어 있어 참석 여부를 묻는 난에 표시를 해서 우체통에 넣기만 하면 되는 엽서였다.

그러나 행사 당일까지 회신된 엽서는 17%인 692장뿐. 그 밖에 팩스로 참석 여부를 알려온 사람이 40~50명 정도 더 있었다. 회신율을 직군별로 보면 기업체 대표와 임원이 977명 중 302명이 회신해 30.9%였고, 다음은 금융기관 대표와 임원이 736명 중 194명으로 26.4%, 법조계 주요 간부가 21.7%, 대학총장과 교수 등 학계 인사가 20.1%, 언론계 주요 간부들은 17.7%였다.

공공법인체 등 주요 단체 단체장은 13%였고, 고위공무원은 11.3%만 회신했다. 국회의원과 서울시의원 등 정치인들은 347명 중 16명만 회신해 4.6%의 회신율을 보였다. 반면 외국 대사관 관계자와 주한 외국기업체 관계자들은 초청장을 보낸 91명 중 65.9%인 60명이 참석 여부를 미리 알려왔다.

C은행 기업문화실 신대리는 "회신되는 엽서로는 도저히 행사 당일 참석자 숫자를 짐작할 수 없어 직원 1명과 아르바이트생 2명이 7일간 꼬박 전화기를 붙들고 일일이 확인해야 했다"고 말한다.

창립 15주년 기념행사를 갖는 S은행도 사회 각계 2,220명에게 회송엽서를 동봉해 초청장을 보냈으나 회수된 것은 350여 장에 불과한 실정이다.

출처 : 조선일보

토론과 협상 12.4

|12.4.1| 토론과 협상

1 토 론

한국사람은 토론문화에 약하다는 말이 있다. 동질성이나 일체감을 중요시하는 한국인들은 '공감대'의 형성을 위해서 자신의 의견이 다른 사람들과 다르더라도 이를 적극적으로 표현하지 않는 편이다. 특히 조직의 상사가 낸 의견에 대하여 반대를 하게 되면 경우에 따라서 상대방은 "감히 내 말을 거역해"라고 생각하고 괘씸하게 여기기도 한다.

어떤 사안이 공식회의에서 논의되기 전에 비공식적인 채널을 통하여 사전 조율과정을 거치는 것이 일반적이다. 그러므로 회의석상에서의 치열한 의견교환은 비교적 드문 편이며 이러한 자리에서 반대의견을 나타내는 것은 아주 불쾌하게 받아들여지는 것이 보통이다.

반면 미국인들은 회의란 어떤 사안에 대하여 모든 문제점이나 반대의견을 다 같이 놓고 토론하는 자리라고 생각하기 때문에 적극적으로 의견을 내지 않으면 회의에 무관심하거나 아주 소극적이라고 평가받을 수 있다. 회의에서는 적극적으로 자신의 주장을 펴나가고 일단 결론이 나면 반대를 했더라도 그 결과에 승복하고 회의 이후에 반대 의견을 나타내는 것은 별로 바람직한 것이 아니라고 생각한다. 그리고 인간관계에 있어서도 자신의 반대는 특정의견에 대한 반대이지 그 의견을 낸 사람에 대한 것은 아니기 때문에 개인적인 관계에도 크게 영향을 미치지 않는다.

2 협상과 상담

크게는 국가적인 통상이나 외교협상 그리고 작게는 기업 간의 무역협상이나 개인의 임금협상에 이르기까지 서로의 요구조건을 관철시킨다는 측면에서는 공통점을 가지고 있다. 미국인과 업무에 관하여 협상할 때는 지금 해결해야 하는 업무 그 자체에 대해서 집중해야 할 필요가 있다. 자신의 의견이 그 문제점 자체를 어떻게 해결할 수 있을 것인지를 정확하고 논리적으로 밝히는 것이 대단히 중요하다.

미국인들은 사실에 바탕을 둔 대화를 중시하며 사실과 의견을 확실히 구분한다. 누가 봐도 분명한 사실에 대한 논의보다는 그에 입각한 분석의 타당성과 분석의 결과로서의 의견에 토론을 집중하는 것이 그들의 방식이다.

한국인은 사실에 의거한 정확한 정보없이 느낌이나 직관에 따라 의사를 결정하는 경우가 많다. 이런 경우 현실적인 정보를 제시하면서 자신의 정당성을 역설하는 다른 나라 대표들과의 대화에서 결국 상대방에게 끌려다니는 경우가 나타나기 쉽다. 자신에게는 너무도 당연하고 상식적인 일이라도 미국인에게는 정확한 근거를 준비하여 제시하는 것이 자신의 의사를 관철시키는 데 필수적이다.

대화나 협상을 완전히 끝내기 직전이나 아주 빠른 시간 내에 그 대화와 협상에서 나타난 결론을 아주 분명하고 확실하게 서류로 작성해 두어야 한다. 서로 잘못 이해하고 있는 부분은 없는지를 명확하게 알게 됨으로써 미래에 나타날 수 있는 문제점을 미리 차단할 수 있는 것이다. 전화로 오래 현안을 토의한 경우에도 통화를 끝내자마자 서로 논의하고 결정한 바를 메모로 정리하여 상대방에게 보내어 의사소통의 오류가 없는지를 확인한다.

또한 미국인들은 결과를 중시한다. 상대방으로부터 좋은 평가를 받기 위해서는 맡은 임무를 제시간에 정확히 끝내는 것이 필수적이며 거래상 약속한 날짜는 틀림없이 지켜야 한다. 혹 맡은 업무를 어떠한 사정에 의하여 완전히 끝내지 못하게 되는 경우에는 그 원인을 정확히 설명하고 그 일을 언제까지 마무리 지을 수 있을 것인가에 대한 정확한 스케줄을 제시할 수 있어야 한다.

상담시 유의사항

- 상담 자리에서는 자신이 회사대표라고 생각하고 책임있는 행동을 한다.
- 처음부터 이행불가능한 약속이나 조건은 제시하지 않는다. 확신이 서지 않을 경우에는 일단은 최선을 다하되, 본사와 연락하여 확정결과를 다시 알려주겠다고 하는 편이 안전하다.
- 의사표시는 명확하게 한다. 정확하게 가부 의사표현을 하지 않으면 상대방은 승낙하는 것으로 받아들일 수도 있다.
- 본사에 돌아와서는 면담에 대한 사후관리를 철저하게 해야 한다. 일단 방문 중 받은 호의에 대한 감사카드를 반드시 보내도록 한다. 상담결과에 대한 사후처리를 가능한 한 신속하게 하되 그 처리가 늦어지면 진행상황을 상대방에게 수시로 알려야 한다

12.4.2 회 의

서로 다른 문화권의 사람들이 함께 회의를 할 때는 문화적 차이에 부딪칠 수밖에 없다. 타 문화권의 사람들과 회의할 때 명심해야 할 가장 중요한 측면은 각 사람이 각기 다른 방식으로 비즈니스에 임한다는 사실이다.

미국회의에서는 논의해야 할 모든 것이 사전에 서면으로 제출되므로 각 문제점들을 밝히고 해결하면 된다. 회의 중 서로 견해가 다른 경우에는 자신의 생각과 불만을 뚜렷이 제기해야 한다. 이러한 행동은 개방성과 경쟁성 그리고 일을 제대로 처리하기 위해서는 불가피하다고 생각하며 의사결정도 독자성, 평등성에 의거하여 하게 된다.

반면에 일본의 회의는 즉각적인 해결책 모색을 목적으로 하지 않고 나중에 결정을 내릴 수 있도록 정보를 수집하려는 목적으로 진행된다. 또한 일본인들은 조직의 측면에서 회의를 진행하고 결정을 내리며 언제나 강하고 응집적인 조직이 되려 한다.

아랍의 회의는 그와 또 달라서 비즈니스를 행하기 전에 참석자들과 상호 신뢰적 관계를 형성하고 우호감을 표시하는 데 그 목적을 지닌다. 또

한 아랍의 회의는 상급자와 연장자의 지시하에 진행된다.

일부 아시아 문화에서는 견해차가 있으면 종이에 적어서 조정자에게 건네주거나 기다리다가 회의가 끝나고 나서 나중에 그 문제를 논의하는 방식이 일반적으로 쓰이기도 한다. 이것은 상급자에게 여러 사람 앞에서 직접 문제를 제기하기보다 상급자를 배려하고 겸손한 태도를 높이 평가하며 집단적 조화와 합의를 추구하는 아시아 문화의 특성을 보여준다.

연어족이 본 한국기업

연어족*의 눈에 비친 한국은 어떤 모습일까. 그들에겐 공사(公私)구분이 없는 직장생활이 큰 애로점이다.

홍콩에서 청소년기를 보내고 한 외국계 광고회사에서 일하고 있는 김모(25)씨는 직장동료들의 프로답지 않은 업무처리에 크게 실망했다고 말했다.

"회의를 해보면, 자신이 맡은 분야를 제대로 준비해 오는 사람이 거의 없습니다. 회의 자체도 즉흥적일 때가 많고요. 시간낭비고, 동료의 준비가 허술해 내 업무에 차질을 줄 때가 많아 짜증나요."

연어족들은 비효율적인 일처리 방식의 문제점도 지적했다. 미국계 투자은행 한국 지점에서 일하는 최모(24) 씨는 한국 회사는 쓸데없는 미팅이 너무 많다며 의논할 것이 있으면 이메일이나 전화로 하면 되는 데도, 한국 회사는 굳이 회의를 열고 그것도 부족해 회의자료의 겉표지까지 일일이 손으로 만들어야 한다며 혀를 찼다.

출처 : 조선일보

상대국가의 언어가 통하지 않아 통역사를 활용할 때는 시작하거나 끝날 때 혹은 간단한 인사말과 감사말 정도는 상대국의 언어로 하는 것이 좋은 인상을 줄 수 있다.

연어족
한국에서 태어나 유 · 청소년기에 외국에 가서 공부한 후 청년이 되어 다시 한국으로 돌아와 직장생활을 하는 사람을 일컫는 말

통역사가 배석할 경우 회의석상의 다른 손님과 마찬가지로 정중히 대하며 스케줄, 식사 등에 관하여 미리 설명하고 통역에 도움이 되는 자료는 미리 제공하도록 한다. 통역사가 정확한 통역을 할 수 있도록 말하는 속도, 말의 크기 등에 유의한다. 특히 문장을 짧고 간결하게 유지해서 통역을 원활히 할 수 있도록 돕는다.

이야기를 할 때는 통역사를 보지 말고 대화의 상대나 청중을 보면서 이야기한다. 얼굴표정, 손짓, 몸짓 등 다양한 바디랭귀지를 사용하여 상대방이 지루하지 않도록 한다. 회의나 강연이 끝난 후 통역사에게 감사의 인사말을 표한다.

|12.4.3| 비즈니스 서신

비즈니스 서신에서도 그 문화의 배경, 특성 그리고 가치가 그대로 나타난다. 미국의 비즈니스 서신에는 상대방에게 정보를 제공하고 상대방으로부터 약속을 끌어내고 행동계획을 수립하려는 데 있어서 직접적이고도 행동지향적인 미국적 가치를 그대로 나타낸다.

형식에 있어서도 대개 서두에서 서신의 목적이나 결론을 밝히고 나서 여러 가지 사실들로 그 결론을 입증함으로써 시간과 직접성을 중시하는 가치를 드러낸다. 서신의 끝부분에서는 상대방으로부터 기대하는 행동이나 약속을 명백히 밝히고 상대방의 응답기한을 분명하게 설정한다.

반면 일본의 비즈니스 서신은 정보를 얻어내고 제안을 하려는 데 목적이 있다. 목적을 서두에 뚜렷이 밝히기보다는 이전에 있었던 일을 상대방에게 변명하거나 감사하는 것으로 시작하거나 안부인사말로 시작하는 것은 한국과 유사하다. 편지문에서도 겸손함, 정중함을 중시 여기며 원하는 바를 뚜렷이 제시하기보다는 간접적으로 밝히면서 관계의 유지를 중시한다.

아랍의 비즈니스 서신은 포괄적인 개인인사로 시작하며 편지의 목적을 밝히기 전에 배경 정보를 제공한다. 또한 인간관계, 우정, 신뢰를 확보하려는 노력을 기울이며 지위에 대한 존중, 관계의 지속성, 우호감 등을 서신 내에서 표현한다.

Good Luck-Bad Luck

우리 나라에는 "아침에 장의차를 보면 재수가 좋다." "문지방을 밟으면 재수가 없다." "암닭이 울면 집안이 망한다" 등과 같이 재수나 복에 관한 속담이나 미신이 있다. 서양에도 운수와 관련하여 다음과 같은 재미있는 속담과 미신이 있다.

A 몸에 앉은 무당벌레는 날아갈 때 슬픔을 함께 갖고 떠난다.

B 집으로 이사할 때는 새 빗자루와 빵 한 덩어리를 갖고 간다.

C 사다리 밑을 걷는 것, 침대 옆에 빗자루를 기대놓는 것, 테이블 위에 새 신발을 올려놓는 것, 침대에 모자를 놓는 것, 집안에서 우산을 펴는 것, 그리고 가는 길에 검은 고양이가 가로 질러 가면 재수가 없다.

D 친구와의 식사를 위해 테이블을 차릴 때는 소금 그릇을 제일 먼저 놓는다. 우정을 지속시켜 준다.

E 금요일에 손톱을 깎으면 그 달에는 치통이 없다.

F 13일과 금요일이 겹치는 날은 매우 재수가 없다.

G 봄의 첫 번째 제비꽃을 따면 복이 온다.

H 빵 덩어리의 양쪽을 모두 자르면 재수가 없다.

I 앞문으로 먼지를 쓸어내면 복을 쓸어내 버리는 것이다.

J 왼쪽으로 재채기를 하면 재수가 없다.

적용문제

1 우리나라가 지켜온 전통과 예절 중에 외국인에게도 전해서 함께 지켜나갔으면 하는 예절이나 에티켓, 매너를 적어 보자.

2 팀별로 문화권이나 국가를 지정하여 일상생활, 상관습, 외국인에 대한 태도 등을 조사한 후 발표하고 서로 비교해 보자.

3 언어가 통하지 않는 외국인을 만났다고 가정해 보자. 그가 도움을 요청할 때 취할 수 있는 행동을 적어 보자.

Chapter 13

경력관리와 자기계발

학습목표

1. 현대사회 및 직업환경의 변화에 대하여 설명할 수 있다.
2. 자신의 경력관리 방안을 세울 수 있다.
3. 멘토링의 개념 및 중요성을 이해할 수 있다.
4. 네트워킹의 개념 및 중요성을 이해할 수 있다.

13 Chapter

경력관리와 자기계발

21세기 초 타임(Time)지에서는 21세기의 유망직업과 쇠퇴직업을 전망하면서 "미국 화이트칼라 직종 가운데 90%는 10~15년 내에 사라진다"고 하였다. 여태까지 없었던 데이터 마이너(data miner), 사이버 배우/작가 등의 새로운 직업이 등장하고 인쇄업자, 전통적인 교사 등은 쇠퇴한다고 예측하고 있다. 즉 기술혁신으로 인한 산업구조의 변화는 직업의 세계에 광범위한 영향을 미치고, 새로운 기술의 등장으로 신생 직종이 등장하는가 하면 기존 직업은 쇠퇴한다는 것이다. 이런 변화의 시대에서 자신의 경력을 효과적으로 관리하기 위해서는 인간관계의 새로운 개념정립이 필요하다.

이 장에서는 직업의 변화 및 멘토링, 네트워킹 등의 효과적인 인간관계전략에 대하여 살펴보자.

Chapter 13

경력관리와 자기계발

직업환경변화 13.1

사람은 정도의 차이가 있을 뿐 누구나 큰 변화를 두려워한다. 때에 따라 그 변화가 긍정적인 변화일 수도 있고 부정적인 변화일 수도 있으나 변화에 대하여 불안감을 가지기는 마찬가지이며 모든 변화에는 위험부담이 따르는 것도 사실이다.

변화는 사회적인 변화, 조직내 변화, 가정 및 개인의 변화 등 여러 종류가 있으며 각 요소들은 상호 간에 영향을 미치기도 한다. 여기에서는 사회적인 변화, 특히 직업환경의 변화에 대하여 살펴보자.

|13.1.1| 직업환경의 변화

경제환경과 직업환경은 매우 빠른 속도로 변하고 있다. 경제는 생산을 기본으로 하는 산업사회에서 지식과 정보 및 서비스의 유통 비율이 높아지는 지식정보사회로 접어들고 있다. 현대에 이르러 많은 전통적인 직업이 사라지기도 하고 또 계속해서 새로운 직종이 생겨나기도 한다. 사람들은 앞으로 평생을 통하여 한 직업에 계속 종사할 수도 없을 뿐더러 평생직장이란 것도 존재하지 않을지도 모른다. 미국의 통계에 따르면 일반적으로 사람은 평생을 통하여 3번 직업을 바꾸고 직장은 6~7회 바꾼다고 한다.

노동력의 구성도 변화하고 있다. 예전에 비하여 보다 많은 여성들이 사회에 진출하고 있다. 선진국에서는 정규직 근로자보다 계약직근로자와 일용근로자의 비율이 더 높아졌으며 한국도 IMF 이후 정규직보다 계약직의 비율이 높아지고 있다. 일반 사무직에 있어서도 계약직 근로자의 비율이 해마다 높아지고 있다.

대기업들의 신입사원 채용방식과 교육방식도 1990년대 후반 IMF 시대 이후에는 많이 달라졌다. 그 이전까지는 대규모의 공채를 통하여 그룹에서 필요한 인력을 특별한 전문기술이나 지식이 없더라도 일괄적으로 채용한 뒤 일정기간 동안 대단위 합숙연수를 통하여 그 기업의 문화와 업무에 대한 직무교육을 시켰다. 그러나 IMF 이후 대기업들은 연수원의 규모를 계속 줄여 나가고 있으며 대규모로 채용하기보다 필요에 따라 소수의 인원을 수시로 그리고 특정 업무능력을 갖춘 경력직 중심으로 채용하고 있다. 평생직장이 보장되지 않고 인력의 이동이 예전보다 빈번한 환경에서 장기간 합숙훈련과 같은 형태의 인적자원개발에 대한 투자는 비용효과면에서 그다지 바람직하지 못하기 때문이다.

|13.1.2| 환경변화와 직업능력

21세기의 직업은 보다 다양한 직무능력을 요구할 것이며 직업시장의 새로운 요구를 인식하고 변화된 근무환경에 적응할 수 있어야 한다. 이러한 환경에 적응해 나가는 데 있어 필수적인 능력을 예시하면 다음과 같다.

1 유연성(flexibility)

평생직장을 찾는다는 개념에서 벗어나 평생직업을 구한다는 생각을 가져야 한다. 즉, 어느 기업에 속한다는 기업로열티(loyal to company)에서 어느 직종의 전문성을 갖추고 있다는 전문성로열티(loyal to profession)로 직업에 대한 개념을 바꾸어야 한다. 미국을 비롯한 선진국에서의 고용형태는 이를 잘 말해 주고 있다. 전문지식인일수록 직장의 이동이 용이하며 자신을 필요로 하는 곳에 어디든지 찾아가 일을 하는 경력관리가 가능해진다. 따라서 지식기반경제에서는 진취적이고 유연한 사고방식이 보다 요구된다고 할 수 있다.

2 어학능력

세계화된 시장에서 활동하려면 외국어, 특히 영어를 능숙하게 구사할 수 있는 능력이 기본이다. 세계 최고의 선진지식을 남보다 한 발 앞서 효과적으로 습득하기 위해서는 독해, 회화, 작문 등 전반적인 외국어 구사능력이 필수적이다. 인터넷에 올라와 있는 정보의 80% 이상이 영어로 쓰여진 정보라고 한다. 또한 영어를 능숙하게 구사한다는 것은 자신의 일자리를 국내에서 구할 수도 있지만 해외에서도 구할 수 있다는 것을 의미한다.

3 컴퓨터 활용능력

문서작성뿐만 아니라 인터넷, 통계분석 등 컴퓨터를 활용할 수 있는 능력이 필요하다. 지식기반경제에서 컴맹은 문맹만큼이나 개인과 국가의 발전 속도를 가늠하는 중요한 척도가 될 것이다.

4 문제해결능력

주어진 일을 수동적으로 처리하는 것이 아니라 창조적인 사고와 적극적인 자세로 문제를 해결하는 능력을 키워야 한다. 지식근로자의 관심은 자신의 일을 '어떻게' 하면 잘 할 수 있는가에 그치지 않고 '왜' 이 일을 해야 하는가에 대한 근본적인 문제인식도 염두에 둔다.

5 서비스정신(service mind)

자신의 업무에 대한 고객을 파악하고 고객의 요구를 최대한 충족시킨다는 자세가 필요하다. 서비스업에 종사하는 사람들 뿐 아니라 제조업에 종사하는 사람이라도 항상 고객을 생각하고 고객이 있기에 자신의 일자리가 존재한다는 자세를 가진다.

13.2 모험과 실패

변화하는 환경 속에서 적극적으로 대처해 나가기 위해서는 모험을 기꺼이 받아들여서 기회로 전환하는 모험정신이 무엇보다 필요하다. 일상의 타성에 젖어 예전 방식을 그대로 답습하면 그 자리에서 현상유지를 하는 것이 아니라 자신도 인식하지 못하는 사이에 뒤쳐지고 만다.

13.2.1 모험정신

대부분의 사람들은 위험부담을 감수하고 모험을 하는 것에 대하여 부정적인 태도를 가지고 있다. 우리는 어렸을 때부터 부모로부터 모험을 하는 것은 그다지 바람직하지 않다고 들어왔다.

현상태를 유지하는 것에 만족하지 않고 긍정적인 변화를 가져오기 위해서는 위험을 무릅쓰고라도 모험을 해야 하는 경우가 있다. 많은 성공한 사람들의 경험을 살펴보면 누구에게나 다 위험한 고비가 있었으며 성공한 때보다 실패한 때가 더 많은 것도 볼 수 있다. 그러나 사람들은 성공하기는 원하면서도 모험을 하는 것은 두려워한다. 모험을 두려워 하는 것은 자신의 직업에서 성공하기를 원하는 사람에게 많은 제약을 가져다 준다.

그런가 하면 자신과 환경에 대한 객관적인 평가없이 실패를 예견할 수 있는 무모한 모험을 하는 사람들도 있다.

모험에 대한 바람직하지 못한 태도를 두 유형으로 나누면 다음과 같다.

1 이카루스형(Icarus complex)

이카루스는 그리이스 신화에 나오는 인물로서 밀랍으로 붙인 날개로 크레테 섬에서 탈출하였는데 아버지의 충고를 듣지 않고 태양에 도전하기를 원하였다. 그러나 높이 날아가서 태양에 가까이 갔을 때 밀랍으로 붙인 날개가 태양열에 의하여 녹으면서 날개는 떨어져 나가고 이카루스도 바다에 떨어져 죽어버렸다고 한다.

우리 주변의 많은 사람들은 객관적인 분석없이 성공을 운에 맡기는 이카루스와 같은 사람들이다. 실현할 수 없는 불가능한 목표를 세우고 실현성없는 계획으로 도전하여 실패하는 경우이다. 한 번의 시도로 끝나는 수도 있지만 어떤 사람들은 과거의 실패로부터 교훈을 얻지 않고 또 다시 무모한 모험을 하기도 한다. 물론 7전8기의 불굴의 투지를 태우는 것도 좋지만 과거의 경험을 바탕으로 자신을 재정비하고 자신의 능력을 향상시킨 후에야 가능한 일이며 어떻게 되지나 않을까 하는 운에 바탕을 둔 재도전은 아무런 의미가 없다. 우리는 주위에서 선거 때마다 출마하여 떨어지는 정치지망생들을 흔히 보는데 이들은 가능하지 않은 무모한 모험을 하는 것과 같다.

이러한 유형의 사람들의 행동이나 특징을 살펴보면 다음과 같다.

- 금방이라도 백만장자가 될 수 있는 것처럼 거창하게 이야기하면서 실천에 옮기지 않는다.
- 과거의 실수로부터 교훈을 배우지 않고 같은 실수를 되풀이한다.

- 도박장이나 카지노에서 계속 돈을 잃으면서도 재수가 좋으면 한탕할 수 있으리라는 기대에 손을 끊지 못한다.
- 자세히 검토하지도 않고 결정을 내린 후 이것 저것 닥치는 대로 정보를 수집한다.
- 이일 저일 벌여 놓고는 어느 하나도 마무리를 하지 못한다.

2 타조형(Ostrich syndrome)

타조는 위험에 몰리면 모래 속에 머리를 묻고 안심하는 특성이 있다고 한다. 위험에 처하면 근원적인 문제를 해결하기 위한 노력을 하는 것이 아니라 그저 현실에 안주하여 도피하려는 유형의 사람을 타조형이라고 일컫는다. 이카루스형과는 반대로 태양을 향하여 날아가고자 하는 욕망이 없을 뿐 아니라 아예 태양을 쳐다보지도 않는다. 위험에 처하였을 때는 타조처럼 현실에 머리를 묻고 문제가 지나가기만을 기다린다.

이러한 유형의 사람들의 행동이나 특징을 살펴보면 다음과 같다.

- 자신의 가능성을 시험해 보지 않는다.
- 자신의 개인적인 혹은 커리어에 있어서의 성장에 관심이 없다.
- 일에 있어서도 책임을 지기 싫어한다.
- 실패할지도 모르는 일은 시작도 하지 않는다.
- 뭔가 잘못 되어가고 있을 때는 아예 그 사실이나 원인에 대하여 알고자 하지도 않는다.

우리는 점점 성장해 가면서 모험을 해야 하는 의사결정을 두려워하고 안전을 추구하려고 한다. 그럼으로 인하여 시야가 점점 좁아지고 기회가 줄어들며 새로운 관점을 받아들이기를 두려워한다. 대학을 졸업하면서 더 배우고자 하는 욕구가 정지되고 지식탐구도 멈추게 된다. 이러한 점들은 일이나 직업에 있어서 발전의 걸림돌이 되고 자신이 더 높은 곳으로 날아가고자 하는 데 있어 한계가 된다. 그러면서 현실의 편안함에 안주하고 꼭 필요한 경우를 제외하고는 움직이려조차 들지 않는다. 설령 움직여야 한다고 할지라도 위험부담이 가장 적고 가장 쉬운 대안을 선택하려 한다.

모험을 두려워하는 사람은 익숙한 일상에서 조심스럽게 살아가길 원한다. 그러나 익숙한 일상 속에서 즐거움을 느끼는 것이 아니라 지겨움, 외로움, 무력감, 불안감 등을 느끼게 된다. 성공하기 위해서는 어떠한 일을 해야할지는 모르면서 실패를 피하기 위해서는 어떻게 처신하여야 하는가는 잘 알고 있다. 안전만이 생의 가장 중요한 목표가 되고 일이나 생에 있어서의 기쁨은 없어지게 된다.

한국사회의 급속한 환경변화는 그러한 안주를 불가능하게 만들고 있다. 한국사회도 1990년도 후반부터 평생고용, 신분보장 등의 사치를 누릴 수 없게 되었으며 변화에서 살아남지 못하면 도태하고 마는 상황에 이르렀다. 위험이 왔을 때 고개만 모래 속에 파묻는 타조가 될 것이 아니라 주도적으로 자신의 다음 목표와 변화의 방향을 설정하여 준비되고 책임감있는 모험을 끊임없이 시도하여야만 살아남을 수 있고 성공할 수 있다. 무사안일과 보신주의는 더 이상 설 자리가 없다.

"만약 … 하다면" 혹은 "언제가는 나도 … 할텐데"와 같은 말이나 습관은 허용하지 않아야 한다. "내가 좀 더 젊었더라면" 혹은 "내게 재산이 좀 더 많다면"과 같은 생각이나 말은 전혀 도움이 되지 않는다.

생이라는 것 자체가 결코 어떠한 형태든 위협이 없을 수는 없다. 병, 사고, 실직, 파산 등의 위협이 항상 존재하지만 이러한 위협을 이겨낼 때 건강, 사랑, 승진, 행복한 가정, 자아성취와 같은 행복함도 존재한다. 고통이 없으면 행복도 없을 것이다. 스트레스를 받을 때는 가슴이 답답하고 소화가 안 되며 머리도 지끈거리겠지만 그 일을 성취하고 난 후의 만족감은 고통에 비례해서 더 클 것이다.

어느 정도의 고통과 스트레스는 우리가 살아가면서 감수하여야 하며 위험을 무릅쓰고 앞으로 나아갈 때 만족 또한 더 크다고 할 수 있다. 모험을 하는 것은 우리의 시야를 높이는 것이며 합리적인 모험은 그것이 성공하였을 때 자신감과 용기를 가져다 준다. 목표를 설정하고 치밀한 계획을 세운 뒤 모험을 시도하면 성공할 확률은 그만큼 더 클 수 있다.

13.2.2 실 패

모험을 하고 도전적인 삶을 살다 보면 누구나 한 번 쯤은 실패를 경험할 수도 있다. 실패를 결코 인생의 실패로 생각하지 않고 다만 성공이 지연되었을 뿐이며 성공을 향해 나아가는 디딤돌이라고 생각하는 긍정적인 사고가 필요하다.

우리는 아브라함 링컨이 노예를 해방한 미국의 훌륭한 대통령이었던 것을 기억하지만 아래에서 보는 것처럼 그가 실패의 연속을 경험하였다는 것을 아는 사람은 많지 않다. 링컨의 경력에서 볼 수 있는 바와 같이 끈질기고 결코 실패에 무릎 꿇지 않는 불굴의 의지와 인내 그리고 결단이 많은 실패에도 불구하고 그를 미국역사상 가장 위대한 대통령의 자리에까지 오르게 하였다.

링컨(Abraham Lincoln)의 실패기

1832년 실직자가 되었다.
1832년 역시 주의회 선거에서 낙선하였다.
1833년 사업에 실패하였다.
1834년 주의원에 당선되었다.
1835년 사랑하는 아내가 세상을 떠났다.
1836년 신경쇠약에 걸려 고통을 받았다.
1838년 주의회 대변인 선거에서 떨어졌다.
1843년 미의회 하원 후보선출에서 낙선하였다.
1846년 하원의원에 선출되었다.
1848년 하원의원 재선에 실패하였다.

1849년 토지관(land officer)직에 지원하였으나 떨어졌다.
1854년 상원의원에 낙선하였다.
1856년 미국 부통령 지명에 떨어졌다.
1858년 상원의원에 재도전하여 낙선하였다.
1860년 미국의 대통령이 되었다.

위의 링컨사례에서 보는 것처럼 성공이란 한 번의 기회가 아니라 많은 실패 후에 얻어 내는 성과이고 지속적인 노력이 필요한 긴 과정이다. 또 하나의 목표달성에 성공했다가도 다음 목표달성에서 실패할 수도 있다. 따라서 자신의 커리어를 통해 성공의 경험을 축적하고 어떤 일이든지 할 수 있고 해 낼 수 있다는 자신감이 필요하다

커리어관리 13.3

일상생활에서 많이 사용되는 커리어*(career)의 어원은 'carr(us)', 즉 마차(wagon)라는 뜻과 길(road)이라는 뜻의 'carraria'에서 나온 것이다. 동사로서는 "곧 바로 전속력으로 간다"라는 뜻이 있으며 명사로서는 "계속적이고 누진적인 목표달성을 추구하는 것 또는 그 분야", "영속적인 직업으로서 스스로 택하여 그것을 위해 훈련을 쌓아야 하는 전문직업"이란 뜻을 가진다고 한다.

또 다른 학자는 "한 개인이 일생을 두고 일과 관련하여 얻게 되는 경험 및 활동에서 지각된 일련의 태도와 행위"라고 정의하고 있다. 어떤 사람

커리어(career)
영속적인 직업으로서 스스로 택하여 그것을 위해 훈련을 쌓아야 하는 전문직업

은 같은 직종에서 평생 종사하기도 하고 또 어떤 사람은 태도나 기회의 변화에 따라 여러 종류의 직업으로 바꿈으로써 다양한 커리어를 추구하기도 한다.

|13.3.1| 커리어선택

1 개인과 커리어

개인이 자신의 커리어를 계획한다는 것은 궁극적인 생의 목표달성을 위하여 세우는 인생계획과정의 한 단면에 불과하다. 따라서 커리어의 선택은 자신에 대한 객관적인 이해를 바탕으로 자신의 궁극적인 목표달성과 조화될 수 있는 커리어를 추구해 나가는 것이 바람직하다.

청년기에 세우는 커리어 계획은 나이가 들어감에 따라 조정되거나 변경될 수도 있다. 10년, 20년 후의 자신을 생각하면서 자신의 상황과 욕구에 어떠한 변화가 오리라는 예측을 할 수 있을 것이다. 따라서 미래에 부딪치게 될 여러 변화를 예견하고 미래를 위하여 스스로 준비하는 데 노력을 집중할 수 있어야 한다. 자신을 올바르게 이해하고 직업을 선택하고 또한 그 직업에서 필요로 하는 능력계발의 흐름을 파악하고 평생교육을 통하여 자신의 능력계발을 실천하는 것이 중요하다.

그러기 위해서는 특정 직무를 수행하기 위한 기술을 익히는 것도 중요하지만 보다 광범위한 영역에서 자신을 변화시켜 나갈 수 있는 역량을 키우는 것이 필요하다. 역량은 전반적인 영역에서의 능력을 의미하는 반면, 기술은 능력을 행동으로 옮길 수 있는 구체적인 행동이나 행위이다. 예를 들면, 컴퓨터 전반에 관한 시스템적 사고 및 프로그래밍 능력은 역량인 반면 특정 프로그램을 사용하여 업무를 처리할 수 있는 것은 기술이다.

자신의 커리어를 꾸준히 개발해 나가기 위해서는 업무와 관련된 역량도 중요하지만 팀원으로서 조화롭게 일하고 고객과 원만한 관계를 유지하며 상사로서 혹은 부하직원으로서의 자신의 역할을 감당할 수 있는 인간관계적인 역량도 매우 중요하다.

2 직업 선택

미래를 계획할 때 우리는 특정 직업을 중심으로 생각하는 경향이 있다. 그러나 이는 매우 위험한 생각이다. 직업이란 커리어를 계획하는데 있어 수명이 짧고 불안정하다. 즉, 직업이란 사회변화와 함께 유동적이므로 현재 유망한 직업이 미래에도 유망하리라는 보장이 없다. 점점 더 많은 조직들이 프로젝트팀제를 도입하면서 어떠한 사람이 어떠한 직업에 종사한다는 개념 자체가 모호해지고 있다. 따라서 직장을 선택할 때 의사결정의 중요한 기준은 이 직장을 통하여 어떠한 것을 배울 수 있으며 자신을 얼마나 계발할 수 있는가에 달려 있다. 직장의 안정성, 급여의 과다 등은 그다지 중요한 요건이 되지 않는다.

급속히 변하는 사회에 있어서는 직업이란 경험, 지식, 능력, 네트워크를 얻을 수 있는 기회이다. 이러한 기회를 통하여 습득한 지적인 자산은 자신의 커리어 계획을 세워 나갈 때보다 안정적이고 전문적인 커리어로 나갈 수 있는 바탕을 제공해 준다. 따라서 대학졸업 후 3년 동안 자신을 얼마나 계발시켜 전문성을 갖추느냐에 따라 향후 30년이 결정된다고 해도 과언이 아닐 것이다.

전문직은 다른 직종과는 차별되는 그 자체의 고유분야를 가지고 있다. 즉, 핵심적인 능력, 인정된 기술수준, 전문적이고 차별화된 기술 전체를 일컫는다. 전문직에 종사하기 위해서는 대개 정식교육과 훈련 그리고 오랜 기간의 실습경험이 필요하다. 단시간 내에 생겼다가 없어질 수도 있는 직종과는 달리 전문직은 오랜 시간 존재하는 것이다.

사회에 진입하기 위해서는 구직과정을 거쳐야 한다. 구직 상태에 있는 사회초년생들은 자칫 자신의 능력을 확신하지 못하고 소심한 경우가 많다. 갈수록 치열해지는 경쟁 속에서 스스로를 긍정적으로 평가하고 또 다른 사람들에게도 자신의 능력에 대하여 설득할 수 있어야 한다. 어느 회사의 면접장에서는 면접관이 지원자에게 "왜 내가 꼭 자네를 사원으로 뽑아야 하는지에 대하여 나를 설득해 보게"라는 문제를 내었을 때 많은 지원자들이 당황하였다고 한다. 자신이 어떻게 회사에 기여할 수 있는가를 자신감을 가지고 당당하게 이야기할 수 있어야 할 것이다. 자신이 습득한 직업에 관련된 능력과 지식, 그리고 여가나 취미, 봉사활동 등을 통하여 얻은 간접적 직업능력(예를 들면, 체력, 리더십, 봉사정신 등)을 회사나 자신의 목표달성과 연결하여 자신감있게 상대방을 설득할 수 있어야 한다.

동양과 서양의 가장 큰 차이점의 하나는 동양에서는 겸손과 양보가 미덕이나 서양적인 사고로는 자칫하면 자신감의 결여로 비춰지기 쉽다는 것이다. 자신의 능력을 객관적으로 평가받고 그에 대한 정당한 보상을 받는 것이 일반화되는 요즘에는 자신을 적절한 정도로 홍보할 수 있어야 한다. 주의할 점은 지나치게 겸손해서도 안 되지만 너무 과장해서도 안 된다는 것이다.

|13.3.2| 적응하기

일단 취업이 되면 자신이 선택한 커리어와 직장에서 적응해 나가야 한다. 초기에는 업무와 인간관계에 익숙해 지는 것이 매우 중요하다. 나는 잘 모르지만 사내 다른 사람들은 신입사원에 대하여 관심을 가지고 지켜볼 수도 있다. 사내 복도에서 사람과 마주칠 때는 항상 목례를 하며 기회가 있을 때마다 다른 부서의 사람들을 익히는 기회를 가지도록 한다. 예를 들면, 일행없이 구내식당에서 점심을 할 때에도 구석에서 혼자 앉아 먹을 것이 아니라 잘 모르는 사람이나 타부서의 사람들이라고 할지라도 함께 자리를 해도 될 것인지를 양해를 구하고 함께 앉아 자신에 대한 소개도 하고 다른 사람들을 알 수 있는 기회로 삼을 수도 있다.

Gannett Company, Inc.의 인사담당부사장인 페닝 씨는 신입사원들에게 다음과 같은 권고를 하였다.

- **A** 경청하라. 대부분의 사람들은 다른 사람들이 말하는 내용의 20%만 듣는다.
- **B** 빨리 행동하고 빨리 사고하라. 대부분의 사람들은 자신의 두뇌능력의 5%만 사용하고 있을지도 모른다.
- **C** 지금 현재 하고 있는 일에 대하여 완벽하게 알고 전문가가 되라.
- **D** 계속 질문하라. 어떻게 하면 내가 더 잘 할 수 있을까를 전문가에게, 상사에게 물어보라. 회사에 대하여 현재 직무가 요구하는 것보다 더 많은 것을 알기를 노력하라. 상품이나 서비스, 조직구조 등 많이 알면 알수록 자신이 해야 할 일이 보이기 때문이다.
- **E** 정직하고 윤리적으로 행동하라. 자신에 대하여 그리고 조직에 대하여 최대한 정직하게 사고하고 행동하라.
- **F** 자신이나 다른 사람이 한 실수에 대하여 오래 기억에 남겨두지 말라. 자신이 한 실수에 대하여서는 같은 실수를 되풀이하지 않도록 무엇이 잘못되었는지를 배우고 판단하라.
- **G** 모험을 감수하라. 실패를 두려워하지 말고 자신의 판단에 따라 행동하고 그에 대한 책임을 지라. 물론 이렇게 하기 위해서는 조직의 분위기가 따라주어야 한다. 모험심과 탐구심을 징계하는 조직은 결코 발전할 수 없기 때문이다.

직장에서 같은 일을 하더라도 자신을 '프로'로 생각하고 행동하며 전문화를 추구하는 사람과 그렇지 않은 사람에 있어서는 많은 차이가 난다. 남들이 보기에는 하찮은 일이라도 자신만이 그 일을 최고로 잘할 수 있다는 신념의 추구는 실제로 그 사람을 그 분야의 전문가로 성장시켜 준다. 특히 상사가 평가하는 프로의식은 내가 생각하는 프로와 차이가 있을 수도 있다. 상사들이 생각하는 프로적인 태도와 행동을 살펴보면 다음과 같다.

시간엄수

시간을 엄수하는 것은 직업인으로서 매우 기본적인 일이지만 이를 철저하게 실천하는 사람은 많지 않다. 아침 출근시 항상 몇 분 늦게 헐레벌떡 뛰어 오는 사람과 적어도 10분 정도 일찍 도착하여 자신이 해야 할 일을 점검하는 사람 사이에는 많은 차이가 있다. 규정시간보다 늦게 점심이나 커피휴식으로부터 돌아오거나 업무시간 중 개인업무를 보거나 사적인 전화를 오래 하는 것은 시간엄수에 대한 철저한 실천이 없기 때문이다. 상사나 동료들은 별로 상관하지 않는 것처럼 보이지만 평소의 행동은 그 사람에 대한 평가로 연결된다.

존 경

조직원으로서 조직 내의 상사나 임원진들에 대한 존경심을 가져야 한다. 이는 내가 특정 상사나 임원의 업무처리방식이나 성격을 좋아하든 좋아하지 않든 일단 자신이 몸담고 있는 조직과 경영진에 대한 예의이자 임무이다. 설사 상사와 갈등이 있더라도 개인적인 입장을 다른 사람에게나 혹은 공개적으로 표현하는 것은 현명하지 않다. 예를 들어, 거래처의 사람에게 식사대접을 하면서 회사나 상사에 대한 험담을 늘어놓는 것은 상대방에게 회사에 대한 신뢰를 실추시키는 행위이다. 상사나 회사에 대한 험담과 불평을 함으로써 자신이 더 잘나 보이리라고 생각하는 것은 어리석은 행동이다.

또한 조직 내에서는 조직의 위계질서를 존중하여야 한다. 상사를 건너뛰고 상사의 상사와 문제를 논의한다든지, 조직 내에서 e-mail이 보편화되어 있다고 해서 최고경영진에게 수시로 문제제기의 메일을 보낸다든지 하는 것은 바람직하지 않다. 자신의 직속상사를 존중하고 또 그것을 가끔은 표현하며 그가 목표달성을 잘할 수 있도록 돕는 것이 자신을 위한 방법이기도 하다.

업무의 질

자신이 수행하고 있는 업무의 질은 최상의 것이며 만족할 만한 수준의 것인지 점검해야 한다. 오자나 숫자상의 실수가 자주 생긴다거나 수집한 정보가 부정확하다든지 하는 것은 사소한 일이라도 그 사람의 업무에 대한 신뢰가 떨어지게 된다. 따라서 모든 업무는 정확하고 신속하게 수행하며 재점검함으로써 항상 업무를 믿고 맡길만하다는 평가를 받을 수 있어야 한다.

근무복장

근무복장에 대한 규정은 조직의 성격에 따라서 다양하다. 요즘의 많은 직장에서는 유니폼이 없거나 또는 정장이 아닌 자유로운 복장을 허용하기도 한다. 은행과 같은 곳은 조금 더 보수적이나, 창의력을 존중하고 개

예의바른 옷차림을 하자

예의에 관하여 생각할 때 문제되는 것 중의 하나가 옷을 입는 방법이다. 의복은 곧 의사표현이다. 자기중심적인 사회에서 우리는 우리에게로 주의를 끌기 위한 하나의 수단으로서 옷을 입는 것이라고 생각하게 되었다. 곧 사람들에게 좋은 인상을 얻기 위하여 옷을 입는다. 그러나 예의바른 사람들은 자신의 이미지를 높이기 위해서가 아니라 주위 사람들의 이미지를 높일 수 있도록 옷을 입는다. 주위 사람들에게 좋고 편안한 느낌을 주기 위하여 옷을 입는다.

단정하지 못한 복장을 하는 것은 자신과 주위 사람들에게 영향을 미친다. 예의바른 사람들로 교육하는 것을 목표로 하는 외국의 권위있는 명문 사립학교들이 복장에 관한 엄한 규정을 두고 있는 것을 보더라도 의복이 태도에 미치는 영향을 알 수 있다.

반면에 지나치게 비싼 옷을 입는 것도 바람직하지 않다. 나의 값비싼 옷이 주위 사람들로 하여금 위화감을 느끼게 해서도 안 된다. 지나치게 값비싼 옷과 치장은 자신감과 사랑의 결여를 드러낸다. 우리나라의 일부 사람들이 즐기는 '명품문화'의 이면에는 값비싼 명품으로 자신의 부족함을 감추어보려는 의식이 숨어있을 수도 있다.

방된 분위기를 유지하고자 하는 직장에서는 청바지를 허용하기도 한다.

그러나 자유로운 복장을 허용한다고 해서 아무렇게나 입어도 된다는 것을 의미하지는 않는다. 정장이 아닌 캐주얼한 복장일수록 색채와 디자인이 조화를 이루어야 하며 깨끗하게 손질하고 다림질한 옷이어야 한다. 미국 내의 조사에 의하면 캐주얼 근무복이 도입됨에 따라 여성사무직과 중역들의 의복비 지출이 오히려 늘어났다고 한다. 이는 캐주얼하면서도 상대방에게 전문가적인 이미지를 연출하기가 얼마나 어렵고 비용이 드는 것인가를 잘 나타내어 준다.

자신의 옷차림에 따라 그날의 기분이 틀려지는 것을 경험한 적이 있을 것이다. 정장을 갖추어서 입고 나오면 태도와 걸음걸이도 틀려질 뿐 아니라 행동도 함부로 하지 않게 되나 바지와 운동화 차림으로 편안하게 입었을 때는 행동 또한 그에 따라서 틀려지게 된다. 따라서 직장의 분위기와 자신의 업무에 맞는 복장을 하되 사회적으로 성공하였거나 조직 내에서 유능하다고 인정받는 사람들의 복장이 어떠한가를 잘 살펴서 프로감각을 다른 사람들에게 투영할 수 있는 자신의 스타일을 관리하는 것이 필요하다.

책임감

일을 맡았으면 책임을 지고 완수한다는 태도를 가진다. 일의 과정 뿐만 아니라 결과가 좋든 나쁘든 끝까지 책임을 지는 것이 중요하다. 좋은 결과에 대해서는 자신의 공적으로 돌리면서 부정적인 결과에 대해서는 타인이나 환경여긴 때문이라고 책임을 회피하는 것은 올바른 태도가 아니다.

자신감

업무처리에 있어 자신감을 가지고 업무에 대한 자신의 견해를 뚜렷하게 제시하여야 한다. 요즘의 조직에서는 복수의 상사를 지원하는 것이 보편화되어 있다. 어느 상사가 새로운 업무를 지시해 올 때는 현재 하고 있는 여러 일과의 우선순위를 명확하게 정해야 한다. 기한 내에 그 업무를 완수해 낼 수 없음에도 불구하고 상사에게 질문을 하거나 못한다고 이야기하기가 두려워서 '해보지' 혹은 '할 수 있을지도 모르지' 와 같은 태도로 꾸물거렸다가 나중에 차질이 생기면 더 큰 낭패를 보기 때문이다. 상사는 그 직원이 얼마나 최선을 다했는가에 대해서는 생각하지 않고 오히려 다 하지 못함으로 인하여 그르친 결과에 대한 문책을 할 것이기 때문이다. 모든 여건상 힘들겠다고 판단이 서면 그 이유를 명확하게 설명하고 다른 대안을 함께 찾는 것이 오히려 업무성과를 낼 수 있기 때문이다.

또 자신의 능력이 모자라서 그 일을 할 수 없을 때는 능력이 미치지 못함을 솔직히 시인하고 능력을 향상시킬 수 있는 구체적인 방안과 교육훈련을 요청하여 상사나 회사의 협조를 구하도록 한다. 회사에서 재정적으로 지원을 해 주지 못하더라도 개인이 기꺼이 시간과 노력 그리고 금전을 투자하여야 하며, 자신의 업무성과를 높이기 위하여 노력을 한다는 것을 상사도 알 필요가 있다.

진취성

자신의 고유업무영역이 아닌 지시가 내려지더라도 "이건 내 일이 아닌데…" 혹은 "이 일을 왜 내가 해?" 라는 생각보다 새로운 지식과 기술을 배울 수 있는 기회라고 생각하고 기꺼이 하도록 한다. 더구나 요즘에는 계층적이고 구조화된 조직보다 팀제와 같은 유동적인 조직으로 변화하는 경향인 만큼 어떤 업무나 환경에도 잘 적응하며 만능선수와 같이 모든 것을 잘할 수 있는 능력이 필요하다.

솔선수범

자신이 하고 있는 직무를 어떻게 하면 보다 효과적으로 할 수 있을 것인가에 대하여 끊임없이 개선방안을 연구하고 조직과 조직원들을 위하여 무엇을 할 수 있을 것인가를 찾아서 한다. 직업인으로서 수동적으로, 시키는 대로 일을 하는 것이 아니라 일을 찾아서 자신의 일을 즐기면서 수행하는 적극성을 가지도록 한다.

13.3.3 커리어계발

조직의 구조가 점점 수평화되고 소규모화됨에 따라 실질적으로 한 조직 내에서 승진할 수 있는 사람들의 숫자는 점점 줄어들고 있다. 그러므로 자신이 속한 전문직종 내에서 성장 · 발전해 나가는 것이 궁극적인 커리어 발전에 가치있는 대안이 된다. 전문직종 내에서 능력과 기술을 개발해 나감으로써 만족감과 자신감을 가질 수 있다. 그리고 소속된 전문분야의 최신 추세에 맞추어 나가는 것은 정신과 기술을 연마할 수 있는 지속적인 학습과정 그 자체이다. 또한 자신의 상품가치를 높여줌으로써 경쟁력을 갖추게 해 준다.

평생고용이 보장되고 수직적 승진 경로가 확립되어 있던 예전의 직장환경에서는 일단 좋은 회사에 취직하면 모든 것이 보장되었다. 그러나 이제는 평생고용이 보장되지도 않을 뿐더러 하는 일의 종류 또한 다양하고 계속 변화한다. 직업인들은 현재의 직장에서 자신의 경력관리를 제대로 하고 있는지 또한 직업인으로서 경쟁력이 있는지 다음과 같은 점을 항상 점검해 볼 필요가 있다.

나의 경쟁력은?

A 나는 현재 일을 통하여 배우고 있는가?

지난 6개월 동안 자신의 일을 통해서 무엇을 배웠는지 혹은 앞으로의 6개월 동안 무엇을 배울 수 있는지 알 수 없다면 문제가 있다. 정체되어 있지 않고 직무와 교육훈련을 통해서 자기 자신을 지속적으로 계발시켜 나갈 수 있어야 한다.

B 만약 내 자리를 다시 뽑는다면 내가 이 자리에 채용될 수 있을까?

지난 몇 개월 동안 혹은 몇 년간 자신의 경쟁력을 향상시킬 수 있는 노력을 해오지 않았다면 이 질문에 대하여 자신있게 '예' 라고 답할 수 없을 것이다.

C 나는 이 조직에 절대적으로 필요한 사람인가?

만약 내가 현재의 직장에서 별 도움이 되지 않는다면 혹은 스스로 무엇을 공헌하고 있는지 모른다면 문제가 있다. 조직의 입장에서 "저 사람은 하는 일보다 월급만 많아. 언제 그만두지?"라고 빨리 그만둬 주기를 바라는 대상이 된다면 벌써 경쟁력을 잃은 것이다.

D 만약 내 자리가 내일 없어진다면?

평소에 직무능력을 향상시켜 왔고 자기계발을 게을리 하지 않았다면 "걱정없어. 다른 직장 충분히 구할 수 있어"라고 답할 수 있을 것이다. 실제로 IMF 때 많은 사람이 실직하는 가운데서도 능력있는 사람들은 오히려 좋은 직장으로 옮겨갔다. 서너 명의 직원이 수행하던 업무를 유능한 한 사람으로 대치했기 때문이다.

E 현재의 직장은 나를 착취하지 않고 능력을 계발시켜 주는가?

만약 회사의 목표달성 때문에 자신의 성장이나 개인적 · 가정적 행복이 희생되고 있다면 현재의 직업이나 직장에 대하여 다시 한 번 고려해 보아야 한다.

멘토링 13.4

처음 조직생활을 시작할 때 신입사원들은 생소한 상황에서 여러 충격을 경험하게 되며 자칫 조직에 적응하지 못하고 불만을 가지게 될 수도 있다. 신입사원이 조직에 잘 적응하고 자신의 경력발전과 심리적인 안정에 도움을 줄 수 있는 여러 방안 중 멘토링이 근래에 와서 많은 관심을 끌고 있다. 멘토링(mentoring)이란 "인위적 인맥을 통해 직업적인 성장을 꾀하는 것" 으로, 멘토(mentor)는 "어린 제자나 경험 없는 후배를 책임지고 일정한 수준까지 끌어올리는 사람" 인 데 비해, 지도받는 후배는 멘티(mentee)라고 한다.

|13.4.1| 멘토의 개념

멘토(Mentor)는 고대 그리이스 신화인 호머의 오딧세이(The Odyssey)에서 그 유래를 찾아볼 수 있다. 오디세우스(Odysseus)가 트로이와의 10년 간의 전쟁을 치르기 위하여 떠나면서 그의 아들 텔리마커스(Telemachus)가 장차 훌륭한 통치자가 될 수 있도록 필요한 지식과 행동을 가르쳐 주며 그의 왕국을 잘 보호해 줄 것을 부탁한 친구의 이름이 멘토였다. 그후 멘토는 젊고 미숙한 텔리마커스에게 아버지, 스승, 상담자, 보호자 및 후원자가 되어 주었다. 이와 같은 멘토의 이야기가 바탕이 되어 고대 그리스에서는 젊은 남성에게 아버지의 친구나 친척 중에서 경험이 많은 남성을 짝지어 주어 멘토의 경험과 가치관을 배우고 모방하도록 하는 유행이 생겨나기도 하였다.

위와 같은 역사적인 유래로부터 비롯된 멘토는 오늘날 새롭게 조직에 진입하려는 젊은 사람에게 경험 많은 연장자로서 사회에서 생활하면서 터득한 지혜를 전해주고 도움을 주는 사람으로 불려지고 있다. 이러한 멘토에 대한 정의를 살펴보면 "가까우며 신뢰받는 풍부한 경험을 가진 상담자 또는 가이드" 또는 "현명하고 신뢰받는 상담자 또는 교사"라고 정의하고 있다.

일반적으로 멘토관계는 기업조직에서 형성되는데, 멘토는 멘티에게 조직과 직무에 관한 많은 기술들을 전해주고 상담과 심리적 지원을 통하여 자신감을 갖도록 해주며, 멘티가 승진하도록 격려해 주고 영향력을 행사할 수 있다. 멘토는 회사 내의 믿음직한 후원자나 지도자인 직속상관 또는 다른 부서의 관리자나 연장자인 것이 일반적이다.

|13.4.2| 멘토의 기능

멘토는 멘티에게 다양한 기능을 발휘하게 되는데, 그 역할과 기능을 크게 경력기능과 사회심리적 기능으로 나누어 살펴보면 다음과 같다.

1 경력기능

후 원

후원기능은 멘티가 조직 내에서의 수평적 이동과 승진을 할 수 있도록 멘토가 기회를 제공해 주는 것이다. 회의와 같은 공식적인 모임이나 비공식적인 자리에서 사적인 대화를 통하여 자신의 멘티가 다른 후보자들보다 좀 더 돋보일 수 있도록 해주거나 다른 사람들과의 관계를 넓혀준다.

소 개

멘티의 경력발전에 영향을 미칠 가능성이 있는 다른 관리자들과 문서상 또는 직접적인 접촉을 필요로 하는 업무를 부여하여 그들과 우호적인 관계를 갖도록 도와준다. 멘티는 이를 통해 업무적으로 또 조직문화적으로 더 많이 배울 수 있게 된다.

지 도

멘티가 다른 사람들로부터 인정을 받도록 도와주며 자신의 일을 하는데 필요한 지식과 기술을 전해 준다. 그리고 조직 내의 비공식적인 인간관계에 대해서도 충분한 지식과 정보를 줌으로써 조직에 잘 적응할 수 있도록 도와준다.

보 호

자신의 멘티가 부정적인 평판을 받지 않도록 보호하여 주는 것을 말한다. 즉, 멘티가 스스로의 업무에서 만족할 만한 성과를 올릴 때까지 다른 사람들에게 노출되지 않도록 도와준다. 그러나 지나친 보호는 멘티에게 안일함을 초래하여 오히려 경력개발과 발전에 방해가 될 수도 있다.

도전적인 업무부여

멘티에게 도전적인 업무를 부여하고 그에 필요한 기술훈련과 성과에 대한 피드백을 제공함으로써 멘티의 업무수행능력을 개발시켜 준다. 또한 업무처리를 통하여 능력을 키워주고 성취감을 맛볼 수 있도록 도와준다.

2 사회심리적 기능

역할 모델

멘티가 멘토를 바람직한 역할모델로 설정하고 그의 태도, 가치관, 행동을 닮아가는 것을 의미한다. 이때 멘티는 모든 면을 닮고자 하는 경우도 있고 아니면 자신이 본받고 싶어하는 부분만 선택하여 닮고자 노력하기도 한다.

수용 및 지원

멘토와 멘티가 신뢰를 바탕으로 상호존중과 호의를 통하여 업무수행상에서의 미숙함과 실수를 용납하고 해결방안을 제시해 준다.

상 담

개인적인 고민이나 두려움, 내적 갈등에 대하여 상의해 주고 멘토는 자신의 과거경험을 바탕으로 하여 해결방안을 제시하여 주어서 멘티가 심리적인 안정과 만족감을 가질 수 있도록 도와준다.

우 정

멘토와 멘티가 업무 또는 업무 외적으로 비공식적인 관례를 통하여 서로를 이해하고 호의적인 관계를 유지하는 것을 말한다. 나아가서 식사, 취미생활 등을 같이 하면서 업무로부터의 부담을 해소하기도 한다.

네트워킹 13.5

|13.5.1| 네트워킹의 중요성

인맥이나 학맥과 같은 네트워킹은 우리나라에만 존재하는 것이 아니라 세계 어느 나라에서나 존재하는 공통적인 현상이다. 자신의 커리어를 발전시켜 나가는 데 있어 네트워킹은 큰 자산이 된다. 기회가 있을 때마다 많은 사람들을 만나고 알아두면 상부상조할 수 있는 발전적인 관계를 형성할 수 있다. 네트워킹은 가족, 친구, 친지, 이웃, 동료 등 누구를 통해서도 가능하다. 학교에서 만나는 친구들이나 스승도 미래의 멘터나 혹은 같은 분야에 종사하는 동료가 될 것이기 때문에 만남을 소중히 가꾸어 나가야 한다.

안정된 기반이 구축된 전문직종은 대체적으로 그 전문직 종사자 사이의 네트워크 형성을 유도해 낸다. 이러한 네트워크는 학회, 협회, 관련 잡지, 서적출판, 인터넷 등 여러 가지 형태의 포럼을 통해 공고히 할 수 있다. 이런 전문적인 네트워크에 참여하는 것은 현재 조직의 한계를 훨씬 넘어서는 인맥과 정보, 그리고 커리어 발전의 원천을 제공해 준다. 네트워크는 지속적인 발전을 원하는 사람들에게 중요한 정보 그 자체이다.

네트워킹을 통하여 맺은 관계는 일방통행이 아니라 쌍방통행인 것을 염두에 두어야 한다. 자신이 필요할 때만 도움이나 정보를 받는 것이 아니라 항상 타인들에게 자신이 가진 것을 나눌 수 있어야 하고 도움을 받았을 때는 감사의 표시와 함께 자신 또한 도움을 줄 수 있는 준비가 항상 되어 있어야 한다. 그러기 위해서는 자신이 타인들과 함께 나눌 수 있는 정보와 인적자산이 풍부하여야 한다. 정보와 인적자산은 공유하고 나눌수록 더 많은 시너지효과를 나타내기 때문이다.

|13.5.2| 네트워킹 실천방안

1 협회에 가입한다

비슷한 관심을 가지고 있는 사람들을 만나고 싶으면 각종 협회나 전문직 단체 혹은 동호회 등에 가입하여 활동하는 것이 사람 네트워크를 넓히는 길이다. 이들 기관들은 정기적으로 모임을 개최함으로써 회원들의 자기계발을 도모하는 한편, 정보를 교환하고 특별한 관심을 가진 사람들을 연결하는 자리를 마련하는 데에 그 목적이 있다.

또한 같은 직종에 근무하는 사람들의 권익과 이익을 위하여 활동하는 일종의 로비기관의 역할을 하기도 한다. 또한 회원이 되면 직업과 관련된 정보를 서로 교환할 수 있을 뿐만 아니라 다른 곳에서는 얻을 수 없거나 쉽게 얻을 수 없는 다음과 같은 서비스를 제공받을 수 있다.

- 직업과 관련된 상담과 직장 알선
- 업무수행 중에 발생할 수 있는 사고에 대한 대처방안
- 자신의 계발에 필요한 직업과 관련된 평생교육
- 동일업종 종사자들 간의 정보교환 및 업무협력

따라서 전문협회는 다음과 같은 욕구를 가진 사람에게는 가장 적합한 대안이 될 수 있다.

- 자신을 계발하고 싶다.
- 새로운 사람들을 사귀고 경험과 지식을 나누고 싶다.
- 같은 분야에서 자신의 멘터나 역할모델이 될만한 사람을 찾아 배움을 받고 싶다.
- 자신의 진로와 또 미래의 자신의 모습을 객관적으로 투영하고 싶다.
- 조직활동을 통하여 리더십을 키우고 싶다.

2 일상생활을 통해 네트워킹한다

전문협회를 통해서 뿐만 아니라 일상생활을 통하여서도 네트워크를 확장해 나갈 수 있다. 동창회, 파티, 세미나 등에 참석할 기회가 있으면 적극적으로 네트워킹한다. 모임에 참석할 때에는 아는 사람들과만 대화할 것이 아니라 적어도 세 명 이상의 새로운 사람들과 우호적인 관계를 형성하겠다는 생각으로 네트워크를 넓혀 나간다.

- 직장에서 또 주변에서 새로운 사람들을 만날 때마다 적극적으로 친분을 쌓는다. 상사의 손님이나 지인들도 이 대상에 포함될 수 있다.
- 언제나 명함을 가지고 다니면서 새로운 사람들을 만나면 먼저 인사와 자기소개를 하고 명함을 건넨 뒤 상대방의 명함도 받는다. 기억에 남을 만한 대화를 하고 지속적인 관계를 구축하고 싶을 때는 적절한 시기에 전화를 한다든가 하여 교분을 쌓아 나간다.
- 정보는 항상 안테나를 높이 세우고 있는 사람에게 걸리게 마련이다. 정보의 안테나인 눈과 귀를 크게 열고 항상 정보를 수집하여 어떠한 종류의 사람을 만나더라도 정보를 제공할 수 있는 풍부한 정보력을 가지도록 한다. 사람은 누구나 뭔가 도움이 되는 풍부한 정보를 가진 사람들과 대화하고 싶어하기 때문이다.
- 인터넷상의 자신의 관심분야 동호인모임(community)에 적극적으로 참여한다. 온라인 토론뿐 아니라 정기적/비정기적 오프라인 모임도 활성화되고 있으므로 자신의 전문성, 취미, 관심분야를 확대해 나갈 수 있는 네트워크를 형성해 나갈 수 있다.

평생교육 13.6

지속적으로 변화하는 시대에 자신의 가치를 높이고 경쟁력을 키워 나가기 위해서는 평생교육을 통한 자기계발을 꾸준히 해 나가야 한다. 평생교육은 사내교육과 사외교육, 정규교육기관과 비정규교육기관 등을 통해서 받을 수 있을 뿐 아니라 독서, 교육방송, 인터넷 이용등을 통한 독학 방법도 가능하다.

지식을 아는 것에 그치는 것이 아니라 지식을 활용하고 지식을 실천할 수 있어야 하며 그러기 위해서는 "learn how to learn", 즉 평생을 통하여 스스로 배우고 개발할 수 있는 자기학습방법을 깨우쳐야 한다. 특정 시점 자신에게 필요한 학습의 내용을 정의하고 가장 효과적으로 배울 수 있는 방법을 자신의 환경과 형편에 따라 찾아낼 수 있어야 한다.

1 사내교육

인력개발에 대한 투자를 줄여나가는 추세이긴 하나 대기업에는 비교적 다양한 사원교육 프로그램이 개설되어 있다. 사내에 어떠한 프로그램이 개설되는지 혹은 어떤 자격요건이 필요한지에 대한 정보를 잘 파악하고 자신에게 필요한 프로그램을 적극적으로 신청하도록 한다. 요즘에는 작업현장에서 자신에게 편리한 시간에 교육을 받을 수 있도록 컴퓨터와 인터넷을 이용한 프로그램을 많이 개설하는 추세에 있다. 대기업의 경우 컴퓨터, 어학 등 각종 프로그램을 인터넷으로 개설하고 있다. 잘 개발된 사내 프로그램을 바깥에 있는 일반사람이나 독자적인 프로그램을 개발할 수 없는 중소기업에까지 개방하여 수익사업화하는 경우도 있다.

2 연수교육

예전보다는 규모가 많이 줄어들기는 하였으나 대기업, 금융기관, 보험회사들은 대학 졸업자들을 위한 신입사원 연수 프로그램을 열기도 한다. 이 프로그램들은 기업측에서 보면 미래의 사원들을 위한 일종의 투자라고 할 수 있다. 특히 학교교육을 통하여 실무교육을 받을 기회가 없었던 대학 졸업자들은 이러한 연수를 통하여 현장실무에 대한 다양한 지식과 훈련을 받을 수 있을 뿐만 아니라 그 기업의 경영이념, 규범 등을 익히게 된다.

3 정규 학위과정

예전에는 학교를 졸업하고 일단 취업을 하면 다시 정규교육으로 돌아가기 힘들었으나 최근에는 직장에서 경력을 쌓으면서 대학이나 대학원으로 진학하는 것이 일반화되고 있다. 고등학교 졸업자는 야간대학, 방송통신대학, 사이버대학 등을 통하여 자신의 전문분야 지식을 넓혀 나갈 수 있고 대학 졸업자는 경영대학원, 행정대학원과 같은 특수대학원, 사이버 MBA 과정 등과 같은 다양한 평생교육의 경로가 열려 있다.

4 비정규 교육과정

자기계발은 정규학위과정을 통해서 이루어지기도 하지만, 일상생활 속에서 자신의 적극적인 노력과 다양한 비정규 교육프로그램을 통하여서도 이루어진다. 대학부설 사회교육원, 평생교육원 그리고 능률협회, 한국생산성본부와 같은 다양한 교육기관에서 자신이 필요로 하는 분야에 대한 교육을 받을 수 있다. 그 외 어학원, 컴퓨터학원 등에서 외국어능력과 컴퓨터능력을 키워나갈 수 있다.

적용문제

1 21세기 유망직업에 대한 전망을 인터넷에서 검색하여 조사해 보자. 5개의 직업을 선정하여 어떤 직업능력이 필요한지 조사해 보자.

유망직업	필요능력
1.	
2.	
3.	
4.	
5.	

2 각종 교육사이트에서 제공하는 직업관련 사이버 프로그램을 검색해 보고 분야별로 정리해 보자.

어학

1.

2.

3.

컴퓨터

1.

2.

3.

경영/실무

1.

2.

3.

참고문헌

Blanchard, K. & Johnson, S., *The One-Minute Manager.*

Dublin, A., *Human Relations, 7th* ed., Prentice-Hall, 2001.

Fritz, Roger, *How to Manage Your Boss*, 2nd ed., Career Press, 1994.

Greenberg, J. & Baron, R., *Behavior in Organizations, 6th* ed., Prentice-Hall, 1997.

Haddock, *The Time Management Workshop*, AMACOM, 2001.

Hodgetts, R. M., *Modern Human Relations at Work, 7th* ed., Dryden Press, 1999.

Lussier, R., *Human Relations in Organizations, 5th* ed., McGraw-Hill, 2002.

Mahony, David, 체험에서 우러나온 성공비결, 리더스 다이제스트, 1988년 10월.

Matthews, Andrew, *Follow Your Heart*, 생각의 나무, 1998.

Waitley, D. & Witt, R., *The Joy of Working*, Ballantine Books, 1985.

Ziglar Zig, *천재 B반을 위한 Success*, IDG Books, 2000.

Nelson, D. & Quick, J., *Understanding Organizational Behavior*, South-Western, 2002.

Scott, B., *Etiquette Around the World*, *Secretary*, May 1995.

김경섭 역, 성공하는 가족의 7가지 습관, 스티븐 코비 지음, 김영사, 1998.

김병숙 외, 대졸여성 신규실업자 취업가능직종 시장수요조사, 여성특별위원회, 1998.

김혜숙 외, 인간관계론, 양서원, 2000.

박연호, 현대인간관계론, 박영사, 2000.

박재린 · 윤대혁, 인간관계의 이해, 무역경영사, 1997.

설기문, 인간관계와 정신건강, 학지사, 1997.

양창삼, 인간관계와 갈등관리, 경문사, 1997.

유기현, 인간관계론, 무역경영사, 1989.

이학종, 조직행동론, 세경사, 1997.

최승희 · 김수옥, 심리학개론, 박영사, 1997.

최창호, 그래, 이게 바로 나야!, 김영사, 1997.

찾아보기

저자약력

최애경

이화여자대학교 비서학과 졸업

State University of New York 대학원 상업교육학과 졸업(교육학 석사)

동대학 대학원 교육학과 졸업(교육학 박사)

Bank of America 근무

미국 뉴욕주 문교성 상업교육 컨설턴트 역임

현재, 이화여자대학교 비서학과 교수

주요 저서 및 논문

Business Analysis / Business Computer Application Resource Book. The State Education Dept., New York State, 1987.

비서학개론, 법문사, 1992.

비서실무론, 대영문화사, 1995.

현대비서학, 대영문화사, 1997.

정보처리 이론과 실무, 무역경영사, 1998.

상업교사능력의 중요도 비교연구 외 다수.

성공적인 커리어를 위한

인간관계의 이해와 실천

2006년 2월 15일 1판 1쇄 발행
2020년 2월 25일 1판 10쇄 발행

저　　자 | 최애경
발 행 인 | 이수영
발 행 처 | 도서출판 청람
서울시 마포구 독막로 288(대흥동, 세양상가 109호)
전　　화 | 02)3272-2601(대)~2
팩　　스 | 02)3272-2603
이 메 일 | crbooks@daum.net
홈페이지 | www.crbooks.co.kr
등　　록 | 2000년 8월 26일 제6-0509호

ISBN 978-89-5972-007-1 93320　　[정가 18,000원]